Lignes de fuite
ou La faim des temps

Jean-Marc Mienville

Lignes de fuite
ou La faim des temps

Roman

LE LYS BLEU
ÉDITIONS

ISBN : 979-10-422-5518-3

À la mémoire d'Irène
À Lucien

Prologue

En janvier 1977 je suis allé au festival des Arts Nègres à Lagos, Nigeria. Je venais de faire ma traversée du désert, le désert du Sahara. Le juillet précédent, j'avais enfin obtenu mon baccalauréat, un bac C comme « ça y est, c'est fait ». Et soit par dérision soit pour défier la logique, je m'étais inscrit à la Faculté de Lettres Classiques. Le latin, ça allait, mais le grec ? En un an, il me fallait combler une lacune de trois ans. Y'avait bien cette étudiante, Françoise, qui me proposait de s'occuper de ma formation helléniste. Son empressement n'avait d'égal que la perfection de ses formes. Quand elle se levait du lit pour aller chercher un livre, je restais figé dans une admiration éperdue qui m'empêchait de piger quoi que ce soit aux syntagmes hypostatiques de Sophocle. Je n'y croyais pas, j'avais la tête ailleurs. Et puis il y avait le trajet quotidien Marseille-Aix et retour. Ça demandait une motivation qui, au fond, m'était étrangère. Enfin, on était encore dans les retombées de la révolution des mœurs, moins de dix ans qu'elle avait eu lieu, et il suffisait d'un claquement de doigts pour changer de copine. Au bout d'un mois, je passais le plus clair de mon temps assis avec des amis à la terrasse du Novelty à dire et écouter des conneries en buvant des demis. Libé passait de mains en mains. Début novembre je tombe sur une petite annonce : « Cherche conducteurs pour convoyer véhicules au Togo. » J'y ai répondu et j'ai pris contact. Le convoi partait de Paris mais le chef voulait bien faire une halte à Narbonne pour me récupérer. Rendez-vous est pris devant la gare. Le principe était simple : chacun mettait un peu d'argent dans une cagnotte qui alimenterait les frais de bouche, surtout en prévision du désert, et naturellement personne ne toucherait un sou sur la vente des voitures. Le chef prenait les frais d'essence à sa charge. Pour les conducteurs, il s'agissait en somme de tourisme d'un genre particulier avec location gratuite de véhicule. J'avais pris un train qui me faisait arriver bien avant l'heure du rendez-vous. Pourvu qu'ils soient là, m'étais-je dit. J'avais converti toutes mes économies en travellers. Et ils sont arrivés, deux 504, une 404 et une Goélette Renault, plaques de désensablement aux ridelles. En tout on était… quoi ? Une dizaine, une seule femme, celle du chef. De toute la traversée de l'Espagne je n'ai pas conduit. Peut-être le chef voulait-il tester ma personnalité, s'assurer que je n'étais pas un dingue qui mettrait une voiture dans le fossé ou partirait avec. Du coup je dormais, anesthésié par le défilé des taureaux noirs. Quand on a passé le fin fond de l'Espagne on est encore en Espagne, à Ceuta, et on est au bout de la Méditerranée. La traversée du détroit a un goût de retour aux sources. On retourne en Afrique longtemps après une ancienne migration en sens inverse. Bref, c'est exaltant.

À Ceuta, j'ai pris les rênes de la Goélette. Rien de plus naturel, je connaissais la bête, ayant passé tout un été dessus à livrer du linge et des vêtements pour une laverie d'Alès. Mais le Rif marocain n'a rien à voir avec les Cévennes. Ses routes, si on peut appeler ça des routes, étroites comme ça, pas de parapet et des à-pic de cent, deux cents mètres, des nids de poule, des pierres… Et en plus fallait pas traîner, le boss était pressé de vendre sa camelote. Non seulement il m'aiguillonnait mais il me taquinait : « Fais pas le con, tombe pas dans le ravin. » Moi je voulais pas passer pour un trouillard alors j'accélérais. Et je priais qu'aucun véhicule ne se pointe devant moi au détour d'un virage. Je conduisais côté ravin, en surrégime. Mais le clair de lune dans le Rif marocain, c'est quelque chose d'inoubliable. C'est la merveille des merveilles. Seulement voilà, il fallait résister à la tentation de tomber. La nourriture se composait essentiellement d'olives, fromage de brebis, tomates, oranges et pain. En Algérie on est tombés sur une fête de mariage qui durait depuis trois jours, nous a-t-on dit. La musique, la danse, les couleurs, les gens, tout ça était très chaleureux. Sauf que quand on est partis, un type est venu vers moi et m'a traité de sale colon. Fallait pas m'inviter, pauvre con. Ça, je l'ai pensé mais naturellement je ne l'ai pas dit. J'aurais bien fait un détour par Tunis, où j'avais mes racines, mais le tourisme a ses limites, géographiques entre autres, surtout quand il s'agit en fait de business.

Donc on a opté pour la piste d'Adrar. Tam, c'était trop compliqué. Le Sahara, moi je trouve ça beau. Y'en a qui préfèrent la forêt relique de la Sainte-Baume – je ne citerai pas de nom – mais je trouve que le vide est préférable au trop plein. En vérité le désert, c'est pas tout à fait le néant. Y'a des gens qui y vivent, comme ce Touareg qui nous avait cuit le pain enfoui dans le sable avec un petit feu de bois par dessus. Miracle ! on n'avait pas un seul grain de sable dans la bouche en le mangeant. C'était comme si de la pierre était sorti un pain tout propret et prêt à la consommation. Peu après on s'est trouvés dans une situation tout droit sortie de *Tintin au pays de l'or noir*, quand les Dupondt tournent en rond en suivant leurs propres traces. C'est moi le premier qui ai donné l'alerte. On se plantait, il fallait aller un peu à gauche. Et effectivement, une demi-heure après, on a retrouvé la piste. J'ai eu droit aux honneurs et à une tournée de gnôle. On est passés par Reggane à toute vitesse, au cas où le vent n'aurait pas entièrement nettoyé la zone de ses relents atomiques. La nuit on dormait dehors dans un sac de couchage, parmi les scorpions.

Non, je plaisante, je n'ai jamais vu de scorpion sauf à Lyon, dans le grenier de mon oncle Michaël. La femme du chef, elle, dormait dans une petite tente qu'il lui montait chaque soir comme pour la remiser dans son écrin pour la nuit. C'était une blonde platine mais pas le genre Marilyn, plutôt le genre momie égyptienne. Je dis ça parce qu'elle avait une telle couche de fard sur le visage qu'on avait l'impression qu'il se craquelait au soleil du désert. Elle se maquillait à outrancc, un rougc à lèvres pur sang, un eyeliner à la Maria Callas et un bleu aux paupières façon Méditerranée par mistral. Elle ne parlait jamais et je ne connais pas le son de sa voix. Ah si ! Une fois j'avais gagné le concours de celui qui mangerait le plus de piments. Le chef croyait faire une démonstration de force. Il en avait emporté un gros bocal depuis Paris, *du qu'était pas du piment d'Espelette*, et il avait lâché au quatrième. Quand j'ai croqué mon cinquième piment, plus gros qu'un pouce, sans verser une larme, sa femme a poussé un « oh ! » d'admiration. Tu parles, avec des parents tunisiens j'en avais l'habitude, moi, du piment. Puis on est passés au Mali. Je dois reconnaître que le voyage était très bien organisé. C'était le chef, en effet, qui rémunérait la police des frontières en sous-main pour qu'elle nous laisse passer, et il a fait ainsi jusqu'à Lomé. Même si ça ne dépassait pas quelques centaines de CFA, c'était une gentille attention de sa part. À Niamey, mourant de soif, j'ai bu l'eau du Niger, et je ne sais pas comment je ne suis pas mort de la bilharziose. Par rapport aux moustiques, néanmoins, on était tous bourrés de chloroquine, ce qui ne m'a pas empêché de choper le palu, plus tard, au Gabon. Que ce soit à Gao, à Niamey ou à Ouaga, en Haute-Volta, le gros truc en Afrique c'est le marché, un haut lieu où le commerce confine au délire dans tous les sens du terme, visuel, sonore, olfactif et verbal. On s'y nourrissait de bols de riz à 25 CFA avec dedans quelques morceaux de viande en sauce, antilope, serpent, crocodile ou même singe, du vrai singe, pas celui de 14-18. À Lomé, on a passé une dernière nuit avec le chef, sur la plage. Il avait commandé un méchoui et pendant que le cuistot, qui avait fait venir sa bande de musiciens, s'affairait à la préparation du repas, on a eu droit aux chants et danses traditionnels. La fête a duré tard dans la nuit et on s'est endormis comme des bébés rassérénés par l'Âme africaine. Seul bémol, le matin on a découvert qu'on avait été dévalisés pendant la nuit. Heureusement mes travellers étaient assurés et j'ai pu récupérer la totalité de mon avoir. Le chef nous a souhaité bon voyage et nous a invités à le recontacter à Paris pour la revoyure.

Comme beaucoup voulaient, je ne sais pourquoi, poursuivre vers la Côte d'Ivoire, j'ai suivi le troupeau. On est passés au Ghana et finalement notre petit comité de globe-trotters s'y est dispersé. Forcément, chacun avait son idée à lui, son timing, chacun réagissait différemment aux aléas du parcours, bref, chacun suivait son destin. À Accra j'ai cru contracter la plus belle amitié du monde avec David, un jeune Noir qui aspirait à une vie à l'européenne. J'en avais marre du taxi-brousse et je projetais de continuer à vélo. Alors j'ai demandé à David s'il pouvait m'en procurer un. Il m'a dit que oui, bien sûr, y'a pas de problème, et je lui ai filé une paire de billets pour qu'il aille le chercher. Je ne l'ai jamais revu. J'ai donc continué en taxi-brousse jusqu'à Abidjan. Là, par un hasard extraordinaire, je suis retombé sur Antoine, un titi parisien avec qui j'avais sympathisé au cours du voyage. Il était en train de manger un bol de riz au marché de Treichville, une grande bouteille de bière à côté de lui. J'ai acheté un bol d'attiéké et nous avons partagé la bière. Le bol d'attiéké coûtait 50 CFA, le double du riz, et c'était justifié. L'attiéké devrait être classé au patrimoine mondial. À Antoine j'ai fait part de ma fatigue suite à ce long voyage et je lui ai confié que j'aspirais à un moment de repos loin des grandes villes et du tintamarre de leurs marchés. Il m'a proposé d'aller passer Noël à

Grand-Lahou, où il avait entendu dire qu'il y avait une plage paradisiaque. Nous avons décidé de prendre le bateau – je devrais dire la barcasse – qui cabote sur la lagune et c'était une erreur car nous avons passé notre temps à essayer sans succès de nous protéger contre la piqûre de stomoxes hématophages. C'est cette mouche-là qui nous a piqués. « Vise un peu ça, mec ! » s'est écrié Antoine quand nous avons atteint la plage. Vaste étendue de sable argent, cocotiers de trente mètres, doux clapotis des vagues, quelques groupes d'individus autour de feux de coques. Des autochtones nous ont invités à nous joindre à eux. Nous avons passé la soirée à griller des langoustes en bavardant. Pour changer du vin de palme, je suis allé acheter deux bouteilles de champagne chez l'épicier du coin. Je tenais facilement mes comptes, n'ayant à me soucier que de garder de quoi payer un billet d'avion pour la France. Le lendemain, Christian, un du groupe, nous a emmenés, Antoine et moi, dans un petit village un peu au nord, où il avait toute sa famille, pour célébrer la fête de l'igname. Il était fier de nous présenter à ses oncles, tantes, cousins, et nous aussi on était fiers, sauf que de case en case il fallait boire un plein verre de vin de palme, de bière ou de gin ! C'est pour l'instant la cuite la plus salée que j'aie connue. Les Ivoiriens ne connaissent pas le problème du verre à moitié vide ou à moitié plein. De retour à Abidjan, j'ai eu envie de louer une chambre à Cocody, chez les Blancs. Je savais que c'était là qu'il y avait le plus de chance d'embauche. À Cocody, j'ai rencontré des Français, deux couples, qui semblaient mener la grande vie. Le mari de l'un des deux couples envisageait volontiers de m'embaucher dans son entreprise, le bois naturellement, mais il s'est aperçu que je plaisais à sa femme et l'affaire est tombée à l'eau. À Treichville j'ai rencontré Moussa, qui me proposait une association et m'aurait sans hésiter donné les clés de sa boucherie. Le seul fait d'être blanc, en Afrique, vous investit d'une confiance aveugle. Dominer le royaume d'Afrique, telle était ma troisième tentation après celles de la chute dans le Rif et du pain dans le désert. Mais, un, Moussa me demandait de faire des allées et venues entre Yamoussoukro et Abidjan, une galère, et, deux, je ne supporte pas l'odeur du sang. C'est là que j'ai pris la décision de partir à Lagos pour le festival. Comme je n'avais pas envie de refaire la route en sens inverse j'ai pris l'avion.

À l'atterrissage, quand on disait qu'on venait pour le festival, ç'aurait presque été tapis rouge et colliers de fleurs. Une navette nous a amenés au « Village », là où étaient hébergés les participants. Un soir je suis allé écouter Sun Ra et son « Archestre ». Dans le taxi, en passant sur un pont, je demande au chauffeur quelle est cette horrible odeur qui empeste si fort et il me dit que c'est les restes des Blancs qu'on a jetés dans la rivière. Pourquoi les « restes » ? Parce qu'on leur a enlevé la tête, qui se vend dix fois plus cher que celle d'un Noir. Ce qu'on en fait ? C'est pour les rituels. Y a-t-il aussi des cadavres de Noirs dans l'eau ? Non, eux on les laisse à leurs familles pour qu'elles puissent faire le deuil. Les Blancs, impossible, ça créerait des problèmes avec la police. *I know say my mama born me fine so no go there.* Ma compréhension du pidgin n'était pas suffisante pour que je sache s'il plaisantait ou non. Le jazz m'a fait oublier cet épisode troublant. J'ai par contre été déçu du peu d'enthousiasme que le spectacle a engendré, chaque morceau ne suscitant que quelques applaudissements discrets. Ayant confié mon étonnement à Sun Ra après le concert, il m'a répondu que « [ma] musique va d'abord faire peur aux gens. Elle représente le bonheur, et ils n'en ont pas encore l'habitude. » Étant de l'Alabama, son accent sudiste était presque aussi difficile à déchiffrer que le pidgin.

***

J'arrive ici au point crucial de cette introduction : ma rencontre, à Lagos, avec John Julidi, qui aimait se faire appeler « Jay-Jay », et ce qui est résulté de cette rencontre. Au risque de briser la continuité du récit, j'aimerais réserver cet épisode pour la fin du chapitre car il constitue le point de départ de ce que je pourrais appeler mon initiation. Cette initiation, elle m'a permis non seulement de « voir » mes ancêtres mais aussi de voir les choses, en général, différemment. En attendant d'y revenir, je raconte maintenant les derniers événements de mon aventure en Afrique.

***

En partant de Lagos, j'avais la vague idée de poursuivre jusqu'à Luanda, en Angola, avec le tout aussi vague projet de trouver un bateau pour le Brésil. Je me sentais lusophile et me voyais, de façon assez floue, embauché sur un cargo transatlantique. Ce que j'allais faire à Rio ou São Paulo, je n'en avais aucune idée. Je me suis donc laissé descendre vers le sud ; j'ai bavardé avec une prostituée du port de Douala ; elle se vendait pour 25 CFA et, grâce à mon expérience spirituelle au Nigeria, j'ai clairement perçu comment elle avait pu en arriver là ; j'ai gravi deux ou trois collines de Yaoundé ; j'ai passé la Guinée sans même m'en apercevoir et j'ai échoué à Libreville. Au quartier de Petit Paris, j'ai fait la connaissance de Jean-Dedieu, un Bamiléké qui cherchait un troisième compagnon de voyage pour aller à N'Dendé chercher des bananes. Dans un autre état d'esprit je n'en serais pas revenu : j'avais précisément en poche une lettre de ma mère me parlant d'un cousin corse, Gilbert, qui était professeur de français dans cette localité. Mais la magie africaine avait opéré et je ne m'étonnais pas plus que ça. J'ai donc accepté la proposition de Jean-Dedieu avec empressement. À ma demande, nous avons fait halte sur la ligne de l'équateur et j'ai ainsi pu mettre un pied dans l'hémisphère nord et un dans l'hémisphère sud. À Lambaréné, j'ai voulu visiter l'Hôpital mais mes covoyageurs étaient passablement excédés par mes caprices de touriste. Nous nous sommes contentés de faire un salut militaire au docteur Schweitzer à travers les fenêtres du Berliet. À N'Dendé j'ai eu une discussion animée avec Gilbert. Il s'indignait du cynisme de l'industrie pharmaceutique qui, constatant l'échec des ventes de contraceptifs aux Africains, leur fournissait des aphrodisiaques. Ensuite j'ai voulu aider à charger les bananes mais, avec beaucoup d'humour, on m'a fait connaître que ce n'était pas un travail de Blanc. Le retour à Libreville, ç'a été l'épopée. Les bourbiers qu'on avait passés à vide étaient devenus autant d'obstacles pour un camion chargé au double de la capacité du plateau. Quand la boue dépassait les moyeux il fallait descendre et déballer les planches. Du bord de la piste, je regardais le monstre rugissant s'extraire de la fange. Il donnait une double sensation de puissance et de fragilité tant son impressionnant roulis faisait craindre qu'il ne finisse par se coucher. Comment nous avons réussi à rentrer à Libreville relève de… la magie. En arrivant, nous avons dégusté le succulent ragoût de tortue de mer que Marie-Catherine, une des deux femmes de Jean-Dedieu (l'autre était au Cameroun), nous avait préparé. Voilà, j'étais maintenant installé à Libreville. La maison était loin d'être terminée, comme d'ailleurs la plupart de celles du coin. Mais entre ses quatre murs et son toit vivaient quatre enfants dont l'aînée, la seule fille, ainsi qu'un chien, Fidèle. Le benjamin avait un prolapsus anal et il fallait souvent lui faire ingurgiter un mélange d'œufs crus, de vin et de lait. La mama lui en touillait de grandes quantités. Son job à elle c'était la couture. Elle m'avait fait une belle chemise africaine noire et blanche sur sa magnifique Butterfly.

À Petit Paris je suis resté six mois. Six mois à revivre intérieurement mon expérience à Lagos ainsi qu'à contempler les courbes de Céline, la fille de Jean. Je ponctuais mes journées de visites improbables à des offices susceptibles de me fournir un travail et passais le plus clair de mes soirées dans des discothèques à suivre le raclement de semelle des danseurs aux cris stridents de guitares électriques congolaises et, plus rarement hélas, nigérianes. Heureusement la musique *yoruba* je la trouvais à la radio, y compris sur Radio Angola. Très souvent, d'un trou du mur de ma carrée pendait une queue grise et raide ; je savais alors que les rats étaient venus écouter la musique. Parfois j'avais la chance d'assister à une poursuite sur les solives. Peut-être une forme de danse sur une piste étroite. En tout cas ils me faisaient comprendre que ma présence ne les gênait pas. À mon tour je les rassurais en promettant de ne pas utiliser de mort-aux-rats à condition qu'ils ne viennent pas m'embêter la nuit. Car je tiens à mes « rêves illuminés des couleurs de Luanda ». Céline attendait que je sois en mesure de lui offrir une montre en plaqué, mais fin juillet il ne me restait que la somme nécessaire pour payer le billet Libreville-Nice. En plus, mes crises de palu devenaient plus fréquentes. J'ai effacé Luanda et je suis rentré. J'ai dormi toute une semaine dans la villa d'un couple auquel Gilbert avait téléphoné, sur les hauteurs de Sainte-Maxime. Je recollais le puzzle Afrique-Europe. Ce n'est qu'au moment de partir pour Marseille que je me suis rendu compte de l'existence de leur berger allemand, qu'ils appelaient Judex.

***

Mais je reviens sur mon expérience à Lagos. Ou plutôt près de Lagos, à la frontière avec le Bénin. Dans l'immense réfectoire du *Festival Village*, j'étais le seul Blanc. Un jour est venu le

Président Obasanjo en visite officielle, uniforme blanc couvert de décorations et de fourragères jaunes, casquette d'officier. Il s'est dirigé vers moi et m'a demandé comment était la nourriture. Je lui ai répondu qu'elle était excellente et il m'a fait un sourire ainsi qu'à son aide de camp. Pas loin de moi se tenait, solitaire, un homme vêtu à l'européenne d'un costume clair, chemise bleu pâle et chaussures de toile beige. S'exprimant dans un bon français, il me demande s'il peut venir s'asseoir à ma table, ce que son regard franc m'incite à accueillir favorablement. Il se présente : John Julidi, ethnopsychiatre, diplômé en psychiatrie de la Faculté de médecine d'Édimbourg et titulaire d'un doctorat Sorbonne en anthropologie. Il est issu d'une famille qui a fait fortune dans le pétrole et a pu ainsi lui offrir les meilleures études. Il m'annonce tout de go participer à un mini-meeting d'ethnopsychiatrie qui se tient en marge du festival étant donné le refus des autorités de l'inclure dans le programme. Les réunions ont lieu dans une salle du *Federal Palace* et il me propose d'aller boire un whisky au bar de l'hôtel. Incurieux de la raison de tant d'honneur, ou déjà habitué par celui que m'a fait le Président lui-même, je me laisse entraîner. Nous voilà donc confortablement installés dans le cuir devant l'eau boueuse du lagon alors que s'approche la serveuse que John visiblement connaît bien. Véritable icône taillée dans le marbre noir, chorégraphique dans ses gestes, elle lui demande si ce sera le Lagavulin *special edition* habituel et il acquiesce d'un sourire. « Tu vois cette eau, dit-il, elle transporte sans cesse les restes infinis de mes ancêtres, leurs atomes. Je suis un Yoruba. » Je lui fais part de mon plaisir à entendre certains rythmes yoruba. Sa réaction est enthousiaste : « Bien senti, Toubab, il n'y a que les percussions yoruba qui puissent donner la sensation de remonter le temps. À part ça, j'ai beaucoup étudié la physionomie des Français et je n'arrive pas à saisir les origines de la tienne. » Je lui explique que j'ai des origines multiples, à la fois corse, maltaise, sicilienne et ukrainienne. Je n'en connais pas bien les détails, ajouté-je, mes parents m'en parlent peu, mais j'aimerais en savoir davantage. C'était comme si John, par un tour de magie, m'avait amené à mon insu sur la route qu'il comptait me faire suivre : « Rassure-toi, me dit-il, *I am no trickster*, je ne suis pas un décepteur. Mais si tu le veux, tu peux visiter tes ancêtres. J'ai dans mes bagages une plante gabonaise qui t'y aidera. Mon groupe de recherche serait intéressé par une étude de cas, celui des effets de la plante sur un Blanc. Tu peux me demander tout ce que tu veux sur cette étude et si tu acceptes tu aideras la science. » Conjonction ! J'étais fruit mûr et cobaye consentant pour l'Expérience. Après ces deux ans d'indolence je n'attendais qu'un électrochoc et je venais de faire la rencontre qui le permettrait. Le moment était venu et j'ai dit oui. Si je devais perdre la tête, ce ne serait certes pas suite à une décapitation, d'après l'indice de confiance que m'affichait Jay-Jay. Ce n'était pas son seul fait de prononcer le mot « ethnopsychiatrie » qui me rassurait, c'était un tout qui semblait exclure toute affabulation. Sûr, je m'étais déjà fait arnaquer deux fois, mais justement, je voulais conjurer la superstition du « jamais deux sans trois ». Si je perdais la tête, ce serait plutôt suite à une intoxication cérébrale, ce qui entraînait une appréhension dont j'ai fait part à Jay-Jay ; et lui : « Non, non, ce n'est pas un hallucinogène. Tu seras pleinement conscient de la réalité autour de toi et nous pourrons communiquer presque normalement. Simplement tu seras en phase de sommeil paradoxal bien qu'éveillé. » Je lui demande si je risque d'avoir des séquelles suite à l'absorption de la plante. « C'est en fait un des avantages et on ne parle donc pas de séquelles. C'est que, vois-tu, la part des effets bénéfiques semble irréversible, une curiosité sur le plan pharmacologique. Il semblerait que… en fait ce n'est pas une plante mais un arbuste, dont on recueille l'écorce des racines pour la mélanger avec de la banane et… bref, certains clans religieux gabonais l'utilisent dans leurs rites. On observe aussi une propriété pharmacodynamique insolite, c'est que les vomissements intenses qui suivent l'ingestion et vident totalement le tractus n'empêchent pas l'effet, ce qui évoque la possibilité d'une autorégulation adaptative de la posologie. J'ajoute qu'il n'y a aucun… comment dit-on *casualties* déjà ? Aucune victime, c'est ça. En travaillant sur des chats, le labo d'électrophysiologie de Strathclyde a constaté qu'après ingestion il y a une augmentation de fréquence de décharge sur la voie ponto-géniculo-occipitale, tout à fait comme pendant le sommeil paradoxal, sauf que le *pattern* rappelle celui observé pendant le développement fœtal. Somme toute, il semblerait que l'écorce reprogramme les connexions de la formation réticulée. Un autre effet qu'ils ont détecté, c'est l'augmentation de fréquence électrique des fibres du corps calleux, le réseau câblé entre les deux hémisphères. Au final, le sujet se retrouverait donc connecté à la fois à l'instant présent et à une dimension extratemporelle. Qu'en penses-tu ? » J'ai répondu que je n'avais pas de question et au bout d'un moment j'ai confirmé mon accord. John m'a demandé de l'attendre au bar tandis qu'il allait se changer dans sa chambre. Il est redescendu métamorphosé, en boubou bleu outremer brodé or, chapeau nigérian blanc sur la tête.

Légèrement au nord de Lagos, nous nous arrêtons dans un petit village. On y donne une fête pour célébrer une naissance et John y a des proches. Ça se passe sur une placette organisée façon guinguette. Dans l'intervalle d'une Heineken arrivent invités, boissons, nourritures et crépuscule. À mon grand dam, John, un verre de gin fizz à la main, me demande de ne plus toucher à une goutte d'alcool. Cependant, les décapsuleurs s'activent et la séance d'offrandes aux parents commence. C'est une véritable donation aux enchères, lesquelles atteignent vite la dizaine, la vingtaine de naïras, chacun donnant et redonnant à la mesure de ses moyens. Jay-Jay agite un billet de 50 naïras et l'assistance est en délire. Faut dire qu'elle est excitée par les deux crieurs qui, brandissant les liasses à quatre mains, hurlent leur métier. Je fais un rapide calcul et réalise qu'ils ont réuni quelques milliers de francs. Sacrifice, respect et admiration. Mais au bout d'une heure, je me demande comment nos hérauts peuvent encore capter la plus grande partie de l'attention sur un sujet qui a nettement commencé à s'user. Ensuite, l'amplificateur City débite un panorama paranormal de chansons yoruba et je suis sollicité pour me joindre aux danseurs. Je ne me sens pas la force d'y faire honneur et m'éloigne sur un dôme de terre. Là, un groupe m'invite à poser pour une photo avec eux mais le flash ne fonctionne pas. Je vais dire à John que je l'attends dans sa voiture.

Il m'y rejoint quelques minutes plus tard et nous faisons route à l'ouest. La nuit est étoilée. Nous arrivons dans un village de plus grande étendue, où nous attendent les amis de John. Il leur a envoyé des nuages de fumée ou quoi ? Je ne vois pas la moindre trace de téléphone. « Jay-Jay, *my friend!* » pour commencer toutes les palabres. Il s'agit d'organiser l'initiation du Blanc. En réalité les choses sont simples. On m'a assigné un papa et une maman. C'est nécessaire pour un transit sans heurt. Papa Doudou et Maman Élisabeth Nyantsobie, une des rares femmes fang encore menstruées initiées au *bwiti*, seront à mes côtés. Il faut aussi prévoir deux ingrédients et une condition. Les ingrédients c'est le feu et la musique. Le feu comme porte vers les « visions » et deux percussionnistes qui dispenseront le sésame de la porte. C'est John qui m'explique. Si je veux revenir au monde présent il me suffit de détourner mes yeux des flammes. « Tu peux alors me décrire tes visions et, surtout, tes interactions avec ce que tu vois et entends. » La condition, c'est que le « corps de garde » soit totalement nettoyé de tout objet. En effet, le moindre paquet de cigarettes, la moindre canette de bière peuvent me faire dériver vers la trajectoire intégrale de l'objet, de sa conception jusqu'à sa réalité présente. Inintéressant. Autre point important, je serai la plupart du temps en ataxie quasi générale, seule la motricité verbale étant préservée. Il faut donc que je prévoie de rester sur ma natte entre huit et neuf heures. Papa Doudou aura la responsabilité de me « réveiller » de temps à autre pour m'aider à orienter ma recherche. Dernière chose, un antidote est à disposition en cas de pépin.

John est assis derrière moi, qui suis entre Papa à ma droite et Maman à ma gauche. Il appelle : « Olùn ! » et un jeune, scarifié comme s'il avait été attaqué par un lion, m'apporte une corbeille contenant trois grosses bananes plantain ouvertes dans la longueur et remplies d'une farce gris foncé. « Bon appétit ! » s'amuse John. Je prends une banane et goûte le contenu. Non seulement j'ai l'impression de mâcher de la sciure mais c'est horriblement amer malgré la chair de la banane. J'engloutis là le pire repas de ma vie. Comme je me plains de l'extrême déshydratation de ma bouche, ma maman me tend un verre de lait de coco. Quelques minutes après, une formidable sensation d'énergie m'envahit. John me dit que ça me permettra de tenir toute la nuit et il m'invite à manger les deux autres bananes. À la deuxième, je suis devenu ambidextre. En effet, je ne ressens plus la moindre différence entre tenir ma banane de la main droite, mon ex-préférée, ou de la main gauche. À la troisième, un intense besoin de vomir me prend. Papa et Maman me prennent sous les aisselles et m'aident à sortir pour évacuer le trop-plein. Une dizaine de gamins entre six et douze ans se tiennent là qui partent dans des éclats de rire en m'assaisonnant en chœur de « Oyinbo ! Oyinbo ! Oyinbo !... » autrement dit « le Blanc ! le Blanc ! le

Blanc ! » Mon papa les fait fuir en les menaçant d'un chasse-mouches. Revenu dans le corps de garde, je m'allonge sur ma natte et commence à remonter le temps. Il y a quelques secondes, j'ai entendu ces enfants crier mais je n'avais pas compris le mot, je croyais qu'ils disaient « Ô Ibo » parce qu'étant yoruba, tout ce qui ne leur ressemble pas serait forcément ibo, l'autre ethnie. À un moment il m'a aussi semblé entendre « beau gars ! beau gars ! » Des anglophones… n'importe quoi ! Je fais part à John de ma crainte d'être entraîné dans des interprétations farfelues. Pour toute réponse, il me demande comment je m'appelle et je lui donne mon nom. « Tu vois, dit-il, tu as mangé ce sacré bois et pourtant tu es le même. Imagine-toi le monde comme un arbre. À l'intérieur du tronc il y a le duramen, bois de cœur, bois parfait, la robustesse même. C'est l'origine des origines. Seuls quelques individus sont capables d'y accéder mais en général ils n'en reviennent pas. À l'extérieur, il y a l'écorce, c'est ce que voit tout le monde, feuilles et fleurs. Entre les deux, près du duramen, il y a l'aubier. Ce sont les Ancêtres, que tu pourrais visiter quand tu veux si ces foutus percussionnistes n'étaient pas en retard. Et juste sous l'écorce il y a le liber, où coule la sève, *tadi* – c'est-à-dire –, ta production. C'est là que tu es actuellement. Il est donc normal que tu imagines toutes sortes d'interprétations à ce qui t'entoure. Tu es dans un état second et le but c'est d'atteindre l'état tiers qui, lui, ne laisse aucun doute, aucune marge d'interprétation. Mais comme il semble que tu doives t'attarder dans cet entre-deux, je vais proposer au chef du village que “Liber” soit ton nom de transit. Les Gabonais appellent ça le *kombo*, le nom d'initié. Naturellement ça ne change rien à ce qui est sur ton passeport français. »

John est sorti chercher les percussionnistes. Il avait laissé son carnet de notes par terre et j'ai pointé mon doigt vers ce que je contemplais comme pouvant être un papyrus égyptien. Mon papa s'est aperçu de la bourde et a vite retiré le carnet. Il a compris que j'étais « parti dans le Bois » et m'a demandé si j'avais encore des ancêtres vivants. J'ai tout de suite pensé à mon grand-père Bogdan. La dernière fois que je l'avais vu, à Lyon, c'était le portrait tout craché de Sigmund Freud et ça m'avait frappé. Papa Doudou m'a demandé de me concentrer sur lui. Là-dessus est arrivé John suivi des deux tambourinaires qui, eux aussi, avaient l'air d'être dans un état second. On a mis quelques bouts de bois dans le feu et les deux tam-tams, un sourd, grave et un plus sec, ont entamé un rythme effréné. À ce moment-là m'est venue une grosse migraine dont je me suis plaint. Alors ma maman m'a fait boire une espèce de bouillasse épaisse qui véritablement sentait la merde mais a stoppé net mon mal de tête. Je pouvais décoller. Ma vie a défilé à toute vitesse dans ses moindres détails comme il arrive, paraît-il, au moment de la mort. J'entendais John dire à Papa Doudou : « Laisse-moi faire, je vois que tu ne comprends rien à ce que dit le Blanc. Moi, je les ai fréquentés, ils sont vraiment différents de nous. Ils ont une histoire millénaire mais curieusement leurs racines sont superficielles. Ils n'ont pas de preuve de l'invisible comme nous et n'ont qu'un gadget qu'ils appellent la foi. Tu as bien fait de lui parler de son ancêtre vivant. Il faut qu'il s'y attelle sinon il va se perdre. On va le perdre. »

Je recommençais à voir les détails. La géographie de la Corse, de la Sicile, je la voyais bien d'habitude, la Corse comme une main pointant son index, la Sicile comme un triangle isocèle chancelant, mais maintenant je plongeais dans les méandres de la côte pour examiner les plus petits cailloux qui la constituaient. « Ton cerveau est en mode fractal, me dit Jay-Jay, pense à ton grand-père. » C'était plus dur, il était natif d'Ukraine. Je le voyais comme un laissé-pour-compte de sa propre histoire et je n'arrivais pas à entrer en contact. « Laisse-toi guider par le rythme. Chaque battement enfonce un peu plus tes racines dans le sol. Laisse la sève et entre dans l'aubier. Tu peux aussi y rencontrer des vivants, il n'y a pas de discontinuité. Quand tu auras recousu tes liens, tu pourras revenir en emportant quelque chose, une sorte de don ou de clé pour ton futur, pour ta liberté. » Je devais y être entré, dans l'aubier, car je voyais se pointer ma grand-mère Marie-Rose à l'âge tendre. Je voyais un journal intime mais au fur et à mesure que je le lisais, les lignes s'effaçaient, comme si elles n'avaient jamais été écrites. Je voyais une foule de gens plus ou moins connectés avec ma famille. Je voyais… J'étais en train de m'abandonner, vraiment, et j'ai dit à John qu'il n'aurait jamais assez de papier ni d'encre pour écrire mes visions. « Dommage que je ne maîtrise pas l'*obéri okaimé* d'Oshitelu, a-t-il marmonné ; parle, mon ami, parle, je suis prêt pour tes glossolalies. » Et en effet j'étais, comment dire ? Pas polyglotte mais babélisé. Un moment j'ai failli me laisser enfermer dans la cathédrale Saint-Jean de Malte par des chevaliers égrillards mais l'ajout d'une bûche dans le feu et le changement du rythme yoruba m'ont remis d'équerre. Je savais que je devais rester sur le socle des grands-parents.

Récit de Bogdan

Éveillé juste avant l'aube, je me dirige, comme presque tous les jours, vers l'église Saint-Sauveur. Le pavé humide des ruelles du haut Constantinople commence à s'illuminer des premiers rayons. Du jardin de l'église, le regard embrasse la ville qui s'éveille. En cette fin de mars, le froid est encore vif mais la lumière est belle, qui allume des perles de rosée sur les parterres de fleurs. Un lierre fougueux enlace un étique acacia, comme une figure d'amour possessif. Un énorme goëland passe, l'air égaré.

Je me suis fait un ami d'Ali, le gardien, lui aussi un lève-tôt. Nous parlons un mélange de russe, de français et d'anglais qui nous sied. Ali dit avoir soixante-quinze ans, mais il paraît beaucoup plus jeune, aussi bien par les traits de son visage que par sa vivacité. Nous sommes aussi dépareillés que possible, entre mon jeune âge, mon visage glabre, mes cheveux noirs, courts et ma tenue européenne contrastant avec sa robe blanche, socle d'une exubérante pilosité gris clair. Ali m'a fait découvrir le café, breuvage dont il me fait une tasse à chacune de mes visites et qui aiguise mes sens comme par enchantement.

Je viens ici non pour prier, étant donné l'inadéquation de ma foi avec le culte du lieu, mais pour la beauté de celui-ci ; pour méditer sur « les circonstances », pour chercher l'inspiration bénie qui me fera trouver la voie – terrestre, ferroviaire ou maritime – vers un asile spirituel et matériel.

Cela fait maintenant deux mois que nous avons débarqué ici après un départ précipité d'Odessa sur un navire dont j'ai oublié le nom tant la traversée fut traumatique.

L'endroit est aussi propice à l'évocation. Ma courte vie défile.

***

Tôt après ma naissance à Kobéliaky, dans la région de Poltava du Centre-Est ukrainien, mon père obtint sa mitre d'archiprêtre à Makejevka, région de Donetsk et pour ainsi dire sa banlieue. Ainsi, mes souvenirs d'enfance sont liés essentiellement à ce district vrombissant d'énergie, à sa physionomie sculptée par les mines de charbon, ses usines métallurgiques et son chemin de fer. Autant de démons (et merveilles) d'acier poudrés de noir qui ne furent peut-être pas étrangers à la venue de mon père. Il fallait bien un peu de spiritualisme pour faire contrepoids à cette furie mécanique. Il fallait surtout des sacrements, des onctions pour les nombreux accidentés et malades, des consolations pour les familles des morts.

Dans ma quinzième année, je fus honoré de la passation par mon père de l'arbre généalogique qu'il avait élaboré. Lors, je découvris que notre lignée paternelle, remontant à la fin du XVIIIe siècle, comptait plus d'une dizaine de religieux, prêtres, archiprêtres, diacres, à commencer par mon trisaïeul, l'archidiacre Pouditchev de Poltava. Le quotidien familial, avec ma mère Alexandra, mon frère et mes deux sœurs, dont l'une mourut à l'âge de douze ans emportée par une méningite foudroyante, ce quotidien donc était empreint de cérémonial, de rituel et surtout d'un intangible amour du prochain transmis de façon presque atavique. Je serais sans doute devenu prêtre moi-même sans la révolution bolchevique.

À l'école la classe était donnée en russe et on parlait ukrainien dans la cour de récréation. Nous étions dans l'empire de Russie et le portrait de Nicolas II trônait un peu partout. Son visage m'impressionnait, d'abord par sa beauté mais surtout parce qu'il reflétait à mes sens un mélange subtil d'expressions diverses, à la fois calme et parfois inquiet, autoritaire et triste, distant et attendrissant. Peut-être était-ce mon éducation pacifiste qui, me poussant à pardonner, me faisait percevoir de bons côtés chez celui que beaucoup considéraient comme un despote sanguinaire. Pour autant, je ne prêtais qu'une attention distraite aux feuilles ecclésiastiques tsaristes que recevait mon père. Peut-être, encore, avais-je déjà acquis cette force de détachement qu'il faut posséder pour se pencher sur l'abîme, se laisser pénétrer du mystère et s'initier, par-delà le Bien et le Mal, aux tréfonds de l'âme humaine. Peut-être, enfin, pressentais-je que le tyran allait devenir martyr.

Au lycée, je m'ouvris à de nouveaux horizons ; beaucoup de mes condisciples venaient d'ailleurs, qui de Kiev, qui de Moscou, ou même de Londres et Paris. Tout en me facilitant l'apprentissage des langues, ces derniers me contaient des histoires étranges, choquaient mon puritanisme avec des paillardises et me faisaient rêver à des territoires improbables. C'est à cette époque que je découvris la Pravda, un nouveau journal qui se préoccupait des misères paysannes et ouvrières et que mes enseignants éclairés arrivaient péniblement à obtenir malgré la censure constante du gouvernement. J'y fus initié aux visions futuristes et enchanteresses de celui qu'on appelait Lénine, visions qui d'emblée me séduisirent. Je voyais tous les jours les conditions épouvantables imposées aux mineurs, aux métallurgistes, aux cheminots. Au cours de mes déplacements en famille chez mon oncle, en périphérie de Gorlovka, je réalisais le dénuement et la santé précaire de ses ouailles campagnardes.

J'étais convaincu que le socialisme représentait l'aboutissement naturel des préceptes chrétiens, et que par conséquent il en dictait la mise en œuvre. Mes lectures de Tolstoï me confortaient dans cet esprit. La fin de l'injustice sociale et de l'asservissement des déshérités, par-delà et malgré la récente abolition du servage, constituaient des objectifs aptes à canaliser l'effervescence de ma jeunesse. Mon oncle, hiérarque respecté de tous et au premier chef par ma famille, s'efforçait de tempérer cette effervescence, trouvant toujours un argument pour contrer la moindre de mes assertions utopistes.

La déclaration de guerre de l'Allemagne à la Russie trancha brutalement le débat : il ne s'agissait plus de secourir nos semblables mais de les détruire. La mobilisation fut massive, mon frère dut partir en octobre 1914 pour le front de Lodz en Pologne. Il y périt en 1916. Nous eûmes la terrible nouvelle par un camarade de combat à qui il avait donné son adresse. Celui-ci expliquait dans sa lettre, presque sur le ton de la plaisanterie, que notre Nicolas avait sûrement eu du succès auprès des jeunes filles grâce à sa grande taille, mais que cette dernière lui avait été fatale en le faisant nettement dépasser de la tranchée. Ma sœur Olga, dévastée de chagrin, quitta à ce moment le foyer familial pour parcourir le monde avec un chamane moscovite. Après le faire-part de mariage posté de Kyoto, nous n'eûmes plus de nouvelles.

L'année suivante fut marquée par une autre étape importante : l'indépendance de la République d'Ukraine. Les péripéties qui l'ont accompagnée me faisaient penser à mon cours de physique des fluides au lycée, à la lente séparation d'une goutte d'eau débordant d'une gouttière, son étranglement progressif au bord du toit pour finalement tomber libre et s'éparpiller en gouttelettes.

***

Je raconte les événements à Ali. Il sourit et me propose de partager son repas, jouant celui qui n'en a pas du tout envie mais que sa confession musulmane oblige.

— Il y a quelque chose qui ne tourne pas rond chez vous les Chrétiens, vous confondez le royaume de Dieu avec le vôtre propre. D'ailleurs, ne peignez-vous pas son portrait à votre image ? Chez nous il est le seul chef, bien qu'il soit – ou justement parce qu'il est – au-delà de toute représentation.

— Tu simplifies trop, Ali, ton chef s'appellera Kemal.

— Tu as sûrement raison, mais on peut encore penser ce qu'on veut. Reprends un peu de graine avec ton mouton.

— Merci. Tu vois, je ne me savais pas spécialement patriote mais j'ai comme un doux frisson quand je pense à l'Ukraine libre.

— « L'amour du pays se conserve et se réveille par celui de la religion. »

— Peut-être. Je suis aussi troublé que les temps qui courent.

***

Chez ceux qu'il convenait maintenant d'appeler nos voisins, tout allait tellement vite ! Les grèves et le soviet de Petrograd, l'abdication du tsar et la fin de l'Empire, les bolcheviks au pouvoir, la défaite de la Russie et la paix signée avec l'ennemi, enfin, la guerre civile. Puis toujours et partout la mort, la mort, la mort. Et pour parachever le carnage, l'assassinat du Nicolas de tout un peuple, le souverain dont le couronnement, la même année que la naissance de mon frère, avait inspiré le prénom de ce dernier. Les meurtres du tsar et de sa famille symbolisaient pour moi le projet même d'anéantissement du sacré, bref, la fin du monde. Ou d'un monde.

Moi qui avais sympathisé avec les idées de Lénine, j'étais loin de me douter que l'étau se resserrerait autour de notre famille.

Nous avions le malheur d'être non seulement religieux mais ukrainiens de surcroît. Les bolcheviks entamaient leur campagne sanglante et allaient bientôt forcer ma fuite. L'Ukraine était maintenant la proie de toutes les terreurs, la rouge bien sûr, la blanche en face, entre les deux la verte, celle des moujiks, la noire, celle des anarchistes. Faut-il y ajouter la terreur jaune et bleu des pogroms ? Dans les rues de Makejevka, scandant des injures qui évoquaient une collusion judéo-bolchevique, des nationalistes brandissaient de grands drapeaux composés d'une bande bleue représentant, paraît-il, le ciel et surmontant une bande jaune symbolisant les champs de blé. Triste perversion d'une allégorie pacifique. Notre terre était donc devenue un kaléidoscope de l'horreur où la couleur qui finalement dominait était le rouge sang, dégoulinant sur une vaste étendue de boue polychrome.

Au début, dans la rue, au café, dans les échoppes, certaines gens parlaient de massacres de religieux en Russie, y compris d'évêques, de sœurs de charité, même de femmes de prêtres. On se demandait comment ces gens pouvaient savoir et, comme ils semblaient familiers de la chose militaire, on suspectait que ces crimes leur étaient rapportés, directement ou indirectement, par ceux qui les perpétraient. Les réactions étaient excessivement variées, allant de l'effroi à l'exaltation en passant par l'indifférence et la dénégation. Au-delà des pillages et des meurtres, les récits se teintaient souvent de peintures inimaginables des tortures morales et physiques infligées aux cléricaux. Ils développaient comme un catalogue exhaustif d'atrocités, un compendium de la cruauté. Dans leur application à mutiler, démembrer et faire disparaître les corps, jusqu'à les enterrer vivants, les Rouges étaient visiblement en proie à une frénésie apocalyptique visant l'annihilation de la moindre trace du sacré. La vague mortifère arriva bientôt dans nos régions, que les victimes potentielles commençaient à quitter pour des horizons moins lugubres.

À la fin de mes études lycéennes, mon diplôme obtenu, les difficultés financières de mes parents et l'imminence d'une dégradation sociale ne m'incitaient pas à poursuivre à l'université. Je trouvai facilement un emploi aux écritures dans une société d'exploitation minière basée à Donetsk, où je pris en location un logement sommaire dans la maison d'une jeune veuve de guerre. Mes sentiments envers Tania évoluèrent sur trois ans selon un cheminement sinueux. Nos premiers instants de cohabitation furent façonnés sur le mode de la distance respectueuse, elle ne pouvant surmonter son deuil que par une force d'âme sans faille, moi ne pouvant que respecter cette disposition. Dans sa douloureuse solitude, ses relations à autrui ne semblaient pouvoir dépasser la condescendance courtoise. De mon côté, étant en quelque sorte prédestiné pour venir en aide aux éplorés, je lui prodiguais tout le réconfort dont j'étais capable. Et de plus en plus, j'accompagnais mes élans consolateurs de rituels que j'étais bien placé pour connaître. Tania possédait des icônes d'une grande beauté, devant lesquelles nous allumions des bougies et des bâtons d'encens. Au milieu de mes paroles de soutien, je lui récitais des bribes de psaumes que je me remémorais. Je tâchais enfin de l'habituer à nos petites cérémonies, dont je m'efforçais d'instaurer une régularité hebdomadaire le dimanche. Il me venait l'intuition que ces retours périodiques d'un événement programmé, anticipé, pourraient lui servir de pierres de gué pour avancer sur le lac de chagrin qui la cernait et lui éviter d'y sombrer comme dans un néant intemporel. Était-ce une prémonition, une préparation mystique à cette douleur qui allait moi aussi m'accabler, apprenant la mort de mon frère ? C'est à partir de la conjonction de nos malheurs que l'attitude de Tania commença de changer.

Elle me devint plus proche, m'entourant de nouvelles préventions comme si, d'un lot commun de tristesse imposé aux mortels, la part qui m'était échue avait allégé la sienne. À partir de 1918, les troubles politiques devinrent de plus en plus menaçants et nous éloignèrent, selon le même principe de compensation, de nos détresses privées. Inéluctablement, la peur l'emportait sur le chagrin et la solidarité sur le repli. Tania incarnait maintenant à merveille l'avatar étymologique de son prénom : la fée. Face aux restrictions, aux prix exorbitants, aux harcèlements de toutes sortes, elle apportait des solutions qui relevaient parfois du miracle. C'était maintenant elle qui me protégeait. Et nous finissions par nous complaire dans un confinement qui, nous isolant de tout contact extérieur, nous soudait en un seul être invulnérable. Les barrières de la pudeur finirent par tomber et ce fut comme si nous vivions à l'envers l'épisode de la Chute biblique, nous livrant à un érotisme échevelé qui nous portait au faîte de la béatitude. Initialement pétri de communion spirituelle, cet érotisme se métamorphosa en une fusion charnelle dont l'intensité croissait à raison de celle du danger qui nous cernait. Nos enlacements semblaient alors figurer les derniers sursauts d'une humanité en voie d'extinction. Nous nous aimions et nous bercions de l'illusion que notre passion nous immunisait contre toute adversité. Nous vivions dans un Éden et dehors c'était l'Enfer.

Les trois années qui venaient de s'écouler, de 1916 à 1919, produisirent chez moi à la fois le pire et le meilleur de ce qu'un homme peut vivre sans perdre la raison. Le meilleur de par ce sentiment partagé de force invincible qui nous projetait, Tania et moi, vers un avenir qui ne pouvait être que resplendissant. Mais le Mal gagnait du terrain. L'espoir d'être protégé de la terreur bolchevique, trouvant de fragiles arguments dans l'alternance chaotique des libérateurs tsaristes, ukrainiens ou allemands, s'amenuisait de mois en mois. Qui plus est, la défaite ultérieure de l'Allemagne allait ouvrir la voie à la déferlante rouge au nord. Mais elle allait également ouvrir celle de la pénétration alliée au sud. Pouvait-on fonder un nouvel espoir dans cette direction ? Hélas ! la volonté de lutte affichée par les Français n'était pas soutenue par un dispositif militaire suffisant, et leurs soldats étaient usés par quatre ans de guerre. L'obsession de neutralité des Anglais et des Américains, dont l'unique préoccupation était d'ordre économique, ne favorisait pas non plus l'espérance. Tant et si bien que les Blancs, perdant et terrain et espoir, se retranchaient maintenant dans le sud, au bord de la mer Noire. Si quelques chefs d'armée firent preuve de détermination, de résistance, pour les Blancs civils et nombre de militaires défaitistes, l'attente d'une reconquête se transforma bientôt en attente d'évacuation. Au début je voulais être rouge et blanc à la fois, puis ni l'un ni l'autre. D'aucuns diraient que j'étais un Rose face à un avenir qui ne l'était pas.

Le comble de l'horreur fut atteint le 24 décembre 1919 de notre calendrier, quand je découvris le meurtre de mes parents et de ma grand-mère. J'allais fréquemment les visiter à Makejevka, où ma grand-mère avait emménagé à la mort de son mari. La veille de la Nativité, je pris l'omnibus habituel et constatai une forte agitation de rue à l'orée de notre quartier. Des gens couraient en tous sens, certains hurlaient comme saisis d'effroi. À peine le pied posé sur le pavé, je m'enquis des raisons de ce tumulte et m'entendis dire « qu'une horde barbare avait commis des exactions avant de s'enfuir dans la campagne, qu'une meute de démons ivres, haineux et assoiffés de sang avait répandu la terreur, criant qu'ils empêcheraient les célébrations, que Dieu était le premier oppresseur… » Je ne voulus pas en entendre davantage et me précipitai chez mes parents où m'attendait un spectacle qui me marqua au fer. Parmi les restes vandalisés des douze plats de Carême, mon père et ma mère étaient assis sur leurs fauteuils, la tête ensanglantée penchée de côté. Je suffoquai. Mes yeux s'emplirent de larmes pour ne plus voir, et je tombai à genoux. Entre mes parents se trouvait une valise mal fermée et suintant d'une trace noirâtre. Quelques moments après l'étourdissement qui me fit m'agenouiller, instinctivement j'ouvris la valise en tremblant. Elle contenait ma grand-mère découpée en morceaux. Par ce coup de grâce, je sentis mon cœur m'abandonner. Je ne pus jamais comprendre la signification de cet acte monstrueux.

Revenu à moi, haletant, je récitai une prière. L'instant d'après, je courus chez des amis de la famille qui habitaient tout près et qui, heureusement sains et saufs, acceptèrent d'assurer une veille aux défunts le temps que j'aille chercher mon oncle. J'arrivai à Gorlovka dans la soirée et me jetai dans ses bras en pleurant. Après que j'eus bégayé un récit aussi peu explicite que possible, il s'ensuivit une séquence d'hébétude, d'incrédulité et d'imprécations qui se fractura incontinent pour laisser place aux nécessités : mon oncle s'empressa d'atteler. Durant tout le trajet retour, il m'adjura, me fit promettre avec force prières de partir au plus vite, me rassurant de ce qu'il s'occuperait des obsèques, me consolant du fait qu'il devait, lui, rester et m'instruisant des moyens de rejoindre les flottes russe et alliée à Odessa ou ailleurs. Il fallait faire très vite car Odessa était en train de tomber aux mains des Rouges. Si cette porte de sortie était fermée, il faudrait aller en Crimée. Avant la dernière embrassade, il prit une liasse de billets dans sa poche et me la mit dans les mains.

Convaincu par cette sagesse, ma première pensée fut pour Tania, dont je n'ignorais pas que de multiples contraintes l'empêchaient de me suivre, car nous avions bien évidemment déjà abordé le sujet de l'exil. Je ne savais comment envisager une séparation, comment affronter le spectre d'un double martyre, mais l'urgence de partir était devenue absolue. Encore une fois, la peur l'emportait sur le chagrin et encore une fois Tania révélait son immense courage. Le jour fatidique, me préparant une valise avec quelques vêtements chauds, elle y plaça en dernier deux icônes, celles de saint Constantin et de sainte Agathe. J'y ajoutai le premier livre qui me tomba sous la main, un recueil de poèmes de Volochine, ainsi que mon diplôme de fin d'études. Nous nous promîmes de nous écrire dès que j'aurais une adresse et de nous rejoindre un jour pour ne jamais nous quitter.

La queue devant les banques pour liquider mes économies m'avait été l'occasion de parler avec des candidats à l'exil, lesquels semblaient informés des différentes options d'évacuation. La plupart considéraient la mer Noire comme la seule issue concevable. Odessa, bien qu'étant tombée aux mains des Soviétiques ou sur le point de l'être – nul ne savait vraiment – leur paraissait la moins mauvaise option. Celle de Sébastopol leur convenait moins : d'après leurs dires, la ligne de chemin de fer y menant n'était pas sûre ; étant fréquemment visée par des dégradations en tous genres ou bien sujette à des attaques terroristes, le trafic y était souvent interrompu ; ensuite, les délais d'embarquement s'éternisaient en raison des mutineries de marins soi-disant gagnés à la cause révolutionnaire, de l'accumulation massive de réfugiés entraînant un casse-tête logistique et, couronnant le tout, de l'arrivée d'une épidémie de grippe, dite espagnole, qui faisait de plus en plus de victimes. On pouvait penser que les informations arrivaient plus facilement de Sébastopol que d'Odessa (grâce à la présence de l'Armée blanche ? À la masse plus importante de réfugiés ?) ; en tout cas, je devais plus tard découvrir que la situation n'était pas meilleure à Odessa. Je n'avais pas vraiment de plan, comme toujours je m'abandonnais à mon instinct (ou à mon destin ?) et allais finir par me jeter à l'eau, au sens figuré comme au sens propre.

J'achetai donc un billet de train pour Odessa, présentant le passeport ukrainien que les autorités de l'époque délivraient facilement, mues par leur fierté d'indépendance nationale.

Les wagons étaient bondés. Une affichette près de la porte d'accès indiquait les distances entre les gares, celle d'Odessa se trouvant à mille verstes de notre point de départ. J'escomptais que la plupart des voyageurs se rendaient à Kiev par Poltava, où je devais changer de ligne, et que le prochain segment serait allégé. Ma correspondance ne démarrait pas de Poltava avant plusieurs heures, ce qui me permit de flâner dans la ville de mes origines en méditant sur la brusque cassure, au moins géographique, que j'étais sur le point d'infliger à notre longue lignée familiale.

Mon train partit dans la soirée, tout aussi bondé. Je me consolais en observant que toute cette chaleur animale contribuait à adoucir les affres de l'hiver glacial qui était sur nous et m'endormis rapidement. À l'aube, le train fut stoppé en pleine campagne par une poignée de nationalistes ukrainiens qui comptaient en faire descendre une famille de Juifs dont ils clamaient que le patriarche avait usurpé un poste de fonctionnaire à Poltava. Les gardes affectés à la sécurité du convoi s'interposèrent violemment et, après un échange d'insultes et de menaces avec les pirates, dégagèrent la voie. Je m'en voulais pour mon soulagement opportuniste de n'être ni juif ni fonctionnaire.

Nous arrivâmes à Odessa au crépuscule. La ville était déserte et sombre. D'après les bribes de conversation que j'entendais, les gens étaient simplement en avance sur le couvre-feu. Dans le train, j'avais pareillement prêté l'oreille. Auprès des personnes que j'avais perçues comme habitant Odessa, je m'étais risqué à m'enquérir des possibilités de logement. Je me rendis à la première adresse de la liste qu'on m'avait fournie. La chambre me parut d'un confort suffisant pour le prix qu'on en demandait. Posant ma valise encore fermée à côté de moi, je m'étendis sur le lit et dormis jusqu'au lendemain midi, c'est-à-dire quand la faim me réveilla. Alors que je me dirigeais vers le marché, je croisai un groupe de trois soldats poussant devant eux trois prêtres dont on ne distinguait pour ainsi dire que les yeux apeurés, noyés dans une masse imposante de cheveux et de barbe. Ils étaient vêtus de la manière que je connaissais bien, couverts d'un long manteau noir et coiffés d'un chapeau à bords légèrement conique, noir aussi. On les aurait pris pour des Juifs, n'était-ce la présence d'une grosse croix blanche sur la poitrine. Ce spectacle glaçant me fit hâter l'allure. Plus loin, la vue de deux immenses cosaques en conversation, l'un coiffé du bonnet pointu, l'autre de la large toque, me fit au contraire un effet apaisant. Au marché, je ne trouvai que quelques légumes avariés, des piles de pain noir et des montagnes d'objets hétéroclites, usés, inutiles, dont les supposés candidats à l'exil espéraient tirer quelques pièces. Ainsi commença le calvaire d'Odessa. J'aperçus enfin l'étal d'un moujik sur lequel trônait un chaudron de soupe fumante. Pour le prix de deux kopecks, je m'en fis verser dans le bol que j'avais acheté à l'étal juste à côté et avalai goulûment le pain que j'y trempais.

Des trois semaines que j'ai passées dans cette ville, je garde un souvenir amer où l'ennui le dispute au chagrin et à l'angoisse. L'ennui, je le trompais surtout en allant à la bibliothèque, heureusement préservée des pillages de la troupe de Grigoriev. Malgré de tangibles difficultés de concentration dues à mon épuisement moral, j'y passais des heures à parcourir des ouvrages divers selon que mon deuil récent me poussât vers la théologie, mon alanguissement vers les romans victoriens ou mon appétit de connaissances vers les revues scientifiques. Mon quotidien s'était peu à peu organisé autour d'un circuit qui me menait du marché à la bibliothèque, puis à la cathédrale, où je priais pour le repos de mes parents. Le périple se terminait par les Grands Escaliers qui dominent le port, où j'attendais un embarquement salvateur, et la mer, qui me libérerait du milieu hostile où je me morfondais. Assis sur la plus haute marche, je méditais sur l'ironie du destin qui me faisait contempler ces majestueux degrés dans l'espérance du départ, alors que de tout temps ils avaient symbolisé l'accès solennel de la ville aux navigants.

Mais l'angoisse était quasi permanente, diversement alimentée par la crainte que mon inclination religieuse ne dénonce mes origines, que je sois désigné pour la conscription bolchevique ou que je tombe victime d'individus malfaisants qui étaient alors légion dans le secteur (on disait même que les pillards étaient parfois pillés à leur tour de leur butin). Je m'abstins d'envoyer à Tania autre chose qu'une paire de cartes postales la rassurant sur mon état de santé, de peur qu'un récit détaillé de ma situation n'excite le zèle délateur d'un préposé à la censure. Mais la pire conjecture était que je sois bloqué ici alors que la rumeur annonçait l'arrivée imminente de l'Armée rouge. De fait, à la suite du départ des Anglais et des Français quelques mois plus tôt, on n'apercevait que peu de bateaux dans le port, dans la rade ou même sur l'horizon, ce qui affaiblissait les chances d'évasion. À deux reprises, un navire accosta pour prendre en charge des réfugiés. Chaque fois, ce fut un chaos indescriptible qui décourageait toute tentative de monter à bord. De plus, les destinations prévues pour la Grèce et la Bulgarie n'étaient pas pour me motiver. Je devenais de plus en plus persuadé que l'issue qui me serait la plus favorable était un départ pour Constantinople, berceau de ma foi et que je me peignais, encore à rebours du mythe, comme la porte de l'Occident civilisé en rupture de la barbarie d'Orient. J'étais aussi dénué que possible de stratégie et ne me fiais qu'à mon instinct. Celui-ci me faisait pressentir les Français, bien implantés dans la capitale ottomane, comme les plus bienveillants parmi les futurs hôtes envisageables. Leur détermination anti-bolchevique, leur omniprésence en mer Noire et leur loyauté indéfectible à la Russie blanche me paraissaient les garants d'une hospitalité sans faille. Et on croyait savoir que des aides substantielles étaient accordées aux émigrés. De plus, mes rudiments de langue m'aideraient. Il n'était pas un jeune de ma contrée qui ne fût ébloui par l'idée d'une vie à Paris. Pourquoi, mon Dieu, ne pas envisager une conversion au catholicisme ? Et pour l'instant, aucun péril de navigation, aussi prévisible et terrifiant qu'il fût, ne pouvait surpasser en pensée celui de rester en arrière.

Vers le milieu du mois, j'entrepris de me rendre régulièrement au consulat français pour évaluer mes chances. À chaque visite, la même réponse m'était donnée qu'aucun plan d'évacuation n'était prévu, qu'il faudrait persister et venir aux renseignements. On s'étonnait de ma présence ici, venant de si loin et n'ayant pas choisi Sébastopol. Sentant que mes explications trop vagues pouvaient irriter mon interlocuteur, je n'insistais pas et me contentais de remercier.

C'est probablement encore mon instinct qui *in extremis* me guida vers un appontement éloigné où était accosté un cargo géorgien en instance d'appareillage cap sur Constantinople. Voyant la passerelle fixée à la coupée, je sollicitai l'autorisation de monter à bord pour parler au capitaine. Celui-ci me fit la plus mauvaise impression. Soûl tôt dans la matinée, de langage grossier et de manières vulgaires, l'individu ne prêtait qu'une attention modérée à mes questions anxieuses, se contentant de marmonner des éloges sur Tiflis, sa ville natale. Et je ne savais pas encore son incompétence notoire en matière de navigation ! L'urgence étant, je bredouillai le serment de me plier aux exigences administratives et techniques du transport ainsi qu'à celle de payer la somme demandée le jour venu, un navire de commerce n'étant pas soumis aux règles de prise en charge suivies par les militaires.

Après vingt journées éprouvantes passées à Odessa, traqué, j'embarquai sur le bateau du Géorgien comme un animal sur l'Arche de Noé. Notre capitaine venait de se défaire, entre autres marchandises, d'une importante cargaison de tabac turc, laissant la place à une bonne soixantaine de fugitifs.

Le matin du départ, malgré un temps au beau fixe, la température était extrêmement basse ; sans la chapka que Tania avait fourrée dans ma valise, je crois que je n'aurais pas survécu. Je repensais avec étonnement à ces illustrations publicitaires de villégiatures au bord de la mer Noire, où on voyait des touristes contempler le saut des dauphins depuis une plage parsemée de palmiers ; en parallèle, je repensais à la majesté d'Odessa, terre privilégiée dont les vestiges de bonheur et d'insouciance avaient été balayés par la misère et l'appréhension ; je revoyais le buste de Pouchkine souillé par les pigeons, traduisant le délitement social et l'incurie culturelle.

Je ne sais combien de textes j'avais lus où étaient décrits ces passagers accoudés au bastingage d'un navire et saluant, certains – la plupart même – pour la dernière fois, leur terre chérie. Et c'était maintenant à moi que cela arrivait. Au moment du déhalage, je ressentis une séquence d'émotions contradictoires où le déchirement céda progressivement la place à l'euphorie, laquelle ne dura pas car à peine parvenus en rade nous vîmes avec horreur un remorqueur rapide sur le point de couper notre route et nous percuter, ce qui fut évité de justesse. Les cris de panique sur le pont, les ordres contradictoires, les insultes et les coups de sirène n'auguraient pas d'une traversée paisible.

Enfin, le cap fut pris. Dans le ventre du navire, le froid était supportable. Un repas nous fut présenté, qui vint calmer les séquelles de l'épisode passé. Un passager français m'apprit que nous avions mangé du « singe » ; ses explications ne me rassurèrent qu'à moitié mais eurent le mérite de nous faire faire connaissance. Remontant sur le pont, je m'enroulai dans une épaisse couverture et m'assis contre une cloison abritée pour feuilleter mon livre de poèmes. Passant à mon niveau, un autre voyageur, élégamment vêtu pour la circonstance, se pencha sans discrétion aucune pour voir la couverture du livre.

— Comment pouvez-vous lire les insanités de ce traître ?

— Vous connaissez Volochine ?

— Et comment, vous ne l'avez pas vu à Odessa débitant ses niaiseries à la gloire des Rouges ?

— Peut-être, mais sans savoir que c'était lui.

— Pourquoi ne lisez-vous pas la vraie littérature ?

— Qui par exemple ?

J'avais maintenant mordu à l'hameçon. J'étais fondu de curiosité, ravi d'avoir trouvé un partenaire dont la conversation promettait.

— Par exemple ? Eh bien… Bounine par exemple. Je dis bien *par exemple.*

— Oui, Bounine, pourquoi pas ? Malheureusement je n'ai pu emporter que ce livre.

— Je me ferai un plaisir de vous prêter son recueil de poésies.

— Est-ce votre auteur préféré ?

— J'avoue que oui, dit-il dans un sourire un tantinet satanique. Je suis cet auteur-là. Ivan Alexeïevitch Bounine, enchanté de faire votre connaissance. Et vous êtes ?

— Bogdan P., employé aux écritures.

— Ah ! donc non seulement vous savez lire mais vous savez aussi écrire !

Son humour commençait déjà à me crisper. Néanmoins, la rencontre avec un membre de l'Académie Impériale ne pouvait rester lettre morte. Au fil de notre périple, malgré la prétention et l'arrogance du personnage, son franc-parler et sa vaste culture surent me le rendre sympathique. Et sans conteste, son écriture imposait le respect. Enfin, son attachement au rite liturgique et ses éloges à l'égard des missions de l'église ne pouvaient que nous rapprocher. Il comptait de plus achever son exode à Paris, ce qui fournit matière à quelques discussions passionnées dans lesquelles je puisais des détails édifiants sur cette ville.

Ce que j'avais redouté arriva : au cours de la nuit, une tempête s'abattit sur nous avec une terrible violence. Je n'avais pas de cabine individuelle, comme Monsieur Bounine, et m'étais organisé un couchage dans la salle commune, qui nous servait aussi de salle à manger, en piochant dans une réserve de sacs de jute pour me faire un matelas. La « chambrée » fut réveillée dès les premiers coups de tonnerre. Des enfants se mirent à pleurer et leurs mères à les bercer sans se douter que nous allions essuyer un autre type de bercement. Les structures du bâtiment formaient inévitablement une multitude d'interstices par lesquels le vent forcissant commença de nous jouer une symphonie lugubre allant crescendo à mesure que le souffle gagnait en intensité. En même temps, le navire entama un lent balancement d'avant en arrière qui transforma la symphonie en un ballet grotesque de passagers titubant, courant vers les points d'appui pour s'y accrocher et tombant parfois les uns sur les autres. Vinrent les éclairs qui, perforant les hublots crasseux, projetaient des instantanés photographiques de visages déformés par la peur, d'yeux hagards et de silhouettes recroquevillées. Bientôt, un opéra barbare vint compléter cette débauche d'art décadent, des cris fusant de toutes parts sur des registres variés. Le démiurge le plus cruel et le plus dément aurait sans doute déjà mis un point final à une œuvre aussi dantesque, mais peut-être l'ange Lucifer en était-il à l'origine. Le déchaînement des éléments ne fit que s'amplifier.

Je ne sais si c'était le vent ou le bateau qui avait changé de direction, le fait est que nous subissions à présent du roulis en supplément du tangage qui nous secouait depuis une heure. La houle ayant pris de l'amplitude, une foule d'objets hétéroclites roulait en tous sens dans un chaos à peine descriptible assorti d'un épouvantable fracas. Tout le monde était plaqué au sol, qui gémissant, qui hurlant, ou bien priant pour que cesse le calvaire. La hantise d'un chavirement était dans toutes les têtes. La salle était emplie d'un relent nauséabond de vomissure et de déjections diverses étrangement mêlé aux odeurs du vin et de la nourriture qui s'étaient répandus. Le choc incessant des vagues résonnant sur la coque, ponctué par les coups de tonnerre, évoquait une fantasmagorie de bacchanale mortifère, de cérémonie primitive du sacrifice qui aurait été exécutée au grondement des tambours par des officiants frénétiques, convulsés, quoiqu'invisibles. Au bord de l'agonie, je priais de toute la ferveur dont j'étais empli, serrant de mes deux mains l'icône de saint Constantin. Je remerciai Dieu, sans Qui je n'aurais pas eu la force de croire en la vie. Au cours de rares interruptions du vacarme ambiant, nous parvinrent des éclats de voix provenant du pont, tantôt en russe, tantôt dans une langue inconnue qui devait être du géorgien. Alors que j'étais sur le point de me laisser aller au désespoir (je glissais de « Seigneur, ne m'abandonne pas ! » à « pourquoi m'as-tu abandonné ? »), ces voix m'apportèrent un semblant de réveil mental. Pour ma plus grande inquiétude cependant, l'une d'elles, juste au-dessus de ma tête, semblait annoncer que le mât de TSF s'était brisé. Sans possibilité de communication, en cas de naufrage nous ne pourrions donc pas compter sur un sauvetage. Possédé par le besoin de savoir, je lâchai mon icône et pris l'escalier du pont. Entrebâillant la porte rouillée, qui émit un sinistre grincement omineux, je vis comme dans une hallucination la nuit éclairée par une bourrasque de neige qui avait déjà couvert le navire d'un manteau spectral. À portée de voix, se tenait Bounine agrippé au bastingage, trempé de la tête aux pieds. Il maudissait le vent et la mer, il maudissait le capitaine et ses seconds, il maudissait sa vie, visiblement proche du terme, il maudissait les Rouges, il maudissait tout le monde et toutes choses. Il me vit :

— Bogdan ! Plus de TSF ! Il va falloir communiquer autrement. Peut-on dresser un goëland à porter des messages ?

— … Et la traversée a à peine commencé ! Maître, vous devriez descendre, c'est dangereux ici.

— Je veux dire un mot au capitaine, et probablement jeter un sort sur sa canaille de famille !

— Je sais que vous croyez en Dieu. Le moment n'est-il pas plutôt venu de prier ?

— Prier ne sert à rien, mon petit, il faut agir. Je reste. Dans l'espoir d'apercevoir un rafiot passant par là.

Avant de redescendre, je jetai un œil aux cent quatre-vingts degrés de mer qui s'offraient à moi. Un minuscule filet orange semblait transparaître à l'est. Était-ce un signe pour la fin de notre supplice ? Une heure plus tard, la tempête se calma. Avant de me rendormir pour rattraper le sommeil perdu, je remontai sur le pont. Bounine n'y était plus. Le soleil était levé.

Au repas du matin, on nous annonça une avarie de moteur. Elle devait pouvoir être réparée grâce au talent d'un mécanicien « hors pair », nous dit-on, ce dont nous ne pûmes nous empêcher de douter. Pour ce qui concernait la TSF, ce n'était soi-disant pas très grave de ne plus l'avoir, à condition de ne pas subir une autre tempête. À la fin du repas, le capitaine, soûl comme à l'accoutumée, vint nous proposer de chanter les psaumes, ce à quoi tout le monde s'appliqua en donnant le meilleur de lui-même.

Peut-être grâce à nos chants, en fin d'après-midi un miracle se produisit. Un navire-atelier, le Kronstadt, fut repéré quelques milles à tribord d'après les précisions données par les matelots. S'ensuivit un échange de signaux lumineux que j'assimilai à des clignements d'œil amicaux. Il s'agissait en fait d'un code appelé Morse, me dit-on, qui permettait de communiquer sans l'aide de la voix. Peu après, une large embarcation fit monter du matériel et des hommes sur notre bateau. Nous ne le sûmes jamais vraiment mais nous pressentîmes que l'avarie avait été réparée par ces hommes et non par notre mécanicien « d'élite ». De même, la TSF fut remise en état. Enfin, un médecin vint panser la jambe d'une femme qui avait été blessée lors de notre mésaventure. Je réfléchissais à des mystères, me frottais à des paradoxes ; cette nuit, j'avais eu la vision d'un enfer qui avait fait surgir le nom du porteur de lumière. En apercevant l'aube naissante ce matin, je repensais à Lucifer, mais cette fois à son terrassement, à sa chute. Plutôt que la lumière du soleil, Lucifer ne brandissait-il pas celle de l'éclair, comme un Zeus transfiguré dans un ciel chrétien ? Ne portait-il pas une lumière qui signifiait la vérité ? La lecture du livre prêté par Bounine – ses propres poèmes ! – m'occupa pour le reste du voyage.

J'avais vingt-deux ans et j'allais arriver à Constantinople pour commencer une nouvelle vie. Le passage du Bosphore fut un émerveillement. J'admirais les somptueuses demeures du bord de l'eau, dont les façades d'un blanc éclatant se détachaient orgueilleusement sur le vert sombre des forêts. Bounine, qui connaissait bien la ville, m'apprit qu'on appelait ces maisons les « yalis ». Au passage de certaines d'entre elles, il me citait le nom du propriétaire, présent ou passé, et ne manquait pas de me conter une anecdote au sujet du personnage. De nombreux bateaux sillonnaient le détroit, témoin d'une activité intense, qu'elle fût militaire ou commerciale. Ce détroit, il apparaissait à mon imagination débridée comme une sorte d'écrin de velours vert et bleu qui devait nous porter vers un havre de paix ; il était le narthex du Paradis. Nous progressions à contre-courant du Styx, éternellement à l'envers du mythe. Mon enthousiasme débordait, il me venait des images de grandeur, de majesté, Cléopâtre descendant le Nil, Marco Polo revenant à Venise conter son fabuleux périple, Christophe Colomb découvrant un nouveau monde.

Une navette nous approcha et vint s'amarrer contre notre coque. Deux officiers français en descendirent pour grimper à notre bord et, après une vive discussion avec le capitaine, plantèrent le pavillon jaune de la quarantaine à notre proue. Une épidémie de typhus, dont je n'avais pas la moindre idée, ravageait, paraît-il, notre zone d'embarquement. En sortie du détroit, nous bifurquâmes à gauche pour enfin accoster au fond d'une rade incroyablement animée. Un médecin monta à bord, plus hargneux que ne l'aurait laissé supposer sa profession. Au bout de trois heures, ne décelant aucun cas pathologique avéré, il autorisa le débarquement. Mon idée du paradis s'effilocha passablement quand nous dûmes malgré tout passer sous la douche de désinfection, puis au contrôle des passeports. Au demeurant, je n'étais pas si mécontent de bénéficier d'une douche après la privation d'hygiène élémentaire endurée sur le navire. Les « formalités » accomplies, je fis mes adieux à Bounine, qui prenait la direction des Balkans, et lui tendis son livre. Il le prit, y inscrivit un numéro de téléphone qu'il me recommanda d'appeler si je venais à Paris, et me le rendit.

Concernant mon hébergement à Constantinople, j'avais le choix. Je pouvais par exemple profiter de la gratuité d'un local mis à disposition des réfugiés, ce que les préposés eurent l'honnêteté de me déconseiller, ou bien trouver moi-même un logement. Je pris la deuxième option, bien que mon portefeuille eût minci de façon préoccupante. Une fois installé j'écrivis deux lettres, l'une à Tania et l'autre à mon oncle, et ressortis pour les envoyer. Au moment où j'allais entrer dans le bureau de poste, je vis Tania traverser la rue pour accourir vers moi, un large sourire aux lèvres.

***

On me tape sur l'épaule. C'est Victor, mon collègue de bureau aux chemins de fer tunisiens.

— Il va falloir reprendre le travail, ça fait une heure que tu siestes.

— D'accord, d'accord. Donne-moi encore cinq minutes, je suis épuisé.

— Je vois ça, tu as l'air de sortir de chez le Diable. Avec tes cernes et tes yeux rouges, on dirait même que tu as pleuré.

— Oh ! j'ai fait des cauchemars, cet enfer d'il y a dix ans, tu sais… Mais il y avait des moments paisibles avec mon ami Ali de Constantinople.

— Ah, toujours cette histoire ! Mais tu sais, la ville s'appelle maintenant Istanbul. D'autres ont tiré un trait, tu pourrais en faire autant.

— Tu ne peux pas imaginer ce que j'ai vécu là-bas, surtout avant d'y arriver !

— Il faudrait que tu nous racontes à Francine et moi, et aux enfants aussi, je suis sûr que ça les intéresserait. Pourquoi ne viendriez-vous pas, Marie-Rose, Rosalie et toi, pique-niquer avec nous à La Goulette dimanche ?

— Marie-Rose ne pourra pas venir car elle s'occupe de sa communauté et Rosalie a ses devoirs à faire. Et puis elles connaissent l'histoire par cœur, à quelques détails près. Mais je serai là.

Victor est arrivé de France voici un mois pour réorganiser la section technique de la CFT à l'occasion du raccordement de la ligne de Kalâa Djerda au réseau algérien. Nous avons tout de suite sympathisé. J'ai partagé avec lui ma connaissance de Tunis. Moi, un émigré orthodoxe, expliquer une ville musulmane à un catholique français pour ainsi dire chez lui !

Son invitation me paraît arriver bien à propos : afin que la mémoire se propage et ne se perde point, je raconterai donc à ses enfants les souffrances et les injustices qu'a subies un peuple qui ne désirait rien d'autre que vivre paisiblement sur sa terre. Il faudra trouver les mots, ne pas heurter leur innocence, omettre certains passages. Comment leur faire comprendre qu'aucun idéal politique ne saurait justifier la barbarie ? Tout bien réfléchi, je crois que je commencerai par narrer ma renaissance à Constantinople, ville sublime où j'entamai ma deuxième vie. La première, celle d'avant, serait pour la prochaine fois.

***

S'il était quelqu'un qui pouvait comprendre mon attendrissement ambigu à l'égard d'une Ukraine indépendante c'était bien Ali, dont l'esprit sagace tourbillonnait entre une occupation alliée de sa ville, un sultanat décrépit et la perspective d'une république laïque. Mais ces cogitations stériles importaient peu, l'heure était aux réalités et à la préparation de l'avenir. J'avais passé ces deux mois à explorer la métropole méticuleusement, à en admirer le faste tapageur tout autant qu'à m'efforcer d'y découvrir des beautés insoupçonnées, plus modestes, et enfin à m'initier à une diversité humaine extraordinaire. Connaître le moindre détail de la cité m'était comme une obligation (ou était-ce une pulsion ?) à la fois esthétique et morale. Et puis, surtout, j'avais besoin d'alléger mon esprit du poids des tourments que je venais de subir. À vrai dire, j'usais de ce prétexte pour éluder la prise de décision qui m'incombait.

Après avoir proposé à Ali de remettre notre discussion au lendemain, je redescendis vers mon antre du cœur de ville ancien. Puisant parmi les quelques lires qui me restaient, je m'achetai un balik ekmek de perche à la culée du Pont vieux. Que de pêcheurs tout là-haut ! Je gravis quelques marches et fis aussi lentement que possible un aller-retour sur le pont, crachant les arêtes de mon poisson dans la Corne dont l'or rosissait au soleil déclinant. Ces pêcheurs, ceux du pont aussi bien que ceux qui étaient sur l'eau, faisaient de nombreuses prises qui scintillaient dans la lumière. Ils incarnaient une étrange allégorie de la pêche miraculeuse dans un décor de coupoles et de minarets. Je rentrai chez moi avec la ferme résolution de me mettre à un travail de prospection dès le lendemain.

Dès leur ouverture je me dirigeai vers les locaux du Bureau d'Enregistrement et d'Information, comptant évaluer mes chances d'immigration au pays des Lumières. Hélas ! les Français, sentant venir la défaite de l'Armée blanche à Sébastopol et poindre la menace d'un flot incontrôlable de réfugiés sur leur territoire, incitaient les exilés à tenter d'autres pays. On me parla de l'Égypte, de la Pologne, de la Bulgarie, de la Grèce et même des États-Unis. Concernant ce dernier pays, je n'avais pas d'a priori défavorable, contemplant le nouveau monde comme une option adaptée à une nouvelle vie. En quête de renseignements à la Croix-Rouge américaine, je réalisai que malheureusement le coût du voyage, lui, n'était pas adapté à ma bourse. Quant à la Grèce, son rite orthodoxe et son patrimoine culturel me séduisaient, mais son conflit avec la Turquie m'en détournait irrémédiablement. Il était hors de question pour moi d'aller dans un pays en guerre. La Bulgarie et la Pologne pouvaient tomber aux mains des Soviétiques. L'Égypte ? Trop exotique. Et puis je m'obstinais dans mon idée de rejoindre la France et ses droits de l'homme, dont le plus urgent était celui de vivre en paix. Prendre un billet pour Paris sur l'Orient-Express était hors de question, le voyage étant apparemment réservé aux élites fortunées. Et de toute façon je n'aurais pas voulu débarquer sinon sans garantie, du moins sans projet de travail dans une ville où le coût de la vie était beaucoup plus élevé qu'ici.

En désespoir de cause, je décidai d'aller faire un tour du côté de l'ambassade de France, passant cette fois par le Pont neuf. On m'y tint les mêmes propos qu'au bureau d'enregistrement. Dépité et ne voulant pas revenir à Stamboul sur une sensation d'échec, je me lançai à la découverte de la partie ouest du quartier, que je n'avais pas encore visitée. Tout près de l'ambassade, j'aperçus un parc d'où émergeaient de denses touffes de cyprès. M'approchant, j'y vis des tombes disséminées un peu au hasard, sans alignement précis, et décidai d'aller y flâner. Je fus doublement surpris, d'abord parce que c'était la première fois que je voyais un cimetière *a priori* musulman et ensuite par l'hétérogénéité des tombes. Dans certaines sections, on pouvait voir les signes d'une langue inconnue qui pouvait être de l'arménien, dans d'autres des inscriptions grecques ou même latines.

Le lendemain, j'expliquai à Ali la raison pour laquelle je n'étais pas monté à Saint-Sauveur comme convenu, lui décrivant mes démarches inabouties. Il me demanda si j'avais considéré la possibilité de rester à Constantinople et, voyant mon hésitation, me consola en me jurant que je finirais par trouver un « passage ». Je lui parlai aussi du cimetière, qu'il me dit s'appeler « champ des trépassés » quand je lui en donnai la localisation. Je lui confiai mon étonnement quant à l'étendue considérable du parc et quant aux mystérieuses sépultures que j'y avais vues. Ali partit alors dans une remémoration exaltée de son enfance et de son adolescence, au cours desquelles ses parents l'emmenaient régulièrement dans une nécropole beaucoup plus vaste, au nord-est de celle que j'avais vue. Il me décrivit ces visites funéraires comme de véritables équipées joyeuses. De nombreuses familles de toutes confessions, musulmane, juive, grecque orthodoxe, arménienne, se rendaient sur ces nobles lieux dans un climat de convivialité où, manifestement, même les morts étaient de la partie. Des marchands ambulants venaient y vendre leurs brochettes, leurs friandises, leurs délices de Turquie dont, évidemment, le jeune Ali raffolait. On avait installé un café où les hommes buvaient le liquide noir en fumant leur narguilé tandis qu'à l'écart, des groupes de femmes – sans voile, précisa-t-il – bavardaient. Les pierres tombales servaient de support à des poteaux auxquels on accrochait des balançoires. Sur les caveaux plats, certaines familles étendaient des pièces de tissu multicolore où elles disposaient les éléments du repas. Dans ce lieu qui ressemblait plus à un parc de loisirs qu'au champ des lamentations, des célébrations diverses étaient organisées, le plus souvent le vendredi, auxquelles les gens venaient assister sans forcément avoir à rendre hommage à leurs défunts ; c'était leur jour de promenade. Ali ajouta que dans un temps beaucoup plus ancien, on y avait enterré des Croisés à côté de lépreux et de pestiférés. Les enterrements cessèrent vers 1865 à cause de l'urbanisation fulgurante de Constantinople, à partir de quoi certains restes furent déplacés vers des cimetières éloignés et les réjouissances interrompues. En bon philosophe, mon ami s'était consolé de la disparition de ces moments heureux en concluant que finalement les vivants l'emportaient sur les morts. Il me signala également des rumeurs selon lesquelles un camp de réfugiés serait actuellement installé là-bas.

Quand j'arrivai au camp ce matin-là, je compris qu'il s'agissait de celui qu'on m'avait proposé à mon arrivée et ne regrettai pas ma décision. Il était en majorité peuplé de Russes qui comme moi avaient débarqué des bateaux de la mer Noire. Arpentant l'immense hôpital et échangeant deux mots avec les uns et les autres, je constatai que les conditions de vie y étaient déplorables, qui infligeaient une double peine à des malheureux arrachés à leur pays. Je ne sais ce que j'étais venu chercher ici mais je l'ai trouvé. Un des « pensionnaires » vint spontanément vers moi et, pointant son doigt sur la minuscule croix cosaque qui était brodée à l'ourlet de mon pantalon, me parla en ukrainien. Je lui répondis en trahissant un tel plaisir qu'une conversation s'engagea sur un ton presque fraternel. Ne supportant plus son environnement, il avait décidé de chercher du travail pour s'assurer un quotidien vivable et était en attente de réponse pour un emploi dans les bureaux des chemins de fer de Turquie.

Serge était né à Solochino, village ukrainien d'Autriche-Hongrie. De ce fait, il parlait couramment l'allemand. C'était un rescapé de l'armée de son compatriote anarchiste Makhno, aux idées de qui il avait adhéré parce qu'elles prônaient des soviets autonomes et apolitiques à l'opposé du soviet suprêmement autoritaire des communistes. Pour lui, l'anarchisme n'avait rien à voir avec l'anarchie et pouvait même lui être opposé. Il plantait là un décor qui m'aurait séduit si ce n'est qu'il poursuivit en insinuant que Dieu était le premier oppresseur, termes identiques à ceux qu'avaient employés les assassins de mes parents. Il devenait difficile de fraterniser. À mon tour, je lui racontai mon histoire, ce qui lui causa de vifs regrets et un fort élan de réparation. Je continuai. Pour moi, l'anarchie commençait là où l'homme se séparait de Dieu, ne le voyait plus. Se retrouvant face à lui-même, il ne pouvait que chuter dans l'abîme de ses pulsions. Serge rétorqua que l'homme se tenait aussi face à ses semblables et qu'il n'était nul besoin d'éclairage divin pour les comprendre, ni pour vivre avec. La discussion pouvait s'éterniser mais vu qu'il se faisait déjà tard, et comme j'étais très curieux de la chose, je lui demandai des précisions sur l'emploi qu'il espérait. L'individu idéaliste de tout à l'heure démontra alors qu'il était tout aussi capable de réalisme, voire de complaisance à l'égard du capitalisme.

S'étant rendu au consulat russe pour s'informer des aides aux réfugiés, il avait eu droit au désenchantement habituel. Cependant, un clerc diligent qui avait assisté à ses échanges lui avait suggéré que s'il cherchait un travail, il pourrait essayer de se présenter auprès de certaines banques. La ligne de chemin de fer Berlin-Bagdad encore inachevée et passée sous tutelle alliée par suite de la défaite allemande, les Français et les Britanniques étaient à la recherche de personnel compétent, à savoir au minimum bilingue et si possible formé aux écritures pour traduire, trier, classer et faire circuler entre différents services une grosse quantité de documents techniques, légaux et financiers qu'avaient laissés les Allemands. C'étaient pour l'instant les banques qui coordonnaient les va-et-vient avec les différents secteurs impliqués. Serge avait déjà envisagé de travailler sur les chantiers du chemin de fer mais on lui avait déclaré que ces emplois étaient « réservés » aux Turcs, Grecs et Arméniens. Le terme était hypocrite car il s'agissait en fait d'exploitation à bas salaire pour des conditions souvent dangereuses. Ayant donc opportunément apaisé ses scrupules vis-à-vis de la classe ouvrière, il s'était présenté à la très franco-anglaise Banque Impériale Ottomane et avait sollicité en premier le bureau britannique. Un interlocuteur russophone ne lui avait donné que peu d'espoir, les Anglais étant essentiellement préoccupés par le tronçon de Mésopotamie (devant fournir l'accès au pétrole irakien, pensa Serge), c'est-à-dire hors territoire turc. Les Français furent plus difficiles d'accès, exigeant qu'on leur parlât dans leur langue, que Serge ne maîtrisait pas. On finit par faire appel au délégué allemand qui était resté en poste après avoir liquidé l'affaire. Celui-ci le conduisit dans une pièce sans fenêtre simplement meublée d'une table, d'une chaise et de hautes étagères où étaient empilés les dossiers :

— Une partie seulement ! précisa le banquier, l'autre partie est restée dans un local appartenant à la société allemande qui administrait le Berlin-Bagdad.

— Je dois vous avouer, Monsieur, que je suis très intéressé par le poste mais je ne parle ni français, ni anglais, ni ottoman malheureusement, seulement russe et allemand.

— C'est effectivement un problème.

— Mais je pourrais peut-être commencer de trier et classer.

— Nous verrons, je dois parler à la cellule qui gère la chose à Paris. Revenez dans une ou deux semaines.

Et ainsi en était-il, Serge attendait l'échéance anxieusement, craignant de voir passer sous son nez une opportunité qui aurait pu le tirer d'affaire. Mon cerveau soudain se mit à bouillir, tout devenait clair. Comme des apparitions divinatoires, les étapes prochaines de ma vie à Constantinople me furent révélées en succession rapide. Je n'avais pas de plan d'évacuation, c'est-à-dire d'immigration, j'aimais cette ville profondément et mon pécule ne me permettrait pas de rester longtemps à flots. Je demandai à Serge s'il considérerait la possibilité de partager le poste, quitte à en partager le salaire. Mon français était insuffisant mais j'apprenais vite, mon anglais pourrait s'avérer utile. Nous avions tous deux un diplôme, lui titulaire d'une respectable « Matura » qui indiquait un bon niveau de compétence. Serge valida immédiatement ma proposition, me voyant comme un renfort à l'aboutissement de son objectif et, suspectai-je, comme une relation qui le distancierait de la morosité du camp. Il retourna à la banque le lendemain sans attendre le délai prescrit et vint m'annoncer la bonne nouvelle : nous étions de manière quasi certaine embauchés sous contrat limité avec deux tiers chacun du salaire prévu – comme on pouvait s'y attendre venant des Français, ajouta-t-il. Néanmoins, ce salaire était généreux au départ – ne s'agissait-il pas de travailler pour des banques ? – ; notre appétit léger et notre vie austère se contenteraient de leur écot. Nous devions nous mettre à la tâche d'ici une dizaine de jours, le temps d'obtenir l'accord formel de Paris et de l'organe directeur ottoman. Je proposai à Serge de m'accompagner sans attendre au bazar de Beyazit, ce qu'il accueillit avec enthousiasme sans me demander ce que je comptais y faire. Il posa néanmoins la condition de nous arrêter dans une taverne pour célébrer notre bonne fortune en vidant un verre de raki, qu'il paya de ses deniers. Probablement sous le double effet de l'alcool et de l'exaltation, je dépensai au bazar la presque totalité de ma maigre fortune en livres de français. Je n'étais cependant pas totalement égaré, étant conscient d'avoir déjà payé mon loyer et anticipant que le camp des réfugiés russes m'accorderait l'hospitalité du repas. C'est vers celui-ci que nous nous dirigeâmes ensuite. Comme le collège français de Saint-Benoît était sur notre route, je proposai à mon camarade d'y faire une halte, ayant mon idée en tête. Peut-être en partie parce que l'établissement venait de rouvrir depuis peu, après cinq ans de fermeture à cause de la guerre, l'accueil y fut extrêmement chaleureux et m'emplit d'une sensation de sérénité que je n'avais plus éprouvée depuis longtemps. Je passai bientôt de la placidité à l'amusement en remarquant la mine déconfite de Serge, à côté de moi, qui ne s'était probablement jamais trouvé dans une assemblée aussi dense de religieuses et de religieux. Je pus sans difficulté trouver une enseignante qui accepta de me donner des cours de français dès le lendemain matin et m'engageai à la rémunérer au premier versement de mes émoluments. Elle était de Nice où, m'apprit-elle, on avait en 1912 inauguré une cathédrale au nom du saint patron de notre empereur.

L'évocation de ce nom, lié à deux disparitions douloureuses, me fit un pincement au cœur. Elle se faisait appeler sœur Christine.

En rentrant je trouvai une lettre de mon oncle. Il se félicitait de me savoir arrivé à bon port, dans cette Constantinople qu'il avait lui aussi admirée et, sans plus de précisions, m'assurait avoir des protections qui l'immunisaient contre tout péril immédiat. Interdit, je réalisai que cela faisait maintenant plus de deux mois que j'avais écrit à Tania et que je n'avais toujours rien reçu d'elle. Je me mis à l'écriture d'une mise à jour de mes aventures pour mon oncle et en recopiai la majeure partie pour Tania.

Monsieur Frankel, le délégué de la banque que nous appelions déjà la BIO, nous emmena visiter le local où étaient entreposés les dossiers que nous n'avions pas encore vus. L'endroit bénéficiait d'une vue magnifique sur le Bosphore. Serge et moi échangeâmes un regard complice : à l'instant même, nous avions eu la même idée, ce qui nous fit prendre la parole en même temps. Comme je le laissais parler, il demanda la permission de transférer ici les autres dossiers, ceux de la cellule borgne. M. Frankel objecta que cela serait probablement refusé puisque nous aurions été sans surveillance pour faire notre travail. Mon camarade vanta alors les conditions idéales que nous aurions ici, favorisant une besogne dont seul le résultat comptait. Passant du coq à l'âne, Serge, ayant deviné que M. Frankel était de confession israélite, lui confia avec le plus grand sérieux qu'il s'était depuis peu converti au judaïsme. Je détournai la tête et me mordis les lèvres pour contenir le fou rire qui m'envahissait. Le sourcil levé de M. Frankel me fit craindre qu'une bourde n'eût été commise. Serge alors avança qu'en tant qu'exilés nous étions sous l'œil d'Élohim et n'avions donc pas besoin de surveillance humaine. Le sourcil de M. Frankel s'éleva encore plus haut, mais il finit par sourire et nous promit de faire son possible.

— Herr Frankel, vous êtes un homme bon. Je n'oublierai pas votre éloge quand j'écrirai mes mémoires, conclut Serge.

Je passai les prochains mois rêvassant en regardant l'eau bleue du Bosphore tout en traduisant de temps en temps en français et en anglais les mots russes que mon compagnon traduisait de l'allemand. De notre nonchalance, nous éprouvions une légère culpabilité à l'idée d'avoir abusé de la bienveillance de M. Frankel, mais le travail avançait quand même. Mes conversations en français avec sœur Christine devenaient de plus en plus fluides ; mes progrès étaient remarquables.

Vers la mi-novembre, le détroit commença à s'emplir régulièrement d'une multitude de navires militaires. Nous le savions, les Blancs, défaits en Crimée, arrivaient. Les ponts des bateaux étaient hérissés d'une foule compacte de passagers. Le tableau était fascinant. Et bouleversant. Des milliers, des dizaines de milliers de réfugiés, pour la plupart soldats, quittaient leur patrie pour échapper au massacre. Chaque journée apportait le spectacle grandiose du défilé de leurs bateaux, drapeau bleu blanc rouge au mât avant, pavillon bleu et blanc de Saint-André en poupe.

Maintenant à Constantinople on parlait russe à chaque coin de rue et plus particulièrement sur les quais, où les matelots s'agglutinaient en grappes bruyantes tels des essaims accrochés à leur foyer de prédilection. C'était comme si un bout de la nation avait dérivé au sud. Les places étaient envahies d'exilés désœuvrés qui, quand ils n'étaient pas prostrés, n'avaient d'autre distraction que de parler entre eux. Ils le faisaient haut et fort, lançant des boutades d'un genre douteux, s'invectivant et se bousculant pour plaisanter, fumant beaucoup et tentant déjà de faire des affaires, troc ou vente à la sauvette. Beaucoup d'enfants étaient là autour qui jouaient en se rudoyant comme de coutume. On supposait les blessés, les malades et les plus infortunés laissés aux soins de la Croix-Rouge russe. Les popes, eux, paraissaient très occupés, arpentant les rues et traversant les places d'un pas résolu, l'œil aux aguets. On s'organisait. Des cellules de secours semblaient proliférer, des agents récoltaient les noms de ressortissants pour les centres de recensement et de placement.

La tâche de gratte-papier que Serge et moi avions entreprise touchait à sa fin. M. Frankel, qui venait de temps en temps nous rendre visite, parut satisfait du résultat. Un après-midi, alors que je portais une serviette remplie de dossiers au siège de Galata, je décidai, avant de passer le pont, de m'arrêter chez moi pour récupérer une traduction que j'avais faite la veille au soir. Sous la porte, je trouvai un billet plié avec mon nom au dos et disant « Passez vite Église Saint-Georges – Fener. Demandez Père Spasky ». Je finis ma journée dans les transes et me précipitai vers le quartier que je connaissais bien, Fener, car il avait été une de mes premières destinations « touristiques ». Je passai devant le Patriarcat, fis un signe de croix et entrai dans l'église. À l'écart des quelques fidèles qui allaient et venaient parmi les icônes, j'avisai un pope et lui montrai le billet. Il m'accompagna hors de l'église et me montra la fenêtre d'un bureau où je pourrais trouver mon mystérieux correspondant. Celui-ci m'expliqua que mon oncle, jugeant que ce moyen serait plus rapide que la poste, avait fait passer un message de recommandation par un des bateaux de la mer Noire, lesquels transportaient de nombreux religieux. Dans ce message, où mon adresse était naturellement mentionnée, il réclamait, au nom du saint Sauveur, qu'on octroyât à son neveu un laissez-passer d'embarquement, si possible vers Marseille. Mais selon le père Spasky cette dernière option présentait de sérieuses difficultés. Il se mit à réfléchir un instant, leva soudain son index et chuchota comme à lui-même que c'était durant la fameuse traversée depuis Sébastopol que l'amiral français D. avait proposé à son état-major de propulser la flotte russe vers Bizerte, base navale française en Tunisie, afin de sécuriser les navires militaires, les saisir plutôt, en dédommagement de son pays pour l'aide apportée aux Blancs. Or, le gouvernement français venait d'avaliser cette proposition. Les départs étaient prévus incessamment et les soldats ainsi que certains religieux avaient une relative priorité. Relevant la tête et élevant la voix, le père me demanda si j'accepterais une place sur un des bâtiments, place qu'il pourrait peut-être obtenir en m'affectant une fonction factice de secrétariat auprès d'une éminence.

— La Tunisie ? Mais c'est en Afrique !

— Oui et alors ?

— Je ne vois sincèrement pas ce que j'irais faire en Afrique.

— La Tunisie est un protectorat français. En étant à Tunis tu te sentirais comme à Marseille.

— Par un embarquement pour Marseille, mon oncle songeait à mon idée d'immigrer à Paris.

— Oui, enfin… Écoute, c'est toi qui décides, mon fils, mais il faut faire très vite.

— Petit Père, je vous suis infiniment reconnaissant. Je dois réfléchir et je reviendrai dans les deux prochains jours.

— Que Dieu guide ton esprit !

Malgré l'heure tardive je retournai au camp, où Serge habitait encore. Celui-ci observa, sur un ton de discrète ironie, qu'il était utile d'avoir des relations séculières. Les athées, eux, n'avaient que peu d'opportunités dans ce monde. Sauf peut-être en Russie. Il deviendrait, lui, franc-maçon, oui c'est ça, une bonne idée après tout. Etc. Tout à mon dilemme, je ne l'écoutais pas, ressassant inlassablement le pour et le contre et tombant fatalement sur cette évidence que Byzance… (je ne pouvais empêcher ce lapsus), cette évidence que Bizerte ressemblait de plus en plus à un tremplin pour Paris. Je me donnai la nuit pour décider. Le matin – mon instinct avait dû travailler ! –, je n'hésitais plus. Je me rendis à Saint-Georges et priai le père de m'inscrire sur sa liste d'indulgences. Il m'annonça que le Konstantin, un transporteur à bord duquel se trouveraient douze prêtres, appareillait dans deux jours. Je dus demander la permission de m'asseoir, submergé par des vapeurs. Mon saint préféré qui revenait et puis repartait, si tôt, avec douze apôtres, qui faisaient de moi… Et en toile de fond, la hantise d'une navigation qui serait beaucoup plus longue que celle qui avait failli me faire perdre la vie. Soudain, j'éprouvai cette sensation indéfinissable mais familière qui de but en blanc me libérait du poids de l'incertitude et de l'hésitation, qu'elle transformait en conviction comme par magie. Il n'y avait aucun doute que je serais sur le Konstantin et je n'avais que peu de temps pour me préparer.

Serge me dit qu'il finirait le travail, qui était d'ailleurs pratiquement achevé, qu'il trouverait bien le bilingue qu'il fallait avec tous ces Russes en ville. Il me restait à passer au siège de la banque pour prendre mon solde et saluer M. Frankel, qui me demanda de lui écrire pour lui faire un état des lieux ; il y avait beaucoup de Juifs en Tunisie, lui avait-on dit. Je passai au bazar et achetai une icône de Saint-Alexandre Nevsky que j'apportai en cadeau à sœur Christine. Elle parut très affectée de mon départ et me demanda aussi de lui écrire. À Ali, j'offris mes livres de français. Il me remercia, un léger voile humide dans les yeux, et me promit que nous ne parlerions que la langue de Molière quand je reviendrais. Je n'avais aucune nouvelle de Tania et n'avais pas osé demander à mon oncle d'essayer d'en savoir plus. Peut-être aurais-je dû le faire cependant, mais encore une fois je me comportais comme un automate prenant des décisions irrationnelles sans doute, mais qui n'en étaient pas moins la manifestation du destin. Serge voulut m'accompagner à mon point d'embarquement. Sur la navette à vapeur de Galata, bercés par le clapotis du Bosphore, nous contournâmes Sainte-Sophie, qu'avec un serrement de cœur je regardais ensuite s'éloigner. La rade où j'avais débarqué presque un an auparavant apparut. Elle était remplie de beaucoup plus de bateaux qu'alors. Sur les quais, mon ami offrit de porter ma valise, ce que j'acceptai volontiers étant donné que mon état émotionnel me faisait presque chanceler. Il m'embrassa et me souhaita de trouver le bonheur, car il savait aussi être simple. Quelques heures plus tard, je vis disparaître Constantinople, cité de toutes les grandeurs, de tous les mystères et maintenant de toutes les destinées.

***

En sortie des Dardanelles, nous fîmes cap au sud, comme Ulysse quelques siècles auparavant. Cette fois, j'étais dans le bon sens de marche. Était-ce un signe favorable ? J'aurais pu faire des libations païennes à Poséidon pour ne pas revivre le cauchemar de la mer Noire. Mais pour l'instant le voyage était agréable malgré le froid qui nous retenait le plus souvent à l'intérieur du navire. Les matelots russes, à peu près de mon âge pour la plupart, étaient de bonne compagnie quoique portés sur la boisson, avec les relâchements de langage que cela entraînait. Ils m'apprirent que nous allions maintenir notre cap jusqu'à la pointe du Péloponnèse et que par conséquent nous ne passerions pas par le canal de Corinthe comme d'autres bateaux de ce qu'on appelait désormais l'Escadre russe. Je n'aurais donc pas l'occasion d'interroger la Pythie en passant à Delphes et devrais laisser flotter mon destin au gré des vents. Par moments irréelle, ma seule présence en mer Égée éveillait le souvenir de mes cours d'histoire antique ou plutôt, plus loin encore dans l'enfance, de mes lectures de la mythologie illustrée. Nos bateaux formaient un convoi qui n'avait certes rien à voir avec la flotte des Achéens mais n'en était pas moins associé à un épisode insigne de l'aventure homérique.

Plus tard, comme nous étions sur le pont à regarder le convoi se scinder, les petits vaisseaux obliquant vers Corinthe, j'entendis parler ukrainien à côté de moi. Pointant du doigt les bateaux qui s'écartaient de nous, une gracieuse fillette blonde posait des questions à une dame élégante qui devait être sa mère. Celle-ci l'interrompit en russe pour lui rappeler qu'elle ne devait pas employer le parler populaire. Je vins me présenter à elles, en langue russe donc, et elles parurent ravies de pouvoir égayer le voyage d'une connaissance nouvelle. Zya N. M. me présenta sa fille Anastasia. Elles étaient de la région de Lougansk. Zya était mariée à un officier de marine qui à l'heure actuelle se trouvait commander un navire de l'Escadre à quelques milles du nôtre. La famille partait vers l'inconnu, n'ayant que très peu d'indices sur ce que l'avenir lui réservait. J'étais impressionné par le naturel cordial de Zya et la vivacité enjouée d'Anastasia. Je leur fis part de mon projet de rejoindre la France, un pays qu'on ne pouvait qu'admirer pour quantité de raisons. Zya approuvait mais plaisanta, en passant, sur le fait que c'était grâce aux canons fabriqués à Lougansk que la Russie avait battu Napoléon, s'en était délivrée plutôt, ce dont elle n'était pas peu fière. Nous passâmes beaucoup de moments, tout le reste du voyage, à bavarder et à échanger nos souvenirs de la Russie impériale.

Nous venions de passer le cap Malée. La Grèce est un pays si découpé, si morcelé en milliers d'îles indéchiffrables, qu'on se demande comment une civilisation aussi colossale a pu y naître, peut-être unifiée sous le toit commun de l'Olympe. Comme Ulysse, nous n'allions pas aborder à Cythère, quoique pour des raisons différentes, la mer étant plate comme la main. Comme lui, nous étions emmenés cap plein sud vers le pays des

Lotophages. Allais-je consommer le lotos et oublier qui j'étais et d'où je venais ? Étais-je à jamais séparé de Tania-Aphrodite ?

Nous virâmes à tribord (je commençais à apprendre le langage des marins) pour aller faire escale dans la rade de Navarin, après quoi nous étions censés faire route au nord en vue de rejoindre le sillage des « Corinthiens ». La baie était magnifiquement protégée ; elle avait dû servir de refuge à nombre de bateaux pris dans la tempête depuis l'Antiquité. Qui plus est, un agréable redoux, en réchauffant les corps, mettait du baume au cœur. L'escale servit d'occasion pour une cérémonie commémorant la victoire alliée de 1827 sur les Ottomans. Nous repartîmes en fin de matinée. Au bout de quelques heures d'un trajet insubstantiel, nous vîmes le phare de Katakolon s'allumer. À l'opposé, le soleil plongeait dans la mer à une vitesse vertigineuse. Ce coucher était le plus beau que j'eusse jamais admiré. Je me demandais quel peintre aurait su en rendre toutes les nuances. Nouvelle escale à Argostoli où effectivement un nouveau convoi se forma avec les vaisseaux passés par le canal. Derrière la montagne, Ithaque. La traversée finale était annoncée entre Malte et la Sicile.

Le moral à bord était variable comme le temps. Notre nef étant essentiellement peuplée des femmes et enfants de la marine russe, l'atmosphère était relevée. Les cris, les pleurs, les éclats de rire, tout le remue-ménage qui régnait à bord occupa les esprits et accéléra la marche du temps. Mis à part un grain qui nous secoua toute une nuit, les conditions de navigation étaient favorables. La distance entre mon passé et mon avenir se réduisait, créant un présent de plus en plus dense.

Ce n'est qu'en approchant du canal de Malte que je fis connaissance avec un matelot ukrainien. Il fredonnait un air qui me rappelait vaguement quelque chose :

Bière n'est point nectar,
Hydromel point ambroisie

Quand l'amour en douceur les surpasse.
Plus riche, plus content,
Contente-toi de ce que tu amasses...

Je me demandais si, avec Alexis, ce serait la dernière fois que je parlais ma langue maternelle, supposition absurde si on considérait la foule innombrable des réfugiés parmi lesquels il se trouverait bien des compatriotes échoués sur les mêmes rivages. Il m'expliqua les dispositions prévues à l'arrivée : en raison d'une suspicion de typhus à bord – encore ?! –, nous allions certainement être mis sous quarantaine.

Pointe du plus ancien continent, Bizerte émergea du fin fond de la nuit finissante et des dernières nappes de brouillard. Mouillage et débarquement sur une aire dont, nous avait-on prévenus, on ne pouvait sortir qu'avec l'aval des autorités. Puis, comme à Constantinople, nouvelle douche de désinfection. Étaient-ce les poux, le typhus ou le bolchevisme qui inquiétaient le plus les Français ? Dans la file d'attente du repas d'accueil, Zya m'apprit qu'elle, sa famille et, de fait, tout le personnel militaire allaient être soit dirigés vers des camps, soit transférés sur un autre navire. Alexis me précisa que ce dernier, auquel on l'avait affecté, n'avait aucune mission de navigation vers une quelconque destination et était au contraire destiné au mouillage pour une durée indéfinie. Au plus haut point inquiet de telles mesures, j'abordai celui des prêtres qui, parmi ses acolytes acariâtres, m'avait semblé plutôt bienveillant. Il m'informa que leur cénacle était tenu de se présenter rapidement au bureau de recensement établi sur l'aire de confinement. Renonçant pour l'instant au repas, j'y courus et déclinai ma soi-disant fonction de secrétaire, attestée par le « visa » du père Spasky. On me soumit à un questionnaire qui sentait l'improvisation :

— Quelles sont vos idées politiques ?

— Je regrette le Tsar.

— Quelles sont les activités de votre famille ?

— En majorité religieuses, du moins pour ceux qui restent car mes parents sont décédés.

— Que leur est-il arrivé ?

— Ils ont été assassinés. On suppose que les bolcheviks ont fait ça.

— Êtes-vous sûr que ce n'étaient pas les Blancs ?

— Oui.

— Quels sont vos projets ?

— Je compte aller à Paris pour travailler.

— Y avez-vous des contacts « politiques » ?

— Non, seulement un écrivain.

— Lequel ?

— Ce n'est pas un Rouge, rassurez-vous. Monsieur, je ne suis pas communiste, je suis prêt à accepter le salaire qu'on m'offrira. J'ai travaillé pour une banque à Constantinople.

— Bien. Vous avez l'air en bonne santé mais il faudra quand même passer à la douche sanitaire.

Le fonctionnaire ne savait pas que j'en sortais. Je lui fis humer l'odeur d'eau de Javel sur ma peau et il m'accompagna au poste de garde pour me libérer et me souhaiter bonne chance. En sortant du camp, je fis l'inventaire de mes avoirs : un passeport ukrainien, un pseudo-visa (qui pourrait me servir auprès de paroisses catholiques ?), quelques lires turques, que je me félicitais d'avoir acquises en échange de roubles maintenant sans valeur, et une chapka totalement inutile. À quoi il fallait bien sûr ajouter mon diplôme, un numéro de téléphone, la lettre de mon oncle et les icônes, dont celle d'Agathe me paraissait plus attristante que jamais. Je me maudissais d'avoir omis de demander une lettre de recommandation à M. Frankel.

La banque était à côté de la gare ferroviaire. J'échangeai mes lires pour des francs dans la première et achetai un billet pour

Tunis dans la deuxième, en troisième classe. Un paysage totalement inédit défila devant mes yeux. Palmiers, maisons blanches, individus portant chéchia et djellaba, dromadaires, toute la fiction issue des magazines illustrés était largement dépassée par la réalité. Dans Bizerte déjà, pensant à Donetsk, je m'étais demandé si on pouvait dire qu'une ville était « le contraire » d'une autre. Le contraste se poursuivait et s'amplifiait en campagne.

J'arrivai à Tunis au couchant. Malgré l'hiver, l'air était doux, autre fait de nature qui m'avait surpris à mon arrivée à Bizerte. Mes premiers pas dans la capitale tunisienne furent agrémentés par les décorations de Noël. Quoique les étoiles accrochées aux palmiers fussent distrayantes, je m'émerveillai davantage du décor insolite qu'offraient la ville elle-même et ses indigènes. J'avais déjà été initié à l'exotisme à Constantinople, mais je m'y sentais tout petit, humble face à l'auguste cité. Tunis, à la fois plus paisible et colorée, me donnait la sensation d'un havre réconfortant, douillet presque, sensation renforcée par le contact cordial voire l'empressement de ses habitants. Après Odessa et Constantinople, j'étais encore une fois retourné à ma condition de pèlerin en quête d'accommodations ponctuelles. Je me logeai facilement dans le quartier juif, découvris la saveur du frit cassé au thon et, comme après chaque débarquement, passai une longue nuit émaillée de rêves agités.

Le lendemain, je fus stupéfait d'apprendre qu'une agence de la Banque Ottomane venait d'ouvrir ici depuis peu. Ma surprise ne venait certainement pas de ce qu'une banque, même affublée du nom des vaincus, se déploie à Tunis en période d'après-guerre, mais que celle même pour laquelle j'avais travaillé m'y eût précédé comme pour m'accueillir. Confiant dans ce qui pouvait passer pour un signe favorable, je me rendis promptement à l'agence de l'avenue Jules Ferry et y fus accueilli par une dame française à qui je résumai mon aventure et mon projet d'installation à Paris. Les consignes enfantées par la phobie anti-russe avaient dû passer d'institutions en organismes car mon récit déclencha le même genre de questions qu'à Bizerte : connaissais-je le détail de la politique de Trotsky ? Avais-je lu ses écrits ? Que pensais-je de la révolution mondiale ? Je sus aisément faire comprendre que Trotsky était mon pire ennemi et poursuivis en faisant état non seulement de mes services auprès de la maison mère, mais aussi de mes connaissances en matière de construction ferroviaire. Je pourrais en attester en priant M. Frankel de télégraphier une note d'appui. La dame parut intéressée, fit une pause, puis m'annonça que je pouvais bien sûr écrire à Paris mais que la conjoncture n'était malheureusement pas favorable à l'embauche, ni à Paris ni ici, à Tunis. Dépité, je ne trouvais rien à dire, ce qui entraîna une nouvelle pause. Elle fronça les sourcils :

— Vous dites que vous connaissez la construction ferroviaire ?

— En fait non. J'ai traduit et classé des dossiers allemands relatifs à son financement et à ses aspects juridiques. La ligne Berlin-Bagdad, comme je vous ai dit.

— Savez-vous que le chemin de fer tunisien est en pleine expansion ?

— Je m'en doute. Il en est de même en Ukraine.

— Naturellement. Mais la BIO se retire, s'est retirée, de ces affaires-là… Vous pourriez peut-être essayer les Batignolles.

— Les Batignolles ?

— La SCB. Ils fabriquent les locomotives. Nous y avons quelques actifs mais le principal investisseur est Paribas.

— Cela me rappelle vaguement quelque chose.

— Le vrai nom est Banque de Paris et des Pays-Bas, mais entre nous nous l'appelons par son diminutif.

Je gratifiai d'un sourire, motivé par un regain d'espoir.

— Pensez-vous que j'aurais une chance quelconque auprès de cette banque ?

— Je ne puis vous dire mais vous pouvez aller leur faire une visite, ils sont dans la même avenue que nous.

Je me répandis en remerciements et en souhaits appuyés de joyeux Noël. Me précipitant au-dehors en recherche éperdue de mon avenir, je faillis être percuté par un tramway. Le bureau d'accueil de la BPPB me signifia qu'il fallait prendre rendez-vous et j'en obtins un pour le lundi suivant. Je poursuivis ma journée en flânant dans la ville, admirant le travail d'architecture et d'urbanisme des Français. Puis j'allai en train à La Goulette pour contempler la Méditerranée et survoler en pensée la Sicile, la Grèce, Marmara, et, de mon souvenir meurtri, effleurer « l'autre côté ». Mon premier acte du lendemain fut d'écrire mes vœux aux deux seuls êtres qui me rattachaient encore au passé puis, trouvant porte close à la bibliothèque de la Médina, je me lançai dans l'exaltante exploration des souks.

Le chargé du personnel de la BPPB me reçut froidement, comme de bien entendu, mais me demanda néanmoins si j'avais passé un bon Noël. Je ne sus pas si c'était un piège ; en tout cas, je saisis l'occasion pour lui préciser que j'étais fidèle au calendrier julien des tsars et que, contrairement aux bolcheviks, je fêterais Noël mais seulement dans dix jours. Je sentais d'ailleurs poindre la sombre perspective d'avoir à le faire seul avec mes deux icônes. Je présentai mon « baccalauréat » russe.

— Je peux vous obtenir une traduction certifiée si vous le désirez.

— Ce ne sera pas utile, jeune homme, le siège parisien vient de terminer un recrutement et il ne reste de possibilités qu'en Extrême-Orient.

Paris m'échappait encore et, comme à Constantinople, je ne me sentais pas le courage de tenter l'aventure sans garantie de travail. Je demandai au préposé s'il avait connaissance d'ouvertures à la société de construction des Batignolles. Était-ce un soudain accès de sympathie, un élan de compassion ou une opportunité de faire étalage de son savoir ? Toujours est-il qu'il se lança dans un exposé aussi exhaustif que possible de la situation. La SCB était en net déclin, la paix ne lui réussissait pas autant que la guerre. Grâce à celle-ci, les livraisons d'armement lui avaient valu un formidable succès. Il me détailla l'illustre généalogie de la famille Goüin et ses années de gloire. Hélas ! la pénurie de main-d'œuvre, les revendications sociales, les locomotives américaines, la raréfaction des commandes métropolitaines, l'obsolescence des ateliers, le mauvais choix d'une optique financière au préjudice de la stratégie industrielle et enfin l'état de santé très détérioré de Monsieur Gaston, tout cela était annonciateur d'une fin prochaine. Au demeurant, la SCB possédait une vieille filiale, la compagnie des chemins de fer Bône-Guelma, qui avait étendu son réseau algérien à la Tunisie et…

***

— Et est devenue la Fermière !

Victor lance sa phrase dans un dodelinement nostalgique. Il se souvient de son premier poste dans cette société, poste qu'il a occupé à Paris grâce à son diplôme des Mines, obtenu avec les félicitations du jury.

— Deux ans déjà ! On a perdu un temps fou à faire des projets d'électrification, et il fallait aussi réfléchir aux écartements.

— Qui devait-on écarter ?

— Mais non, idiot, l'écartement des voies ! Les Phosphates de Gafsa ont fait des voies étroites au sud et le nord est équipé de voies normales. On pouvait peut-être envisager des essieux mobiles mais… Le maître mot, bien sûr, c'est l'extension. Des kilomètres, toujours plus de kilomètres. Allons, il suffit avec mes élucubrations d'ingénieur grincheux. La *mloukhia* de Marie-Rose est succulente, tu la féliciteras !

Ma femme s'est vite adaptée à la cuisine tunisienne. Elle y excelle. Rêvassant, je pense à son ventre bombé, en extase à l'idée d'avoir un nouvel enfant, un enfant de ma chair… Victor m'interpelle :

— Hé là ! tu roupilles. C'est pour quand alors ? (Comment a-t-il pu lire mes pensées ?)

— Pour bientôt.

— Eh bien, continue, tu n'as pas fini ton récit. Et Paris, alors, tu avais abandonné l'espoir ou l'espoir t'avait abandonné ?

***

Ni l'un ni l'autre. Après Paribas, j'allai faire une visite à la Bône-Guelma. Au cours de ses vœux au chef de la succursale tunisienne, comme celui-ci avait cru utile de me préciser, la direction parisienne lui avait parlé d'une faiblesse dans la gestion des relations avec le Bey et avec la préfecture d'Alger. Il faudrait renforcer le soutien au montage des projets de construction dans le but avoué de favoriser l'État français et de tempérer l'appétit des capitalistes en lice. En conséquence, un poste serait à pourvoir à Tunis même et, à ma grande contrariété, la nationalité française et une licence en droit seraient convaincantes voire décisives. Monsieur Bonnet me faisait donc sentir que mes chances d'embauche étaient assez minces. Je pris sa carte et lui laissai mon adresse ainsi que le numéro de téléphone de mon logeur, un commerçant juif qui prospérait dans l'import-export, diversifiait ses activités par de l'immobilier et faisait preuve soit d'amnésie soit de mansuétude, peut-être d'ignorance, au sujet des pogroms ukrainiens. J'étais prévenu qu'une campagne de recrutement à la Bône-Guelma allait démarrer, qui pourrait durer plusieurs semaines voire des mois, et qu'on me contacterait si ma candidature pouvait intéresser. Ma candidature ? Je glissai donc insensiblement vers la perspective d'un emploi à Tunis où, mes moyens de subsistance à nouveau mis à l'épreuve, des conditions de vie agréables pouvaient se concevoir. Et où une place à la Bône-Guelma était plus susceptible de se muer en marchepied pour « monter » à Paris – idée tenace – que celles couramment offertes aux émigrés dans la campagne tunisienne : ouvrier agricole, mineur, meunier, cheminot, terrassier ou je ne sais quoi. Je ne rechignais pas devant le travail de peine, j'étais simplement obnubilé, aveuglé peut-être par la Ville Lumière, mais si aucune autre opportunité n'était à portée, il faudrait bien que je m'y résigne.

Le mois qui suivit fut donc consacré à l'étude et aux études. Pour le premier cas, je passais le plus clair de mon temps à la bibliothèque du Souk el Attarine, où j'ingurgitais l'histoire et la géographie de la Tunisie ainsi que celles du Rail, me frottant même à l'ingénierie et aux mathématiques sous-jacentes. Pour le deuxième, je songeais sérieusement à entreprendre ces études qui m'élèveraient sinon au rang d'élu, du moins à la qualité d'éligible. La faculté la plus proche était à Alger et représentait donc le moyen le moins coûteux d'atteindre mon but, d'autant que les Français attribuaient des bourses étudiantes. Par ailleurs, j'avais appris que cette université avait le projet d'ouvrir à Tunis un « centre d'études juridiques ». Il était aussi question d'instituer des cours de droit tunisien à l'École de littérature arabe, ce qui aurait idéalement complété des capacités en droit français. Enfin, cette même école dispensait des cours d'arabe pour les expatriés, et cela m'aurait aussi été d'un secours précieux. Bref, un vaste horizon de possibilités mirobolantes s'ouvrait à moi.

Début mars, je ne pus m'empêcher de retourner voir M. Bonnet pour lui exposer mes ambitieuses visées et j'en profitai pour faire étalage de mes nouvelles acquisitions, si théoriques fussent-elles. Bien m'en prit car la direction, en absence de candidat potentiel, faisait à nouveau pression en vue du dossier de rachat des concessions tunisiennes par le Bey. Ayant exposé l'affaire, mon interlocuteur me décocha une proposition qui provoqua chez moi une pluie d'étincelles : il soumettrait au siège de la société l'idée de m'engager sur un contrat d'essai qui inclurait la prise en charge de mes études sous condition de signer une convention m'obligeant à travailler pour eux pendant dix ans, en rupture de quoi je devrais rembourser les frais encourus. Ne me maîtrisant plus, je me dressai au-dessus de son bureau et pris ses mains que je serrai dans les miennes.

Mon oncle m'avait envoyé une lettre de Chicago où il s'était installé et où, disait-il, on trouvait une large communauté russophone très pieuse, des églises orthodoxes fleurissant un peu partout. De plus, des confraternités se créaient et des débats passionnés avaient lieu pour examiner les rapports de la prohibition avec la criminalité et les dérives de la morale, domaine auquel la Russie pouvait apporter son expérience. Conformément à la requête qui accompagnait mes vœux de Noël, mon protecteur s'était rendu au domicile de Tania avant de partir et n'avait trouvé ni occupant ni personne qui pût lui donner le moindre renseignement. Je méditais sur les rapports du temps, donnée physique, avec la psyché, donnée métaphysique. Comment les conditions matérielles du présent, somme toute anecdotiques, pouvaient-elles rendre obsolètes une foi et une vérité qu'on eût crues indestructibles, aussi profanes qu'elles eussent été ? Mon cœur s'éloignait de Tania, ma mémoire la rangeait parmi les objets pieux qu'on vénérera toute une vie.

La proposition de M. Bonnet fut acceptée et je me mis au travail avec un acharnement dont je ne me savais pas capable. En réalité, les tâches qu'on me confiait étaient, au début du moins, d'ordre subalterne. Je courais aux archives, apportais ou allais chercher des dossiers à Paribas, faisais le commis en quelque sorte ; mais je commençais aussi à écrire des courriers qui étaient d'ailleurs systématiquement raturés et commentés en marge par mes supérieurs avec injonction de réécriture. En janvier 1922, je réussis à m'inscrire au cours de droit tunisien, arguant que je devais rendre des comptes au Bey. Je commençais à parler arabe. En novembre, interdit d'inscription en licence parce que mon diplôme de fin d'études n'était pas reconnu par l'État français, je m'inscrivis en capacité de droit au Centre d'Études Juridiques avec obligation de passer mes examens à Alger. En décembre, l'Ukraine était avalée par la nouvelle URSS dans un glouglou nauséabond. Il ne me restait qu'à encadrer mon passeport et l'accrocher au mur des souvenirs. En janvier 1923, je demandai la nationalité française et l'obtins presque aussitôt. La même année, prodrome de l'élan national naissant, la Compagnie des chemins de fer Bône-Guelma se défit de la tutelle algérienne pour devenir la Compagnie fermière des chemins de fer tunisiens.

Au cours de l'été, je me rendis à Alger avec un billet de train aller-retour, gratuit évidemment, et y passai brillamment mon examen de première année. Je découvris une ville encore plus belle que Tunis. De plus, c'était la première fois que j'allais en France, dans mon pays, fier de présenter mon passeport national à la frontière. J'y passai trois jours, accompagné pour la visite de la ville par un cadre administratif de la Bône-Guelma qui m'invitait dans des restaurants où je pus savourer les subtiles délices de la cuisine française. Mon premier prix alla à la blanquette de veau de Madame Miéville, rue Arago, mais je décernai également un accessit à la bouillabaisse de Marius, sur un quai au ras de l'eau.

L'année suivante, malgré les réticences initiales du ministère, qui redoutait l'émancipation indigène, un centre d'épreuves fut inauguré à Tunis, ce qui me permit d'y obtenir ma capacité. Dans la foulée, je fus promu par la CFT au poste de coordinateur du conseil juridique auprès du bureau des relations publiques. Cela me valut d'être invité au palais du Bey pour la présentation des vœux du Résident Général à l'occasion de l'Aïd el-Fitr. Le Bey d'ailleurs ne s'y montra pas, se faisant représenter par son *wakil* qui invoqua un malaise subit dont Son Altesse s'était vue affligée. J'avais maintenant plus de temps libre. J'allais souvent me promener dans les ruines de Carthage, emportant avec moi la Salammbô de Flaubert, que je lus plusieurs fois tant l'ouvrage me fascinait. J'explorais méthodiquement le rivage, désir tenace de plonger mon regard, depuis la colline de Saint-Louis et les ruines de Byrsa, vers « l'autre côté ». Je faisais aussi des visites fréquentes à l'église grecque de Saint-Georges pour allumer des bougies à la mémoire de mes disparus. Enfin, le souk m'attirait par son animation et ses occasions infinies d'être au contact de mes semblables. Mais je ressentais un besoin plus puissant, le besoin d'amour.

***

C'était il y a deux ou trois ans, je ne me souviens plus très bien, je fis paraître une annonce dans la Dépêche de Tunis : *Jeune émigré, emploi stable, souhaite rencontrer jeune femme pour partager valeurs chrétiennes en vue fondation foyer.*

***

Vers cinq heures, nous reprenons le train pour la ville. Victor commente :

— Quel bon dimanche nous avons passé ! Et ce TGM, c'est toujours un plaisir de le prendre, le plus vieux dur tunisien, électrifié et en voie normale. On dirait qu'on a tout fait à l'envers ici, la modernité est passée d'abord !

À la gare, j'embrasse Francine et les enfants, je serre la main de Victor.

— À demain !

— À demain !

Récit de Marie-Rose

Je suis née le 15 août 1901 à Cargèse, Corse, France.

Mes parents avaient, près du village, un domaine agricole composé de vignes, d'oliviers et d'amandiers entourant une petite bastide du XIXe siècle. Nous avions aussi des animaux : des poules, des lapins et un cheval, un seul. J'ai eu l'enfance la plus heureuse possible, m'occupant toute petite déjà des animaux, cela bien sûr quand je n'étais pas à l'école ou en train de faire mes devoirs. J'avais ma poule et mon lapin préférés. La poule était une rousse qui était la première à sautiller vers moi quand je m'approchais de l'enclos, avec ou sans graines. Je l'ai appelée Roussette. Je lui disais qu'il fallait qu'elle continue à pondre des œufs sans quoi elle passerait à la casserole. Mon lapin favori était gris, avec la tête un peu plus ronde que les autres. Je l'ai appelé Grisou. Lui n'avait aucune chance de vivre bien longtemps, étant incapable de pondre des œufs. Parfois, il restait au fond de son clapier, l'air triste comme s'il savait, alors je le prenais dans mes bras et je lui racontais une histoire de lapin. Le cheval s'appelait Ratou et il était très affectueux mais j'avais un peu peur de lui avec ses gros sabots. De mai à octobre je descendais souvent à la plage. On avait vu des touristes se baigner dans la mer et j'avais immédiatement voulu en faire de même. Mes parents étaient réticents mais avaient cédé à force que je tape du pied, les bras raidis le long du corps, poings fermés. Ils s'étaient convaincus que finalement c'était le meilleur moyen de se rafraîchir pendant les journées torrides de l'été. J'ai appris à nager très tôt, vers cinq ou six ans. Ça s'est fait tout naturellement : j'étais près du bord dans quelques centimètres d'eau, à plat ventre bras tendus, les mains touchant le fond, et je me propulsais comme ça, en tirant sur le sable et en remuant les pieds. Un jour, j'ai lâché les mains et voilà, je savais nager. Mes parents étaient bien fiers mais plus tard, quand j'ai commencé à nager vers le large, ils m'ont dit de faire très attention car il y avait chez nous des lames de fond qui pouvaient vous noyer. Une fois, comme il m'avait vue revenir d'assez loin, un vieil homme qui était assis sur un tronc d'arbre mort près de l'eau avait dit à mes parents : « C'est votre fille ? Vous n'êtes pas fous de la laisser se baigner ici ? » Mes parents avaient dit : « Mais nous sommes à côté… » Et l'homme avait dit : « Si une vague la prend, c'est vous qui irez la chercher ? Au lieu de faire des monuments aux morts inutiles, ils feraient mieux de mettre la liste de tous ceux qui se sont noyés dans ce golfe ! »

Mon frère est né quand j'avais six ans. Ça me faisait un animal de plus à surveiller. Quand il pleurait, ma mère me demandait de remuer le berceau pour le calmer. Des fois j'étais énervée, je remuais le berceau un peu trop fort et ça le faisait pleurer encore plus. Alors ma mère me faisait les gros yeux et me disait de monter dans ma chambre.

À Noël on mettait un pin à côté du buffet dans la cuisine, qui nous servait aussi de salle à manger, et on le décorait avec des boules en bois peint et des guirlandes en copeaux d'étain qui devaient avoir au moins cent ans. Le jour venu, je trouvais au pied de l'arbre une poupée ou un poupon. J'ai accumulé beaucoup de ces créatures-là, puis un jour j'ai pris tous les poupons et je les ai jetés à la décharge pour ne garder que les poupées. Je trouvais que les deux ne faisaient pas bon ménage.

Ma mère s'en est aperçue et m'a grondée. Je lui ai expliqué que mes reines ne supportaient pas la promiscuité. Elle n'a rien dit.

Les récoltes se suivaient et se ressemblaient. Fin août on démarrait avec les amandes, que j'aimais secouer à grands coups de gaule, puis c'étaient les vendanges début septembre. Le raisin noir était maltraité, on le comprimait dans de grands baquets de bois avec une pioche et il partait faire du vin chez mon cousin, où on le foulait aux pieds comme pour achever l'outrage. Le raisin blanc par contre, on le bichonnait, on lui enlevait ses mauvais grains moisis ou ratatinés et on le déposait délicatement en rangées dans des plateaux tapissés d'un papier de soie rose ou blanc, chaque grappe dans sa feuille ovale et dentelée du même papier. Quand le plateau était plein, on rabattait les deux côtés longs de la feuille de protection et on croisait un élastique dessus en deux diagonales. Ma mère finissait le travail en tirant les bords du papier qui dépassait avec de petits coups secs vers le haut, pour faire plus frais, plus appétissant, donc mieux vendable au marché. On finissait en décembre avec les olives. Elles partaient aussi chez mon cousin pour faire de l'huile après qu'on s'en fut gardé une petite réserve pour cuisiner et offrir aux invités à l'apéritif.

J'allais à l'école par le petit chemin de la « femme perdue ». J'aimais bien l'école. J'y instruisais les filles un peu empotées de choses que je savais et qu'on n'apprenait pas en classe, ce qui me les rendait dociles. J'aimais sincèrement la maîtresse et tout ce qu'elle nous enseignait, de l'orthographe aux noms et numéros des départements français. Il n'y avait que les leçons de couture qui m'étaient pénibles. J'ai obtenu mon certificat d'études haut la main.

Le dimanche après-midi j'allais presque toujours jouer au football, un jeu que les Anglais nous avaient fait découvrir à nous les Corses. On se retrouvait derrière la plage de Peru, deux filles seulement pour une dizaine de garçons. Jean-Philippe, le fils du boulanger, me fixait de ses yeux globuleux, la langue pendante, parfois bavant. Je lui tirais la mienne ou bien je haussais les épaules, ou encore je détournais ma tête d'un coup, comme ça, vlan ! Le garçon qui me plaisait bien, du haut de ses onze ans, c'était Octave, le fils du maire, qu'on avait appelé ainsi parce qu'il était le huitième de la couvée. Lui faisait l'indifférent, ce qui ne me le rendait que plus attrayant. Quand il était dans l'équipe adverse, je ne manquais pas de lui taper dans les mollets, sans faire exprès. Il ne se plaignait pas, ç'aurait été avouer sa faiblesse. Quant à frapper une fille, c'était hors de question. Il avait assisté à la première rencontre Ajaccio-Bastia juste avant la guerre, ce qui lui avait donné un énorme prestige. Je jouais aussi aux billes, comme les garçons mais moins bien. Un jour, alors que j'avais perdu tout ce qui me restait, à savoir un boulard et trois agates, j'ai demandé à Octave de m'avancer un petit sac, lui promettant de poser et de ne pas tirer. Il a bien voulu et il avait tort car j'ai été aussitôt dépouillée de mes tas de quatre. Ma grande amie c'était Anne-Marie, la fille du forgeron et de la coiffeuse. Nous étions assez proches de tempérament, du genre à ne pas se laisser faire et à toujours vouloir avancer, peu importe vers quoi. J'ai été chagrinée quand j'ai dû la quitter pour rejoindre le pensionnat du collège d'Ajaccio. En effet, grâce à mes performances à l'école, mes parents m'ont sans peine obtenu la bourse.

Un matin de septembre où le soleil emplissait la moindre parcelle de nature, nous avons pris la charrette sur laquelle mon père avait chargé trois sacs d'amandes, deux piles de plateaux de raisins et trente litres d'huile d'olive. Tout le monde était ravi, moi parce que j'allais m'installer dans la capitale, que je n'avais vue qu'une fois et qui m'avait beaucoup plu, mon père parce qu'il espérait vendre ses produits au marché, Ratou parce qu'il allait pouvoir se dégourdir les mollets et même mon petit frère de cinq ans qui sentait qu'il se passait quelque chose d'important. Seule ma mère paraissait inquiète à l'idée de lâcher sa fille dans un monde inconnu. Nous avons longé la côte dans l'éblouissement d'une mer bleu sombre piquée d'or et d'argent et avons fait halte au hameau de Masorchia pour manger du fromage avec du pain blanc. Là, nous avons quitté la mer pour la petite montagne. Mon père se désolait de voir les châtaigniers, que les Génois s'étaient donné tant de mal à planter, si mal entretenus par les locaux. Nous nous sommes arrêtés à l'orée d'Ajaccio pour passer la nuit dans une auberge que les revenus modestes de mes parents nous permettaient de fréquenter.

Le lendemain était le jour de ma présentation au personnel du collège. Je m'attendais à pire, m'étant mis en tête une image d'austérité tant pour l'aspect des bâtiments, dont le principal était au contraire une somptueuse villa, que pour l'accueil humain. De fait, le proviseur, les professeurs, les maîtresses et l'économe nous ont fait toutes sortes d'amabilités, vantant l'essor de l'éducation corse et m'appelant à y faire honneur. Quand est venu le moment de me séparer de ma petite famille, j'ai ressenti un mélange de sentiments disparates comme doit l'éprouver la chrysalide qui sort du cocon. Au dortoir, j'ai déballé les affaires que ma mère avait brodées de mon nom et numéro d'internat, le soixante-six. Dans la cour il y avait des mûriers qui tendaient leurs fruits aux bouches en mal de sucreries. J'ai tout de suite lié connaissance avec plusieurs élèves. Elles ne savaient pas bien s'il fallait parler corse ou français. La surveillante nous a vite instruites sur la question : il fallait parler comme le président Fallières.

De même qu'à l'école élémentaire, je me suis sentie en totale harmonie avec mes professeurs et les sujets qu'ils nous enseignaient. À part le sport, ma matière préférée était le latin. À la bibliothèque je monopolisais le Gaffiot, dans lequel je me réjouissais de trouver des bouts de phrase entièrement traduits. Ma seule déception était que dans un collège de filles on ne jouait ni aux billes ni au football. Le dimanche était voué à la sortie en ville, sortie accompagnée bien sûr. La visite commençait toujours par la messe à la cathédrale pour celles qui voulaient, dont j'étais. Après quelque temps de pratique au collège, j'ai intégré la chorale municipale, ce qui m'a permis de me produire en cette même cathédrale à certaines occasions qui devaient rester gravées dans ma mémoire. Pendant ces sept années j'ai pu visiter, et plus d'une fois même, tout ce qui est visitable à Ajaccio : le musée Fesch, la citadelle, la maison Bonaparte, le lazaret d'Aspretto, le marché, etc. Ma balade préférée était celle du port avec ses quais animés où arrivaient et d'où partaient de puissants navires. Ils étaient surtout chargés, pour moi, de fascination quant à leur origine ou leur destination. Nous visitions également les pressoirs à huile et à raisin, dont je rapportais le détail à mon père. Naturellement nous avons visité la chapelle grecque de la route des Sanguinaires, chapelle dont je me vantais de connaître la descendante à Cargèse, l'église Saint-Spyridon. Nos accompagnants, à savoir les professeurs désignés selon tel ou tel domaine d'intérêt pédagogique, évitaient soigneusement les rues mal famées, telle l'ancienne rue Calabraga, comme l'appelait notre professeur d'histoire. Il y a eu aussi les balades champêtres en périphérie, les représentations au théâtre et même le cinématographe ! Aux temps chauds c'étaient les jeux de plage, mais en tenue stricte bien entendu. Quelquefois, j'étais invitée à des goûters d'anniversaire chez des Ajacciennes avec qui j'avais sympathisé en classe. Ça me changeait de l'infâme gelée de raisin qu'on nous servait au réfectoire. Le charme a été rompu et l'inquiétude s'est insinuée en nous avec l'entrée en guerre.

Pour les vacances, je revenais à la maison en prenant la diligence Ajaccio – Calvi. J'y ai entendu des voyageurs alimenter des conversations édifiantes qui, les dernières années de mon séjour ajaccien, m'ont mise sur le chemin de la réflexion politique. Il y avait ceux qu'au début j'appelais idéalistes ou irréalistes par déformation d'un terme savant que je n'avais pas assimilé, celui d'*irrédentiste*. Je ne comprenais pas le sens de cet amour pour les Italiens alors qu'on avait beaucoup souffert pour se défaire et des Pisans et des Génois. Ça, je l'avais appris en classe. Comme je récitais ma leçon à un passager porteur de barbiche, lorgnon et cravate, celui-ci m'a dit : « Ce qui unit le peuple, chère demoiselle, c'est la langue. Or le corse n'est qu'un dialecte italien, tout comme le sarde, le vénitien ou le napolitain. » Il y avait les bonapartistes qui, au contraire, épanchaient leur nostalgie d'Arcole mais aussi leur amertume de Sedan. Comment peut-on désirer vivre sous le joug d'un despote ? ai-je demandé à Anne-Marie. Balayant mon étonnement, elle m'a raconté qu'elle avait récemment passé des vacances au continent dans un village du midi, Villemande, où la moitié des habitants étaient royalistes. Puis, il y avait ceux qui voulaient une Terre Corse libre avec majuscules. Au bord du chemin, j'ai ramassé une poignée de terre et n'y ai rien trouvé de spécial, si ce n'est qu'elle n'était pas bien riche. Mon père m'a dit qu'il fallait être républicain, un point c'est tout. Ou presque tout, car il se méfiait de la montée des idées socialistes, préférant avoir un olivier à lui que dix en commun. Au collège, les enseignants catholiques balançaient entre toutes ces nuances, ne sachant comment concilier la foi avec la loi, en l'occurrence celle de la Séparation des Églises et de l'État, d'autant que les bonapartistes, contre la loi, s'étaient ralliés aux républicains. Dans ce fouillis, j'ai trouvé ma voie et suis devenue républicaine de droite. Mon Dieu, si j'avais pu voter ! J'ai dû me contenter d'un simulacre pendant l'épreuve de littérature du baccalauréat en votant l'abstention, ni Mérimée ni Maupassant, ce qui m'a valu l'éloge de Mademoiselle W., ma maîtresse de Lettres.

Donc la guerre est arrivée. Mon père est parti pour le continent, le nord du continent plus précisément. Il nous écrivait pour décrire le froid, la brume, la boue, l'odeur des cadavres, les pénibles corvées, le bruit et le manque de sommeil, autant de choses qui auraient dû être inconciliables avec sa « corsitude ». Pourtant il affirmait que son moral et sa santé étaient intacts. Du moins jusqu'à ce qu'il nous informe de sa blessure au thorax par un éclat d'obus, se disant toutefois chanceux non seulement parce qu'il avait l'usage de ses quatre membres mais qu'il allait être renvoyé au bercail après un séjour dans un hôpital parisien, si ses médecins ne jugeaient pas ses poumons trop gravement atteints. En attendant, mes retours vacanciers à Cargèse étaient plutôt tristes quand je ne voyais pas mon père m'attendre à l'arrêt de la diligence, remplacé par l'ouvrier agricole grec que mon cousin nous avait délégué pour la maintenance de la propriété.

Quand Papa est revenu de Paris, nous avons fêté ça avec la moitié du village. Chacun ayant apporté sa participation, nous nous sommes régalés d'un apéritif au Cap Corse suivi d'un repas gargantuesque de daurades au fenouil, cochon aux figues, bruccio nature ou en imbrucciata et flots de nielluccio que le cousin avait rapporté d'une virée à Patrimonio. Mon frère de onze ans a eu droit à un demi-verre. Anne-Marie était bien éméchée. Elle m'a raconté son voyage en France. Je l'ai reprise : « Ton voyage au continent ! » C'est là qu'elle m'a parlé du village royaliste. Forcément, nous avons alors discuté politique et elle m'a avoué ne pas bien comprendre le pourquoi du comment ni d'ailleurs s'en soucier le moins du monde. Je l'en ai blâmée, lui assénant que nous, les Françaises, devions réagir à l'emprise masculine et que des attitudes telles que la sienne n'y aidaient guère. Nous nous sommes réconciliées quand je lui ai donné les dernières nouvelles d'Ajaccio, ville qui lui apparaissait comme l'ultime destinée et où elle comptait ouvrir un salon de beauté qui s'appellerait « La beauté de l'île ».

Nous avons organisé le même festin avec les mêmes gens pratiquement jour pour jour un an après pour fêter mon baccalauréat. Mon père n'avait pas totalement l'humeur à la réjouissance, discutant, l'air soucieux, avec les notables du clan. Je n'ai pas eu de mal à comprendre ce qui se passait. L'agriculture était en déclin, on n'arrivait pas à joindre les deux bouts et la seule façon de se sortir du pétrin était d'émigrer. Les postes de fonctionnaire foisonnaient sur le continent et aux colonies. Mais encore fallait-il être au mieux avec certaines personnalités pour obtenir l'emploi ambitionné. J'ai réalisé que le baratin de mon père sur la République n'était qu'une façade, un décor de pacotille qui donnait le change. En vérité c'était notre patronyme et notre appartenance au clan qui dictaient ses préférences électorales.

Je suis restée dans le giron familial sans rien faire d'intéressant, alternant les coups de main aux travaux agricoles, au ménage de la maison et à l'éducation de mon frère. Puis la lassitude m'a gagnée, j'ai senti que la situation ne pouvait pas durer. J'espérais tous les jours que quelque chose se passe, ne pouvant me résoudre à végéter éternellement. L'idéal aurait été que je puisse continuer mes études à l'université mais le coût de mon entretien loin de la maison n'était plus à la portée de mes parents. Restait l'espoir d'un déménagement de la famille à Marseille, Paris, Alger ou toute autre ville qui permettrait à mon père de travailler tout en m'offrant une place sur un banc de faculté. En dehors de cette option, il y avait celle de suivre seule là-bas des études tout en travaillant pour un salaire ou bien de postuler pour une nouvelle bourse.

Je pensais constamment à ces choses-là, ressassant différentes manières de sortir de l'impasse, et à force de tourner en rond j'éprouvais le besoin de me défouler. Aussi, pendant mes heures de loisir je courais sur la plage, sillonnais la campagne et m'aventurais en montagne, me forçant à gravir des pentes abruptes pour exercer ma volonté et mon muscle cardiaque. C'est vrai qu'on voyait beaucoup de champs incultes, désertés par leurs propriétaires qui étaient soit mobilisés soit exilés.

Un jour je suis montée jusqu'à l'abri du berger Santucci, d'où la vue magnifique sur le golfe ne peut que susciter l'appel du large. Comme j'entendais une sorte de raclement, j'ai terminé mon ascension en silence, pensant qu'il s'agissait de quelque sanglier fourrageant pour sa nourriture, ce que je me serais plu à observer, mais je n'ai vu aucun animal. Il m'a semblé que le bruit venait de l'intérieur même de la masure. C'était quelque peu étonnant car à ce que je savais, les Santucci étaient partis en Indochine pour tenter leur chance dans le caoutchouc. Je me suis approchée du fenestron et j'ai vu un homme de dos qui s'affairait autour de la cheminée. Je l'ai salué d'une petite voix hésitante, plutôt en manière d'interrogation. Il a sursauté et s'est brusquement retourné, montrant un visage à la fois effrayant et effrayé. Effrayant parce qu'il était mangé par une chevelure hirsute et une longue barbe noire qui ne laissaient apparaître que des yeux bleu pâle cernés et hagards ainsi que de rares lambeaux d'une peau sombre visiblement couverte de crasse et dont un morceau, juste sous l'œil droit, était barré d'une escarre violacée. Je n'ai su à quoi attribuer la frayeur qui se manifestait sur ce visage et j'ai craint d'être face à un malfaiteur surpris dans quelque basse besogne. J'ai amorcé un mouvement de recul, prête à m'enfuir, ce qui a immédiatement fait réagir l'individu :

— Mademoiselle, ne partez pas s'il vous plaît, vous ne risquez rien.

— Qui êtes-vous ?

— Je m'appelle Jules.

— Que faites-vous là ?

— Je vais vous expliquer.

Il m'a invitée à entrer. Le présumant inoffensif, j'ai pensé qu'il pouvait s'agir d'un berger ou d'un ouvrier que les Santucci auraient laissé faire usage de leur abri. M'étant ainsi rassurée, j'ai pénétré dans l'unique pièce. Maintenant que je le voyais de près, vêtu de guenilles, sentant mauvais, mon premier réflexe peureux se muait en un sentiment oscillant entre dégoût et apitoiement. Je me suis assise sur un rebord de pierre aménagé au bas d'un mur et il s'est assis sur une souche de chêne à côté d'une couche sommaire faite de peaux de mouton, seul mobilier du repaire.

Je devais lui inspirer confiance car il s'est mis à me conter le récit détaillé que voici :

***

Je me suis engagé en quatorze et, demandant l'Artillerie, j'ai été affecté à l'Infanterie. J'étais fier et même enthousiaste de défendre mon pays. Je suis originaire du XVIIe arrondissement de Paris, près de la Porte de Clichy, et j'ai toujours eu ce sentiment de supériorité d'appartenir à la capitale, avec les responsabilités que ça entraîne. Nous pensions que la guerre n'allait pas durer et que nous renverrions facilement les Allemands chez eux. À la gare de départ, l'ambiance était chaleureuse et les premiers mois du conflit nous ont révélé l'amitié et la solidarité. Mais les mois suivants, pauvres de nous ! l'horreur s'est installée comme une maladie chronique. La première atteinte à mon enthousiasme a été portée par l'ordre reçu, au cours d'une attaque décisive, de « ne pas faire de prisonniers ». Je revois ce soldat allemand dans la tranchée, sortant une photo de lui avec sa femme et ses deux enfants. Sous l'œil sévère du lieutenant, je n'ai pas hésité un instant et l'ai abattu d'une balle dans le cœur, ce qui m'a valu d'être copieusement insulté par le gradé qui ne concevait pas qu'on puisse gaspiller une balle alors que nous avions des baïonnettes. Il a donc fallu finir le travail à l'arme blanche. Mais il m'est arrivé pire : j'ai été tiré au sort pour former le peloton d'exécution d'un déserteur et j'ai donc dû fusiller un des miens. Et puis sur le terrain, sous les pluies de balles et d'obus, dans des conditions d'existence très difficilement supportables, je n'ai plus su d'où venait cette angoisse qui commençait à me miner, le mal subi se confondant avec le mal infligé. En même temps l'affaire était simple, c'était tuer ou être tué. Ou déserter. Sur ce fond de misère permanente, il y a eu de plus en plus de désertions. En dix-huit, honoré d'une montée en grade, j'ai été muté dans une autre section et j'y ai sympathisé avec un Corse de Bastia. Il espérait une permission sous peu. Un matin, nous avons été surpris par un assaut d'artillerie foudroyant. Le repli était hors de question, on nous ordonnait de tenir notre position. La seule issue était donc de monter au *no man's land* et de tuer le plus possible d'adversaires pour diminuer les chances d'être soi-même tué. C'est mathématique. Par bonheur, la veille en pleine nuit nous avions installé des « tubes » dans les barbelés ennemis et nous les avons fait sauter aux premiers coups de canon. Le combat s'est terminé en *statu quo* (« *ante bellum* », avait ajouté le colonel) mais les pertes ont été énormes de chaque côté.

Je crois pouvoir dire que dans cette guerre, depuis le début j'avais de la chance, je n'ai même pas été blessé. Vers la fin de cette dernière attaque, parmi tous les gisants j'ai reconnu mon camarade couché sur le ventre. Au mépris de l'ordre de retour à la tranchée, au risque d'une balle et malgré le début d'une odeur de chlore, je me suis approché en espérant qu'il était vivant.

Comme il ne répondait pas à mes appels, j'ai voulu le retourner en saisissant son épaule et ses cheveux. Sa tête, qui ne tenait au corps que par un lambeau de peau à l'arrière du cou, m'est restée dans les mains. J'ai eu une petite boule dure qui s'est formée au fond de ma gorge et qui m'a donné une forte nausée mais j'ai craché la boulette sans vomir. Je ne sais plus si ç'a été dans le souci d'avertir sa famille ou si j'avais déjà une idée en tête mais j'ai fouillé ses poches et j'ai pris son livret militaire et sa permission.

Dans la confusion qui a suivi les tentatives de regroupement, j'ai décidé de m'enfuir. Je n'avais qu'à suivre la Marne en évitant le plus possible la route et les gendarmes, et j'arriverais à Paris pour préparer ma cavale. Je marcherais la nuit et dormirais le jour. La permission donnait une consigne de ralliement fixé au 15 août à Marseille pour un départ vers Bastia. Fernand – c'est comme ça que s'appelait feu mon ami – m'avait parlé du maquis corse, qu'il affectionnait sans réserve et qui abritait des bandits. Étant moi-même devenu bandit, l'option me convenait parfaitement en attendant que la guerre finisse et que des mesures de pardon ou d'amnistie soient instaurées. J'ai donc regagné Paris sans encombre et j'ai raconté à mes parents que j'étais en permission spéciale à la suite de l'avancée déterminante des Alliés. Le XVIIe fourmillait de faussaires qui, pour quelques dizaines de francs, falsifiaient des papiers. Contrairement au mien, dont je m'étais bien sûr débarrassé, le livret de Fernand comportait une photographie d'identité, ce qui, après m'avoir d'abord inquiété au cours de ma fuite, m'a indubitablement aidé dans mes déplacements ultérieurs. Ainsi muni de papiers parfaitement maquillés, j'ai pris le train de Marseille, où je pensais me sentir plus en sécurité qu'à Paris en attendant l'embarquement providentiel. Ayant inventé qu'une mission m'incombait de rencontrer les parents d'un camarade marseillais tombé au champ d'honneur, les miens m'ont félicité pour mon dévouement et m'ont donné l'argent du billet de train, additionné d'un pécule pour passer quelques jours à Marseille. Je ne voulais pas penser au temps où ils recevraient la police militaire cherchant à élucider mon absence à l'appel et je leur ai promis que la guerre finie je consacrerais toute mon énergie à faire prospérer la mercerie qui nous nourrissait.

La cohue dans les gares et dans les trains obligeait les préposés, en tout cas les moins zélés, à bâcler quelque peu l'enregistrement des titres de permission. C'est sur un double coup d'œil à ma trombine et à mon livret que le sésame m'a été accordé. Tampon ! Je suis parvenu sans encombre dans la cité phocéenne, où j'ai finalement passé un mois. Le soleil et la chaleur étaient en total contraste avec les rigueurs que j'avais subies dans le Nord en début d'année. Loin du front et de ses dangers, dans le quasi-confort de l'arrière la peur avait disparu. Je revivais et par conséquent je n'éprouvais aucun regret d'avoir déserté. Mais je courais quand même le risque de me faire attraper. Dans cette éventualité, j'étais vraisemblablement promis au même sort que celui du soldat que j'avais moi-même fusillé, conscient par ailleurs que je l'aurais mérité.

Le port était en activité constante, on y entendait toutes les langues, on y voyait toutes les races, toutes les couleurs : débarquements d'alliés, de Noirs, d'Arabes et d'Annamites des colonies, départs vers l'Orient… La ville entière était dans une effervescence inimaginable : arrivées de réfugiés fuyant le Nord, mouvements de troupes incessants, des soldats partant au front tandis que d'autres en revenaient, pour la plupart blessés et emmenés dans les hôpitaux. Tout cela m'a donné la sensation, noyé dans le flot comme j'étais, d'être plus ou moins protégé. J'étais même rasséréné par une cité pittoresque, cosmopolite et lumineuse aux antipodes des sombres villes franco-germaniques.

La solidarité des civils marseillais était exemplaire, solidarité envers les soldats et les réfugiés de tous pays. Exemplaire aussi leur compassion envers les plus démunis, envers les nombreuses prostituées et les damnés de la terre en général. Leur miséricorde inclurait-elle les déserteurs ? Après tout, la charité n'a pas de patrie. Justement, après l'élan patriotique de quatorze, le pacifisme pointait son nez. C'est donc sans honte que j'ai profité de l'amabilité et de l'hospitalité marseillaises. Outre cela, le manque considérable de main-d'œuvre m'a facilité la vie, le remplacement journalier d'un docker malade de la grippe espagnole, par exemple, étant chose facile.

Le jour de l'embarquement pour la Corse, vu tout le temps qui avait passé depuis ma fuite, l'inquiétude me tourmentait. La plaque matricule de Fernand avait-elle été trouvée malgré sa décapitation ? La portait-il au poignet comme moi ? Dans la précipitation, je n'avais pas vérifié. Avec tous ces morts, son absence à l'appel pouvait-elle être recoupée avec la mienne ? On nous savait bons amis. Comment serait interprétée la disparition de son livret ? Dans quelle mesure ces éléments pouvaient-ils être communiqués à l'état-major de Marseille ? Je me rongeais pour rien. Voyant ma photo sur le livret de Fernand, la police portuaire m'a souhaité une bonne traversée et une joyeuse permission.

Nous voilà donc voguant de nuit vers Bastia à bord du *Balkan*, un ancien vapeur qui prend son temps et rappelle plus le cabotage touristique que le transport militaire, d'autant que le bateau est rempli de civils, femmes et enfants. Épuisé par la frousse du contrôle et soulagé d'être passé au travers, je dormais du sommeil du juste. Mais voilà qu'un cauchemar m'assaille : un obus vient de tomber tout près. Je suis de retour au front ou peut-être n'en suis-je jamais parti. En une minute, voici en vérité ce qui se passe : une terrible explosion, une horrible secousse, la perte de l'horizontale, l'envahissement de l'eau, la course vers le pont et la plongée dans les flots. Me voilà nageant vers un radeau de sauvetage ondulant miraculeusement à quelques brasses. Je m'y accroche en même temps que d'autres naufragés bien déterminés à lutter pour y avoir leur place. Concentrant ma vigueur sur l'urgence du moment, je me hisse à bord du radeau et donne mes deux mains à ceux qui ont besoin d'aide, dans le même temps contemplant avec horreur le navire qui coule à la verticale et les gens avec. Sur un autre radeau, un homme crie : « Je suis officier ! Écoutez-moi ! Attrapez tout ce qui ressemble à des cordes et des planches et essayez de garder les radeaux groupés ! » – on en distingue moins d'une dizaine – « Ne paniquez pas, tenez bon, on voit les feux de la côte ! Ramez ! » Nous avons ramé tout le reste de la nuit et une bonne partie de la matinée. Alors que le soleil est levé depuis longtemps, deux hydravions nous approchent dont l'un amerrit tandis que l'autre repart vers la côte. Une éternité plus tard, une vedette arrive qui nous embarque. À vue d'œil, je dirais que nous sommes une centaine.

Nous débarquons maintenant au port de Calvi et on nous confirme que nous avons été torpillés par un sous-marin ennemi. Et moi qui croyais que nous avions été bombardés ! Maintenant je n'ai plus de papiers, plus rien sauf, heureusement, quelques billets mouillés au fond de ma poche. Lors de l'entretien d'accueil, j'hésite entre donner ma véritable identité – me donner donc –, garder celle de Fernand ou bien me déclarer civil, mais sous quel nom, quelle adresse ? Je sentais que ma veine s'épuisait, ça ne dure qu'un temps ce genre de fortune. J'ai joué ma dernière carte et j'ai opté pour l'usurpation. En moins d'une minute je me suis dit que soit le cadavre de Nanand avait été identifié soit pas. S'il l'avait été, son nom était rayé de la liste des permissions, un cas de figure en conflit avec mon enregistrement à Paris et à Marseille. Dans le cas contraire, son absence à l'appel pouvait passer pour une anticipation, un devancement de sa permission. J'ai donc misé à la fois sur la non-identification de Nanand et sur la non-transmission de ma défection, comme à la roulette on met ses jetons restants à cheval sur deux numéros. Était-ce vraiment ma dernière aubaine ? J'étais maintenant inscrit au registre des permissionnaires, sans doute bientôt recherché dans la région de Bastia. Il me fallait donc partir dans la direction opposée, c'est-à-dire au sud. J'ai acheté une miche de pain, une gourde, un couteau et un briquet. J'ai marché plusieurs jours en gardant la mer en vue. Aucun endroit ne m'apparaissait propice pour m'y fixer jusqu'à ce que je me perde ici. J'ai entendu le bruit d'une source et pas loin j'ai vu cet abri.

Maintenant j'ai un peu perdu la notion du temps. Au début, je me suis nourri d'arbouses et de châtaignes mais j'ai vite réalisé que ça ne suffirait pas. Perché sur un pic rocheux, armé de mon couteau et de mon expérience du combat, je me suis jeté sur un cochon noir deux mètres plus bas. Je n'ai eu aucun mal à trouver la carotide mais un spasme de l'animal lui a fait lancer la patte, ce qui a failli me faire perdre l'œil. J'ai fait sécher et j'ai fumé sa viande, dont j'ai enterré la moitié là-bas.

***

De son pouce retourné sur l'épaule, il me montrait l'endroit, vers la source. Moi j'étais émue, c'est sûr, mais je me demandais quand même si son histoire c'était du lard ou du cochon, justement. Je lui ai demandé ce qu'il comptait faire et il m'a répondu qu'il ne voyait qu'un départ à l'étranger pour le tirer d'affaire. Partout où la police française était il ne serait pas tranquille. Fernand lui avait parlé du Venezuela, où des Corses émigraient pour cultiver le café.

Lui, voyant mon sourire : « Vous pourriez vous renseigner ? »

MOI, *effaçant mon sourire* **:** Sur quoi ?

LUI, *souriant* **:** Comment y aller.

MOI, *souriant* **:** Oui, je peux. Mais pourquoi n'allez-vous pas en Italie ? C'est plus près.

LUI, *dubitatif* **:** En effet, pourquoi pas ?

Enfin une mission dans mon quotidien inanimé ! Je lui ai promis de revenir. Je ne pouvais pas abandonner un individu, pour réprouvable qu'il soit, dans une si triste condition. Au demeurant j'avais des scrupules ; mon devoir de Française n'était-il pas de le dénoncer ? Un déserteur ! Et mon père qui était revenu du front blessé, avait-il payé pour un traître ? Pourtant non, Jules avait donné sa part. Il s'était battu et avait soudain préféré sauver sa peau. Concevable. En retournant chez moi, je sautais d'une idée à l'autre sans savoir quoi penser, quoi décider. Je ne pouvais rien faire encore sans m'accorder un temps de réflexion. Je n'aurais jamais cru possible de devoir prendre une décision de ce genre, du genre qui signifie la vie ou la mort. Je n'avais pas l'habitude des dilemmes, ou du moins je prenais des décisions qui n'engageaient que moi. Avec cette histoire je suis sortie de l'adolescence qui ne doute pas pour entrer dans l'ère du compromis des adultes. Je pouvais bien sûr en parler avec Anne-Marie, en qui j'avais pleine confiance. Octave, lui, serait parti directement à la gendarmerie. Ma mère peut-être saurait me conseiller ? Non, décidément, elle aussi prendrait le parti de la Nation.

Je me suis dit que j'allais organiser l'exfiltration de Jules, ce qui me permettait de me le lier au cas où il aurait eu des idées de fuite prématurée, pour décider au dernier moment de ce qu'il fallait en faire. J'ai ainsi passé les jours suivants dans des recherches à vrai dire assez dérisoires, le plus discrètement possible en tout cas, et en n'empiétant que modérément sur mes charges domestiques. Dans la cave, j'ai épluché la pile de vieux journaux pour essayer de trouver des choses sur les liaisons maritimes. Je n'ai trouvé que des articles ou de la réclame concernant celles de la Corse avec le continent, à part un entrefilet de l'*Union républicaine* sur le commerce de Marseille et Bordeaux avec les Antilles. Les Antilles, elles sont assez proches du Venezuela, mais peut-on se cacher dans un cargo ? Sûrement pas sur une aussi longue distance. Et surtout, comment se rendre et ensuite se débrouiller dans ces villes portuaires du continent tout en étant recherché ? Mon père s'était mis de côté des papiers sur l'immigration en Algérie, à Bône en particulier, ce qui n'intéresserait pas Jules. À la poste, j'ai regardé dans l'annuaire et j'y ai trouvé les horaires des départs de Bastia vers Livourne et d'Ajaccio vers Porto-Torrès, en Sardaigne. Je les ai soigneusement notés.

Je suis allée voir Anne-Marie et lui ai tout raconté. Elle a eu la même réaction que moi, également incapable de trancher. Nous étions vraiment comme deux sœurs, presque des siamoises. Mon plan lui a paru raisonnable, alors je lui ai demandé « d'emprunter » des ciseaux, un peigne et un rasoir à sa mère. Une nuit, j'ai volé un caleçon, une chemise et des chaussettes à l'étendoir de la ferme des Orsoni. On pourrait toujours accuser les Grecs. J'ai fait un ballot de toutes ces affaires en y ajoutant un pain, du raisin et un savon. Je suis sortie du village à l'heure de la sieste et je suis remontée à l'abri.

Jules était endormi. J'ai attendu sur l'herbe en observant la mer. Puis, comme je m'impatientais, je suis entrée et je l'ai regardé dormir. Il avait une expression sereine. Je me demandais à quoi il ressemblerait après son décrassage. S'éveillant, il m'a souri. Je lui ai déballé les provisions et il a paru ébloui comme s'il s'agissait du trésor d'Ali Baba. Après l'avoir vu dormir, je le regardais manger, concentré, silencieux. Je me suis abstenue de parler jusqu'à ce qu'il ait fini. Je lui ai tendu le savon et il s'est empressé d'aller à la source avec les habits propres. À son retour, je lui ai coupé les cheveux en essayant de me rappeler les gestes de la mère d'Anne-Marie, que j'avais souvent observée travaillant au salon, puis je l'ai rasé. C'était une métamorphose totale. Jules était un très bel homme. Pendant qu'en caleçon et chemise il lavait ses habits crasseux, je lui ai fait part de ma pêche aux renseignements, perdant par moment le fil de ma pensée car troublée par le spectacle de son maigre corps.

— Pour le Venezuela je n'ai rien trouvé. Votre histoire de café à mon avis c'est du périmé.

— Dommage, ça me paraissait assez loin pour y être…

— En sécurité ? Ça doit être possible d'y aller mais il faut passer par le continent.

— Hors de question, je dois éviter les gendarmes.

— Sinon, c'est l'Algérie, la Tunisie peut-être, mais c'est pareil, il y a les gendarmes.

— Comment pourrais-je m'évader d'ici ?

— Je vous l'ai dit, l'Italie est tout près, mais il y a un choix à faire avec des avantages et des inconvénients : Livourne a l'avantage d'être sur le continent et on doit y trouver des départs pour les pays lointains, mais il faut partir de Bastia, votre soi-disant domicile. Ajaccio est proche d'ici mais on en part pour la Sardaigne, question de géographie. Et de la Sardaigne on ne va pas bien loin.

— Oui, je comprends. Le choix est difficile.

— De toute façon, il vous faut des papiers, un passeport par exemple. Il vous faut de l'argent.

— Il me reste un peu d'argent, soixante-dix francs, je n'ai rien eu à dépenser ici, ou presque rien. Mais comment faire pour les papiers ?

— Je peux essayer de voir, mais ça prendra du temps.

Nous nous sommes quittés doucement, lui content d'avoir trouvé une alliée, moi d'avoir un objectif, même s'il était ambigu.

À la maison, les images de lui me revenaient et j'ai dû me surveiller car occasionnellement je devais rendre compte à mes parents de mes absences, uniquement celles de l'esprit, heureusement. Je me laissais glisser dans le romanesque. Dans le romantisme également car peu à peu je me rendais compte que le soldat me grisait par son courage passé, son audace et son cran actuels, bref sa solidité. Mais il m'attendrissait aussi par sa lâcheté finale. J'ai eu une discussion animée avec Anne-Marie à qui j'ai décrit le physique de Jules. Avec mon expérience rodée à la fréquentation des jeunes filles d'Ajaccio, je prenais un peu le pas sur mon amie. Elle en venait à s'amouracher par procuration. Rien ne séduit autant une demoiselle qu'une histoire de soldat beau et fort.

— Tu m'excuseras de ne pouvoir te rapporter les instruments de ta maman.

— Naturellement. Elle s'est aperçue de la disparition mais ne m'a rien demandé. Dommage, aucun Grec ne vient dans son salon. Comptes-tu me faire concurrence dans le maquis ?

— Il se peut qu'il reste encore longtemps. J'aurais besoin de papiers.

— Tu es folle ! Tu te mets du côté des bandits ?

— Ce sera pour une fois seulement. Je me demande si la mairie aurait des documents d'identité en instance de transit avec la préfecture.

— Je te vois venir mais jamais Octave n'acceptera.

— Oui, et en plus je lui dois un sac de billes !

Sur le rire d'Anne-Marie, je suis rentrée chez moi. Les scénarios les plus farfelus me venaient à l'esprit. Je me voyais demander à mon amie de trouver un prétexte pour faire sortir la secrétaire de mairie de son bureau pendant que j'irais fouiller. Montrer à Octave des dispositions complaisantes ? La dernière des infamies ! Trouver une raison d'aller à Ajaccio pour solliciter quelqu'un, mais qui ?

La raison je l'ai trouvée : je devais retourner à la cathédrale en vue d'une répétition pour le concert de Noël. Plusieurs répétitions, de fait. En réalité, j'avais plus ou moins abandonné la chorale mais j'étais maintenant prête à m'y consacrer à nouveau, et de tout cœur. J'ai revu mes professeurs et mes maîtresses. Ils m'ont offert l'hospitalité du dortoir mais je savais déjà que le moindre soupçon de corruption était inimaginable chez ces parangons de vertu. Quant aux choristes, n'en parlons pas, c'étaient des modèles d'angélisme. C'est alors que je me suis souvenue de la rue ex-Calabraga, qu'on nous faisait jadis prudemment éviter. Avec la sensation de braver un vieil interdit, j'y suis passée plusieurs fois en tentant de détecter le signe quelconque d'un trafic louche. J'ai tourné autour du commerce d'un écrivain public et j'ai décidé de me mettre en observation en espérant trouver l'occasion d'effectuer une approche. La rare clientèle, c'étaient de pauvres hères dont les préoccupations étaient probablement loin des miennes, mais des soldats y venaient aussi, qui sait dans quel but. Le onze novembre, un quotidien, *Le Colombo*, a annoncé l'armistice et le lendemain la une de tous les journaux y était consacrée. Mon émoi a fusionné avec celui de toute la population ajaccienne, ivre d'une joie exacerbée par le son des cloches de toutes les paroisses.

De même de retour à Cargèse. Le village était en transe. L'armistice avait mis tout le monde d'accord. On se souriait et on se prenait dans les bras sans se soucier des consignes sanitaires liées à la grippe espagnole. Je me suis dépêchée de monter à l'abri pour annoncer la nouvelle à Jules et lui porter des provisions fraîches. Nous avons trinqué à la paix avec la bouteille de vin et les deux timbales cabossées que j'avais amenées. J'ai sensiblement émoussé son humeur joviale quand je lui ai parlé de ma visite à Ajaccio, qui avait été infructueuse. De plus, nous devions nous attendre à voir le retour des poilus corses, ce qui amènerait une hausse de fréquentation du maquis et un accroissement du risque que l'abri soit découvert avec son occupant dedans. Mais Jules gardait espoir, confiant que je finirais bien par trouver une solution.

Le concert à la cathédrale a été un gros succès, surtout quand nous avons chanté le Minuit d'Adam, qui conciliait admirablement le Noël chrétien, la liberté républicaine et, par la forme musicale, l'hommage à notre armée décimée mais victorieuse. Aux premiers rangs, je voyais couler de nombreuses larmes. Ma partie en soliste n'en a été que plus inspirée. Je manquais par contre d'inspiration dans les rues du vieil Ajaccio, n'osant pas faire de démarches qui auraient pu me compromettre.

En 1919 j'ai découvert l'amour.

Je suis remontée plusieurs fois à l'abri, apportant à Jules, outre les provisions de bouche, des choses qui pouvaient l'égayer et adoucir son attente, comme des livres, des revues, un jeu de cartes, une fronde pour tuer des oiseaux, du papier et un crayon. Je n'ai pas trouvé les jumelles qu'il me demandait pour observer le paysage ou, plus vraisemblablement, détecter d'éventuels passages de la maréchaussée. Une fois je lui ai apporté un miroir. Il s'est taillé une magnifique moustache qui lui conférait l'ultime canon de beauté. Nous avons lu des passages de *Colomba*, à certains desquels je ne pouvais m'empêcher de rire, et il m'a entouré les épaules de son bras. Je l'ai aussitôt embrassé et nous avons fait l'amour. Désormais j'étais sienne.

Je n'avais aucun mal à justifier mes escapades à Ajaccio, alternant les projets de revoir mes enseignants pour telle ou telle démarche ou de participer à l'essor de la chorale. Immanquablement je retournais dans la vieille ville et inévitablement j'y étais déçue. Un jour j'ai décidé de changer d'itinéraire et suis allée me promener dans les quartiers nord. Dans une rue pentue qui sentait la chèvre, un homme est sorti d'un local et en ouvrant la porte il a fait s'échapper un énorme nuage de fumée qui s'est dispersé dans la rue. Lui-même fumait une pipe. C'était mon professeur d'italien, M. Cruzetti. Je l'ai hélé.

— Monsieur, quelle surprise !

— Marie-Rose ! Mais que faites-vous là ?

— Mais, je me promène. Et vous-même ? Si je peux oser.

— Vous le voyez, je viens d'une réunion de la C.G.T.

En effet, à côté de la porte était une plaque indiquant le nom du syndicat. Le ton de M. Cruzetti se voulait assuré mais ses traits dénonçaient un certain embarras. J'ai fait celle qui est très intéressée et nous avons échangé quelques paroles. Je n'avais pratiquement aucune connaissance du syndicalisme, ayant seulement entendu mon père parler d'un syndicat « jaune » qui lui plaisait et qui justement était en désaccord avec la C.G.T. Je me suis entendue inviter mon professeur à aller boire quelque chose dans un café. Il était ravi. Il m'a fait un tour d'horizon du syndicat et de son contexte et n'a pas résisté à l'exécution d'un petit étalage professoral en parlant de la loi Waldeck-Rousseau, des grèves de 1905, de la mobilisation des cheminots en 1909, etc. Puis est venu le moment philosophico-moral portant l'idée qu'il fallait en finir avec les clans et le pouvoir religieux, ce que le parti communiste pouvait garantir.

— Concrètement, nous essayons de convaincre les délégués des différents syndicats ouvriers de s'unir au sein de la C.G.T.

— Mon père est agriculteur et il est plutôt attiré par les syndicats « jaunes ».

— Je suis désolé de vous le dire mais c'est une posture archaïque. L'alliance des classes est une utopie, contrairement au communisme. Les dirigeants ne sont que des manipulateurs. Il faut ouvrir les yeux.

— Au moins ils défendent la propriété privée.

— Pour exploiter les ouvriers. Néanmoins j'admets que le contexte agricole est particulier. Mais j'espère que vous n'allez pas raconter tout ça au collège.

— Rassurez-vous, non. J'ai d'autres soucis que cela.

— Vraiment, quels soucis ?

— Je connais un militaire qui a un différend avec sa hiérarchie. Je l'aide à sortir de l'île.

— Vous savez, je n'ai jamais vraiment adhéré à l'Union sacrée. Étant donné mon âge, je n'ai pas eu à faire la guerre, mais je ne souhaitais à personne d'avoir à la faire. Si Jaurès avait vécu il y aurait eu une chance. Et puis on aurait eu le socialisme à la place de la guerre. Les Italiens et les Espagnols…

C'est alors que je me suis jetée à l'eau. J'ai peut-être senti que j'avais un levier de manœuvre avec les compromissions politiques de mon professeur. Là où ses propos me menaient finalement, c'était à la vérité pure et simple. Je lui ai donc tout raconté. Par chance, j'étais tombée sur le parfait pacifiste, ce qui nous mettait dans un même sac bien qu'opposés en idées. Ses tendances ne plairaient pas au collège ni mes agissements à la police. Liés en actes donc. Une sorte d'*omertà* à deux.

Il m'a confié qu'un voilier italien devait passer par Ajaccio vers la fin de l'année pour ensuite rejoindre l'Espagne. Le bateau était pour l'instant en Anatolie où, d'après la rumeur, il faisait de la contrebande d'armes et du transport de clandestins depuis Constantinople. Je me suis sentie portée par un espoir fou.

— Combien coûtera la place à bord ?

— Je ne sais pas. Visiblement il s'agit de mercenaires. L'armateur est soi-disant un kémaliste qui hait Mussolini et cherche à nuire à l'armée italienne tout en engrangeant des bénéfices. Nous avons ici des insoumis italiens qui doivent être évacués. Les « instances » ont négocié les prix. Je peux me renseigner.

— Pensez-vous qu'on puisse passer au Venezuela depuis l'Espagne ?

— Je n'ai pas vraiment idée. Je pense que oui.

— Et pour les papiers, vous avez des contacts ?

— Mieux, je suis président d'un club de faussaires ! Non, écoutez, trêve de plaisanterie, je ne sais si vous réalisez que vous mettez votre avenir en péril. Vous avez été une excellente élève. Au fait, je n'ai jamais compris pourquoi dans votre version au baccalauréat vous avez traduit *truccata* par *truquée*. Il s'agissait d'une femme, elle était donc *fardée*. Pour en revenir à votre ami, il pourra certainement obtenir des papiers à Barcelone.

Quand nous nous sommes quittés, je lui ai fait promettre de m'écrire à Cargèse dès qu'il aurait davantage d'informations. En retour, il m'a fait promettre de poursuivre mes études, ce que depuis un moment j'entrevoyais de faire dans une université espagnole.

Pour aller annoncer les bonnes nouvelles à Jules, j'ai pris une bouteille de vin que nous avons bue en riant aux éclats, projetant de nous initier au flamenco, à la paella et à la corrida. Mais soudain m'est apparu le spectre de l'argent dont nous aurions besoin, comme un nuage sur l'horizon radieux qui était devant nous. « Calculons approximativement ce qu'il nous faudra : la traversée en bateau, cinq ou six cents francs ? Cent ou deux cents francs pour les papiers ? Une ou deux autres centaines pour "voir venir" sur le plan alimentaire et pour se loger ? Il nous faut trouver mille francs ! »

La journée s'est ainsi terminée sur une note plutôt maussade, en tout cas pour moi, Jules ne semblant pas pleinement réaliser la difficulté. Je n'avais absolument aucune idée de la façon dont je pourrais trouver une telle somme. Je m'interdisais de penser encore à des initiatives répréhensibles. Si je travaillais – mais à quoi ? – pour un ou deux francs de l'heure, il me faudrait travailler des mois. Donner des leçons serait largement insuffisant. Des travaux de ferme ? Mes parents n'auraient pas compris, ou plutôt ils risquaient de comprendre. La manufacture de tabac d'Ajaccio ? Certes, avec mes accointances à la C.G.T. je n'aurais sûrement pas de mal à être embauchée. Je l'avais visitée pendant mes années de pensionnat. Elle me plaisait bien avec son allure de petit palais arabe. Je suis allée voir M. Cruzetti au collège et il m'a promis de faire des démarches.

Fin octobre, un événement auquel je ne m'attendais pas m'a bouleversée. Je n'avais plus de règles. Je pouvais bien sûr attribuer ça à un dérangement nerveux, inquiétée que j'étais de voir s'approcher la date d'un éventuel départ pour l'Espagne sans avoir trouvé de solution pour le matérialiser. Une réplique de ce choc est advenue dans la foulée quand, une loi d'amnistie venant d'être promulguée, j'ai apporté à Jules une feuille de journal qui en décrivait sommairement le texte. Moi je pensais naturellement lui faire plaisir, lui laisser entrevoir un espoir d'amélioration mais lui, on aurait dit que la nouvelle le peinait.

Lui, en vérité, il désirait se livrer ! J'étais abasourdie. Il m'a expliqué que durant tout ce temps qu'il avait passé seul à cogiter, il supportait de moins en moins sa trahison, il avait des remords. Alors cette amnistie, ce n'était pas seulement l'espoir d'éviter le peloton, c'était une façon d'être racheté. Il ne voulait pas seulement sauver sa peau, il voulait aussi laver son honneur. S'il avait beaucoup hésité jusque-là, il se trouvait maintenant devant une opportunité qui s'imposait comme une évidence, devant le fait accompli en quelque sorte. Ce projet d'exil d'ailleurs, il n'y croyait plus vraiment, l'issue était trop aléatoire et puis jamais nous n'aurions assez d'argent. Enfin, il ne concevait pas de ne plus revoir ses parents, ses amis, sa ville. Si tous les deux nous pouvions rester en France, même s'il devait faire quelques années de prison il finirait bien par sortir et alors nous pourrions vivre en Corse ou à Paris, comme je voudrais. De plus à Paris je pourrais faire mes études dans les meilleures conditions. N'était-ce point ce que je voulais ? Je retenais mes larmes. Son revirement me désespérait. Dans le même numéro du journal, il y avait un entrefilet sur l'exécution de Lenoir, un véritable traître toutefois. J'ai supplié Jules de ne rien faire avant que j'aie bien saisi ce que contenait la loi et ce qu'on pouvait en attendre.

Au village j'ai rencontré Octave à qui j'ai demandé si la mairie recevait le Journal Officiel. Il m'a dit qu'il arrivait généralement une semaine après sa parution, à quoi il a ajouté, ironique, que non, le vote des femmes n'était toujours pas… voté. J'ai réussi à lui faire un large sourire de complaisance et lui ai répondu que je voulais essayer de dénicher un décret relatif à l'École Normale dont m'avait parlé un professeur. J'ai attendu le temps voulu en me rongeant les sangs et je me suis enfin rendue à la mairie. Octave et son père étaient là, celui-ci tançant son fils pour son laisser-aller, sa désinvolture, son manque d'initiative et en général son attitude de fils de riche qu'il n'était pas. Ils m'ont installée avec une pile de numéros et je suis allée directement à celui pour lequel j'étais venue. Troublée par l'émotion et l'aridité du langage juridique, j'avais du mal à me concentrer et devais relire dix fois avant de comprendre ce qui était écrit. Jusqu'à ce que j'arrive à l'article huit, qui était on ne peut plus clair :

Sont amnistiés les faits de désertion à l'intérieur lorsque le délinquant s'est rendu volontairement avant le 1er novembre 1918 et que la durée de la désertion n'a pas excédé deux mois.

J'ai rapidement remercié l'édile et son fils. Il fallait qu'au plus tôt je dissuade Jules de se rendre. Je suis montée à l'abri et il était déjà vide. J'ai pris le risque d'appeler et je n'ai obtenu que la réponse du vent. Sur la couche il y avait un mot :

Mon amour, excuse-moi de ne pas t'avoir attendue, tu m'aurais sûrement convaincu de rester et je ne voulais pas rester. Je t'ai tout expliqué. Je t'écrirai. Je t'aime. Jules.

J'ai dû me tenir au mur de la bâtisse. Puis je suis sortie. Dans mes yeux emplis de larmes, la mer devant m'a paru s'assécher. Ensuite j'ai pu déchiffrer le post-scriptum dans lequel il mettait l'adresse de ses parents avec la mention « Tu peux tout leur dire ». Il avait dû aller à Ajaccio. Juste après ma visite ? Impossible maintenant de le retrouver, aller là-bas n'aurait servi à rien. Dans un espoir confus, une hallucination plutôt, je suis descendue à la route. Elle était déserte. S'était-il posté là en attendant un transport pour la ville ? Avait-il marché ? Quelques jours après, les gendarmes se sont vantés dans tout le pays de leur arrestation d'un déserteur à Sagone. Ils insinuaient que le Parisien en avait pour vingt ans. Quand mon père a rapporté l'événement à table, je me suis presque évanouie. Il m'a demandé pourquoi j'étais si pâle alors j'ai prétexté un malaise dû au manque de sommeil, ayant réfléchi toute la nuit à mon avenir. Je savais que ce chapitre l'irritait, certainement par rapport à ses propres incertitudes et peut-être ses insuffisances, mais je n'ai rien trouvé d'autre. Au moins ça avait le mérite de détourner son attention de mon indisposition. J'ai entendu le reste de son récit comme un vague bourdonnement. Les gendarmes n'avaient aucun mérite dans cette arrestation ; des gens qui avaient assisté à la scène disaient que c'était l'individu qui était allé à leur devant. Je n'ai pu finir mon repas et suis montée me coucher.

Ma mère a été la première à remarquer mon ventre. Les premiers mois je pouvais dissimuler, dehors en tout cas vu qu'on était en plein hiver. À l'intérieur je portais toujours mon tablier en mettant un torchon ou n'importe quel linge en boule dans la poche de devant. Un jour de la mi-mars, mon père de retour du travail est entré dans la cuisine avec des flammes dans les yeux. Après avoir expédié mon frère à l'étage, il m'a tendu un billet qu'il disait avoir trouvé sous la porte. Dessus, l'écriture d'un enfant de huit ans : *a fidiola cjava in macia.* Mon père, traduisant ce charabia, m'a calmement demandé s'il était vrai que sa fille couchait dans le maquis. Tout en niant instinctivement, j'étais passablement affolée. Car je devinais qui avait pu écrire cette horreur. Ce ne pouvait être que Jean-Philippe, qu'on avait jugé bon de retirer de l'école au mépris de la loi car il ne pouvait pas aligner deux mots correctement, l'idiot du village en somme. Deux jours plus tôt j'avais encore une fois repoussé ses avances, l'ignorant au point de refuser de lui parler. Je me suis rappelé qu'en montant à l'abri je l'avais parfois aperçu à la lisière du bourg mais il ne m'était pas venu à l'idée qu'il pourrait me suivre. Et voilà qu'il se vengeait ! Sur l'insistance de mon père réclamant une explication, j'ai éclaté en pleurs. C'était un demi-aveu mais j'ai tenu encore. Je pouvais bien pleurer de rage contre le débile éconduit qui cherchait à me salir, et j'ai vomi son nom. Mon père était libre d'aller le voir, l'animal n'était pas crédible. Ou alors s'il l'était, il constituait une menace pour l'honneur de la famille et mieux valait justement ne pas aller le voir.

Ma mère avait suivi l'échange en écarquillant les yeux, la bouche ouverte, sans dire un mot. Elle avait cessé d'essuyer le plat qu'elle tenait dans une main, le torchon dans l'autre. Elle a soudain lâché les deux et a poussé un cri quand le plat s'est brisé par terre. Elle s'est mise aussi à pleurer. Mon père est allé vers elle :

— Qu'est-ce qu'il y a ? Tu sais quelque chose ?

— Non rien, je dois me tromper.

— Parle sinon je ne réponds plus de ma main !

— Marie-Rose, tu sais, de toute façon il faudra bien que ton père l'apprenne.

Elle a dit ça dans un sanglot en baissant les yeux sur mon ventre. J'étais anéantie, je sentais que tout s'écroulait autour de moi. J'avais touché le fond et ne risquais pas de m'enfoncer davantage, alors j'ai dit que j'étais enceinte. La gifle est partie dans un éclair. Je me suis envolée vers le mur, où je me suis cognée, et cette fois je me suis vraiment évanouie. Quand je suis revenue à moi, recroquevillée par terre dans un coin de la cuisine, mon père était assis à table avec un verre et une bouteille d'eau-de-vie à moitié vide. Il m'a sommée de lui désigner le coupable, ce fils de p… que j'avais certainement connu à Ajaccio, où visiblement je ne faisais pas que du chant, et que j'étais maintenant dans l'obligation d'épouser. Ah oui ! il faudrait y retourner à Ajaccio, aller trouver le misérable et lui faire comprendre qu'il jouait de vie et de mort dans cette affaire. Mais au fait, quel rapport avec le maquis ? Le lieu de rendez-vous ? Qu'est-ce que le demeuré entendait au juste par « coucher » ? Mon père était soûl, il parlait en continu. Ma mère n'osait pas essayer de le calmer, c'était trop risqué. Elle avait compris depuis un moment. Elle est venue près de moi et, susurrant, m'a fait remarquer que Sagone était bien près de Cargèse. Elle m'a balbutié des mots corses sur cette commotion que j'avais eue quand on avait appris l'arrestation du déserteur, sur mes escapades diurnes, sur les choses qui disparaissaient de la maison, le pain, le raisin, le vin ; elle savait le stade de ma grossesse et avait tiré ses conclusions. Mon père ruminait. Il ne comprenait rien et, ahuri par l'alcool, s'embrouillait dans ses conjectures. Il commençait à sombrer dans la tristesse. J'ai pensé que le moment était venu de lui dire la vérité. De toute façon, mentir sur l'auteur de ma condition ne servait à rien, les maris ne se trouvant pas dans une pochette-surprise. Au contraire, si par miracle Jules parvenait à se faire libérer, grâce à une nouvelle amnistie par exemple, le péché pourrait être raccommodé. J'ai donc commencé par faire l'éloge d'un soldat qui s'était battu peut-être non loin de lui, qui avait tué beaucoup d'Allemands, qui avait beaucoup souffert – il savait bien, mon père, à quel point on pouvait souffrir dans les tranchées ! Ce soldat, il avait eu peur, il avait perdu la foi et s'était perdu lui-même. Mon père a tourné son visage vers moi, une expression d'atterrement peinte dessus. Je voyais qu'il comprenait maintenant. Il avait perçu quelques bribes des paroles que ma mère m'avait chuchotées car il en répétait machinalement des mots, Sagone, le maquis, le pain… Il s'est mis à hurler : « Engrossée ! Par un déserteur ! Un pinzutu par-dessus le marché ! » C'était pour lui beaucoup trop à la fois, plus en tout cas qu'il ne pouvait supporter. Il s'est levé en titubant et est allé vers son fusil pendu au clou à côté de la porte d'entrée. Ma mère s'est précipitée mais elle n'a pas eu à empêcher l'irréparable ; elle s'est seulement agenouillée pour secouer mon père qui s'était écroulé râlant, écumant et dégoulinant de sueur, sa main cramponnée à son épaule gauche. Elle m'a crié d'aller chercher le docteur, et de celui-ci j'ai dû interrompre le repas. Nous n'avons heureusement rencontré personne dans les rues. C'était l'heure du souper. Il a fait une piqûre au patient, qui s'est tout de suite endormi. Je suis allée chercher mon frère et nous nous sommes mis à quatre pour monter mon père à son lit. J'ai remercié le médecin et lui ai rappelé son devoir de confidentialité, ce dont il s'est indigné en praticien consciencieux. Avant de partir, il m'a dit que si j'avais besoin d'aide pour l'accouchement je pouvais compter sur lui. Je suis montée me coucher et je me suis endormie comme une brute.

Le lendemain, mon père m'a convoquée dans la cuisine. Il avait retrouvé son calme et c'est froidement qu'il m'a annoncé que je devais m'éclipser, disparaître de cette maison qui maintenant abritait la honte. J'étais bannie. Je m'attendais à ce qu'il me dise que je n'étais plus sa fille mais il n'a pas été jusque-là. Tout de même, comme Mateo Falcone il préférait son honneur à son enfant. À vrai dire il n'avait pas le choix. Il raconterait aux gens que je travaillais à la ville, à Ajaccio, Bastia ou Corte, peu importe. J'ai couru chez Anne-Marie ; elle m'a serrée dans ses bras et m'a embrassée partout sur le visage et dans les cheveux. Elle y allait un peu fort quand même, ça devenait suspect, mais ça m'a fait beaucoup de bien. Elle avait les mots qu'il fallait, ça elle savait le faire. J'avais deux ou trois bonnes camarades de collège à Ajaccio et puis il y avait mon professeur d'italien. Le matin de mon départ, j'ai embrassé mère et frère. Mon père n'était pas là. Cette fois je quittais vraiment la chrysalide. J'étais devenue un papillon sauvage.

Je suis allée voir Carmen, Letizia et Josette et seule cette dernière a bien voulu me garder chez elle. Carmen devait demander à ses parents la permission de m'héberger et Letizia était franchement réticente, invoquant l'exiguïté de l'appartement où elle habitait. Je suis ensuite allée au local de la C.G.T. et j'ai demandé l'adresse de mon professeur. Il m'a reçue et s'est immédiatement excusé de ne pas m'avoir écrit, le fameux bateau anatolien, italien plutôt, n'étant jamais arrivé. Les insoumis étaient partis de Corse par un autre moyen mais il s'est bien gardé de me dire lequel. Quand je lui ai expliqué ma situation, il m'a parlé du lazaret d'Aspretto de l'autre côté de la baie. Le gouvernement venait de mettre un terme à ses fonctions sanitaires ; le personnel et l'administration avaient quitté les lieux. Ainsi désaffecté il était en vente, mais en attendant qu'un acquéreur en prenne possession on pouvait envisager de m'y loger. Mon protecteur avait entendu dire que des personnes en difficulté pourraient y être hébergées pour un loyer très modique voire gratuit. Nous nous sommes rendus sur place un dimanche matin. Pas un chat ! Même pas un gardien. Nous avons fait la visite des lieux. Les cellules – je ne pouvais pas appeler ça des chambres – étaient disposées en hémicycle autour d'une cour envahie par les herbes sauvages. À l'écart il y avait un puits. Face au bâtiment administratif en front de mer je me voyais déjà châtelaine d'un château un peu particulier certes, mais au décor somptueux. Quatre jours après je me suis installée au lazaret dans la cellule vingt-six, celle qui était la plus proche de la buanderie. Il n'était pas question d'habiter le bâtiment administratif pour éviter la surprise d'une visite officielle ou immobilière. C'était dommage car on y trouvait toutes sortes de commodités, telles une cuisine et deux cheminées. De fait, j'étais à peu près indifférente aux conditions matérielles, tout entière préoccupée par mon enfant qui bougeait maintenant en moi. Il fallait penser à l'accouchement.

Monsieur Cruzetti suggérait que j'aille à l'hôpital, ce qui ne m'enchantait guère. À la cathédrale, j'ai trouvé Sœur Rosalie qui a bien voulu s'occuper de moi. Naturellement elle connaissait le lazaret, où elle avait donné des soins aux malades de l'épidémie de choléra de 1884. Elle m'amènerait tout le nécessaire pour élever l'enfant. Un jour le gardien est passé. Il a été fort surpris et à vrai dire assez embarrassé de me trouver là. Monsieur Marchi m'a expliqué, de l'air de quelqu'un qui tient à se justifier, qu'il n'était pas assidu dans sa fonction car de tout l'an dernier, ou presque, il n'avait vu âme qui vive au lazaret. Par conséquent il s'était cruellement ennuyé et avait finalement jugé que sa présence n'était pas indispensable. Il venait simplement de temps en temps voir si tout allait bien. Et tout allait bien. Le personnage était sympathique. Après les présentations, voyant mon état, il m'a félicitée. Je lui ai dit que j'étais à l'opposé de mériter des félicitations, bien entendu sans entrer dans les détails. Il m'a ensuite expliqué que vu son temps libre il avait ouvert un commerce de serrurerie à Ajaccio-ville. Il m'a donné son adresse pour que je vienne le prévenir au cas où ça n'irait pas bien, sans préciser s'il pensait à moi ou au lazaret, probablement les deux. Peu de temps après, un trio de messieurs en tenue très chic est passé. En m'apercevant qui remontais de la plage, ils m'ont appelée et l'un d'eux m'a demandé si je savais où trouver le concierge, ou du moins un quelconque responsable du lieu. J'ai eu une présence d'esprit qui m'a étonnée moi-même. Je lui ai dit que j'étais une cousine du gardien, lequel, malade et alité, m'avait chargée de la surveillance. Mon interlocuteur s'est présenté en tant qu'entrepreneur en construction et m'a désigné ses comparses, l'un acquéreur du domaine et l'autre notaire. Je devais faire part de leur visite à mon cousin et lui demander d'être sans faute présent dans une quinzaine quand ils reviendraient pour effectuer les premiers relevés. J'ai trouvé M. Marchi dans son échoppe pas loin de Calabraga et lui ai confié mon inquiétude quant à ma possible éviction. Il m'a un peu rassurée en me disant que l'affaire traînait depuis plusieurs mois et qu'il y avait peu de chances qu'un accord de marché soit conclu de sitôt.

L'accouchement s'est passé du mieux possible. J'ai donné naissance à une magnifique fille que j'ai décidé d'appeler Rosalie, comme la sœur qui m'avait assistée. Je suis allée l'inscrire en mairie et comme elle était de père inconnu, elle a hérité de mon nom de famille, un nom bien corse. Pour l'adresse, j'ai osé « Lazaret d'Aspretto ». L'employée de mairie m'a regardée en souriant. Les jours suivants, M. Marchi est passé plus souvent qu'il n'avait l'habitude, inquiet d'une éventuelle visite des « huiles ». Nous passions le plus clair du temps assis sur la butte qui domine la plage, Rosalie dans mes bras, à regarder passer les barques de pêcheurs, seule distraction que lui et moi avions séparément découverte depuis longtemps.

À peine installée au lazaret, j'avais demandé à Letizia la permission d'utiliser son adresse pour recevoir du courrier, ce qu'elle ne pouvait décemment décliner. Celle-là, je voulais absolument la mettre à contribution, n'ayant pas tout à fait digéré qu'elle m'ait refusé l'hospitalité. J'avais ainsi écrit aux parents de Jules :

Madame, Monsieur,

Je suis une amie de votre fils Jules. Vous avez dû avoir de ses nouvelles par les autorités militaires. Je sais que cela a pu vous causer un profond chagrin. Je voudrais me joindre à vous pour partager votre tristesse. J'en profite pour vous rassurer sur son comportement. Ce qu'il a vécu, il me l'a raconté et je peux vous affirmer que n'importe qui aurait pu agir de même qu'il l'a fait. Votre fils n'est pas un traître. C'est un être sensible qui a subi des traumatismes trop puissants pour ses facultés de résistance. D'ailleurs la loi d'amnistie l'a peut-être absous ? N'ayant pas de ses nouvelles, je vous serais immensément obligée si vous pouviez m'en donner.

Votre dévouée…

Il était naturellement hors de question que j'aborde la question de sa paternité, ç'aurait pu apparaître comme une intention de revendication. Un mois après la naissance de Rosalie, Letizia m'a apporté une lettre postée de Paris :

Chère Madame ou Mademoiselle,

Nous vous remercions pour votre gentille lettre. Nous sommes peinés de vous apprendre que Jules a été arrêté et condamné à dix ans de travaux publics au pénitencier de Tataouine en Tunisie. Vous serez bienvenue si vous voyagez à Paris et vous pourrez venir nous voir. Nous savons que Jules n'est pas un méchant garçon, bien au contraire, et il nous manque et nous manquera.

Veuillez croire à notre amitié…

Tataouine ! En Tunisie ! Du moins je savais maintenant où il était. Revoir Jules, mon Jules ! Il fallait absolument que j'aille là-bas. C'est ce que j'ai dit à Letizia et elle n'a rien trouvé d'autre à répondre que « mais comment feras-tu ? » Rosalie au bras, je suis allée à la bibliothèque consulter l'atlas. Une verticale de mille kilomètres ! Il aurait fallu pouvoir sauter de Corse en Tunisie en rebondissant sur la Sardaigne, comme à la marelle. Pour résister au découragement, qui n'est pas mon fort et pour lequel je n'ai aucun faible, je faisais des hypothèses. Elles me ramenaient toujours au même point : l'argent. Je me suis renseignée auprès des agences de voyages et des compagnies de transport. Il fallait passer par Marseille, mais le voyage coûtait cher et il était long. Et puis, comment subsister sur place, dans une ville étrangère ? De temps en temps on voyait des hydravions dans le ciel et sur l'eau. Étaient-ce ceux qui avaient participé au sauvetage de Jules ? On me disait qu'un jour prochain, s'il ne s'agissait pas d'une histoire à la Jules Verne, ces machines allaient assurer des liaisons commerciales entre les deux continents. En partant d'Ajaccio, on ne pourrait plus dire : « Je vais au continent ». Il faudrait préciser lequel.

Mais avant toute idée d'aventure, je devais d'abord penser à ma fille, lui donner un bon départ dans la vie, la fortifier. Le calme du lazaret était parfait pour ça. L'argent que m'avait donné ma mère était épuisé. Pour le strict nécessaire j'empruntais à M. Cruzetti, à ses collègues communistes, même à M. Marchi ; tous comprenaient qu'astreinte à mes obligations maternelles je ne pouvais pas travailler. Et puis j'étais certaine de pouvoir les rembourser un jour. Je dois avouer qu'il m'est parfois arrivé de mendier un repas au couvent Saint-Antoine. On s'y occupait en principe des vieillards mais j'y ai toujours été la bienvenue. Je vivais de peu. Le diocèse pourvoyait aux menus besoins de Rosalie. Je pouvais tenir. J'ai tenu un an.

Début mai, nous avons eu droit à quatre jours de commémorations pour le centenaire de la mort de l'Empereur. J'étais enchantée par tout ce tralala, toute cette animation qui égayait les rues de la ville après presque une année de calme et de solitude. Dans sa poussette, même Rosalie avait l'air de s'amuser. Les balcons des maisons étaient ornés de bleu-blanc-rouge, ainsi que les monuments, les bâtiments publics, tel mon ancien collège, les cafés aussi, bondés de monde. Le matin, des messes étaient célébrées dans les chapelles ou sur les places, celle des Palmiers ou celle du Diamant, près de la statue de Napoléon entouré de ses frères. L'émotion de la foule était tangible. Elle s'est maintenue et s'est même amplifiée avec le discours du préfet, qui a fait l'inventaire des exploits de notre héros. Comme il en était presque venu à assimiler ce dernier à un dieu, sa verve et son élan l'emportant un peu trop loin, l'évêque qui lui succédait à la tribune a cru bon de tempérer le propos en entamant son sermon par un *Dieu seul est dieu, mes frères*. Le défilé militaire, la musique de l'orphéon municipal, tout était parfaitement organisé pour élever l'âme des Ajacciens. Apothéose le soir quand la ville s'illuminait jusque dans le port même où les barques, à la vénitienne, faisaient danser des lampions tricolores accrochés à leur mâture, quand les chants corses résonnaient, que l'*Ajaccienne* mettait tous les bords, toutes les tendances à l'unisson et que les canons tiraient des salves interminables. Mais tout le monde savait que le véritable hommage c'était celui rendu à nos poilus. Les vivants étaient à peu près tous rentrés, en plus ou moins bon état, et c'étaient maintenant les cercueils qui commençaient à arriver. J'étais triste à la pensée que dans l'ordre des choses Jules aurait dû avoir les mêmes honneurs à Paris s'il s'était acquitté de son devoir jusqu'au bout, à condition bien sûr qu'il n'ait pas été tué à la guerre. Et pourtant c'était grâce à son manquement que nous nous étions rencontrés.

Le dernier soir, un magnifique feu d'artifice a couronné la manifestation. Magnifique également le banquet qui m'a permis de faire des réserves providentielles. Rosalie s'était endormie dans mes bras et j'allais rentrer au lazaret quand j'ai été attirée par un éventaire dont on commençait à plier les tréteaux. La banderole avait été descendue et on y lisait, encadré par un dessin représentant une paire d'ailes au centre de ce qui ressemblait à une roue de vélo sans pneu, « Cie Aéronavale ». Et au-dessous, en petits caractères : « Antibes-Ajaccio-Tunis ». Affairé à remballer, un homme dans une belle tenue d'officier m'a souri. Sur son poitrail était épinglée une médaille militaire et était collé un macaron brodé de l'inscription « A. Courage ». Les galons argentés sur les manches ne m'inspiraient pas grand-chose et comme je ne voulais pas le vexer, mieux valait taper haut et fort :

— Mon colonel…

— Lieutenant, Madame, m'a-t-il coupée en riant. Que puis-je pour vous ?

Je percevais chez lui la bienveillance du gentleman. Je me suis risquée :

— Quelle est cette affaire Ajaccio-Tunis ?

— Il s'agit d'un transport par hydravion qui ouvrira plus tard. Pour l'instant, seule la portion Antibes-Ajaccio est prévue pour démarrer dans deux ou trois mois. C'est pour ça que nous faisons cette publicité, pour informer les gens. Tenez, voici la brochure.

— Très bien, je vois. Mais pourquoi cet insigne « Courage » que vous portez ?

— C'est mon nom. André Courage, pilote d'avion, pour vous servir. Vous avez une bien jolie fille !

— Merci. Excusez-moi, je pensais… J'avais cru qu'il s'agissait d'une sorte d'exhortation. C'est idiot. D'autant que votre sigle semble montrer une roue de vélo.

Il a éclaté de rire tandis que je pointais mon doigt vers la banderole.

— C'est le mouvement de l'hélice ! Et au-dessous, voyez-vous, Madame, il y a de l'eau. Madame ?

— Appelez-moi Marie-Rose.

— Et le père du bébé, il n'est pas là ?

— Non, il est… à Tunis.

— Vraiment ! Et que fait-il là-bas ?

— Il… il a émigré pour prendre un poste de… fonctionnaire.

— Il ne vous a pas emmenée ?

— Hélas non ! Nous n'avions pas les moyens, juste pour lui.

— C'est bien triste.

Je lui plaisais, c'est sûr. Je savais que ma tournure et mes courbes avaient de l'attrait et j'avais tôt appris qu'il était périlleux d'en user. Dans Ajaccio j'ai souvent été galamment abordée malgré la pénurie d'hommes causée par l'hécatombe de la guerre, pénurie qui, mécaniquement, avait engendré une pléthore de femmes « disponibles ». J'ai dit à M. Courage que j'espérais pouvoir partir en Tunisie dès que possible et lui ai souhaité une bonne nuit.

Dix jours plus tard, le matin, nous avons eu la surprise de voir un énorme navire qui mouillait dans la rade. Il s'agissait de réfugiés russes qui étaient partis d'Odessa pour le Brésil, fuyant le régime bolchevique. Le bateau avait eu des avaries de moteur et c'est pourquoi il était là. Personne ne devait en débarquer car il y avait soi-disant des contaminations diverses à bord, peste et choléra. La Croix-Rouge a vite monté un comité d'aide pour ces gens qui étaient, paraît-il, dans un dénuement total. Je suis allée voir Sœur Rosalie qui m'a expliqué comment participer et je me suis enrôlée sans hésiter. Je laissais ma fille plusieurs heures aux mains de Carmen, Letizia ou Josette et faisais la collecte de nourriture, vêtements et médicaments. Dans cette histoire, les Ajacciens ont fait montre d'une solidarité exemplaire. Un jour je suis montée à bord du navire pour livrer ma récolte. Je m'étais enveloppé le bas du visage dans une triple couche de gaze. Certains réfugiés qui parlaient français me disaient que des paquebots allaient arriver pour les amener ailleurs. Au Brésil ! À Toulon !... Et en Tunisie ? Non, aucun départ pour la Tunisie n'était prévu. Quelques-uns de ces malheureux, apparemment bien renseignés, paniquaient : « Ils veulent nous envoyer à Toulon pour nous rapatrier ensuite vers Constantinople. Constantinople, nous en venons et il n'est pas question d'y retourner. Il paraît qu'il n'y a pas assez de places au Brésil ? Dans ces conditions nous préférons rester en Corse. » Un médecin de l'Armée était monté à bord. Il avait conclu que les quelques infections pulmonaires qu'il avait trouvées ne justifiaient plus une quarantaine devenue insupportable pour la plupart. Les Russes étaient donc en passe de se disperser dans Ajaccio et, vraisemblablement, dans la Corse entière.

Certaines des embarcations qui faisaient la navette avec le *Rion* – c'est comme ça que s'appelait le navire russe – partaient de la jetée du Margonajo, près de la zone où étaient parfois amarrés des hydravions. C'est donc sans surprise que j'ai un soir rencontré André Courage fumant assis sur une bitte du quai en compagnie d'un individu en combinaison de travail.

— Marie-Rose ! Quel bon vent ?

— André ! Vous permettez que je vous appelle André ?

— Certes ! Et voici Raymond, notre talentueux mécanicien. Comment va Rosalie ?

— Très bien. Je la laisse à des amies pendant que j'essaie d'aider les Russes.

— Félicitations ! Ces pauvres gens en ont grandement besoin. Je connais bien le lieutenant qui s'occupe d'organiser les secours. Il fait un excellent travail.

— C'est indéniable.

— Des nouvelles de la Tunisie ?

— Elles ne sont pas très bonnes. Mon… Le père de Rosalie a beaucoup de dépenses et ne peut pas pour l'instant m'envoyer l'argent du voyage.

Raymond s'est éclipsé en s'excusant et en faisant un clin d'œil à son partenaire, il avait un travail urgent à finir. André m'a invitée à venir le voir à l'hôtel de France dans une semaine : il y avait peut-être une solution, mais il devait attendre des instructions. Le temps m'a semblé long.

Cette fois, j'avais laissé Rosalie à M. Marchi, lequel était venu faire une visite au lazaret « pour voir si tout allait bien ». André est descendu de sa chambre et m'a proposé de boire un verre à la terrasse du Roi Jérôme. Il m'a expliqué que sa participation au centenaire était purement accessoire. Plus sérieusement, il était là pour aider à la décision que l'Aéronavale devait prendre quant à son parc d'hydravions. Celui avec lequel il avait volé depuis Antibes ne satisferait probablement pas aux exigences de la traversée, notamment en termes de charge utile. Pour ce modèle la compagnie prévoyait un autre usage, au sujet duquel André ne semblait pas disposé à s'étendre. C'était pour tester l'appareil et son mystérieux emploi futur qu'il avait été missionné. Sa conversation n'était pas du tout ennuyeuse ; il savait éviter les détails qui auraient pu me barber et éventuellement m'endormir, tandis que l'effet du Cap Corse commençait à sérieusement entamer ma vigilance. Après le deuxième ou troisième verre, je n'osais toujours pas lui demander d'en venir au fait. Il s'était lancé dans le récit de ses exploits pendant la guerre et, plus récemment, celui qu'il avait raté au

Grand Prix aérien de Monaco. Il aurait pu, disait-il, remporter le trophée sans la voie d'eau qui avait stoppé net son périple à Bizerte. Il racontait tout cela avec un mélange de lyrisme et d'humour qui rendait sa narration passionnante.

Soudain changeant de couplet, il m'a annoncé qu'il avait reçu ses consignes et qu'il décollait pour Tunis sous soixante-douze heures en vue d'aller faire ses fameux tests. J'ai eu le souffle coupé. Était-il en train de me dire qu'il m'emmenait ? Voyant mon émotion, il a commandé de l'acquavita et j'ai vidé mon verre d'un trait, comme une pocharde. En fait, sa mission était double, ou triple si on veut : à part les contacts promotionnels qu'il avait pris à Ajaccio et les essais qu'il devait faire en Tunisie, il y avait aussi ces passagers, un entrepreneur et un élu, qu'il était chargé de convoyer là-bas. Or les deux sieurs s'étaient récemment brouillés, prétendument à cause d'un désaccord sur le montant d'un pot-de-vin (malgré mon propre brouillard, je sentais que l'ébriété gagnait aussi André et le poussait aux confidences). L'élu ne partait plus et cela posait un problème car pour ce segment l'aéroplane était censé voler dans des conditions fixées d'avance, à savoir avec un pilote, un mécanicien et deux passagers. André avait réfléchi « de bon matin », m'a-t-il dit, c'est-à-dire avant toute absorption alcoolisée. Il aurait certainement pu trouver un militaire pour pallier à la fois le poids manquant et le facteur humain (que voulait-il dire ?) mais il était plus judicieux d'offrir à l'entrepreneur, à qui la « Maison » portait un intérêt crucial, la compagnie d'une belle jeune femme. La flatterie ajoutée à la providence, c'était la goutte qui a fait déborder le vase de la félicité. Pour fêter notre entente, André a commandé du champagne. Après un nombre déraisonnable de coupes, je me suis effondrée sur la table du café, la tête entre les coudes et le nez dans le cendrier.

Je n'ai qu'un vague souvenir de ce qui s'est passé à partir de ce moment. J'ai entendu mon compagnon me proposer d'aller me reposer dans sa chambre et j'ai accepté volontiers, étant à peu près incapable de marcher. Si j'étais rentrée on m'aurait repérée zigzaguant dans les rues. Dans un éclair je me suis persuadée que Rosalie était en sécurité avec le gardien du lazaret. Je me vois tomber sur le lit comme une masse. Ce qui est arrivé après, je n'en ai aucune idée. Il est probable que je me suis endormie. Je ne voudrais pas qu'on aille s'imaginer quoi que ce soit.

Je me suis réveillée au milieu de la nuit. André ronflait à côté de moi. Je suis partie en laissant un mot disant que je reviendrais prendre des nouvelles. Monsieur Marchi était affolé de me voir rentrer si tard. J'ai dû lui inventer qu'un malaise m'avait indisposée chez une amie. Rosalie dormait paisiblement. Dans l'après-midi, je l'ai prise avec moi pour retourner voir André. Il n'était pas à son hôtel et je l'ai trouvé près du hangar d'aviation. Il m'a montré l'engin.

Il m'a fait asseoir au poste de pilotage.

— Je serai là, vous serez en bas avec Monsieur l'Entrepreneur. Il y a de la place pour quatre passagers mais l'utilisation future n'en prévoit que deux. Nous mettrons des sacs de sable sur les deux autres places.

— Nous sommes deux ; cela fera donc trois passagers.

— Il faudra prendre Rosalie sur vos genoux avec une ceinture. À vous deux vous ferez le poids voulu.

— Vous êtes un véritable ami, André. Je ne sais comment vous remercier.

— Vous l'avez déjà fait.

— ???

— Votre compagnie m'est très agréable et j'apprécie votre charme.

— J'espère, André, que vous ne vous faites pas des idées.

— Aucunement. À après-demain ! Départ six heures.

La veille du départ, j'ai pris le temps d'écrire une lettre à ma mère et de la recopier avec quelques ajustements pour Anne-Marie et les parents de Jules. Je disais à tout le monde de m'écrire en poste restante à Tunis. En courant, je suis allée embrasser Sœur Rosalie, MM. Cruzetti et Marchi, Josette, Letizia et Carmen. Le soir j'ai préparé un petit sac ; je n'avais droit qu'à cinq kilogrammes, ce qui au final était plus qu'assez. Je me suis couchée de très bonne heure et j'ai fait un somme plein de rêves.

C'est Raymond qui m'a reçue le matin ; il était là depuis un bon moment à vérifier niveaux et pressions. André est arrivé ensuite. Et enfin Monsieur l'Entrepreneur en trois-pièces anthracite, Fedora sur la tête, serviette à la main. Ce n'était pas l'entrepreneur du lazaret. Celui-là n'était pas dans le bâtiment mais dans le ferroviaire, les pièces pour trains plus exactement. Il était très déçu de son déplacement à Ajaccio, a-t-il maugréé à notre endroit dans un fort accent allemand. Cette foutue dette de guerre était impossible à gérer. Il s'est néanmoins présenté courtoisement, ce Monsieur W., et il a pincé la joue de Rosalie, qui a souri. André lui a confié nos couvertures de voyage.

Sur la passerelle, une main sur la corde et ma fille au bras, j'ai invité celle-ci à faire pour nous un dernier adieu à Ajaccio. Une petite larme m'est venue en pensant à la Terre de Corse, qu'auparavant j'avais pu inconsidérément dédaigner. Mais mon pas était ferme. Je suis passée la première par l'arrière de l'avion et me suis installée sur le siège avant selon les instructions qu'André nous avait données. Il avait dit que nous allions virer par le nord et que, le temps étant parfaitement dégagé, je pourrais voir un Cargèse en petit format sur ma droite. Nous avions assez de carburant pour rallier Tunis et Raymond avait ajouté « sauf incident, bien sûr ». Monsieur W. essayait de se rassurer : *Nous afons miraguleusement ejabé à la kribe esbagnole, za ne zerait bas le moment de domper tans l'eau*. C'est vrai, je réalisais que l'épidémie avait fait tellement de morts ici en Corse, c'était miracle ! Quels autres dangers m'attendraient dans le futur ? Mais non, tout se passerait pour le mieux.

Le démarrage en séquence des trois moteurs a interrompu mon début de conversation avec Monsieur W., qui n'était pas allemand mais autrichien. Interruption opportune car il avait entrepris de me complimenter sur ma nuque et j'étais prête à le refroidir par un reproche à l'encontre des mécréants qui avaient provoqué la guerre. Au décollage j'ai souri en pensant que j'étais vraiment devenue ce papillon sauvage qui prenait maintenant son envol. La puissance de l'engin nous arrachant à la pesanteur était à la fois impressionnante et rassurante. J'ai effectivement aperçu Cargèse, piqûre de rappel pour tant de choses vécues dans le bonheur et dans le malheur. Avant mon village, le soleil avait d'abord illuminé la neige du Cinto, autre merveille de mon pays. Rosalie dormait déjà.

Une heure après, elle s'est réveillée et s'est mise à pleurer. Le ciel s'était assombri. On a d'abord senti des vibrations puis on a été franchement secoués et des bruits inquiétants se sont fait entendre. André a tapé à ma vitre, je l'ai ouverte et j'ai reçu une douche en plein visage. Douchée également, Rosalie a stoppé net ses cris. J'ai entendu des bouts de phrase qui semblaient se vouloir rassurants : « … quiétez pas… lons descendre… … ardaigne ». Au bout d'une demi-heure, Monsieur W. m'a tapé sur l'épaule en montrant le rivage que nous survolions : « *Ezgale à Garlovorde* ! » Escale à Carloforte ? Très bien, j'avais un besoin urgent. L'aéroplane a soudain perdu de l'altitude, la mer se rapprochait à grande vitesse. J'ai fermé les yeux et je me suis récité une prière.

Quand on a touché la surface j'ai cru que la coque se disloquait et qu'on avait atterri au lieu d'amerrir. Mais la côte se profilait au loin. On s'était non pas posé mais cogné sur une mer très agitée. Les soubresauts étaient pires que ceux qu'on avait subis en l'air. André a éteint les moteurs et nous a fait un point de situation : impossible d'amerrir dans la rade, trop de vent, trop de risques. On aurait pu rater notre entrée, mieux valait se fier à l'espace du large. Il fallait attendre une accalmie pour accoster. Les bruits qu'on avait entendus provenaient sans doute d'un problème avec un mât de la voilure gauche. Raymond saurait réparer. On a attendu… quoi ? Plusieurs heures ! De temps en temps on rallumait les moteurs car il semblait que nous dérivions vers la côte. Je ne pouvais plus retenir mon envie d'uriner et j'en ai averti le cockpit. Raymond m'a fait passer une « toilette portative » qu'après m'être soulagée j'ai vidée par la fenêtre. J'avais donné Rosalie à Monsieur W. Il lui a souhaité un bon anniversaire en chantonnant sur un air plaisant « *Zum Geburtstag viel Glück…* ». Elle avait un an. Je trouvais plutôt déplacé de chanter en allemand dans un avion français si peu de temps après la guerre, mais sans doute cela valait-il mieux que pas de chanson du tout. La musique, paraît-il, adoucit les mœurs. Comme Rosalie avait l'air contente, j'ai laissé Monsieur W. lui fredonner des comptines autrichiennes et elle s'est rendormie.

Alors que les vagues et le vent diminuaient en intensité, nous avons tenté un accostage à travers l'étroit goulet de Carloforte et la manœuvre a réussi. Quel bonheur de poser pied à terre ! Tandis qu'André était parti chercher de l'essence et que Raymond s'affairait à l'entretien, Monsieur W. et moi avons fait les cent pas sur le quai, alternant la charge de porter Rosalie. Les habitants n'étaient ni accueillants ni franchement hostiles. André est revenu, l'air soucieux : aucun atelier n'était en mesure de satisfaire sa requête en carburant, du moins c'est ce qu'on lui avait déclaré. Il s'est ensuite dirigé vers l'avion et a entamé une vive discussion avec le mécanicien où il était question de grain mal prévu, d'essence, de vent et de vol de nuit. Je crois aussi avoir entendu mentionner la lune. C'est surtout André qui parlait tandis que Raymond, visiblement énervé, faisait des gestes d'emportement et de déni. La nuit tombait.

Nous avons aperçu une poignée de jeunes gens qui, sur le toit d'une maison, s'agitaient autour d'un drapeau italien planté dessus. Leurs voix nous parvenaient confuses puis l'un d'eux a crié et j'ai clairement entendu : *Tunisia nostra, Francesi di merda !* Indignée, je n'ai pu m'empêcher de riposter par un *Manghja !* tonitruant, sur quoi André m'a traitée de folle :

— Tu ne réalises pas – tiens, on se tutoyait maintenant ? – ce à quoi tu nous exposes ?! J'aurais dû vous expliquer (revenait-il au vouvoiement ou s'adressait-il aussi à Monsieur W. ?). Beaucoup d'Italiens se sentent spoliés par le Traité. Les Faisceaux attisent les flammes. Ils sont excités par un certain Mussolini…

— Oui, j'en ai entendu parler.

— … qui vient tout juste d'être élu député.

— Vous êtes un véritable puits de savoir, André.

— Pas du tout, je lis simplement les journaux. C'est Raymond qu'il faut féliciter, il a pu réparer. Nous devons partir, et tout de suite ! Pas le temps de bavarder ni de politique ni de rien.

— Ils ne vont quand même pas nous lancer des pierres ?

— Pire, ils peuvent être armés et pourraient plutôt nous lancer des balles si on les insulte.

— Eh bè, laissons-nous injurier et partons. Et l'essence ?

— Ça devrait aller.

« Sauf incident, bien sûr », a ajouté Raymond, et il nous a poussés à nos places. Les carabiniers arrivaient, criant et agitant les mains en l'air. J'ai traduit : « Il faut remplir des papiers, passer au contrôle des douanes, etc. » Je n'ai pas eu le temps de finir, les moteurs tournaient à fond, à en juger par le bruit fracassant. Au bord du quai, les carabiniers faisaient maintenant des gestes menaçants. L'un d'eux a fait mine d'épauler mais il ne s'est rien passé. Nous avons largué les deux sacs de sable et nous nous sommes envolés vers l'Afrique sous une magnifique pleine lune. « *Verdammte Italiener !* » a grommelé Monsieur W.

Presque aussitôt nous avons enregistré une baisse notable de régime moteur. D'abord hésitant, j'ai finalement cédé à mon anxiété ; j'ai ouvert ma vitre et j'ai tapé au plafond avec mon soulier. André a répondu à mon appel.

— Quoi encore ?

— Tout va bien ?

— On ne peut mieux, vent arrière ! Autre chose ?

— Aurons-nous assez d'essence ?

— Ça dépend, j'aurais voulu garder une goutte pour mon briquet.

— André, je ne veux pas mourir.

— Vous ne mourrez pas. N'oubliez pas que nous sommes aussi sur un bateau.

— André, je vous ai menti. Mon… fiancé n'est pas fonctionnaire. Il est prisonnier au camp de Tataouine (« *Ach so ! Grosse malheur !* » a dit Monsieur W.).

— Qu'a-t-il fait ?

— Il… il… C'était pendant la guerre. Il a volé la caisse du régiment.

— Quel idiot de s'être fait prendre ! Nous en reparlerons, laissez-moi me concentrer sur la navigation.

Malgré le bruit et l'odeur d'essence, Rosalie et moi avons fini par nous endormir et j'ai rêvé que mon père menaçait de brûler sa maison. C'est Monsieur W. qui m'a providentiellement sortie de mon cauchemar en me tapant sur l'épaule. Il pointait son index vers le bas de ma vitre. On voyait les feux de la côte. « Tunis ! » me suis-je écriée. *Nein, Pizerde !* a-t-il rectifié. Comment savait-il que c'était Bizerte ? Comme il ne s'était pas trompé au sujet de Carloforte, je ne lui ai rien demandé. Peu après, nous avons encore une fois amorcé une descente. André nous a annoncé qu'il n'y avait plus d'essence, même pas pour son briquet. Nous n'étions qu'à quelques milles de Tunis et nous allions nous poser. Tout se passerait bien. On a entendu la voix de Raymond : « Sauf incident, bien sûr… Chapeau quand même, André ! Un vol à la lune ! Mais, mon vieux, on pourra pas l'homologuer, à un quart de poil près et pour un quart de jus ! » Contrairement au précédent, l'amerrissage s'est déroulé comme une partie de glissade. Totalement rassurée, j'ai osé un « Peut-on se baigner ? » qui n'a fait rire personne. On a tiré des fusées éclairantes, à peine visibles dans la clarté lunaire sauf pour Rosalie à qui elles rappelaient peut-être le feu d'artifice du six mai dernier à Ajaccio. Ce n'est qu'au lever du soleil qu'un chalutier maltais s'est approché. Après un travail acharné d'amarrage au cours duquel Monsieur W. et moi étions comme des chiens dans un jeu de quilles, il nous a remorqués jusqu'à une sorte de cap troué d'un port où un petit vapeur semblait nous attendre. Celui-ci a pris le relais et j'ai appris qu'il nous menait au « lac ». Le lac ? Monsieur W. savait tout : *Le lag de Dunis pien zûr !* Nous avons longé une plage interminable et les premières maisons sont apparues. Il y avait beaucoup plus de palmiers qu'à Ajaccio. Monsieur W. m'a montré au loin les *ruines bunigues de Gardhage. « Wunderbar ! »* Enfin, j'ai trouvé sans peine la réponse à sa devinette concernant le quartier de La Goulette. C'est par ce passage étroit que nous avons débouché sur le Lac.

À quai, l'entrepreneur et moi nous sommes dit adieu dans une affectueuse accolade. Il a pincé le nez de Rosalie et a déposé un petit baiser sur sa joue. Elle lui a rendu un beau sourire. André m'a fait savoir que la caserne avait toujours une chambre libre pour les « invités ». Lui et Raymond ont serré la main de l'Autrichien et nous sommes partis à travers le dédale de la ville pour rejoindre la zone militaire. Après un bref repas à la cuisine du mess, j'ai demandé la permission de me retirer, ayant à rattraper une nuit pour le moins agitée. André m'a accompagnée à ma « carrée » et nous y avons eu une petite discussion.

— Que comptez-vous faire à Tataouine ?

— Je compte trouver du travail et un logement pour faire des visites tous les dimanches à… – il ne sait pas qu'il a une fille – jusqu'à ce qu'il soit libéré.

— Écoutez, je ne devrais pas vous en parler, ma mission ici est censée être confidentielle. Mais je sens que je peux compter sur votre réserve. L'appareil qui nous a menés ici ne pourra vraisemblablement pas être utilisé pour la ligne Méditerranée.

— Je confirme. (sourires)

— Trop de problèmes, en particulier avec la charge utile. C'est en quelque sorte un échec pour la Compagnie et il ne faut pas que la chose s'ébruite trop tôt, business oblige. Vous êtes en veine : ils songent à affecter l'appareil à la liaison avec la garnison de Gabès. C'est vers cette destination que je repars demain. Après, Tataouine est à une centaine de kilomètres.

— Vos ailes, André, ce sont des ailes d'ange !

Ma fille et moi avons été réveillées à l'aube par le muezzin et nous nous sommes rendormies en vain car peu après c'est la sonnerie au clairon qui nous a définitivement mises sur pied. Dans la cour de la caserne les soldats au garde-à-vous présentaient les armes au drapeau. M'ayant aperçue à la fenêtre, André m'a fait comprendre par signes qu'il allait venir nous voir. Une heure plus tard on a frappé à ma porte. Il portait un plateau avec une cafetière, du pain, du fromage et des dattes. J'étais en train d'allaiter Rosalie. Il a rempli deux tasses. Il avait une paire de formalités à accomplir et m'a demandé de me rendre au quai pour l'attendre. Nous avons décollé vers onze heures.

Le temps était resté au beau fixe. Encore des plages et des palmiers. Ça devenait monotone. Le spectacle de mes montagnes corses plongeant dans la mer me manquait déjà. Et cette fois il n'y avait pas d'autre passager pour la distraction. Enfin nous sommes descendus. Gabès, oasis magnifique du haut de l'avion, enfer écrasé de chaleur au sol. Seule à quai, je suis longtemps restée à regarder la mer avec Rosalie. Une sorte de légionnaire massif m'a accostée :

— Z'êtes venue avec Raymond et André ?

— Oui, pourquoi ?

— Pour rien. C'est des bons amis. Qu'est-ce qu'elle fait à Gabès ?

— C'est une étape. Je fais du tourisme en Tunisie, j'aimerais visiter Tataouine.

— Rien à gaffer à part des mal-tondus. C'est un désert.

— J'aime la solitude. Mais je ne dis pas ça pour vous. Savez-vous comment on peut aller là-bas ?

— Elle est déjà montée à dos de dromadaire ?

— Pardon ? Euh… non, juste une fois à dos de cheval.

— C'est encore plus facile. Le camélidé est le plus bel animal de la création, intelligent, affectueux, efficace. Une caravane est en train de se former sur la place du marché. Pour quelques francs ils vous emmèneront. Deux, trois jours dans le dos d'un bédouin en chaloupant et en mangeant des dattes.

— Très bien mais il n'y aurait pas un moyen moins… plus motorisé ?

— Faut voir avec Raymond ou André. D'ici, que je sache, pas de navette prévue au moment. Là-bas ? Faudrait téléphoner. Restez là, je vois ça avec eux.

Dans l'après-midi, André est venu me voir. Je n'avais pas bougé de place. Il avait la mine sombre et les sourcils froncés. J'ai pensé qu'il n'avait pas de solution au sujet de mon transport. J'étais loin, très loin de l'âpre réalité.

— Marie-Rose, j'ai une très mauvaise nouvelle à vous annoncer. Votre compagnon est décédé le mois dernier. Le typhus. Les… conditions sont déplorables au pénitencier. J'ai aussi appris la vérité à son sujet mais je partage néanmoins votre souffrance. Il faut penser avant tout à Rosalie. Si cela peut atténuer votre chagrin, sachez qu'une nouvelle loi d'amnistie vient d'être promulguée. Jules sera certainement réhabilité à titre posthume, vous verrez, article dix-sept. Il est inhumé dans le carré des… écoutez, je suis très occupé mais vous pouvez compter sur moi si je peux vous aider. Il y a ici le même type de chambre qu'à Tunis, vous pouvez y rester quelques jours.

Voilà, tout était fini, tout s'arrêtait. La vie n'avait plus de sens. Pourtant j'avais fait tellement d'efforts pour lui en donner ! Plus de sens ? Folle que j'étais, il y avait Rosalie ! Sa vie à elle emporterait tout. Mais quelle infortune pour son père ! Il avait échappé à la guerre, à la grippe espagnole, il aurait été amnistié et sans doute libéré, et voilà qu'il avait succombé aux fièvres. Comment le sort pouvait-il s'acharner à ce point ? Je pensais aux méchants qui y verraient un arrêt de la justice divine. J'étais tellement enragée que je n'avais plus de larmes.

Je suis restée trois jours à Gabès. Les sanglots revenaient, bien sûr ; c'était surtout quand Rosalie dormait. Mais je n'avais plus maintenant d'autre choix que de réagir, prendre une décision, avancer. J'avoue que l'idée m'a effleurée qu'avec André… Enfin, on s'entend bien, n'est-ce pas ? Sera-t-il un bon père ? Mais non, même s'il voulait de moi, ce qui est peu probable… André est un aventurier, toujours en vadrouille, peut-être sans domicile fixe si ce n'est quelque foyer militaire.

Il fallait partir. Il n'était pas question que je reste dans ce tombeau de mes espérances. Et puis il n'y avait rien à faire ici à part fondre au soleil. Je ne pouvais pas retourner en Corse. Mon ignominie s'était peut-être répandue à toute l'île. J'y serais certainement montrée du doigt. Il restait Tunis, tout près, avec quantité de Corses qui y vivaient. Leur solidarité ne serait pas en défaut. Pour me rendre dans la capitale, j'étais tentée par un périple caravanier à dos de dromadaire. Soif d'insolite et de changement. Attrait pour la nudité du désert, la rudesse du sable. Simplicité, vérité, voilà à quoi j'aspirais. Finalement j'ai pris le train. Le tourisme attendrait.

Dès mon arrivée je suis allée au cabinet de Monsieur le Juge G., magistrat du tribunal civil et membre de l'Alliance démocratique. J'ai été embauchée comme secrétaire bien que n'étant pas de Calenzana. Ce cabinet, j'y travaille toujours. Au bout d'un mois je suis allée relever mon courrier en poste restante. Il y avait beaucoup de lettres. J'ai ouvert celle de ma mère en premier. Mon père se remettait lentement, il devait surveiller son cœur et éviter les gros efforts. La ferme tournait au ralenti mais avec l'aide des uns et des autres elle tournait. Au collège Fesch d'Ajaccio, mon frère montrait une ardeur plus que modérée qui néanmoins le maintenait à flot. Les parents de Jules croyaient m'apprendre sa mort. Je ne savais pas ce que j'allais leur répondre. Devais-je leur annoncer qu'ils avaient une petite-fille ? Comme ils auraient certainement voulu la voir, c'était maladroit, peut-être même cruel. Si un jour j'allais à Paris… Anne-Marie était sur le point de signer un bail pour son salon à Ajaccio. Letizia était partie à Paris pour faire son droit ; elle annonçait que Carmen s'était fiancée. Josette se demandait si elle n'allait pas prononcer ses vœux, mon Dieu ! Sœur Rosalie me sommait de lui donner des nouvelles de son homonyme. Rien de M. Cruzetti ni de M. Marchi.

Au fil des années j'ai donné de mon temps à diverses œuvres de charité. L'une d'elles venait en aide aux réfugiés russes qui, nombreux à Tunis, avaient fui les bolcheviks. Je me suis aussi investie dans les affaires corses, enfin, pas vraiment les affaires mais, disons, la promotion de l'Île. J'ai même participé à la création d'un journal, *La Corse Nord-Africaine*. J'approuvais sa devise : « La Corse est française d'abord, corse ensuite. Italienne ? Jamais ! » Rosalie s'épanouissait, elle ressemblait de plus en plus à Jules. Elle allait à l'école française et montrait des prédispositions pour les mathématiques. Suivant les conseils d'André, je lisais les journaux presque tous les jours. Un matin m'est venue la lubie de lire les petites annonces. L'une d'elles a capté mon attention : *Jeune émigré, emploi stable, souhaite rencontrer jeune femme pour partager valeurs chrétiennes en vue fondation foyer.*

J'ai répondu. Le rendez-vous était fixé dans un café de l'avenue de France. Les signes de reconnaissance étaient tailleur noir et chapeau-cloche beige pour moi, cravate et pochette vertes, rose blanche à la main pour lui. Quand il s'est approché de ma table, je me suis levée et il m'a serré la main. Un bon point déjà. Je n'aurais aimé ni courbettes ni salut militaire ou quelque chose du genre. Bogdan – c'est comme ça qu'il s'est présenté – était grand, brun, bien habillé, longues mains fines et yeux verts. Et glabre. Quel dommage, j'aime tellement les moustaches ! Le garçon est venu prendre la commande et Bogdan m'a demandé ce que je voulais boire. Sur ma réponse, il a commandé deux thés. Deuxième bon point. Nous avions tellement de choses à nous dire ! Nos parcours avaient quelques similitudes mais ils différaient sur le fond : lui était allé en Tunisie pour fuir quelque chose, moi pour y chercher quelque chose. Quand je lui ai dit que j'avais une fille il a eu l'air – comment dire ? – intéressé. Il m'a posé mille questions à son sujet.

Nous avons partagé des loisirs pendant une paire d'années, alternant sorties au théâtre, au cinématographe ou au restaurant. J'étais aussi l'invitée spéciale de soirées russes, entourée de cosaques empressés et bégayant un français approximatif qui requérait souvent la traduction de Bogdan. Je ne l'ai jamais invité à mes soirées corses, qui étaient plutôt des réunions de travail. Nous nous sommes mariés à l'église orthodoxe de Saint-Georges. Il voulait y entrer à cheval pour la cérémonie, ce que le prêtre grec a catégoriquement refusé et qui a entraîné une discussion interminable sur le rite russe et le rite grec. J'ai signalé à Bogdan qu'il y avait à Cargèse une église catholique de rite grec affiliée au Pape. Comment s'y retrouver dans ces subtilités ? Moi, ça m'était égal de me marier selon le rite grec ou russe, dans une église orthodoxe ou catholique, d'y entrer à pied ou à cheval. J'étais comblée. J'avais un homme que j'aimais, j'avais un mari et étais donc acquittée de mon égarement. Enfin, Rosalie avait un père et il était manifeste qu'elle l'appréciait. Comment en aurait-il été autrement quand, porteur de cadeaux, il avait le don de toujours anticiper ceux qu'elle attendait ?

Ma deuxième fille, Nathalie, est née le premier novembre mil neuf cent trente.

Récit de Darius

Mon père me raconte comment il a cherché à faire fortune en vendant des artichauts à Malte. Je n'ai que quinze ans mais je comprends tout ce qu'il me dit, ça me servira !

***

Nous sommes au début de 1898. La sécheresse sévit. Mon père achète ses artichauts à Carmel, un paysan « éclairé » qui sait plus que lire et écrire et qui cultive le légume-fleur dans les environs de Xlendi, sur l'île de Gozo. Papa se coltine régulièrement sa cargaison de Xlendi au port de Mgarr avec sa charrette et son mulet. Trois heures de marche à travers l'île. Il s'arrête en général à Rabat, que les Anglais depuis dix ans essaient de faire appeler Victoria, du nom de leur reine. Là, sur la place centrale, face à la belle basilique Saint-Georges, il boit sa liqueur de cactus (« poire à épines », disent les Anglais) avec les vieux qui lui racontent les temps anciens. Ceux qui parlent du départ des Français et de l'arrivée des Anglais le font à travers le souvenir laissé par leurs parents ou leurs grands-parents. Eux n'étaient pas nés mais ils connaissent le moindre détail de cette histoire et tous sont fiers que leur foi catholique ait résisté et aux révolutionnaires et aux protestants. Puis Papa repart. Il parcourt, rêveur, les étendues de champs cultivés qui souffrent l'été sous le soleil ardent. Il arrivera à Mgarr dans les temps pour le départ de l'auguste tartane vers La Valette, où sa demeure est sise. Il ira chez lui, fatigué, et prendra un repos bien mérité. Demain matin, il amènera son ânée au marché de La Valette, espérant doubler son prix de revient. Comme il a rapporté trente boisseaux qu'il a payés net deux shillings l'unité, il peut espérer gagner soixante shillings, soit trois livres sterling. Il se rendra deux fois encore cette année chez Carmel, ce qui en fin de compte lui aura rapporté une dizaine de livres en tout. Une belle somme ! Mais il ne s'arrêtera pas là. Il investira une partie de son bénéfice dans l'achat de lots de cigarettes pour la contrebande. Les Grecs de Marsaxlokk font venir le tabac de Constantinople et ils ont les machines pour fabriquer des cigarettes. De Malte, sont trois destinations commerciales de proximité : la Sicile, la Tripolitaine et la Barbarie, et les acheteurs sont donc les Italiens, les Turcs et les Français. La concurrence est rude, surtout que les Anglais ont l'art du monopole.

Papa envisage de doubler ses voyages à Xlendi et de diversifier ses ventes. Le marché de La Valette ne rapporte pas assez pour sa vision du futur. Il aspire à cesser de payer un loyer qui, au cœur de la vieille cité, devient exorbitant, et à acheter une maison un peu à l'écart. Cela lui permettra aussi d'avoir entière liberté pour accommoder ses pénates à son travail de commerçant. Ce qu'il lui faut c'est de l'espace d'entreposage. Il connaît bien les alentours de La Valette et a jeté son dévolu sur un petit faubourg qui lui paraît idéal : Tarxien. C'est un bon compromis entre les prix modérés de l'immobilier et la distance d'un ou deux miles qui le séparera des ports de Senglea l'invaincue et Birgu la victorieuse – souvenirs du fameux siège ottoman, trophées orgueilleusement accrochés au cœur de tous les Maltais. Pour l'instant, le légume et la cigarette lui fournissent un revenu acceptable. Mais s'il arrive à augmenter encore et toujours son volume d'artichauts, il pourra faire un pas de plus vers la réalisation de son rêve : se lancer dans l'aventure de l'exportation. Il proposera alors un prix de vente avec une marge nettement diminuée, mettons cinquante pour cent, tout en continuant à récolter le cent pour cent du marché de La Valette. Il s'agira pour le coup de constamment rechercher, entre le produit de la marge par le volume et le jeu de l'offre et de la demande, l'index de variation qui lui sera le plus favorable.

À côté de ses activités commerciales plus ou moins licites, mon père me raconte qu'il se livre aussi à une activité de service. Depuis quelque temps, il y a sur l'île une immigration massive d'étrangers. Ce sont essentiellement des Siciliens qui, tels des envahisseurs, enlèvent les emplois des mains des Maltais et le pain de leur bouche. En conséquence, ces derniers sont obligés d'émigrer, ce qui exaspère le gouvernement maltais et plus encore ses sujets, qui ont la sensation d'être victimes d'un remplacement. Il a donc été décidé que tout étranger désirant immigrer à Malte devra soit déposer une caution de dix livres sterling à la Police, soit donner le nom et l'adresse de garants autochtones solvables. Papa trouve facilement de tels immigrants, à qui il ne demande que la moitié de la caution contre une attestation signée.

Quand il arrive à s'extirper de ses spéculations, mon père ne peut rester en place, il doit agir. Ainsi, il décide d'aller faire une visite à Carmel seul à seul, sans le mulet pour cette fois, une visite d'affaires. Il lui proposera de diminuer sa marge de vente contre une augmentation du volume enlevé. Carmel a un champ de deux acres et demie qui produit quinze mille pieds, soit huit fois plus de têtes qui doivent peser chacune entre un quart et une demi-livre. Et le voilà reparti dans ses calculs. Pour renforcer son argument, il fera grief à Carmel de ses approvisionnements aux Siciliens. N'a-t-il pas honte, même s'ils payent bien ? Et lui,

Papa, n'a-t-il pas honte de soutirer de l'argent à ces mêmes Siciliens ? Non, il n'a pas honte car il rend service. Mais il connaît Carmel et ce renard connaît les recettes de l'art mercantile, il sait vous enfariner avec sa science. Par ailleurs, il prétend être un descendant des Phéniciens, ce qui forcément en impose. En matière de botanique il est incollable, particulièrement en ce qui concerne l'artichaut. Voici le genre de discours qu'il peut tenir :

« L'artichaut est le roi des légumes. Son nom de noblesse est *Cynara cardunculus scolymus*. C'est un chardon domestiqué qui nous a été apporté par les Arabes. Dans le *Kitab al-Felaha*, Ibn Al-'Awwâm expose l'art de le cultiver par œilletonnage. La plante a connu un drôle de parcours avant d'arriver jusqu'à nous. Partie de Barbarie, elle arrivera en Sicile où les Juifs vont la cultiver. Ceux-ci, chassés de la Trinacrie, l'importeront dans le nord de l'Italie où, bien plus tard, Catherine de Médicis saura l'apprécier. Du Sud au Nord puis du Nord au Sud, elle arrivera finalement chez nous sous la forme du violet catanais, une variété au goût de noisette qui ravit la population. À l'aune de son poids historique ce devrait être le légume le plus cher de l'univers. Nous mangeons le réceptacle de ses capitules et la base de ses bractées mais s'il n'est pas consommé ses fleurs s'épanouiront dans une explosion de nuances bleues, mauves ou violettes. Un paon végétal. Le foin et l'amertume de l'involucre ne sont que des chicanes au bout desquelles on découvrira la puissante saveur du fond. Le fond se préparera de diverses façons selon les pays et les coutumes. Si l'artichaut est épineux on le mangera cru avec un peu de sel de Xwejni, du jus de citron et un filet d'huile d'olive. Si tu fais bouillir l'artichaut, l'eau de cuisson tu ne jetteras point. Une soupe tu feras et ton foie tu aideras. Si un malheureux lapin tombe dans ta marmite, tu le rôtiras et le serviras accompagné de quelques fonds revenus dans le jus de la bête. Si tu es d'origine israélite, tu le prépareras *alla giudia*. Si tu as le goût raffiné des Français, tu rempliras les espaces de l'involucre avec une farce de mie de pain, anchois, ail, persil, huile d'olive, beaucoup de poivre et tu braiseras le tout lentement à feu doux. L'artichaut se mange cru, cuit, froid, chaud, tiède, entier, coupé en cubes ou en lamelles, en salade, en sauce, à l'étouffée, frit, seul ou en accompagnement. C'est le roi de la cuisine, *il re della cucina*.

En mangeant l'artichaut non seulement tu te régaleras mais tu te soigneras. Ses vertus sont nombreuses et nombreuses sont les vitamines qu'il renferme. Tu t'en nourriras tout aussi bien en cas de constipation, d'artérite, d'œdème, de diabète, d'insuffisance rénale ou de désintérêt sexuel. Tu régénéreras en même temps tes réserves de sels minéraux. Non seulement tu protégeras ton foie et ta vésicule mais tu les stimuleras, purifiant ainsi ton sang, et ton sang coulera mieux car l'artichaut en nettoiera les conduits. »

Carmel se vante de sa santé de fer. Il est persuadé qu'il vivra cent ans. Toute sa famille, ses parents, sa femme et ses enfants, tous mangent l'artichaut quasiment au quotidien et se portent au mieux. Mon père, lui, digère difficilement les élucubrations de Carmel mais il est intéressé quand celui-ci lui fait part de ses idées de développement économique. Depuis le Moyen Âge d'Ibn Al-'Awwâm la culture de l'artichaut a considérablement évolué. La récolte est ici trisannuelle mais si on savait sélectionner et hybrider, on pourrait l'étaler sur toute l'année. On pourrait de plus renforcer la résistance à la maladie, allonger la durée de conservation et, enjeu capital, augmenter le rendement. Carmel va plus loin, il est convaincu que l'artichaut fera un jour la fortune du pharmacien qui saura en commercialiser l'extrait. Tous ces Anglais qui mangent gras et se détruisent le foie au gin et à la bière s'arracheront la potion.

Papa et Carmel sont installés à la terrasse vitrée de l'estaminet de pêcheurs qui embrasse la crique de Xlendi. La houle vient briser devant eux, aspergeant les vitres d'écume et brouillant le décor, momentanément. Un trois-mâts est figé au loin. Au son du mot « fortune » Papa sort de sa somnolence.

— Et comment fera-t-on ?

— Il faudra que tu trouves un herboriste à La Valette.

— Très bien, et qu'est-ce que je lui dis ?

— Rien. Si l'idée semble l'intéresser, je viendrai lui parler. Je vois une petite entreprise pleine d'avenir avec l'herbeux comme caution médicale, moi à la culture, les Grecs à la production et toi à l'exportation.

— Tu ne crois pas, Carmel, qu'il vaudrait mieux cultiver le coton ?

— Tu me fatigues. Toujours sans femme alors ?

— Eh oui, toujours. Mais j'y songe, et sérieusement. Ma mère s'inquiète. À mon âge… trente ans l'an prochain !

— Tu le sais, si ta future ne comblait pas tes aspirations esthétiques et que le désir vienne à manquer à l'un ou à l'autre, n'hésitez pas à manger beaucoup d'artichaut.

— Merci du conseil. Et pour le prix du boisseau ?

— Vingt-deux pence.

— Dix-huit.

— Vingt et tu m'enlèves deux cents boisseaux.

Papa estime que le Gozitain est pire que le Maltais en affaires. Le Maltais est plus franc, c'est ce qui le perd. Avec moi, Papa est sans fausse pudeur ; pour lui, ça fait partie de l'éducation. Par exemple, il me racontera sans ciller ses premiers émois avec Maman. Il me dira que quand ils se sont rencontrés à Porto Farina, après sa migration en Tunisie, il a tout de suite su qu'il n'aurait pas besoin d'artichaut. Pour ce soir, il rentrera chez lui la tête pleine de projets. Et de calculs. Comme tous les autres pèlerins, il donnera un penny au curé de Mgarr pour qu'il dise une messe aux navigants.

En presque deux ans il aura doublé son chiffre d'affaires, ce qui lui aura permis de signer une promesse d'achat pour une maison sise à Tarxien. Il aura ainsi réalisé son rêve, d'autant que le quartier forme un petit promontoire apte à protéger ses habitants des miasmes de la basse ville. Il fera une mise de fonds de quinze pour cent du prix de vente, soit trente-six livres sterling, et contractera un emprunt à cinq pour cent sur dix ans avec la banque *Tagliaferro & Figli*. Pourquoi cette banque ? Pour plusieurs raisons : d'abord, il est éperdu d'admiration pour le fondateur, le Génois Biagio Tagliaferro, roi du blé de la mer Noire. Ensuite, la banque étant détentrice de l'immobilier, saisi à cause d'un défaut de paiement, elle fournit et le bien et le crédit qui va avec, ce qui simplifie les choses. Enfin, mon père m'avoue : « J'étais allé me renseigner à l'agence de la place Saint-Jean. Et qui a répondu à mes questions ? Bianca Tagliaferro, l'arrière-petite-fille du magnat. En absence d'anneau à son doigt, elle est d'une beauté et d'une gentillesse qui sans aucun doute font d'elle le parti idéal. La voici qui met quelques signes sur un calepin et, d'une voix suave, m'annonce :

— Monsieur, si vous agréez notre accord préalable, vous devrez payer un mort-gage de cent vingt mensualités se montant à deux livres et quatorze centièmes, soit deux livres, deux shillings, neuf pence et six douzièmes. Nous vous faisons cadeau du demi-penny. »

Tout en signant, mon père se demande si une femme de tête sera une bonne opportunité d'union pour un Maltais. Il se dit néanmoins qu'il reviendra pour la remercier. Il lui apportera un bouquet de fleurs. L'accord signé, il ne résiste pas à l'envie d'aller voir sa future propriété. Pour varier l'itinéraire, il prendra une barque-taxi à la pointe de Barracca. Rue Saint-Paul (ou est-ce rue du Théâtre ?), il lève machinalement les yeux et aperçoit le grotesque corbeau d'angle d'un palais princier. La tête cornue d'un vieil homme ressemblant à un masque de tragédie est surmontée d'une obscène femelle qui penche sa tête à elle comme pour le regarder, le narguer peut-être. Elle exhibe des seins provocants et est elle-même surmontée d'un adolescent hideux qui tire la langue et tend ses bras. L'abdomen d'insecte du gnome se prolonge de deux appendices dont on ne peut dire s'il s'agit de ses jambes ou des bras de la femme. Mon père est comme hypnotisé par le sinistre trio qui lui évoque un mauvais présage : il aura un monstre d'une femme qui le fera cocu. Et le gnome qui lui tend ses bras ! Si je ne connaissais pas la suite de l'histoire, pour en être le principal sujet, je pourrais m'inquiéter.

Absurde présage. Le Maltais est superstitieux, en lien avec sa ferveur religieuse, mais mon père ne se laissera jamais terrasser par les apparences quelles qu'elles soient. Les seuls signes qui lui importent vraiment sont les chiffres marqués sur les reçus et les factures, qui parlent de gains ou de pertes. En débarquant au *Parlatorio*, il aura déjà oublié ses visions carnavalesques et ne pensera qu'à une chose : aller voir sa maison. Devant celle-ci, il imaginera les murs blancs, la porte et les fenêtres bleu outremer. Demain il se mettra à l'œuvre. Repeindre, débroussailler, gratter les gouttières, rénover l'intérieur… À propos de gouttières, le petit arpent attenant à la maison sera idéal pour enfouir un grand réservoir d'eau de pluie. Il va falloir beaucoup creuser, au moins jusqu'aux fondations et certainement au-delà. Il fera aussi au mulet un abri contre le soleil et les intempéries. Pour tout ce qu'il a envisagé, Papa prévoit un an de travaux. Il commencera par le plus dur : le réservoir.

Ce que mon père me raconte ensuite est à peine imaginable. Ses projets, son avenir vont être bouleversés, sa personnalité même à jamais ébranlée. Ce choc qu'il subira, il le retrace comme s'il le revivait :

Je délimite un périmètre où je peux faire trois pas en longueur et deux et demi en largeur. Si un jour on n'a plus besoin du réservoir on pourra toujours le convertir en caveau de famille. Je me mets à creuser avec toute la force que me donnent mon enthousiasme et ma volonté inébranlable. Au bout de deux semaines je suis descendu à neuf pieds et je m'apprête à niveler le fond. Malédiction ! le prochain coup de pic sera le dernier : le sol se dérobe sous moi, la terre émet un craquement sinistre en brisant les racines, me donnant la sensation que ce sont mes propres racines qui se déchirent. Je dégringole… Combien ? Une dizaine, une douzaine de pieds ? Que s'est-il passé ? La terre effondrée a amorti ma chute mais ma tête a heurté le sol (quel sol ?) et je flotte dans un nuage de points lumineux en suspension. Maintenant une douleur aiguë à la cheville me ramène à la vie. Je m'habitue à l'obscurité. La faible lueur venant d'en haut fait deviner comme une salle dont les parois sont séparées d'une vingtaine de pieds peut-être. Une grotte ! En achetant cette maison j'ai aussi acheté une grotte, exactement l'espace de remisage qu'il me fallait ! Je me relève à grand-peine et réalise qu'il n'y a aucun moyen de remonter à la surface. Je me mets à crier à l'aide. Je crierai une bonne heure sans être entendu. Je crierais toute la nuit que cela ne changerait rien. Il faut se résigner, abandonner tout espoir pour ce soir. Épuisé par ma journée de labeur, recroquevillé au sol, je finis par m'endormir dans ce trou dont je me refuse à penser qu'il sera mon tombeau.

Au petit matin, la pénombre n'est pas aussi épaisse que la veille au soir. Je devine que le soleil est levé et reprends mes appels au secours, notant avec stupéfaction que cette grotte n'est pas ordinaire. On y voit comme des assemblages géométriques d'énormes pierres. Aurait-elle déjà été utilisée ? Ma cheville enflée me fait souffrir. Boitillant vers une étrange structure en portique, j'aperçois, dans les parois, de larges cavités dont le poli, au toucher, n'a rien de naturel. Je dois pour l'instant renoncer à trouver une explication à ces bizarreries. Enfin, une voix me parvient du dehors. Sans daigner répondre aux questions qu'on me pose, je demande qu'on me descende une échelle. Une heure après, je suis à l'air libre. Je remercie mes deux sauveteurs et leur raconte brièvement ma découverte. Ils n'en feront pas grand cas, évoquant l'existence notoire de grottes dans le secteur.

Je vais passer les jours suivants à explorer, à la lumière de ma lampe, cette… chose qui en fait constitue un vaste réseau de salles connectées et qui de toute évidence n'est pas une simple grotte naturelle. Au fur et à mesure de mon inspection, j'irai de surprise en stupeur. Mes découvertes m'amèneront à déduire qu'il s'agit là d'un ouvrage géant fabriqué par des hommes qui y ont laissé des traces d'un passé probablement très ancien. Car sinon l'endroit ne serait-il pas connu ? Les Phéniciens peut-être ? J'apprendrai plus tard que ce passé est beaucoup, beaucoup plus ancien que ça ; c'est un passé qu'on ne peut imaginer.

Pour moi le passé c'est quand je courais en culottes courtes dans les rues de Naxxar, où mon père, ma mère et mes deux sœurs habitent encore. Je sais bien qu'il y a eu les Chevaliers et qu'ils venaient d'une autre île qui s'appelle Rhodes. Je sais que Napoléon, né sur une île et mort sur une île, est lui-même venu à Malte. Les vieux m'ont dit que leurs parents l'avaient vu. C'est sûrement un mensonge de hâbleurs. Carmel m'a conté que les Phéniciens aussi étaient passés par ici, bien avant tout le monde, et qu'ils venaient de Carthage, un port en Afrique de l'autre côté de la mer. Mais tout ça ce n'est pas du passé, c'est de l'histoire, car c'est écrit, c'est figé dans les livres. C'est comme des bibelots sur une étagère, auxquels on ne fait plus attention car ils ont toujours été là. Alors un passé qui n'est ni le mien ni celui qui est écrit dans les livres, qu'est-ce que c'est ? De toute façon moi ce qui m'intéresse c'est le futur. J'anticipe déjà que ma découverte va me faire du tort. Comment ferai-je pour conserver mon bien avec ces gens du gouvernement qui voudront sûrement s'en emparer ? Mais d'abord il faut que je revienne à mon exploration de la « grotte ».

Donc le lendemain de ma chute, et malgré ma blessure, je redescends avec ma lampe. Je me dirige vers le portique des trois pierres, deux verticales soutenant la troisième. Étant donné ses dimensions, c'est sûrement une porte de passage et pourtant elle ne donne sur rien car il y a un mur derrière. Perplexe, je caresse les arêtes de la pierre, remarquablement taillée. D'un côté et de l'autre partent deux couloirs. Je prends celui de gauche et me trouve dans une autre salle. Celle-ci présente également des niches dans sa paroi. Je m'approche de l'une d'elles. Elle contient des amas informes d'ossements ; sûrement ceux d'animaux sauvages comme on en voit dans la campagne. À côté, je remarque un damier peint en noir et blanc. Je continue et me tiens maintenant dans une salle plus petite au fond de laquelle se trouve un puits qui doit être très profond d'après l'écho qui en remonte. Aucune autre issue ne s'offrant, je rebrousse chemin et prends le couloir de droite, qui est maintenant à ma gauche. Il mène à une autre salle qui n'a rien de particulier. Tout en pensant que la visite s'arrêtera là, c'est en revenant devant le portique en direction inverse que je repère sur ma gauche ce qui ressemble à un passage. En effet, en descendant de plusieurs pieds on peut, par là aussi, sortir de la pièce principale, et on rencontre alors un autre portique surmonté d'une corniche incurvée et ornée d'une multitude de petits trous régulièrement espacés. Ce portique ouvre sur une enfilade, non, pas une enfilade, un bourgeonnement de salles où on pourrait se perdre, un véritable labyrinthe. Ces salles sont stupéfiantes, elles me réservent de grosses surprises. On y découvre une architecture élaborée consistant en piliers droits, arcboutants, portiques encore, sols en creux, corniches incurvées. Les murs et les plafonds de presque toutes les salles sont décorés de motifs rouges : spirales, hexagones, ramures, ainsi que de figures plus évocatrices : un taureau noir, une main gravée dans la pierre. Il faudra que je parle de tout ça à Carmel, il aura peut-être une idée. Je redescendrai demain.

Au cours de ma deuxième visite, je découvrirai un troisième niveau, beaucoup plus bas que le sol de ma maison. J'y accéderai par un escalier de sept marches très inégales qui partent du centre du deuxième niveau et descendent jusqu'à un décrochement assez dangereux. Encore d'énormes blocs de roche taillée, des niches, des os, cette fois mélangés avec des tessons d'argile cuite ainsi que des billes, des pierres, des coquillages troués qui font penser à des éléments de collier. Aurai-je découvert un trésor ? Dans une des plus petites niches je remarque un objet et le saisis. C'est une statuette qui tient facilement dans la main. Elle représente une femme obèse à l'extrême qui, couchée sur le côté et une main sous la tête, semble dormir sur une espèce de divan. Avant de remonter je jette un dernier coup d'œil à une cavité plus allongée que les autres. J'approche ma lampe et ma gorge se serre d'effroi. Je vois une forme humaine allongée et couverte d'une sorte de sable rouge. Je dépose la lampe à côté de la tête, époussette et me trouve face à un crâne dont les orbites sont remplies du même sable rouge, scintillant sous l'effet de ma lumière. Pris de panique, je laisse échapper un cri rauque qui fait écho dans mon dos et va en s'amplifiant. En me précipitant pour remonter, je m'aperçois que je tiens encore la statuette. Arrivé au deuxième niveau, je la dépose sur le premier rebord rencontré.

J'avais pris ma décision, je ne parlerais à personne de tout ça à part à Carmel. Il saurait garder le secret. Je lui expliquerais que j'avais sous ma maison un antre que j'estimais à deux mille pieds carrés, une gigantesque caverne peuplée de fantômes. Je le vois éclater de rire et me conseiller de confectionner une dalle pour fermer le trou. C'est ce que j'ai fait.

Un an plus tard, je reçois la visite de M. Carwana, directeur de la bibliothèque de La Valette. Des constructions immobilières en cours dans le voisinage ont dévoilé l'accès à un site extraordinaire sur lequel repose ma maison. Les premières inspections indiquent qu'il s'agit d'un cimetière souterrain, un *hypogée*, comme l'appelle Monsieur le Directeur.

— D'après mes investigations la période active de cet hypogée remonterait à plusieurs milliers d'années.

— Plusieurs m… Les Phéniciens ?

— Bien avant, bien avant, nous sommes là probablement à l'origine même de la présence humaine sur Malte. Ces hommes venaient de Sicile.

— Encore eux ?!

— Comment ça ?

— Oui, non, pardon, je voulais dire « déjà ? »

— Eh oui, déjà. Mais ça ne veut pas dire que nous sommes tous des Siciliens. Ces premiers arrivants sont ensuite repartis, puis ils ont été remplacés par d'autres Siciliens, et puis… Mais venons-en au fait. Je suis dans l'extrême désagrément de devoir vous annoncer votre expropriation.

— Mon expro…

— Pensez, nous avons là un trésor, un héritage de l'humanité première, une source pour comprendre les origines, sans mentionner le respect que nous devons à l'œuvre de ces hommes. Songez à l'exploit que représente leur travail. Ils ne connaissaient pas le métal et ont creusé leurs magnifiques tombes avec des outils de pierre et de bois de cerf. Il a dû falloir des siècles ! Vous… vous comprenez ?

— Je… je comprends.

C'en est fait de mon futur. Cette maison je l'aimais déjà, je voyais tout ce que j'aurais pu y faire, marié avec Bianca ou une autre, une ribambelle d'enfants jouant et courant autour. J'en ai pleuré devant le Directeur. J'en ai pleuré, Darius, tu ne peux pas savoir, des jours et des jours. Cette fois-là, M. Carwana était tellement ému par mon accablement qu'il en a oublié sa serviette chez moi, oui, *chez moi*. Elle contenait les notes de ses visites à l'hypogée. Je les ai toujours. Je les avais montrées à Carmel.

— Tu te rends compte, Carmel, exproprié, expulsé de chez moi par des morts, des vieux morts qui ne comptent plus, qui ne signifient rien pour personne, à part pour Monsieur Carwana. Des Siciliens en plus !

— Tu t'en remettras.

— Non, je ne m'en remettrai pas. C'est bien fini, je n'ai plus goût à rien. Je ne supporte plus d'être ici. Il faudra que je parte, Carmel, et que je recommence à zéro. Ma sœur est partie en Tunisie avec son mari, un de Naxxar lui aussi. Je crois que j'aimerais les rejoindre.

— Et le pharmacien ?

— Le pharmacien ?

— Celui qui doit nous faire l'extrait d'artichaut.

— Mon pauvre Carmel, je n'ai pas eu le temps. Puis je ne suis pas vraiment porté là-dessus, surtout maintenant.

— Je me souviens du docteur Thémistocle. On l'appelait *Sir* Thémistocle, même s'il n'était pas chevalier. C'est un savant qui est venu à Gozo pour visiter des fouilles archéologiques. Il était très avenant. Médecin, chimiste, archéologue, une sorte d'Aristote des temps modernes. C'est lui qui m'a dit que j'avais les traits typiques des Phéniciens. Il m'a montré la photo du bas-relief d'un palais antique où il y avait deux portraits de Phéniciens et l'un d'eux était mon sosie. Tu pourrais aller voir le monsieur à La Valette. Même si c'est un personnage important il se souvient peut-être de moi et serait éventuellement ravi de t'aider. Sais-tu de combien tu vas être dédommagé ?

— Mais la maison n'est même pas mienne, elle appartient à la banque.

Je me suis rendu à la banque sans bouquet de fleurs et j'y ai revu Mlle Tagliaferro. Elle m'a expliqué qu'elle ne pouvait accéder à ma requête de ramener le remboursement du crédit encouru au *pro rata* de l'indemnité principale qui m'était « généreusement » octroyée malgré la clause d'exclusivité qui nous liait par le fait que la banque était à la fois vendeur et créancier laquelle clause était obsolète et non avenue en vertu de l'injonction donnée par le Gouvernement à la banque en tant que détenteur antérieur du bâti de prendre à sa charge les frais de démolition de celui-ci comme préétabli dans le contrat de cession hypothécaire et que si chose improbable elle pouvait envisager une modification du taux d'intérêt de remboursement de la différence en cause cela ne pourrait que se matérialiser en ma défaveur étant donné les effets de l'inflation récente et prévisible que le Gouvernement de toute façon se gardera bien de contrecarrer par un gel des prix et ce spécifiquement en exécution du *Bank Act* de 1892. Bref, je me trouvais non seulement dépouillé de la demeure de mes rêves mais de plus débiteur d'une somme dont je n'avais aucune idée où la trouver. Mademoiselle Tagliaferro m'a imposé sa décision intangible comme le bourreau tranche la tête du condamné. Elle m'a proposé une compensation forfaitaire valant solde de tout compte dont j'aurais honte de dire le montant. Je l'ai pourtant acceptée, étant incapable de fournir le nom d'un avocat qui serait susceptible d'intercéder en ma faveur. J'ai aussi abandonné toute idée de séduire la banquière.

À la maison de mes parents était arrivée une lettre de ma sœur aînée, celle qui est partie à Porto Farina avec son mari. Elle disait que leur exploitation agricole florissait, que les fruits, les légumes et les fleurs poussaient en quantité et que même la qualité était au rendez-vous ; elle ajoutait que la vie là-bas était semblable à celle de Malte, que les Français étaient plus amènes que les Anglais et que la langue arabe locale ressemblait à la nôtre. J'ai abandonné le mulet à Carmel contre un pécule plus que généreux et je suis parti de Mgarr sur le Nikolaos, qui faisait là une escale en provenance du Pirée, laissant les instances maltaises publique et privée s'arranger entre elles. C'était le treize septembre mil neuf cent trois, peu après une fête de la Victoire qui pour moi avait plutôt un goût de défaite, une date que je n'oublierai jamais.

***

Voilà comment mon père m'a raconté son émigration et comment il se fait que je suis là, moi. Un an après son arrivée en Tunisie il a rencontré ma mère, une descendante de la première famille maltaise immigrée à Porto Farina, les Baldacchino. Le patriarche, contrebandier notoire, s'était reconverti dans l'agriculture par suite du durcissement de la répression contre le trafic illégal d'armes, de tabac et de *chira*, un mélange de chanvre et d'opium. Une coopérative de maraîchers venait de se créer et Maman y avait obtenu un emploi dont la gratification était à la mesure de son dévouement : en charge de la tenue de compte des nouveaux souscripteurs, elle n'hésitait pas à donner un coup de main pour la manutention des caisses de primeurs et même à aller parfois aux champs quand la commande de quelque notable de Tunis imposait des mesures d'urgence. Mon père et ma mère ont été mariés à l'église Saint-Pierre par le Père Borg. Nous retiendrons le nom de cet abbé, qui n'est pas sans rapport avec mon adoption par la nation française. L'office a été célébré en maltais comme beaucoup de messes l'étaient alors, dans cette église, quand elles n'étaient pas dites en italien ou, plus rarement, en français. Comme il y avait des fuites dans le toit et qu'il pleuvait fort ce jour-là, mes parents ont fini par être douchés, ce que l'assistance maltaise a déclaré comme étant de toute évidence la bénédiction de Dieu. Au sujet de mes parents, les gens parlaient d'un « couple heureux ». Heureux ils l'ont été d'autant plus l'année suivante quand je suis né. Tout ça c'est ma tante qui me l'a raconté. J'ai été enregistré au consulat comme sujet britannique. Quand le préposé a demandé à mon père quel serait mon nom, celui-ci a répondu « Marius ». Mais l'Anglais, n'étant pas de la meilleure ouïe ni familier avec nos prénoms latins, m'a enregistré sous celui de « Darius », avec lequel il était probablement plus en accointance. Mes parents n'ayant pas remarqué la chose et l'enregistrement une fois scellé, je suis resté sous cette appellation.

Je suis allé à l'école franco-arabe et par conséquent je parle l'arabe et le français, ceux de l'école et de la rue, en plus du maltais. De l'italien, je ne sais que celui de la rue. Bien que sujet de Sa Majesté, je ne parle pas l'anglais. Au demeurant, je suis fier de savoir attraper les chardonnerets, comme mon père me l'a appris, en les piégeant au moyen d'un appelant mâle encagé qui rameute ses congénères et d'une femelle dont les battements d'ailes les attirent dans le filet. À huit ans je vendais déjà des chardonnerets aux Français et aux Arabes. Quand j'avais des invendus je les cédais aux Maltais fabricants de cages, mais au dixième du prix. Mon autre plaisir c'était quand nous allions à la plage. L'accès étant parsemé de sables mouvants, il fallait louer un âne qui lui seul savait par où on devait passer pour ne pas s'enfoncer. Tels sont les deux souvenirs les plus saillants de mon enfance, en matière de loisirs, il s'entend.

Mon père s'était associé avec son beau-frère et avait vite conçu tout le profit qu'on pourrait tirer de l'exportation de ses produits au-delà de Tunis et Bizerte. Une nouvelle pomme de terre importée de Hollande avait alors un gros succès et commençait à être cultivée à Porto Farina. Elle ne manquerait pas de remplir les poches de ses producteurs. Et de ses exportateurs, pensait mon père. À l'office religieux du dimanche il s'était lié d'amitié, surmontant son aversion première, avec un Sicilien qui voulait abandonner la pêche. Trop fatigant. À tous les deux, ils faisaient des projets. Donato prendrait contact avec des grossistes de Palerme. Il était bon marin, il trouverait un bateau qu'on payerait à crédit ou qu'on louerait en crédit-bail maltais. Papa voyait son commerce bientôt changer de dimension. Si, à La Valette, il était souvent contraint de lâcher ses artichauts à vil prix à des négociants sans scrupule, en devenant lui-même transporteur il s'affranchirait de ce genre de dépendance. En outre, il ne serait plus question de boisseaux mais de quintaux ! Et alors, alors, Papa voyait son commerce en Méditerranée tracer un triangle d'or entre Palerme, Malte et… Porto Farina ? Non, il fallait monter cette affaire à Tunis, où arrivaient des marchandises venant de tout le pays. On exporterait les « reines » du marché : la *deglet en-nour*, reine des dattes, la maltaise, reine des oranges, qui n'a d'ailleurs rien de maltais ; on sacrerait la hollandaise reine des pommes de terre et grâce à l'immense talent de greffeur des Arabes on inventerait de nouvelles variétés de fruits, de légumes et même de fleurs. Au retour, on importerait… Qu'importerait-on ? Il faut que Carmel augmente sa production, la terre ne manque pas à Xlendi !

Plus tard, quand nous nous serons installés à Tunis, en 1913 exactement, mes parents, Donato et moi essaierons de démêler le compte rendu annuel de la chambre de commerce locale. Je n'ai que huit ans et demi mais je sais déchiffrer les mots français, du moins je sais les prononcer et, quant aux plus simples, les traduire en maltais ; mon père alors en comprend le sens, Donato sert de passerelle avec son sicilien francisé et arabisé et ma mère fait les liens entre eux, entre les mots c'est-à-dire, grâce à son intuition. Les Français veulent le tabac turc, le soufre et le vin siciliens, le coton maltais… – là, mon père nous coupe : « Quand je le disais à Carmel, qu'il fallait faire du coton ! » ; de Malte ou de Sicile les indigènes veulent la semoule, le sucre et le charbon ; quelques Maltais plus anglais que tunisiens réclament le gin, ce qui enthousiasme mon père : « Fournissons-les, ça favorisera la consommation d'artichauts ! », à quoi ma mère rétorque que ce n'est plus là du commerce mais de l'assassinat. Les règles douanières sont beaucoup plus ardues à décrypter que les statistiques. Elles varient d'un produit à un autre et d'un pays d'origine à l'autre en fonction des traités internationaux. Un juriste ne serait pas de trop dans notre affaire. Certains produits sont totalement prohibés à l'importation. Faudra-t-il en revenir à la contrebande ? Mon père avance que « beaucoup de Maltais et de Juifs livournais sont employés à la surveillance des ports. » Maman fronce les sourcils.

Si nous avons déménagé à Tunis c'est aussi grâce à ma mère, qui était lasse de la vie de village à Porto Farina. Elle voulait la grande ville avec les grands magasins, les cafés, les salles de spectacle, les promenades en tenue élégante sur les larges avenues le dimanche, ce genre de choses. Elle entrevoyait aussi la possibilité de se reposer si jamais mon père réussissait dans ses affaires. Lui serait peut-être resté à rêver sur place sans cette étincelle de Maman qui a fait exploser ses ambitions. Mais le mauvais œil nous guettait ! La guerre a éclaté et a transformé la mer Méditerranée en un vaste cimetière. À l'école on nous apprenait qu'elle était, cette mer, le berceau de la civilisation, une civilisation fécondée par les échanges commerciaux entre les peuples. Maintenant les sous-marins austro-allemands y coulaient les navires marchands. Comment était-ce possible ? Un journal avait publié un article disant que Malte, qui avait été le nombril de la Méditerranée, en était devenue l'hôpital.

Mines, torpillages, blocus, déroutages, arraisonnements, saisies, patrouilles, tout annonce l'arrêt de notre petit commerce maritime avant même qu'il ait commencé. Et décourage toute idée de contrebande. Aucun capitaine n'osera plus prendre le large à moins d'avoir l'âme et la stature du corsaire de l'ancien temps, qui bravait les dangers pour faire sa « course ». Par bonheur, mon père sera totalement écarté des hostilités. Au début du conflit la conscription n'existe pas au Royaume-Uni et quand elle se mettra en place, en 1916, son âge avancé l'en prémunira. De toute manière les Anglais se soucient peu des Maltais de Tunisie, et pas davantage des Maltais de Malte dont seuls les volontaires partiront se battre à Gallipoli. Mon père pourra ainsi parer au plus urgent pour soutenir sa famille en se rabattant sur le commerce local. Mon sort à moi aussi sera lié à la guerre. Juste avant qu'elle finisse je serai libéré de mes obligations scolaires et, livres et cahiers remisés, je me mettrai au travail dans l'officine de Papa. Car ma petite sœur vient de naître. Ainsi nous avons au sein de notre famille, dont je suis un fier soutien, des différences d'âge importantes : quinze ans entre ma mère et mon père, quarante-neuf entre celui-ci et ma sœur, treize entre cette dernière et moi. Cette disparité fera que l'affaiblissement précoce de mon père vieillissant et la sujétion de ma fragile cadette m'auront doté d'un sens aigu des responsabilités et, partant, d'un caractère trempé de ténacité. Je me souviens de cet épisode, bien après la guerre, quand Papa était cloué au lit avec une orchite et qu'il fallait livrer sept quintaux de pommes de terre au bateau qui attendait à La Goulette. J'avais seize ans. À Porto Farina il a fallu charger ça à quatre bras et en deux temps trois mouvements sur le Berliet « M » de la compagnie, puis décharger au port. J'avais le sentiment de prendre la relève, je faisais le plein d'assurance et je commençais déjà à élaborer mes propres projets. La guerre avait eu au moins ça de bien que les camions devenaient disponibles, ce qui facilitait beaucoup le commerce. J'en avais encore pour cinq ans avant d'obtenir mon permis de conduire mais je me voyais déjà au volant du modèle « CBA » dont l'armée française vendait le surplus.

— Ces Français imposent vraiment le respect, certains en tout cas, comme Monsieur Marius Berliet, mon presque homonyme par le prénom. Vingt kilomètres de l'heure en charge pour le « CBA » ! Comme le « M » mais en plus grand et plus fiable. Vingt-cinq kilomètres de l'heure à vide (pourquoi faire « à vide » ?). Nous entrons dans l'ère de la vitesse ! Il faut penser aussi à Roland Garros, qui a traversé la Méditerranée d'une traite en avion. De Fréjus ou Saint-Raphaël à Bizerte en huit heures, comme ça, pouf ! Et si un jour on transportait des marchandises en avion ?!

Cette année-là, le huit novembre, la loi du droit du sol a été promulguée et j'avais la possibilité de devenir français par ma mère : *Est Français tout individu né dans la régence de Tunis de parents dont l'un, justiciable au titre étranger des tribunaux français du protectorat, est lui-même né dans la régence, pourvu que sa filiation soit établie, en conformité des prescriptions de la loi nationale de l'ascendant ou de la loi française, avant l'âge de vingt et un ans. Si ce parent, etc...* C'est à ce moment que les Anglais ont commencé à s'intéresser à nous les Maltais. Ils voyaient d'un mauvais œil les progrès de l'emprise française sur l'Afrique du Nord. Nous étions sujets britanniques et devions le rester. Ces injonctions, pardon, ces conseils nous étaient communiqués de diverses manières : circulaires, prospectus, tracts, affiches, courriers, par le biais de journaux, de réunions et même de sermons à l'église. La propagande s'installait, empestant une odeur de chantage :

— Les Français sont des athées et leurs mesures de naturalisation fleurent l'atteinte directe au christianisme. Ils ne respecteront pas votre religion. Ils autoriseront votre conjoint à demander le divorce.

— Si vous devenez français vous serez soumis au service militaire et en cas de nouvelle guerre… !

— En devenant français vous reniez votre pays, Malte. Souvenez-vous, ce sont les Français qui en ont chassé l'Ordre de Saint-Jean. Ils ont forcé à l'exil les Hospitaliers qui vous ont nourris pendant deux siècles et demi.

— Si vous devenez français nous ne vous accorderons plus de visa pour aller à Malte.

— Les Français ne cherchent qu'à gonfler leurs statistiques. Ils n'auront cure de vos besoins ni de vos attentes. Ne comptez pas sur leur protection civile !

Sur ce dernier point je ne peux m'empêcher de rire, mais d'un rire amer en pensant à tous les laissés-pour-compte maltais abandonnés par le consulat britannique. La position des Anglais est simple : « Des Maltais émigrent en Tunisie ? Très bien. Qu'ils se débrouillent, qu'ils se prennent en charge et ne viennent pas téter à notre budget, notre si petit budget consulaire ! » Là où le bât blesse c'est que nombre de Maltais sont favorables aux Anglais. Ce sont eux qui refuseront la nationalité française pour garder l'anglaise. Ma sœur fera partie de ceux-là. Peut-être est-elle plus maltaise que moi. Ou plus pieuse. Ou plus influençable. En ce qui me concerne, aucun de ces arguments ne me convainc sauf celui du visa pour Malte, un lourd handicap si le négoce m'appelle là-bas. Contre-arguments :

— Que les Français soient anticléricaux, ce dont je doute quand même (peut-être sont-ils simplement laïcs ?), ça ne m'empêchera pas d'aller à la messe. Et la possibilité de divorcer n'est pas une mauvaise chose. On doit pouvoir faire ce qu'on veut de sa vie.

— J'ai une certaine admiration pour les Français. Ce sont d'aussi bons commerçants que les Anglais et leurs industriels sont à la pointe du progrès. Je me battrais volontiers pour eux s'il était besoin, mais ma charge de famille m'en dispensera certainement.

— Quelle audace ont ces Anglais ! N'ont-ils pas empêché le retour à Malte des Chevaliers ?

— S'il fallait aller sur l'Île pour porter secours à mes grands-parents ou à mes tantes, je n'hésiterais pas, avec ou sans visa.

— Dernier argument : si par malheur l'indigence frappe, il vaut mieux être entre les mains des Français qu'entre celles des Anglais, et je peux le prouver par l'histoire qui suit.

Dès la publication de la loi du huit novembre, les Anglais avaient mené une campagne de dénigrement. Leur consulat envoyait des émissaires maltais dans les différentes colonies, qui à Sfax, qui à Sousse, à Djerba, à Bizerte, etc., pour convaincre leurs compatriotes de la nullité de cette loi. Un de ces… j'allais dire « renégats », mais après tout c'était nous les renégats, nous les francophiles. Un Maltais anglophile donc, Monsieur C., qui était employé au vice-consulat britannique de Bizerte, était venu à Porto Farina, où je me trouvais alors, mon travail m'y appelant souvent, pour rencontrer les Maltais. Il nous avait rassemblés dans la halle de la pêcherie et nous avait exposé les arguments que l'on sait. Puis, il nous avait soumis une pétition qu'il nous avait fortement suggéré de signer : « Nous, Maltais de Porto Farina, sujets britanniques, ne reconnaissons le droit du gouvernement français à nous octroyer la nationalité française que dans la mesure où les décrets du huit novembre mil neuf cent vingt et un sont ou seront légitimés par le Consulat Général d'Angleterre et contestons, dans le cas inverse, la décision de nous priver de notre citoyenneté britannique. » La plupart ont signé, y compris l'abbé Borg qui plus tard réalisera son erreur. En effet, le sentiment général était que si finalement la nationalité française nous échappait pour une raison ou une autre nous pourrions au moins garder notre citoyenneté anglaise. En ce qui me concerne je n'ai pas signé, d'une part en vertu de ma confiance aux Français et d'autre part à cause de ma méfiance envers Monsieur C., chez qui je pressentais une sorte d'habileté suspecte. Et pour cause ! Il s'est avéré que le Consul Général, Monsieur S., refusait de reconnaître les décrets français et avait placardé une notice à cet effet sur la porte du consulat. Ainsi, la soi-disant pétition des Maltais pouvait passer pour une protestation à l'encontre desdits décrets. Juste après, le Cheikh de Porto Farina a lui aussi convoqué les Maltais et leur a expliqué que Monsieur C. était un menteur et qu'il ne fallait surtout pas l'écouter. Le Cheikh s'est montré plus royaliste que le Roi (de France) puisqu'il a menacé d'expulsion de la Régence ceux qui ne se conformeraient pas à la loi française.

Comme beaucoup de Maltais s'y étaient déjà pliés et avaient acquis la nationalité, ceux dont l'âge le requérait étaient maintenant soumis aux obligations militaires. C'est alors que M. le Consul S. a engagé une campagne visant à contester la légitimité de ces dernières. Ses circulaires enjoignaient les jeunes Maltais de ne pas se présenter à l'appel collectif du Conseil de révision, d'attendre des convocations individuelles – qu'ils étaient priés de remettre au Consulat ! – et de ne pas signer un quelconque document émanant des autorités françaises sans y insérer la mention « sous réserves de tous nos droits de sujets britanniques ». Quand un Maltais se présentait nonobstant et qu'il était incorporé sous les drapeaux, le Consulat écrivait à sa famille, conseillant aux parents de patienter le plus possible car le gouvernement français aurait à leur verser des dommages et intérêts proportionnels à la durée d'une incorporation « qui est, on vous le redit, il-lé-gi-ti-me. » Les choses s'envenimaient à tel point qu'une procédure judiciaire allait devoir être mise en œuvre pour régler le différend franco-britannique.

Ce n'est que maintenant, à bientôt trente ans, que je saisis l'essence de ce différend. Il s'agissait de l'opposition entre le droit du sang et le droit du sol. J'étais britannique par mon père et potentiellement français par ma mère. Mais n'ayant jamais mis les pieds à Malte, je ne me reconnaissais pas comme sujet anglais. D'ailleurs je ne parlais même pas la langue. Étant donné le flou juridique du moment, j'aurais pu aussi devenir tunisien sans même être musulman, et ce en vertu du décret de 1914 soufflé à l'oreille du Bey par le « Protecteur », décret qui n'était qu'un prélude à ceux de 1921 et 1923 puisqu'à cette date tout nouveau Tunisien pourrait devenir français. Mais le statut du Tunisien était bien moins enviable que celui du Français. En fin de compte, les Anglais ont obtenu que le différend qui les opposait aux Français soit soumis à l'appréciation du Conseil de la Société des Nations, lequel a délégué son avis à la Cour permanente de Justice internationale. Il en est résulté la loi de 1923, qui autorisait les néo-Français à renoncer à leur nationalité à vingt et un ans, âge de la majorité, pour récupérer leur nationalité britannique d'origine. S'il était un gagnant dans cette affaire, c'était l'individu doté maintenant de sa liberté de choix. Mais entre ces deux lois, il y a eu une période de flottement où l'indécision et le revirement se manifestaient autant dans les comportements individuels que dans les mesures collectives de l'administration. Par exemple, en attendant les décisions de La Haye les autorités militaires avaient dû demander aux conscrits maltais de la classe 1922 de leur renvoyer, aux fins d'annulation, la convocation qu'ils avaient reçue. Ceux qui s'étaient rendus dans les centres de recrutement se voyaient priés de retourner chez eux et leurs frais de déplacement leur étaient remboursés. Face à cette situation, de jeunes Maltais ont tenu à manifester leur enthousiasme pour la nation française. C'est ainsi que le Résident Général a reçu nombre de lettres de conscrits déçus lui demandant « respectueusement mais énergiquement » d'être incorporés au même titre que leurs camarades français natifs. Il faut ajouter qu'au-delà de l'enthousiasme patriotique, la perspective, pour certains immigrés, d'être admis à la nationalité après dix-huit mois de service était une motivation.

Par la même sorte d'élan, les Maltais les plus zélés se sont inquiétés de ce que les circonstances ne les empêchent de voter aux élections des conseils de région. Les Anglais s'ingéniaient à mettre des entraves à toute participation au scrutin. Les moyens de pression allaient jusqu'au chantage, par exemple en conditionnant l'obtention d'un visa pour les colonies anglaises, dont Malte, à la remise d'une attestation écrite de renonciation à la nationalité française, alors que le visa était accordé sans difficulté aux Français de souche. Les réfractaires étaient soumis à diverses intimidations. Sur demande expresse du Consul, certains Maltais, on ne saura jamais pourquoi ni comment, lui avaient même remis leur carte d'électeur. En dernier recours, les Anglais exhortaient à l'abstention, toujours sur la base du dénigrement de la cause française. Malgré quoi, non seulement la grande majorité des Maltais ont voté mais les plus méritants ont ensuite été nommés au sein des conseils de région. Le vote et l'accession à des fonctions administratives étaient les symboles les plus puissants du sacre national.

Je suis d'un naturel prudent et, dans cette période trouble, ne fis rien de décisif si ce n'est me rendre au banquet de cérémonie fêtant l'anniversaire de la loi de 1921 avec les néo-Français. Le discours du maréchal Franchet d'Espérey fut accueilli par un tonnerre d'applaudissements aux cris de « Vive la France ! ». C'était la première fois que je chantais la Marseillaise, apprise à l'école. Un hommage particulier fut rendu aux Maltais, mettant à l'honneur l'appartenance française de l'illustre Grand Maître Jean de Valette. On nous convia à la cathédrale Saint-Vincent-de-Paul pour écouter l'exaltant *Te Deum* de Charpentier. En arrivant au banquet, je remarquai le curé Borg seul à table et lui demandai la permission de m'asseoir à ses côtés, ce qu'il accepta gracieusement. Je me demande encore comment un homme aussi instruit put signer la fameuse pétition. J'ouvris la conversation en m'enquérant de ce qu'il pensait de la situation.

— Attendons la décision de la Cour internationale. Mais... j'ai l'impression de vous avoir déjà vu.

— J'étais à la réunion de Monsieur C. à Porto Farina.

— Voilà, oui. Avez-vous signé la pétition ?

— Non, mais j'ai hésité à cause de l'histoire des visas.

— Cela se comprend. J'aurais une foule d'histoires à raconter au sujet de Maltais à qui on a fait des difficultés. Certains sont quand même allés à Malte, sans visa.

— Mais j'ai remarqué que vous, vous avez signé.

— Une erreur de vieillesse, je suppose. Ou alors un excès de charité chrétienne pour ce pauvre Monsieur C. qui paraissait si anxieusement avide de recueillir des signatures. Je regrette mon acte, bien sûr, et je le regrette d'autant plus qu'il m'a attiré des ennuis.

— Rien de grave, j'espère.

— Non, rien de grave. Je me suis fait tirer les oreilles par le contrôleur civil. Voyez-vous, j'ai une certaine influence sur les Maltais du Nord tunisien. Il faut que je fasse attention à tout ce que je dis et je dois savoir entendre ce que me disent les uns et les autres, ne pas éveiller de susceptibilités, et surtout pas celle du gouvernement français, auquel je suis d'ailleurs très attaché. Je suis parfaitement heureux d'être devenu français et je suis maintenant disposé à militer en faveur de mes nouveaux compatriotes après tout ce que j'ai vu et appris sur le comportement des Anglais. Ceci dit, tout n'est pas rose chez les Français. Vous vous souvenez de ce qu'a dit l'émissaire sur les pêcheurs de Porto Farina ?

— Oui, qu'avant quatre-vingt-dix-huit ils pouvaient pêcher librement en donnant un petit pourcentage de leurs ventes au Bey et qu'après ils ont été contraints de donner cinquante pour cent au concessionnaire français et lui vendre leurs prises à bas prix.

— Et un Maltais a pris la parole pour dire que c'était grâce au fermage qu'il avait pu s'acheter une barque. Les Français sont parfois un peu méprisants, pas seulement vis-à-vis des Arabes mais aussi à l'égard des Maltais, que certains colons vont jusqu'à appeler « bicots ». Sur l'idée du protectorat il y aurait beaucoup à palabrer, mais je ne veux pas vous… importuner (je pense qu'il voulait dire « le critiquer devant vous »). Je dirai simplement qu'il y a chez les Français une part indéniable de sincérité qu'ils puisent probablement dans leur fonds idéaliste. Naturellement, et malgré leurs déclarations sur l'œuvre désintéressée de civilisation, ils profitent beaucoup plus des eaux, du sol et du sous-sol tunisiens que les Tunisiens eux-mêmes. Mais il faut leur reconnaître cet art de parer leur industrie des plus beaux sentiments, des plus belles intentions. Ordre, progrès, justice, etc.

— Est-ce ce qui manque aux Anglais ?

— Pas du tout. Les Anglais sont très contents et même très fiers d'eux-mêmes.

— Vu de l'extérieur, je veux dire.

— Ça c'est une autre histoire. Chaque peuple a ses qualités et ses défauts.

— Je crois savoir que vous avez marié mes parents.

— Vraiment ? Et comment s'appellent-ils donc ?

— Monsieur et Madame B. Ils m'ont raconté qu'il pleuvait dans l'église le jour de leurs noces.

— C'est vrai, je me souviens. On a réparé l'église depuis, mais je n'y sers plus. Je suis devenu curé du Kef. J'espère que vos parents sont heureux.

— Autant qu'il se peut en dépit des difficultés. Il nous a fallu remonter la pente après la guerre. Ma sœur est née et j'ai dû arrêter l'école pour aider mon père. Nous sommes passés de l'agriculture au négoce. Donc si je comprends bien vous me conseillez de devenir français ?

— Absolument. Êtes-vous concerné par le service militaire ?

— Pas avant trois ans. Mais je compte demander une dispense pour soutien familial.

— Dommage, l'armée est une bonne école. Eh oui, c'est un curé qui vous dit ça. Sollicitez plutôt un report, non ?

— J'y penserai. Si le commerce marche bien.

— Vous savez probablement que la nationalité, ou plutôt la citoyenneté, est une affaire de droits et de devoirs. Si un jour vous voulez mettre vos enfants à l'école gratuitement, vous vous y sentirez d'autant plus fondé que vous aurez servi les intérêts de la nation.

— Pure logique.

— En effet, mais je repense à cette idée française du droit du sol. Elle me semble liée à celle des droits et des devoirs. Si un étranger acquiert la nationalité du pays où il est né, il va affermir, par ses droits et devoirs, c'est-à-dire par son assimilation, la cohésion de ce pays et par là en augmenter la force, la grandeur peut-être, tandis que s'il garde sa nationalité il va au contraire l'affaiblir. Le droit du sol est par essence progressiste, il permet à l'individu de s'extraire du déterminisme qui autrement l'enchaînerait à son rang social voire à ses origines raciales. Le droit du sang est une notion surannée ou même carrément erronée, me semble-t-il. Elle émane d'une idée de l'homme comme être biologique et non social. J'imagine qu'elle provient de l'éclairage un peu criard que certains philosophes ont allumé juste avant que la grande révolution des Français ne s'embrase. Ces Français pourtant, leur élite en tout cas, n'étaient pas à ce point aveugles qu'ils eussent omis, dans leur déclaration de 1789, de mentionner le terme de « citoyen » dans son titre. Mais voilà, sans me prendre pour l'abbé Grégoire, je déplore qu'on ne parle que des « Droits de l'Homme » en oubliant ceux du citoyen. De plus…

— Mon père, excusez-moi, vous me perdez.

— Oui, pardon. Changeons de point de vue. Quelle est votre plante préférée ?

— Je ne vois pas le rapport mais… disons l'artichaut.

— Très bien, l'artichaut. Prenez un artichaut de Malte et transplantez-le à Gabès. Il n'aura que deux possibilités : s'adapter ou périr. S'il s'adapte on verra changer sa descendance. Peu à peu la feuille des têtes pourra par exemple devenir plus pointue, la couleur de ses fleurs sera plus foncée ou je ne sais quoi. Ce qui signifie que si l'artichaut gardait ses caractéristiques d'origine il ne survivrait pas. En aucun cas le sol ne saurait s'adapter à la plante.

— Je comprends mieux.

— Mais il existe en fait une troisième possibilité. Par un herboriste maltais, j'ai entendu parler d'une plante, l'acanthe ou l'ailanthe, je ne me souviens pas, qui est capable de s'adapter à n'importe quel terrain et qui détruit toute végétation alentour. En conséquence, le jardinier qui veut préserver ses cultures n'aura d'autre choix que d'arracher l'intrus.

— Mon père, votre conversation est passionnante mais je dois me rendre au travail. Je ne peux même pas rester pour le dessert. Nous attendons l'arrivée de seize quintaux de pommes de terre de Sicile et je dois consulter les messages de la T.S.F.

— Courez, mon fils ! Et songez à vous faire naturaliser.

Je ferai plus qu'y songer, je m'y emploierai sans hésitation après l'épisode du tribunal de Tunis :

En décembre je me rends audit tribunal pour déposer au sujet d'un litige m'opposant au bailleur de notre local commercial. Comme il n'y a qu'un seul juge disponible ce jour-là, l'attente est longue. Je m'assois au fond de la salle d'audience et, par un hasard extraordinaire, j'assiste au défilé des plaignants maltais qui viennent rendre compte des négligences voire du rejet dont ils sont victimes de la part des autorités britanniques. Il s'agit d'abord de témoignages relatifs à des personnes ayant nécessité une hospitalisation dont elles ne pouvaient assurer la prise en charge de par leur précarité financière. Un médecin maltais, le docteur C., vient porter à la connaissance du juge le fait qu'il a visité une dizaine de ses compatriotes malades en urgence absolue et que, s'étant rendu au consulat britannique pour solliciter une assistance, il s'est toujours vu essuyer un refus. Les faits se sont produits aussi bien *avant* qu'*après* la loi de 1921 et le refus était formulé de la façon suivante : « Ces Maltais sont nés en Tunisie et nous n'avons donc pas à nous occuper d'eux. » Ou bien : « Les Maltais nés en Tunisie ne ressortissent pas du Consulat d'Angleterre. » Le docteur C. ajoute que les faits se rapportent tous à la période qui a suivi la dissolution de la Société de Bienfaisance malt… Ici il hésite et explique que cette société avait comme président d'honneur le Consul Général d'Angleterre mais ne fonctionnait que grâce aux fonds que versaient les membres de la colonie maltaise ainsi que quelques sociétés locales et commerçants français, et que – tenons-nous bien ! – elle s'appelait en réalité la Société de Bienfaisance *Britannique* ! Le docteur termine en disant que les refus qu'il a essuyés lui ont toujours été formulés verbalement et jamais par écrit, sur quoi le juge tourne un œil ironique vers le greffier et chantonne : *Verba volant, scripta manent.*

Suivent les dépositions de quelques Anglo-Maltais qui ont fait d'eux-mêmes la démarche consulaire, infructueuse bien entendu. S'ils sont apparemment remis de leurs maux, c'est grâce à l'intervention de la Résidence. Leurs récits sont édifiants. À leur demande d'assistance au Consulat, on leur a fait une floraison de réponses indélicates :

— Les Maltais de Malte ne veulent pas payer pour les Maltais de Tunisie.

— Nous ne vous connaissons pas.

— Ça ne nous intéresse pas.

— Monsieur le Consul ne peut vous recevoir.

Parmi ces témoins, certains ont vécu un péril mortel, tel cet homme âgé dont le docteur C. précise qu'il avait été atteint d'une infection au staphylocoque. D'autres Maltais ont été expulsés, au moment même de la promulgation de la loi française, de l'hôpital italien où ils étaient aux bons soins du Consulat et ont dû être évacués vers un autre établissement. Ainsi cette dame qui était sur le point d'accoucher ; à son témoignage elle ajoute que « s'*ils* ne voulaient pas d'elle comme sujet britannique, ils voulaient encore moins de sa descendance. » Enfin, comparaît un témoin qui proteste des entraves qu'on a mises à son départ pour Malte. Il rapporte l'échange qu'il a eu avec le Consul britannique :

— Mon père et ma mère sont tous deux nés à Tunis et j'ai été automatiquement déclaré français. (Je présente au Consul mon passeport français.) Je dois urgemment aller à Malte et je voudrais que vous me signiez un visa. (Je lui tends le formulaire imprimé que j'ai rempli, comme requis.)

— Je ne peux pas signer ce visa.

— Et pourquoi donc ?

— Pour moi vous n'êtes pas français. Nous ne reconnaissons pas les décrets du huit novembre. Si vous voulez être français il vous faut faire une demande de naturalisation.

— Pourriez-vous alors m'établir un passeport britannique ?

— Je ne peux pas non plus car alors vous auriez deux nationalités.

— Permettez-moi d'objecter : vous venez de dire que vous ne reconnaissez pas ma nationalité française.

— Je peux vous établir un passeport britannique à condition que vous me signiez une lettre disant que vous renoncez à la nationalité française.

— Il m'est difficile d'y consentir. Pouvez-vous simplement me délivrer un laissez-passer quelconque pour que je puisse aller à Malte ?

— Cela n'est pas envisageable non plus, cher Monsieur. Je ne peux rien délivrer à un sujet qui n'est ni anglais ni français.

Le juge interroge le témoin :

— Qu'avez-vous fait alors ?

— Je suis quand même allé à Malte muni de mon acte de baptême. J'ai montré celui-ci au fonctionnaire de police qui était monté sur le bateau à La Valette. Ayant celé mon passeport français puisqu'il ne portait pas le visa anglais, j'ai inventé une histoire de bureaux fermés à cause de la mort du Bey pour justifier mon défaut de passeport. Voyant mon nom maltais, le fonctionnaire m'a demandé si j'étais sujet anglais, à quoi j'ai répondu affirmativement. Il m'a laissé débarquer mais a gardé mon acte de baptême et m'a dit d'aller le chercher le lendemain au palais de justice, où je pourrais me faire délivrer un passeport anglais. Je me suis donc rendu au palais de justice et après avoir récupéré mon acte de baptême je l'ai montré au préposé en charge des passeports. Je lui ai dit que la police du port m'avait assuré de pouvoir obtenir un passeport anglais vu que, selon le Consul de Tunis, en tant que Maltais j'étais sujet britannique. « Votre consul doit se tromper, m'a-t-il répondu. Vous êtes né à Tunis de parents eux-mêmes nés à Tunis. Pour moi vous êtes sujet français et je ne peux donc vous délivrer un passeport anglais. » Il m'a alors conseillé d'aller me renseigner au palais du Gouverneur, ce que j'ai fait en sortant du palais de justice. Là-bas on m'a tenu le même discours, à savoir qu'on ne pouvait pas me délivrer de passeport. Quand j'ai invoqué le fait que le consul de Tunis en délivrait à qui lui déclarait renoncer à la nationalité française, on m'a servi une tirade sur le traité anglo-tunisien de 1875 ainsi que des histoires « d'extinction limitée des droits capitulaires » et de *jus sanguinis* auxquelles je n'ai rien compris. On m'a ensuite suggéré de me rendre au consulat français. Je comptais beaucoup sur cette dernière démarche car étant entré illégalement sur le territoire maltais, je craignais de ne pas pouvoir en repartir pour rentrer chez moi à Tunis. La présentation de mon acte de baptême n'a pas suffi à me faire obtenir le laissez-passer que je sollicitais. J'ai donc produit une ancienne lettre du Résident Général qui m'autorisait, en tant que président de l'association des conscrits de la classe de 1922, à organiser une fête en leur honneur. C'est grâce à cette lettre que j'ai finalement obtenu le laissez-passer. En partant je l'ai montré à la douane anglaise, qui l'a signé sans mot dire, et puis à la police portuaire de Tunis, qui m'a laissé rentrer chez moi.

Le juge se tourne alors vers le greffier : « Les Anglais ne veulent rien d'autre que garder des sujets dont ils ne souhaitent pas s'occuper. » Et puis : « Ne notez pas cela je vous prie. » Enfin : « Les Anglais confondent désintéressement et désintérêt. Ne notez pas cela non plus, s'il vous plaît. » Après la signature du dernier déposant, comme je vois le juge s'apprêter à partir, je m'approche de lui le doigt levé. Il me congédie gentiment en me rappelant qu'il est midi passé et me convie à consulter sa secrétaire pour prendre un nouveau rendez-vous[1]. En entrant dans la pièce qu'il m'indique, je reconnais la personne assise derrière le bureau.

— Bonjour Madame.

— Mademoiselle. Que puis-je pour vous ?

— Je désirerais prendre un nouveau rendez-vous avec le juge. Excusez-moi mais il me semble vous reconnaître. Vous avez chanté à la cathédrale le mois dernier, n'est-ce pas ? Vous étiez parmi les solistes.

— En effet. Quelle mémoire !

— Impossible d'oublier. Vous avez une très belle voix. Et peu de femmes ont les cheveux aussi courts que les vôtres.

— Il fait horriblement chaud ici l'été. Donc vous êtes venu au tribunal pour rien ?

— Non, pas pour rien. J'ai été sidéré d'apprendre les mésaventures de tous ces Maltais.

— Oui, c'est terrible. On a récemment abordé le sujet à la Chambre des Députés en métropole. Je crois qu'il va y avoir une guerre entre la France et l'Angleterre.

— *My God* ! (c'est la seule expression anglaise que je connaisse)

— Mais non, je plaisante. En vérité, ces témoignages sont destinés à alimenter le dossier français à la Cour internationale de La Haye.

— Ah ! C'est donc de ça que parlait l'abbé.

— L'abbé ?

---

[1] Le bailleur requérant de rescinder un contrat portant sur un immeuble non immatriculé, sauf mesure opposable qui instituerait un doublement du loyer, et se réclamant du tribunal rabbinique tandis que j'étais en droit de me réclamer du tribunal français en vertu de la loi anglaise du 1er janvier 1884, et le Contrôle civil ayant proposé de nous renvoyer devant l'Ouzara, ce que je n'ai pas accepté car persuadé que j'y serais nécessairement lésé, l'affaire n'a jamais été résolue et le contrat est demeuré en l'état.

— Non rien, une connaissance.

— Eh bien, pour votre rendez-vous ce sera au plus tôt dans dix jours, juste avant Noël.

Je remercie la demoiselle. Le lendemain, je me rends au Contrôle civil, puis j'y retourne quelques jours après pour retirer mon passeport français. Je garderai tout de même mon certificat d'état civil britannique. En souvenir.

Un jour, en passant dans la Petite Sicile j'aperçois un écriteau qui propose des leçons de perfectionnement en italien : *Rinuncia al tuo dialetto siciliano; impara il vero italiano!* Je me dis que je ferais bien, moi aussi, de perfectionner mon italien. Sait-on jamais. Et je frappe à la porte où est attaché l'écriteau. Une dame plutôt élégante m'ouvre. La quarantaine, elle a de grands yeux noirs qui invitent à se noyer dedans et un collier de perles blanches qui donnent envie de les croquer une à une. Robe rouge, pas noire comme la plupart des Siciliennes. Je lui explique que je suis négociant et que je traite avec l'Italie. Inutile d'en dire davantage, elle me propose d'assister au prochain cours de conversation, mardi vingt heures, trois francs pour une heure avec possibilité de réserver un lot de dix leçons pour vingt francs. Je prends le lot. Le groupe se compose d'un Français, un couple de Juifs tunisiens, une Sicilienne et une Allemande. Je suis le seul Maltais. Notre professeur pose des questions et chacun doit répondre du mieux qu'il peut. « Prenez votre temps, la fluidité viendra plus tard. » Nous parlons de notre vie passée, de ce que nous faisons à Tunis, de nos projets, etc. Je constate que je commets les mêmes erreurs que Giulia, la Sicilienne. Évidemment. Madame Valenti nous explique que ce sont, selon le cas, des erreurs de vocabulaire, de grammaire ou de syntaxe. Ah bon, très intéressant ! Mais la grammaire et la syntaxe on peut s'en passer, on a les gestes et les mimiques, alors que le vocabulaire c'est autre chose. Ainsi, pour dire « artichaut » je ne dirai plus *capuzzula* ou *cacocciulu* mais *carciofo.* Pour « pomme », *mela* et non *pumu* ; *uva* et non *racina* pour « raisin ». Mes Palermitains n'ont qu'à apprendre à parler.

Ce jour-là, en sortant le dernier de chez Mme Valenti, j'ai du mal à croire que je ne pourrais pas l'embrasser sur les lèvres malgré nos vingt ans de différence. Je me suis embrouillé entre le futur et le conditionnel, *che potrò* ou *che potrei*, je ne savais pas, et ma bouche a malencontreusement atterri sur son menton. Elle a beaucoup ri et je me suis senti idiot. C'était un futur. Du coup, je me suis rabattu sur Giulia ; l'Allemande ne me disait rien. Depuis peu, j'étais submergé par des pulsions difficilement contrôlables.

Giulia est jeune et jolie. Elle m'a présenté à ses parents. Ils habitent juste à côté de chez Mme Valenti. Son père est menuisier, un homme de talent à ce qu'il paraît ; il croule sous les commandes. Il a fabriqué tous les meubles de l'appartement, même la table aux pieds en cabriole à laquelle nous sommes assis. Je parle de l'hypogée que mon père a découvert. La seule réaction des parents est de s'apitoyer pour la perte de la maison. Eux me parlent de Mussolini. Surtout la maman de Giulia, qui trouve que c'est un homme, un vrai, celui-là. Il faudra en finir avec tous ces bandits, ces corrompus et ces corrupteurs qui empoisonnent l'Italie. Toute cette mafia, quand va-t-on s'en débarrasser ? Seul le Duce, leur nouveau chef, sera capable de redresser la nation. Voyez tous ces Italiens, des dizaines, des centaines de milliers même ! qui comme eux ont été obligés d'émigrer. Il n'y avait plus rien à manger ou alors à des prix astronomiques. Si le Duce parvient à arranger les choses, ils reviendront au pays, Syracuse. Naturellement ils ont la nationalité italienne car les Français ne pouvaient pas la leur prendre. Je leur dis que j'ai troqué la mienne, anglaise, pour la nationalité française. Petit silence. Quelques numéros du *Popolo d'Italia* traînent sur une étagère. J'ajoute qu'entre deux maux j'avais choisi le moindre. Petite lâcheté de ma part. À la réflexion ils n'ont rien contre les Français, qui font de la Tunisie un beau pays bien développé, mais ils vont à l'hôpital, au café, à l'école, à la banque, à l'église i-ta-liens.

LA MÈRE, *après une inspiration* **:** À quelle église allez-vous ?

MOI, *lâchant le Popolo* **:** Au Sacré-Cœur.

LA MÈRE, *enjouée* **:** Au début nous allions à Sainte-Croix. Une très belle église vraiment. Et pratique, elle est juste à côté. Mais maintenant nous allons à La Goulette, à Saint-Augustin. C'est plus loin mais c'est mieux. Et puis il y a le tramway.

LE PÈRE, *fronçant les sourcils* **:** Je regrette Sainte-Croix, une vraie église italienne, sicilienne même.

MOI, *hésitant* **:** Je crois qu'elle est tout autant maltaise qu'italienne. D'ailleurs le père Saliba est maltais. De plus, les statues…

LE PÈRE, *me coupant* **:** Maintenant elle est française. Savez-vous que les Français en ont chassé les Capucins qui étaient là depuis des siècles pour secourir les chrétiens enfermés dans les bagnes, esclaves des musulmans ?

MOI, *insistant* **:** Nous n'avons que les Français à qui faire confiance pour protéger l'Église chrétienne des musulmans.

LE PÈRE, *ironisant* **:** Pourtant il me semble que vous les Maltais, vous vous entendez bien avec les Arabes. Vous appelez Dieu "*Alla*", non ? Et il paraît que quand il n'y a plus de place à l'église vous allez à la mosquée.

MOI, *pensant* **:** Et eux quand ils promènent leur Madone de Trapani les Juifs et les musulmans suivent la procession.

LA MÈRE, *choquée* **:** Mais enfin Rosario, tu sais bien que les Maltais sont aussi chrétiens que nous !

LE PÈRE, *calmé* **:** Je taquinais le jeune homme. Giulia, sers-nous la *grappa* !

Nos relations n'avaient pas débuté sous les meilleurs auspices. Je sentais qu'on me reprochait mon amour des Français (j'ai dit « mon amour », vraiment ?). Un jour j'ai fait la remarque que Mussolini n'était pas spécialement bienveillant envers les Chrétiens. Le père de Giulia m'a répondu que lui au moins, le Duce, saurait mettre les Italiens à l'abri du bolchevisme, que je ne devais pas me tromper, que c'étaient eux, les bolcheviks, les véritables athées, que les Français, par contre, on ne savait pas, ils pourraient très bien accueillir chez eux ces fils de Satan.

Malgré ces anicroches, Giulia et moi nous sommes mariés au bout d'un an. À l'église Saint-Augustin de La Goulette, évidemment. Mes parents, qui voyaient ceux de Giulia pour la deuxième fois, leur ont renouvelé leur sympathie. Le banquet dans un restaurant de la Petite Sicile, celle de La Goulette, quarante couverts, fut un triomphe de l'amitié malto-sicilienne. Giulia avait accepté que ma petite sœur de presque sept ans soit sa demoiselle d'honneur. Celle-ci, la tête ceinte d'une couronne de roses blanches, courait en riant aux éclats vers tous les points de l'assemblée où le photographe pointait son objectif. Mon témoin était Donato, heureux de partager des souvenirs de Sicile avec les convives. Il a eu droit à des ovations enflammées quand il s'est levé pour entonner les chansons du pays, la plupart reprises en chœur par la moitié des participants. Les airs maltais ont eu moins de succès. À part ça, on évitait soigneusement les sujets politiques car on savait qu'aucune tendance ne faisait l'unanimité. Tout le monde avait compris que c'était un coup de pied sous la table qui avait interrompu le père de la mariée quand il avait prononcé le mot « fascisme ». Notre ciment à nous, Maltais et Siciliens, c'était notre singularité, ni protégés ni protecteurs. Quelques moqueries fusaient à l'égard des Français, rien de bien méchant. Quelqu'un s'est demandé à voix haute à qui au juste pouvait appartenir cette terre. « Elle appartient à qui la travaille ! » a lancé mon père. Nouveau coup de pied sous la table, de ma mère cette fois.

Ma femme et moi nous nous sommes installés dans un meublé à mi-chemin entre ses parents et les miens, c'est-à-dire entre la Petite Sicile et Bab el Khadra, plus précisément entre l'ancien cimetière israélite et l'église orthodoxe, pour tout dire juste en face du Contrôle civil français. Notre enfant est née un an après. Giulietta nous l'avons appelée. Cette année-là j'ai été dispensé du service militaire ; j'avais plus que suffisamment de charge familiale entre ma fille et ma petite sœur. Mon père commençait aussi à donner des signes de fatigue et je prenais maintenant à mon compte la quasi-totalité de la gestion, de l'organisation et de l'exécution de nos activités commerciales. Quand elle ne s'occupait pas de sa fille, ma mère se reposait, comme elle avait depuis longtemps décidé de le faire. Par bonheur le négoce marchait bien. Giulia s'était liée d'amitié avec l'Allemande du cours d'italien. Ensemble et emmenant la petite, elles allaient à des réunions fascistes, plus pour passer le temps que pour préparer l'avenir de l'Italie ou de l'Allemagne.

Ce jour-là j'avais prévenu ma femme que je serais toute la journée à Porto Farina. Après un détour par le port, je me rends à la gare pour découvrir que tous les départs de train sont annulés par suite d'un accident sur la voie ferrée. Plus qu'un an avant de pouvoir passer le satané permis de conduire ! Dépité, je décide d'aller faire un tour dans les souks. Au bout de quelques heures et après un solide repas je n'y tiens plus et, décrétant la journée perdue, décide de retourner chez moi. J'ouvre la porte délicatement pour ne pas risquer de réveiller Giulietta et me propulse à l'étage, bienheureux à l'idée de faire une bonne sieste. J'entrebâille doucement la porte et ma respiration s'arrête :

Giulia et l'Allemande, nues et enlacées sur le lit, se livrent à des obscénités abjectes. Elles ne m'ont pas entendu arriver. Je vais rester là sur le seuil de la chambre quelques minutes à me persuader que ce que je vois est bien réel. Puis l'Allemande réalise ma présence et pousse un cri. Les deux femmes se lèvent précipitamment pour s'habiller. Les pires injures maltaises me viennent à l'esprit, que je m'abstiens de formuler. À quoi bon ? Une fois vêtue, l'Allemande s'enfuit. Et c'est dans le plus grand calme que je m'adresse à Giulia : « Tu prends tes affaires et tu t'en vas. Je serai demain au tribunal pour demander le divorce. Je ne sais pas ce que tu as fait de ma fille mais si elle est ici tu l'y laisses. »

Et en effet, le divorce sera prononcé un mois plus tard. Giulia était retournée chez ses parents et moi chez les miens. Avec Giulietta. Je gardais ma fille et sa mère ne faisait pas la moindre requête. Qui sait ce qu'elle sera devenue ; envoyée au couvent par ses parents ? Tout dépend de ce qu'elle leur aura dit ou de ce qu'ils auront découvert. Partie au royaume d'Italie rejoindre ses compères fascistes ? Elle aura intérêt à bien dissimuler ses tendances car le Duce n'en semble pas spécialement adepte.

Les années suivantes seront jalonnées de crises diverses et variées dont celle de vingt-neuf ne sera pas la moindre par ses retombées catastrophiques sur notre commerce. Face à l'effondrement des prix je n'aurai pas d'autre ressource, malgré le durcissement de la répression des délits, que de tricher avec mes partenaires, mes clients, ainsi qu'avec les assurances, la douane et l'impôt français. Dans mon commerce de gros avec les Arabes, je serai enclin à modifier certaines factures, ici ajoutant un zéro sur le montant, là déplaçant une virgule sur le poids, omettant de déduire la tare, dissimulant des produits abîmés au fond des caisses ou mentant sur l'origine, la variété et jusqu'à la qualité de conservation du produit ; chez les Français, faisant de fausses déclarations de vol aux assurances et de charges aux impôts, fractionnant une cargaison ou décuplant les frais de transport pour diminuer la taxe d'importation ou d'exportation. Cette crise, alourdie par les spoliations diverses et le souvenir amer des soldats indigènes tués pendant la guerre, alimentera la montée en puissance du nationalisme tunisien. Montée du syndicalisme aussi, le tout entraînant grèves, émeutes et une instabilité sociale qui sera aggravée par le nationalisme italien costumé de ses ambitions coloniales. L'enterrement d'un Tunisien naturalisé français en cimetière musulman échauffera les esprits religieux et déclenchera une *fatwa*. Les Français diront : « Ils ne veulent pas de nos morts ? Nous allons les enterrer ailleurs, dans un cimetière à part. » Le nom de Habib Bourguiba circule. De leur côté, de jeunes catholiques défilent en tenue de croisés et de jeunes Italiens en chemise noire.

Mais la crise la plus déroutante sera celle de mon père. Depuis quelque temps il est bizarre, il se désintéresse du travail, passe des heures, de jour comme de nuit, le regard figé, absent. Il a reçu un imposant courrier de Carmel, son partenaire gozitain, courrier que j'ai lu, inquiet de ce que mon père y revient souvent, son visage alternant des expressions d'exaltation et d'abattement. J'ai remarqué aussi que sa main tremble un peu quand il tient le papier. Carmel a fait une visite à La Valette où il a rencontré *Sir* Thémistocle, espérant le convaincre, comme il est médecin, de se pencher sur son projet de potion pharmaceutique, à quoi le médecin a répondu qu'il y songerait. Mais son naturel curieux l'a également poussé à interroger l'archéologue au sujet de l'hypogée. Celui-ci, flatté qu'on s'intéresse à son travail, a accepté de prolonger l'entretien et lui a remis une copie écrite en anglais du compte rendu de ses découvertes, ainsi que des photographies et un plan de l'hypogée. Carmel a jugé bon d'envoyer tout ça à Papa, pensant, étrangement, qu'à son tour il serait intéressé. Il relate l'exposé interprétatif du docteur :

« L'hypogée a commencé d'exister il y a six mille ans, peut-être plus. Il est parvenu à son achèvement de nombreux siècles plus tard. Pendant tout ce temps, des individus ont creusé la roche maltaise avec de la roche plus dure, avec des outils en bois de cerf, et ils l'ont polie sur de larges surfaces. Ils ont soulevé des blocs de pierre énormes et ont façonné une architecture compliquée qu'ils ont ornée de symboles mystérieux. Si on regarde les dessins de la chambre "L" on voit au mur deux rangées de douze spirales d'Archimède incluses dans autant de pentagones joints, imposant une courbure aux rangées. Celles-ci fusionnent, vers le plafond, avec un lacis des mêmes spirales mais cette fois contenues dans des hexagones disposés en rayon d'abeille. Le symbolisme en est obscur. Il est certain que l'hypogée a servi de sanctuaire à des rites cultuels ancestraux. On y a trouvé des objets qui peuvent nous mettre sur la voie, telles ces sphères en pierre de diamètres variés qui peuvent atteindre cinquante centimètres. Un culte à la lune ? À moins qu'il ne s'agisse d'une sorte de moyen de charroi. Mais il y a aussi ces disques de pierre, des disques bombés. On ne sait pas. On a trouvé des puits à offrandes contenant des amulettes. Très certainement le caractère obèse des figurines féminines est lié à un culte de la fécondité. Une niche émet un écho et amplifie la voix quand on parle dedans, ce qui laisse penser que des oracles y étaient déclamés. Parmi les poteries on a trouvé des lampes dont l'anse perforée évoque une utilisation en applique bien que l'on n'ait détecté aucune trace de dépôt graphitique. On a découvert des crânes humains légèrement oblongs et dont la dentition révèle une tendance au taurodontisme. Néanmoins, il serait absurde de faire l'hypothèse d'une ancienne présence d'êtres extra-terrestres en ce lieu.

La fonction principale de l'hypogée est d'inhumer les morts. Le sol "en creux" de presque toutes les salles est recouvert d'un dépôt dont la masse est, au huitième, constituée d'ossements, le reste étant fait de débris divers et de terre rouge. Vu, d'une part, l'épaisseur moyenne du dépôt, laquelle peut aller jusqu'à un mètre, et les dimensions de l'hypogée d'autre part, on peut calculer que sept mille individus y ont été inhumés. Étant donné le danger lié à la décomposition, on peut avancer que la technique funéraire consistait à décharner (*deflesh*) l'os pour le débarrasser des tissus mous. Si, comme en Italie du Sud, une partie seulement des os du défunt était enfouie, alors un beaucoup plus grand nombre de morts pourraient avoir été inhumés dans l'hypogée. Ajouté au fait qu'on n'a pas trouvé d'autres tombes préhistoriques à Malte, cela semble indiquer qu'en ces temps immémoriaux toute la population de l'île était ensevelie à Tarxien. Mais on a aussi trouvé des squelettes entiers, probablement ceux des notabilités ou des prêtres du moment. »

La crise atteindra son comble quand Papa viendra me réveiller en pleine nuit dans ma chambre pour me raconter une histoire hallucinée, commençant son récit par « Tu sais, j'y étais. » À ma question de savoir où, il s'assied au bord du lit :

— À Tarxien, à l'époque où on enterrait les morts sous ma maison. (Vu la tournure, je décide de le laisser poursuivre sans l'interrompre.) J'ai regardé les photographies et le plan. Tout est exactement comme quand j'y étais. Il y avait un petit village sur la colline qui domine le cimetière. Des convois affluaient de toute l'île avec des charrettes chargées de cadavres. Des fêtes étaient organisées à cette occasion. On brûlait des quartiers de taureaux et chacun mangeait jusqu'à la nausée. Puis on descendait dans le sanctuaire pour célébrer le départ des ancêtres. On s'éclairait avec des pierres phosphorescentes. La voix nous ordonnait de déposer des effets dans les puits, tout ce qu'on pouvait trouver qui pourrait accompagner le défunt. La peur du châtiment nous incitait à obéir. Le châtiment c'est que le soleil ne se lève pas le lendemain. Mais les offrandes ne suffiront pas. La peur nous assaille aussi la nuit, la peur que le soleil décide de ne pas revenir. Et ce n'est qu'après avoir scandé des litanies et tapé en rythme sur des peaux de bête tendues que nous nous endormons. Sauf les nuits de pleine lune qui, sans sommeil, se passent à « tuer » le disque blanc avec des disques de pierrc. Les femmes poussent des cris aigus et viennent ensuite nous couvrir de baisers. Alors, l'aube apparaît et nous sommes en transe.

Tu sais, dans ma maison j'ai marché sur des milliers de morts. Tous mes ancêtres, tous mes frères et sœurs étaient là sous mes pieds. J'ai entendu leur voix, j'ai vu leurs yeux remplis de larmes ou de colère. Ils demandent réparation, ils réclament un châtiment pour ceux qui les ont massacrés, eux et toute leur famille, sans raison. Eux et leurs enfants, qui un jour ont vu le soleil pour la dernière fois. Les meurtriers on ne les voit pas. Où sont-ils ? On leur a fait un espace à part et il est interdit de s'en approcher. Ils ont un carré réservé au Borgel, la maison des vivants. Non, au Djellaz. Mais non, ils sont dans la section profane de l'Addolorata. On ne sait pas où ils sont et on ne peut rien faire. J'ai relu les notes écrites en maltais de ce personnage, Carmina ou Carmela, je ne me souviens pas, celui qui est venu me voir à Tarxien. Il écrit que les spirales représentent la vie, qu'elles partent d'un point, la naissance, et s'élargissent en recoupant le rayon des cercles successifs comme si à chaque moment de ta vie correspondait un moment de ton passé et un moment de ton futur. Puis la spirale s'arrête. Chaque spirale évolue à l'intérieur d'un polygone à cinq ou six côtés qui est la divinité multiple et changeante. Les pentagones représentent les divinités inférieures, imparfaites. Les hexagones forment un tout qui est le soleil. Dans la marge il a marqué « Égypte ». Puis il se demande pourquoi les spirales ont un sens antihoraire et pourquoi certaines, très rares et qui ne sont pas insérées dans un polygone, ont un sens horaire comme c'est le cas de l'ombre du cadran solaire. Il écrit aussi qu'il faudra étudier les ossements pour rechercher des traces de violence (c'est souligné), et dans la marge il a marqué « intrin… intrinchose aux *Sapiens* – pentagones ? »

Excédé, je ne peux le laisser continuer :

— Papa, tu vas renvoyer ces… ces choses à Carmel avec les notes de ce monsieur car elles appartiennent au gouvernement maltais, tout au moins à la bibliothèque de La Valette. Tu vas aller voir le père Saliba et lui expliquer tout ça. As-tu oublié que tu es chrétien ? Tu parles pire qu'un païen ! Et ne dis rien à Maman de ce galimatias, elle a déjà assez de soucis comme ça. Et maintenant laisse-moi dormir, je me lève dans une heure pour livrer le Central.

Mon père repart penaud. Il est évident que quelque chose est détraqué dans son cerveau. J'espère que c'est un trouble passager, peut-être lié à mon divorce. J'ai dû raconter à mes parents que Giulia et moi ne nous entendions plus, que nous passions notre temps à nous disputer et que c'était devenu malsain pour la petite. Ils ont été affectés mais néanmoins soulagés de me voir prendre la garde de Giulietta. Ma mère est une grand-mère poule pour sa petite fille qui l'adore et la fait céder à tous ses caprices. Ma sœur poursuit ses études secondaires au lycée Fallières. Elle y brille en anglais et nous parle tout le temps de Shakespeare, le plus grand auteur de tous les temps, dit-elle. Ma foi, si elle le dit… Pour nous, sa maîtrise de la langue du susnommé nous aide bien dans les déclarations en douane maltaise. À l'inverse, son professeur de français s'alarme de son niveau, lequel ne semble pas dû à une déficience quelconque mais à une sorte de résistance vis-à-vis de la langue de Molière.

L'état de santé de mon père ira en empirant. Un soir nous ne le voyons pas rentrer à l'heure du souper. Après manger, un officier de police nous rend visite. Il nous montre les papiers d'identité de Papa et nous demande si c'est bien ici qu'il habite. Sur notre acquiescement angoissé, il nous rassure en nous disant qu'il est en sécurité au bureau d'immigration du port, où il faut que nous allions le chercher car il est totalement désorienté. Le policier nous explique qu'on l'a d'abord vu errant sur les quais, demandant aux uns et aux autres où était le bateau pour Malte. Puis il a entrepris de gravir la passerelle d'un bâtiment amarré en forçant le flux inverse d'une foule de gens irrités qui en débarquaient. Le navire venait d'arriver de Palerme. Une fois parvenu à la coupée, Papa a été malmené par le personnel navigant qui l'a sommé de redescendre. Comme il refusait de s'exécuter et commençait même à insulter les matelots, on l'a ramené à quai *manu militari*. Là, voyant son désarroi, un couple de jeunes Italiens s'est empressé de lui porter assistance et l'a amené au poste de police où il se trouve maintenant.

Quand je suis arrivé à l'immigration le couple était encore là. Bien qu'ayant fini d'effectuer leurs formalités d'entrée, ils n'avaient pas voulu laisser mon père seul et essayaient, comprenant son trouble mental, de le raisonner et d'atténuer sa tristesse. Car Papa avait la larme à l'œil. Quand il m'a vu il a souri, visiblement rassuré. J'ai voulu remercier les Italiens :

— C'est vraiment très gentil à vous. Je suis désolé que mon père vous ait dérangés, il n'est pas très bien en ce moment.

— Ce n'est rien, a répondu la jeune femme. Malgré ce qu'il a fait sur le bateau, votre père n'est pas méchant. Il est seulement impatient d'aller à Malte. Une histoire de famille, nous a-t-il dit.

— Il est vrai qu'il a de la famille à Malte (je n'ai pas osé dire « et même une famille très nombreuse ! ») mais ses proches sont ici, à Tunis et à Porto Farina. Ainsi vous venez de Sicile ? Il me semble entendre un accent…

— Nous sommes siciliens mais j'ai vécu assez longtemps à Rome.

— Votre mari… (j'allais dire « me rappelle quelqu'un »)

— Ce n'est pas mon mari, c'est mon frère. Nous comptons nous installer à Tunis.

— Oh ! excusez-moi. Mais au fait, permettez-moi de me présenter : Darius B.

— Maria C., et voici Alberto. Excusez-le, il n'est pas très bavard. Êtes-vous d'origine persane ?

— Pas du tout, je suis franco-maltais. Une erreur de transcription au consulat…

— *So, you gave up your English citizenship?*

— Je suis désolé, je ne parle pas anglais, mais ma sœur se débrouille bien. Écoutez, j'aimerais garder le contact car je suis très touché par votre bienveillance envers mon père et je voudrais vous offrir un gage de remerciement.

— Ce n'est vraiment pas la peine mais si vous voulez je vous écris l'adresse de mon cousin, chez qui nous allons nous installer provisoirement. Voici, c'est dans la Petite Sicile.

— Je connais très bien. Voyons, rue… de Provence ?! Le sort s'acharne…

— ?

— J'ai fréquenté cette rue autrefois, à l'angle de Lavigerie. C'est une longue histoire, pas très intéressante d'ailleurs. Je dois maintenant emmener mon père. Excusez-moi et mille mercis encore !

Avant de ramener Papa j'ai ouvert la petite valise qu'il avait emportée. Y étaient la lettre de Carmel, les notes du bibliothécaire et le livre du professeur Thémistocle. À la maison, Maman, furieuse : « Mais enfin, que fais-tu là à nous inquiéter pour rien ? » Par moments Papa retrouve ses esprits et c'est alors que la tristesse le prend. Il se confond en excuses, promet qu'il ne fera plus de bêtises, déclare qu'il nous aime, que nous sommes ses seuls… « Vous êtes mes seuls… mes seuls… » Il ne trouve pas ses mots. Affaire close, mais pour peu de temps.

L'épisode suivant sera plus inquiétant. Naturellement il est retourné au port. Cette fois il a agressé un Arabe en le prenant à la gorge. Il l'accuse d'avoir, avec sa tribu, envahi Malte et Gozo et d'avoir massacré ses ancêtres ; il le traite de « Turc puant », il le griffe au visage ; la foule s'amasse et le maîtrise. Poste de police. Encore !

Le nouvel hôpital psychiatrique vient d'ouvrir ses portes à la Manouba. Le docteur à longue barbe qui me reçoit est infiniment affable. Il regarde mon père et celui-ci lui fait un large sourire. Ils vont le mettre en observation pendant une semaine.

Je reviens une semaine après : « Votre père est un cas extrêmement curieux. Il relève d'un éventail sémiologique qui… » Je coupe le docteur : « Docteur, je vous en prie, pourriez-vous parler français ? »

— Oui, excusez-moi, nous avons de la difficulté à établir un diagnostic. Votre père présente des symptômes à la fois de désorientation temporo-spatiale et… Votre papa s'adonne-t-il à la boisson ?

— Pas que je sache, non.

— Se drogue-t-il ? Veuillez excuser cette question abrupte, médicalement nécessaire et éloignée de toute indélicatesse.

— Je crois qu'il a consommé un peu de *chira* dans sa jeunesse.

— Bien. Donc il y a du Korsakoff… pardon, disons qu'il confond les lieux et les époques. Mais à côté de cela, on décèle une forme de délire paranoïaque qui révèle au contraire une sorte de rigueur logique dans le raisonnement. Certaines manifestations nous empêchent d'écarter un trouble d'origine épileptique de type « Petit Mal »…

— Docteur, ça veut dire que c'est moins grave que si c'était un gros mal ?

— Hélas ! pas vraiment. Nous connaissons bien le Grand Mal et savons le traiter mais nous sommes sans explication et surtout sans traitement quand il s'agit du Petit Mal. Donc je disais… Dites moi, avez-vous remarqué des tremblements ?

— Oui, quand il semble revenir à lui et qu'il est pris de tristesse.

— Hum ! Ce qui évoquerait également un syndrome de Parkinson. Pourtant il n'y a pas de spasticité et la démarche est normale. Écartons l'hypothèse. Quand nous lui avons parlé de son île natale, Malte, il a semblé extraordinairement exalté.

— Je confirme. Il est très attaché à son pays.

— Oui mais il y a ces épisodes dépressifs, vous le dites vous-même. Faut-il penser au trouble bipolaire qu'a si bien décrit Kraepelin ? Excusez-moi, je me parle à moi-même. Écoutez, nous allons essayer une trithérapie à base de petites doses de bromure de lithium et de phénobarbital, et de grosses doses de vitamines de Funk. Je crains hélas ! que nous soyons amenés à un diagnostic de *dementia praecox*, pardon, démence précoce en français. Mais ne vous inquiétez pas, votre père est en bonnes mains et il sera traité du mieux que nous pourrons.

Une quinzaine plus tard je vais rendre visite à Maria et Alberto en emportant un sac de mes meilleures maltaises, des oranges gorgées d'un sirop abondant et parfumées d'un arôme subtil de bergamote. À l'adresse qu'ils m'ont donnée je découvre un immeuble bleu blanc brun surprenant. Moi qui sillonne souvent le quartier, comment se peut-il que je ne l'aie jamais vu ?

Il me rappelle la resplendissante bonbonnière de l'avenue Ferry. L'entrée se trouve sous un encorbellement qui se prolonge en une rotonde massive de trois étages se terminant en loggia. Le tout semble porté par quatre énormes corbeaux qui sont comme des insectes monstrueux à six pattes, abdomen proéminent, queue en colimaçon et tête dont les gros yeux sont des spirales, horaires à droite, antihoraires à gauche. Passons. Je vais pour ouvrir la porte d'entrée, me ravise et pars faire le tour de l'immeuble. Je n'ai jamais vu de façades aussi chargées de décorations, toutes sortes de décorations en relief. Les angles et les lignes droites, tel le tracé obligé des colonnades, sont très rares. Tout est en courbes et semble composer un hymne à la femme. Visages joufflus de jeunes filles comme qui dirait angéliques ou au contraire visages osseux et lugubres de fées maléfiques ; tout à l'heure j'ai cru voir des corps en « S » pas du tout angéliques, eux, mais je ne les trouve plus. Poursuivons. Je vois des angelots, des oiseaux, des coquillages, des poissons, des serpents peut-être, des fleurs, des grappes, des feuilles de vigne, des épis ; la nature et sa création sont là. Ça y est, j'ai retrouvé les « S », ce sont les montants du garde-corps des balcons. On dirait en effet des couples d'êtres cambrés qui se font face, jambes pliées et entremêlées, formant comme une lyre. Mais il est possible que je me trompe. Les balcons justement, entre berceau et nacelle, aucune droite, aucun angle sinon arrondi, que des courbes. On les dirait vivants, ajoutant de la vie à celle des gens perchés dessus. J'arrive à la rue transversale qui est au bout du *palazzo*. Ce dernier a un jumeau : c'est le pâté suivant. Pour tout voir, je décide de faire un huit en parcourant les cinq rues qui entourent les huit côtés des deux îlots.

En entrant dans l'immeuble je suis émerveillé par la décoration tout aussi fastueuse que l'extérieur. Avant de grimper aux escaliers, je m'avance jusqu'au patio. Des *fondouks* j'en ai beaucoup vus, mais celui-ci est très différent. Personne ne s'y entasse, pas d'affaires entreposées en désordre, pas de jarres d'olives, de chaises faisant un cercle de vieillards, de grappes d'enfants se poursuivant, pas de bruit. Seul le linge à sécher flotte à la brise.

Maria m'ouvre et je vois le plaisir dans ses yeux quand je lui montre les oranges. À la question de savoir si nous devons parler italien ou français je propose l'italien « car vous parlez le vrai italien, celui que j'aimerais apprendre. » Sourire. Devant mes éloges sur l'architecture du lieu et ses ondulations, elle m'explique qu'on appelle cela « Art nouveau », plutôt la touche italienne de cet art qui n'est plus très nouveau puisqu'il a maintenant une vingtaine d'années. « Si l'architecture vous intéresse, allez donc voir le consulat italien, vous verrez que le fascisme, lui, n'arrondit pas les angles. Il les aiguiserait plutôt ! »

Comme je demande des nouvelles de son frère et de son cousin, elle semble hésiter puis m'annonce que ce dernier vient de déménager dans un autre quartier avec sa famille. Pietro est un *scalpellino*, il travaille la pierre et est très demandé en ces temps de construction frénétique. Grâce à ses rentrées d'argent, il a pu acquérir une maison à Lafayette qu'il a fini de rénover. Il en a eu assez de ce quartier de débauche, d'affrontements politiques et de surveillance policière, et veut se consacrer au travail. Il est contractant de Vittorio Di Giuseppe grâce à qui il va s'inscrire à la Loge puis se faire naturaliser français. Vittorio a fait cet immeuble (index pointé vers le bas).

— Vraiment ? Quel architecte !

— Il n'était pas l'architecte mais le maître d'œuvre. L'architecte c'était le *Dottore* A., de Trapani, alors que Vittorio est de Palerme, ou pas loin. Voulez-vous voir les faïences de la salle de bains ?

— Eh bien ! pourquoi pas ? Et Alberto ?

— Alberto a suivi la famille pour apprendre le métier.

Maria a gardé l'appartement, où elle vivra seule.

Je voudrais savoir pourquoi elle et Alberto ont émigré. « Non, vous d'abord. » Conciliant, je m'exécute et raconte l'histoire de mon père. Au contraire des parents de Giulia, Maria est époustouflée par cette affaire d'hypogée. Cela lui remémore l'état de Papa : « Comme il doit être fragile ! J'espère qu'il va bien. » Je la rassure en quelques mots, n'avouant pas que si le traitement semble avoir supprimé les crises d'exaltation et d'agressivité, les absences paraissent au contraire plus fréquentes. Comme je l'invite à raconter son histoire à elle, Maria lève le dos de sa main à son front et déclare qu'elle a oublié un rendez-vous urgent ; c'est pour un travail ; elle n'a plus que quelques minutes pour se préparer ; elle est vraiment désolée.

Je lui offrirai alors de la déposer à son rendez-vous. Première virée au volant de ma Peugeot 201 avec une femme sur le siège passager ! (Si on ne compte pas celles avec ma mère, ma sœur ou ma tante…) Je regretterai seulement de ne pas avoir nettoyé l'habitacle des mégots de Donato et mon oncle. Comme devinant ma pensée, Maria me demande la permission d'allumer une cigarette. Elle souffle discrètement sa fumée par la vitre et ses cheveux s'envolent un moment. Des cheveux anthracite. Ce trajet est vraiment trop court ! Je la reverrai bientôt, j'en suis sûr. L'architecture m'intéresse.

Écrit de Maria

Je déteste ce prénom d'Antonietta. Dorénavant je veux qu'on m'appelle par mon deuxième prénom, Maria. Je le dirai à Papa-Maman ; j'espère qu'ils comprendront. Pareil pour Toto. C'est moi qui l'ai appelé comme ça quand il est né. J'avais trois ans et je n'arrivais pas à prononcer « Alberto ». Papa et Maman s'y sont mis eux aussi, à l'appeler Toto. Mon frère, lui, persiste à m'appeler « Tonietta » pour me faire râler. C'est encore pire qu'Antonietta. Il sait que ça m'énerve. Mais je connais plus d'une histoire à son sujet que je pourrais le menacer de révéler s'il continue à m'appeler comme ça. La prochaine fois qu'il m'appelle Tonietta, je vais dire à Papa Maman que l'autre jour il est descendu à la place de la Révolution alors que Maman était sortie et que Papa était occupé avec ses derniers patients. Je le sais car je l'ai suivi. Là-bas il a rencontré ses copains, quatre vauriens désœuvrés qui semblent plus âgés, et ils ont commencé à dégrader la statue du Génie. Ils lui ont mis une banane dans la bouche et ont maquillé le serpent pour en faire un sexe masculin. J'ai déjà vu des sexes d'homme dans les livres de Papa. Un en particulier, écrit en espagnol, qui s'appelle « Artículos y notas clínicas de urología ». On y voit plus de détails que sur les statues de la place de la Honte. Je l'ai trouvé dans la bibliothèque du bureau de Papa. Elle est en libre accès… quand il n'y est pas, bien sûr. Dans la bibliothèque du salon, il y a une niche fermée à clé par une petite porte grillagée derrière laquelle se trouvent des livres mystérieux. Boccace, Pétrone, Marquis de Sade, Casanova, John Cleland et j'en passe. Je meurs d'envie d'y jeter un œil mais jamais je n'oserai demander. Si c'est fermé à clé il n'y a pas à demander. Je sais ce qu'on me répondrait : « tu n'as qu'à lire les autres livres. » Les autres livres j'en ai lu la plupart. Saint-Exupéry, pas mal, Dickens, triste à mourir, Lewis Carroll, très bien, Tolstoï, fatigant, London, excellent, Salgari, mon préféré.

Toto, petit frère, tu es un méchant garçon mais je t'aime, je t'aime, je t'aime.

30 juin 1914

Je viens de retrouver ce cahier et je tremble à l'idée que mes parents auraient pu le découvrir. Quelle folie ! Je l'avais complètement oublié et il traînait sur mon bureau. Maintenant je le garderai enfermé dans mon tiroir. J'ai collé une étiquette sur la couverture : « Histoire Contemporaine », pour tromper l'attention.

Quand est-ce que j'ai écrit ces notes ? Il y a un mois, je crois. Finalement, l'idée me plaît bien, mais maintenant je vais mettre les dates. Ça peut servir. Par exemple, l'autre jour Papa et Maman se sont disputés. Maman reprochait à Papa d'avoir oublié la soirée chez les Finzi. Il avait son service à l'hôpital et ne pouvait pas l'accompagner. Il s'est défendu en disant qu'elle ne l'avait jamais prévenu, sinon naturellement il se serait fait remplacer. Si Maman l'avait vraiment averti, et si je l'avais entendue le faire, je l'aurais noté et Papa aurait été bien embarrassé. Mais je ne crois pas que Maman ait dit quoi que ce soit. C'est probablement elle qui a oublié.

Ce matin, le professeur d'histoire nous a dit que les Serbes avaient assassiné l'héritier de l'empire autrichien.

15 juillet

Enfin les vacances ! Comme chaque année, nous sommes réfugiés dans la maison de mes grands-parents, au voisinage de Monte San Giuliano, échappant ainsi à la fournaise de Palerme. La bâtisse est dans un sillon de la montagne qui nous protège quelques heures du soleil levant. Mon grand-père est heureux que l'autre versant nous protège de la mer par où, dit-il, la Sicile a subi de nombreuses invasions. Ma grand-mère fait les meilleurs *cannoli* du monde. Je donne toujours un morceau du mien à Peppo, le chien berger des Abruzzes qui garde la maison. Ce matin j'ai joué deux heures avec lui. Après le repas, je me suis endormie et j'ai rêvé. J'étais sur une immense place brûlée par un soleil ardent et il y avait au milieu un grand homme avec un tablier blanc et un chapeau de cuisinier. Il se tenait à côté d'un *carretu* blanc lui aussi, qui lui servait de comptoir pour vendre de la bière. La place était située exactement sur la ligne de frontière entre l'Autriche et la Hongrie. Je buvais de la bière pour la première fois et j'ai trouvé que c'était un vrai nectar, piquant mais bien rafraîchissant. J'ai été réveillée par un besoin pressant.

J'ai encore joué une heure avec Peppo sur le sol de ma chambre. Ensuite je l'ai emmené promener sur les sentiers. De la crête, nous avons longuement regardé la mer. Au retour, j'ai été très fatiguée et je me suis un peu ennuyée. Papa m'a conseillé de lire mes livres mais pour l'instant je n'ai pas envie. À six heures, j'ai dévoré ma *minestra* et après j'ai passé un bon moment sur la terrasse avec Alberto. Je n'ai pas pu m'empêcher de lui dire que je l'avais vu dégrader la statue du Génie. Il m'a rétorqué que ce n'était pas mon rôle de le surveiller, bien que je sois de trois ans son aînée, et qu'au contraire c'était son rôle à lui de m'avoir à l'œil. Puis il s'est quand même excusé en disant que l'idée n'était pas de lui, que quand Giovanni avait décidé quelque chose on pouvait difficilement se carapater.

Dix heures viennent de sonner au clocher du village.

30 juillet

Les discussions vont bon train dans la famille à propos de la déclaration de guerre de l'Autriche et Hongrie à la Serbie. Père et Grand-père sont sûrs que le conflit s'envenimera, que d'autres pays vont s'en mêler et qu'il y aura une grande guerre ; mais il est probable que l'Italie reste neutre. Personne ne comprend plus rien à ce fouillis. Nous avons les Autrichiens dans les pattes depuis des lustres. Quel besoin y avait-il de s'allier avec eux ? Les Français nous ont bien aidés. Ne peut-on pas leur laisser ce tas de sable et ces quelques palmiers tunisiens ?

J'essaie à nouveau de lire Dante ; « et Trinacrie la belle… » Mère m'explique que l'Eurus est ce vent qui nous amène les parfums d'Égypte.

7 août

Fête de Sant'Alberto. Mon frère a pavoisé toute la journée, traversant plusieurs fois le salon d'un pas lent et solennel, vêtu de la robe de chambre de Papa comme manteau de roi, coiffé à la romaine d'une couronne de lauriers qu'il a piquée à la cuisine, et suivi du page Peppo qui attendait patiemment qu'il lui lâche son morceau de fromage. Nous avons beaucoup ri. Il fallait profiter de la double ration de *cannoli* car le fait n'est pas commun.

16 août

Trapani a été dans une folle effervescence depuis jeudi. Nous y descendions tous les jours avec la Fiat Zéro. L'engin a impressionné des Français qui étaient là en villégiature ; alors Père et Mère ont sympathisé avec ce vieux couple qui avait emmené leur petit-fils en vacances. J'ai pu ainsi mesurer quels efforts je devrais faire pour m'exprimer correctement dans leur langue. Au café, ils ont parlé de la déclaration de guerre de la France à l'Autriche tandis que le jeune Hubert me lançait des regards furtifs en rougissant. J'aurais pu avoir l'occasion de « brosser » mon français, comme disent les Anglais, mais le garçon était fermé comme une huître et muet comme une carpe. Je sais ce que je vais écrire pour la professeur d'italien. Elle nous a demandé un devoir pour la rentrée : « En deux pages maximum, décrivez un événement qui vous a marquée pendant vos vacances. » J'ai déjà le titre : « *Ferragosto* à Trapani ».

20 août

« À Trapani, *Ferragosto* prend une ~~dimension~~ tournure spéciale à cause ~~du sanctuaire~~ de la présence de la Madone. Les festivités durent pendant toute la "quinzaine" et se terminent avec la procession du 16 août. Tous les jours, les rues sont remplies de fidèles qui font le pèlerinage au sanctuaire, ce qui provoque une animation, une rumeur et un rythme inhabituels dans cette petite ville très provinciale. Les Italiens et tous les touristes qui sont là pendant la fête ouvrent des yeux émerveillés devant les manifestations variées. Ils se promènent dans les allées de la foire, place Vittorio Emanuele, et achètent leurs produits à des paysans heureux d'épuiser leurs stocks sans payer aucune taxe. La nuit la ville est illuminée et partout on entend de la musique.

C'est la grande fraternité. Mais les festivités ont véritablement commencé jeudi dernier, le 13, avec l'arrivée de la Vierge par la mer.

Des dizaines de barques fleuries émergent tout à coup de la brume devant notre regard ébahi. En tête de la flottille, un *leuteddu* porte à sa proue l'immaculée, la blanchissime Madone, son fils au bras. Blanchissime en effet, car c'est la vraie statue de marbre que les autorités ont décidé de trans~~porter~~férer pour ~~honorer~~ saluer la toute récente déclaration de neutralité de l'Italie. Parmi les vivats, la Sanctissime est posée sur un char tiré par deux paires de bœufs et on l'emmène à la cathédrale, où elle pourra être exposée à l'admiration et à la vénération de la population. Cette tradition incarne la légende narrant qu'un chevalier templier, qui était obligé de fuir de Syrie, emporta la Madone sur son bateau en route pour Pise. Parvenu aux environs de Trapani, une tempête le força à faire halte dans cette ville. (Il existe une variante de cette histoire selon laquelle le templier, pour alléger son navire, aurait largué la Madone par-dessus bord et celle-ci aurait tranquillement accosté au rivage, mais comme elle pèse entre douze et quinze quintaux, on peut négliger cette variante.) Ayant fini de réparer son bateau et s'apprêtant à repartir, le templier – il s'appelait Guerreggio – aurait demandé à récupérer son bien, ce avec quoi les gens de Trapani, déjà vivement attachés à la Vierge, n'étaient pas d'accord. Pour trancher la question on proposa de remettre la Madone sur l'attelage et si les bœufs allaient en direction de la mer on rendrait le précieux ouvrage à son propriétaire tandis que s'ils allaient vers le pays on le garderait. Les gentils bovins, instruments de la volonté divine, se sont dirigés vers l'intérieur et se sont arrêtés sur le lieu même où fut alors érigé le sanctuaire actuel. Mais la version la plus crédible, sans aucun doute, est celle qui affirme que la statue a été commandée à un sculpteur pisan, Nino Pisano, pour orner la chapelle du consulat pisan à Trapani. Certains affirment que quand on regarde la Vierge suffisamment longtemps on la voit changer d'expression. J'ai fait l'expérience et je serais encline à confirmer cela. Le sourire est toujours là, c'est indéniable, mais on peut alternativement le trouver bienveillant (c'est son but, je crois), ironique ou autosatisfait. Ce qui me contrarie c'est qu'elle, la Mère par excellence, ne porte aucune attention à l'Enfant Jésus qui, lui, a le visage de l'adoration.

Vendredi nous avons assisté à des courses de chevaux qui ont mis dans nos yeux plus de poussière que n'en avait jamais mis l'Eurus. J'ai préféré les courses à la nage qui, bien que moins spectaculaires, ont soulevé autant d'enthousiasme pour le vainqueur. Le soir, les jeux de tonneaux ont déclenché des torrents de cris, de rires et d'applaudissements. Il y avait deux courses : dans la première, les concurrents devaient rouler le tonneau couché sur son flanc dans une rue montante. Le gagnant fut un géant comme en voit peu en Sicile ; ses bras étaient aussi gros que mes cuisses. Pour la deuxième course, sur une rue plate mais avec des virages, il fallait pousser le tonneau en le faisant tourner penché sur son arête, en formant des spirales en somme. Les participants utilisaient différentes techniques, imprimant le mouvement à une main ou à deux mains, le tonneau à leur droite ou à leur gauche. J'ai trouvé que l'organisation de ces jeux était bien faite car on récompensait soit la force soit l'habileté, et en effet c'est le jeune tonnelier Gaetano, malingre comme tout, qui a remporté la deuxième course.

Le lendemain matin, nous avons été conviés à assister aux acrobaties aériennes d'Armando De Dominicis à l'aérodrome de Milo. Bravo à lui ! C'était un spectacle (Madame, j'hésite sur l'adjectif mais je crois que le plus adapté est "prodigieux"). Nous sommes enfin libérés de la gravité ! Anxieux, nous avions déjà eu la preuve de son effet il y a quatre ans au festival d'aviation de Palerme avec les nombreuses chutes, heureusement exemptes de perte fatale, auxquelles nous avions assisté. Après un "cercle de la mort" et une terrifiante descente moteur éteint qui a tiré une immense clameur d'angoisse de la foule, l'aviateur s'est tranquillement posé au sol. Au sortir de son engin, il a été salué par un lancer général de canotiers.

Si la Vierge a fait un miracle, c'est bien ce dimanche où pas un souffle de vent n'est venu éteindre les milliers de bougies qui accompagnaient la procession depuis San Lorenzo jusqu'au sanctuaire. Le grand orgue et les chants ont célébré le départ depuis la cathédrale. En tête du cortège, un groupe de jeunes filles en robe blanche ; sur leurs cheveux une couronne de fleurs blanches et roses et un voile transparent qui descend dans le dos et dont les plis blancs annulent la transparence ; sur leur poitrine une image sainte pendant à un collier. Dans les rues, des pétales de roses blanches pleuvent des balcons ; applaudissements, fanfares, cris de *Viva Maria e Santu Libbettu.* Arrivée au sanctuaire. Feux d'artifice. Fin. »

15 septembre

Nous voilà de retour à Palerme. Quel soulagement ! Je finissais par me morfondre d'ennui. Et puis j'ai retrouvé Concetta et Carolina, mes consœurs de l'institut Maria Adelaïde. La première était déçue que le séjour à Paris avec ses parents eût dû être écourté à cause des événements. La capitale française est, dit-elle, la plus belle ville du monde. Je me demande comment elle peut dire ça puisqu'elle n'en connaît pas d'autre à part Catane. Carolina, elle, était au contraire ravie du retour de Concetta car ainsi elle a pu profiter de sa compagnie jusqu'à la fin des vacances.

14 octobre

Je suis totalement défaite. La professeur d'italien nous a remis la correction du devoir de vacances et c'est un désastre. Je note ici ses commentaires :

« Mademoiselle, je suis profondément déçue par votre travail, s'il s'agit bien d'un travail et pas d'un gribouillis de besogneuse. En premier lieu vous n'avez pas suivi les consignes. Il s'agissait de relater un événement vécu, pas de faire de la science-fiction. Des acrobaties aériennes ? C'est curieux mais je n'ai rien vu, car figurez-vous que j'étais à Trapani en août, et je suis d'ailleurs étonnée de ne pas vous y avoir vue malgré la foule. Y étiez-vous vraiment ? Peut-être avez-vous été submergée par certains souvenirs car c'est l'an dernier que De Dominicis a fait son spectacle. Je doute aussi que les exposants de la foire aient été dispensés de la taxe vu le prix que j'ai payé pour une statuette de la Madone. Quant au débarquement de ladite et à son transport bovin, science-fiction ! Journalisme fallacieux ! Mais je reconnais que l'idée est bonne. Il faudra faire votre proposition à l'Administration Communale ou à l'Union Commerciale. Pire que votre insulte à la vérité historique est celle que vous faites à la Religion. Un sourire ironique ? Autosatisfait ! Vous n'avez rien compris. Par son regard dirigé vers *vous* la Madone *vous* transmet l'amour de son fils ; soyez donc humble !

Voilà pour le fond. Hélas ! la forme ne le rattrape en rien. Outre les ratures, qui témoignent d'une insupportable indolence – elle ne sait pas que j'ai recopié mon devoir dix fois –, votre "Madame, je crois que le meilleur adjectif…" est le signe d'un infantilisme qui n'a pas sa place au lycée classique, le nôtre en tout cas. Et puis vous passez d'un temps à l'autre – passé simple, passé composé, présent même ! – comme si vous accommodiez une recette millénaire avec des épices hindoues, turques ou chinoises. Au final, on a un ragoût. Et ces phrases sans verbe ! comment savoir si les noms sont des sujets ou des compléments ? Vous pensez peut-être réinventer l'écriture avant de l'avoir apprise ? Vous croyez que Picasso aurait peint des tableaux abstraits s'il ne savait pas dessiner ? Mais je sais ce que c'est, encore une fois c'est de la paresse ; au lieu de construire vos phrases patiemment, comme un maçon bâtit sa maison une brique après l'autre, vous empilez négligemment les mots parce que vous n'avez pas la vaillance de les organiser. Ce n'est pas du style, c'est de l'anémie, de la mollesse. Votre écriture est asthénique. Sauf quand vous étalez cette couche de blanc sur le cortège marial, mais là on croirait une réclame pour de la lessive. En voulez-vous des synonymes de "blanc" ? Tenez, je vous les mets par ordre alphabétique : albe, albuginé, lacté, laiteux, lilial, neigeux ou mieux, nivéen, virginal… À ce sujet, combien de fois vous ai-je enseigné d'éviter les répétitions dissonantes ? "… un sculpteur pisan, Nino Pisano, pour orner la chapelle du consulat pisan…" Comment Nino Pisano pourrait-il être autre chose que pisan ? Enfin, cessez, je vous prie, de parler de la poitrine des officiantes, parlez à la rigueur de leur buste ou de leur sein, au singulier bien sûr. Vous avez déjà mentionné vos cuisses : auriez-vous une tendance à la sensualité ? Ce serait rédhibitoire.

Pour terminer, le mot "fin" ne peut se substituer à un petit paragraphe (vous aviez la place !) qui, au contraire de votre ptose, aurait dû élever l'esprit du lecteur et lui donner envie de lire votre prose future. Pour les jeux de tonneaux je vous donne un point sur les dix possibles du devoir, en espérant dissoudre votre nonchalance dans un réveil rédempteur. »

Elle me hait, c'est sûr.

15 octobre

Je pense qu'elle est… ma famille libérale et…

2 janvier 1916

Je reprends ce cahier avec à la fois grand besoin et grand effort. L'année dernière a été une vallée de larmes. Maman est morte et Papa est parti à la guerre. J'ai du mal, beaucoup de mal, à écrire cela. Peut-être ai-je besoin de l'écrire pour me persuader que c'est vrai. Mère était pourtant en pleine santé, pleine d'amour aussi pour tout le monde et pour moi en particulier. Personne ne se serait douté qu'elle avait un cœur faible sauf peut-être Peppo, qui la suivait partout quand nous étions à Trapani. C'est arrivé il y a exactement un an. Elle était descendue pour aller faire ses courses au marché et on a entendu des cris dans la rue. Par la fenêtre on l'a vue étendue par terre au milieu d'un groupe de gens qui, la connaissant, nous appelaient. Papa s'est précipité mais c'était trop tard. Arrêt cardiaque. À l'enterrement, ce qui m'a fait rester debout c'est que je devais soutenir Alberto et le consoler d'une affliction qui l'aurait brisé quand le corps est descendu en terre. Depuis ce moment, nos relations sont devenues très étroites, quasiment gémellaires. Papa a passé six mois entre colère et abattement. Il se reprochait de ne pas avoir détecté la maladie de Maman à temps. Il se réfugiait dans le travail et nous avait attaché une femme de maison, une infirmière qui venait de prendre sa retraite. Puis est venue l'entrée en guerre de l'Italie et il était mobilisable. Je l'ai vu soudain changer. Je l'ai senti plus proche de nous alors même qu'il s'en allait. Deux ou trois jours avant son départ pour l'Altopiano, il nous a réunis pour nous expliquer qu'ayant été affecté à l'hôpital de Caltrano il serait en sécurité à l'arrière et que de toute façon le conflit ne durerait pas.

Il était d'autant plus fier de participer à l'effort de guerre que selon lui ce serait l'occasion de souder définitivement les Italiens au sein d'une même patrie. Et il n'a pas manqué d'affirmer que nous allions tous bien nous débrouiller. Il m'est venu à l'idée que cette mobilisation représentait pour lui une échappatoire hors de notre malheur, une porte vers l'oubli.

Mes multiples absences au lycée m'ont valu un renvoi que j'ai accepté avec abnégation. C'est un peu dommage car je m'étais rachetée auprès de ma professeur d'italien avec la composition d'un sonnet sur Monte San Giuliano, ce qui m'aurait permis l'accès en classe supérieure. Père ne sait rien de tout ça car il est parti juste avant l'avis d'éviction.

Je retranscris la lettre de Papa, reçue le mois dernier, non par une étrange vocation de copiste mais parce que je me dis que je pourrais un jour – peut-être – écrire cette histoire, mon histoire.

Mes enfants chéris, j'espère que vous allez bien. Ici il y a beaucoup de travail avec tous les blessés mais nous ne manquons de rien. La nourriture nous arrive dans de jolies boîtes décorées de motifs patriotiques : « Savoia ! » ou bien « bon appétit Asiago ! ». Les gens du pays sont très accueillants. Ils nous apportent un excellent gâteau qu'ils font ici avec des amandes et nous avons même du rhum et du marsala. Les enfants nous offrent des fleurs et demandent des images pieuses aux infirmières, qu'ils prennent pour des nonnes. J'ai vu la neige pour la première fois. C'est magnifique. Quand la guerre sera finie je vous emmènerai la voir à la montagne. Je dois vous quitter pour assister à une opération.

PS : malheureusement je ne pourrai pas avoir de permission pour Noël.

Le soir de Noël, nous l'avons passé chez Madame S., notre aide-ménagère, dans la joyeuse compagnie de sa famille. Je lui ai demandé si elle serait contrariée de ne plus venir chez nous vu que j'avais maintenant du temps libre et, surtout, que le solde de Père suffisait à peine à subvenir aux besoins. Elle m'a rassurée en me disant qu'avec la forte demande actuelle elle n'aurait aucun mal à trouver un autre emploi. Nous nous sommes promis de nous rendre visite de temps en temps.

23 janvier

J'accompagne souvent Alberto au lycée Garibaldi pour être sûre qu'il s'y rend vraiment, mais j'ai une autre raison. J'y rencontre des professeurs qui m'encouragent à m'inscrire pour l'année scolaire 16-17. Beaucoup de jeunes, enflammés par la propagande pour l'intervention, sont partis à la guerre et le lycée offre de nombreuses places. Quand il me reste du temps dans la journée, je continue à suivre le programme de l'année en cours avec mes livres mais je sais très bien que je serai acceptée au Garibaldi pour préparer ma *maturità*.

Je ne crois qu'à moitié ce que Père nous raconte dans ses lettres. D'après les rumeurs (les permissionnaires donnent une version des faits autre que celle des journaux), les conditions sont difficiles et le matériel manque. L'autre jour un article de presse disait que l'hôpital de Milan reçoit les combattants en état critique envoyés par les unités de campagne. Cher Papa a omis de nous dire (comme je le comprends !) que les soldats aveuglés par les gaz de combat près d'Asiago n'ont qu'une certitude, celle de ne pas retourner au front.

Je lis la *Comédie* à l'envers : j'ai fini le Paradis et j'attaque le Purgatoire. C'est de circonstance.

23 juillet

Je me suis penchée à la fenêtre et j'ai vu Alberto et un de sa bande écoutant, l'air absorbé, un individu coiffé d'un drôle de chapeau, portant des chaussures bicolores et affublé d'un complet à rayures inconcevable par cette chaleur. Son discours était ponctué d'une alternance de sourires, de sourcils froncés, d'index pointé en l'air et de main en artichaut. Je crains le pire. Heureusement Toto a de bonnes notes au collège.

30 juillet

Enfin une permission de Papa ! Quelles retrouvailles ! À son arrivée, nous sommes restés enlacés tous les trois de nombreuses minutes. Il nous a rapporté du gâteau de l'Adige. Je lui ai avoué mon renvoi du lycée et le congé de Madame S. en présentant les deux faits comme s'expliquant l'un l'autre et lui ai promis de reprendre mes études à la rentrée. Il a pris la chose comme on apprend un fait divers. Je n'ai rien dit à propos d'Alberto. Mon frère et moi sommes devenus de tels complices que nous nous abstenons de risquer la moindre entorse à cette entente. Cela concerne autant ce que nous pourrions raconter à des tiers que les questions ou remarques indiscrètes entre nous. Si nous en avons envie nous nous faisons des confidences, mais parfois un regard suffit pour savoir qu'au même moment nous pensons à la même chose.

3 août

Comme Père a trop d'affaires à régler à Palerme, ce sont les grands-parents de Trapani qui sont venus ici. Quel dommage qu'ils n'aient pas emmené le chien Peppo, confié à la garde des voisins ! Mais cela aurait été trop de tracas avec les dix heures de train que demande le gros détour par Marsala, où ils ont tout de même eu la satisfaction d'acheter deux bouteilles de vin. Le professeur d'histoire nous a dit que Marsala veut dire « le port d'Allah ».

Mes grands-parents du côté de Maman nous écrivent régulièrement depuis Rome où ils se sont installés bien avant ma naissance. On ne les a pas vus depuis l'enterrement.

7 août

Papa est reparti avec le train-hôpital de la Croix-Rouge. Dans son barda il y avait une grosse boîte grise sur laquelle était écrit « Qui enlève le masque meurt. Gardez-le toujours avec vous. » Ça m'a fait froid dans le dos. Il n'a pas voulu qu'on l'accompagne à la gare et nous nous sommes donc séparés sur le seuil de la maison. Alors qu'il s'éloignait, Alberto a voulu l'encourager avec un « Vive l'Italie ! » lancé de sa nouvelle voix grave de mâle confirmé.

10 août

Comme nous ne nous verrons plus au lycée, je passe mon temps avec Concetta et Carolina, du moins le temps qu'il me reste après le travail à la maison. Elles aussi ont des parents plus ou moins proches partis à la guerre. Nous nous asseyons sur les bancs de pierre de la place *Pretoria*, que nous n'appelons plus place de la Honte, l'heure n'étant plus à la pudeur mais au combat et au courage, et nous nous consolons mutuellement. Parfois nous allons aussi place de la Révolution et, curieusement, je n'y vois plus Alberto. M'aura-t-il repérée ?

15 octobre

Me voici inscrite au *Garibaldi* mais les lieux étant occupés par les militaires, les élèves sont obligés de se répartir ailleurs et la plupart de mes classes se déroulent au lycée Vittorio Emanuele. Vraiment, quelle idée le professeur d'histoire a eue en ce début d'année de nous emmener aux catacombes des Capucins ! Dès l'entrée on y est rafraîchie à la fois par la bonne température et par l'inscription en noir au-dessus de la porte : V*ous êtes ce que nous étions, vous serez ce que nous sommes.* Présent, passé, futur. Mon ancienne professeur d'italien aurait trouvé ce dernier superflu : « Vous êtes ce que nous étions. », voilà qui aurait suffi pour expliquer ce qu'on sait déjà sans accabler le visiteur d'une semonce supplémentaire. Ça aurait davantage ressemblé à un message de bienvenue tandis que la suite de l'annonce fait hésiter sur le seuil. Heureusement la dame qui servait de guide était d'une humeur si joviale qu'elle a fini par nous la transmettre, son humeur, après les premières rencontres glaçantes avec les momies. Le professeur d'histoire insérait des commentaires dans l'exposé de la guide, il nous donnait sa « philosophie des choses » : il ne faut pas se laisser impressionner par l'aspect terrifiant des faciès et des costumes flottants ; on accomplit ici un devoir de mémoire à l'égard non seulement des ancêtres mais de soi-même. Il citait à ce propos le *memento mori* dont, avant-hier vendredi 13, le professeur de latin nous a dit qu'il y avait une variété de traductions et d'interprétations possibles. Pour celui-ci, on peut trancher dans la broussaille linguistique en disant que le *memento mori* est le verre à moitié vide alors que le *carpe diem* est le verre à moitié plein. Les pirates malaisiens, dont je lisais les aventures dans les livres de Salgari, devaient bien se moquer de ce *memento mori*, eux pour qui la vie ne comportait qu'un seul risque, celui de faire une dernière et courte grimace au bout d'une corde.

16 octobre

En relisant ce que j'ai écrit hier je réalise que la visite aux catacombes en pleine guerre était peut-être destinée à nous faire voir la Mort en face pour nous y habituer, nous la rendre moins impénétrable. Les nouvelles sont mauvaises ; Asiago a été prise par les Autrichiens en avril dernier.

23 décembre

Papa ne viendra encore pas en permission pour Noël ; il y a trop de blessés dont il faut s'occuper. À la sortie du lycée l'autre jour, un élève qui m'avait aidée à la rentrée à prendre mes marques dans ce casse-tête de la délocalisation, m'a abordée et nous avons discuté du conflit. Son père participe aussi mais sur le front. Gianni m'a expliqué que cette guerre injuste a été voulue, contre l'avis du Parlement, par les industriels à qui elle profite en complicité avec les traîtres au socialisme comme Mussolini et les irrédentistes comme D'Annunzio, qui habilement amalgament gloire nationale et gloire personnelle. Il a ajouté que le pain manque déjà à Turin et que les émeutes seront inévitables. Gianni a eu beau essayer de me détailler les nuances entre irrédentisme, nationalisme, impérialisme, colonialisme et expansionnisme, je n'y vois que des *ismes* stériles qui désignent l'appropriation des biens d'autrui. Il nous invite, Alberto et moi, à un repas de Noël chez ses parents, mais je pense que Toto préférera aller chez Carolina, qui nous a aussi invités. Je vais cesser de gaspiller du temps à écrire dans ce cahier car je dois travailler d'arrache-pied pour passer en classe supérieure et obtenir ma *maturità*. Je devrais faire des fiches sur les *ismes* ; il y en a tellement !

15 janvier 1917

Je vais en classe, je lave, je repasse, je vais au marché, je fais la cuisine, je nettoie, je lis, je pense à Papa, à Maman, voilà ma vie. Cela fait quatre mois que Madame S. a recueilli un chien errant probablement abandonné par ses maîtres. Elle l'a pris pour briser sa solitude, peut-être aussi en vue d'une protection éventuelle, mais surtout, m'a-t-elle avoué, afin d'avoir un argument de plus pour attirer chez elle ses petits-enfants. Elle l'a appelé Walter. À moi aussi ça fait une autre raison pour me rendre plus souvent chez notre ex-infirmière. Walter est un aimant. Il me fait de grandes fêtes quand on se voit.

16 janvier

Dans une poche d'Alberto j'ai trouvé une magnifique montre à gousset avec sa chaînette. On dirait de l'or mais je n'en suis pas sûre. En tout cas elle est bien plus belle que celle de Père et a dû coûter une fortune. Dessus il y a marqué « Longines ».

17 janvier

Il y a des moments où il faut briser la complicité tacite (l'*omertà*) si cela permet d'éviter des ennuis à un proche qu'on aime. J'ai demandé à Alberto où il avait trouvé l'argent pour s'acheter une montre. Il m'a répondu que c'était un cadeau. « De qui ? D'un ami. » Impossible de lui demander lequel.

1er mars

Gianni me fait une cour assidue. Il est amusant avec ses lunettes à la Trotsky. Nous nous voyons aussi le dimanche. Avec une classe d'avance sur moi, il doit sentir qu'il devra bientôt quitter le lycée et il se dépêche. Mais je me suis juré de ne pas être amoureuse avant la *maturità*. En parlant de travail scolaire…

1er juillet

Gianni m'a présenté en même temps son diplôme et sa demande en mariage ! J'ai accepté avec un délai d'un an. Il était déconfit. Son « affection » pour moi va-t-elle tenir jusque-là ?

28 août

Admise en classe supérieure, dernière année ! Grève générale à Turin. Gianni avait raison. Mais il n'avait pas prévu que ce seraient les femmes qui mèneraient la révolte, une révolte réprimée dans le sang. Maintenant les *ismes* reviennent précédés d'une accusation : faux socialisme, faux syndicalisme, faux pacifisme. Que faire alors ? Le gouvernement a trouvé la solution : il envoie les insurgés au champ d'honneur.

22 septembre

Père a été transféré sur le front est. Il est passé par Venise et déclare que si la ville est un poisson sur la carte, c'est une déesse sur les eaux, mais une déesse qui souffre. Il nous y emmènera dès que la guerre sera finie.

23 décembre

Alberto s'adonne maintenant à la chasse. Hier il est revenu avec une demi-douzaine d'oiseaux pendus à un cercle en fer. Giovanni lui a appris à tirer au fusil. D'ici à ce qu'il lui en procure un ! Je crains l'influence de cet « ami ». Au demeurant, nous amènerons les volatiles plumés chez Gianni, qui nous a à nouveau invités. J'ai hâte de rencontrer ses parents.

24 décembre

Papa vient d'arriver en permission ! Changement de programme ; nous fêterons Noël tous les trois.

26 décembre

Finalement, nous avons encore changé nos plans. Gianni a insisté pour qu'on aille chez lui avec Papa, qui a fini par céder. En temps de paix, le père de mon ami a une haute position dans la police. Il était lui aussi en permission et, inévitablement, la discussion a démarré sur les expériences glorieuses et miséreuses de la guerre ; elle s'est inexorablement terminée sur Caporetto, le Waterloo italien. Quand je pense que les élèves du futur auront tout à apprendre sur ce désastre, j'ai un serrement. Est-ce la fin de l'Italie ? Déjà ? Grand-père a juré de se suicider si Venise retombe aux mains des Autrichiens.

Gianni est inscrit à la Faculté de droit.

15 mars 1918

Je me sens molle de la plume. Je ne sais pas quoi raconter. Je ferais bien journaliste plus tard ; il suffit d'observer et de décrire les effets sans en donner les causes, en théorie du moins. Si un chien s'est fait écraser, il est inutile d'expliquer que c'est parce qu'il n'a pas vu arriver l'automobile qui fonçait sur lui. Il n'y a pas de suicide chez les chiens. De plus, les causes sont toujours les effets de causes plus anciennes et à essayer de remonter aux origines on se perd dans le brouillard. Malgré ce, je suis de plus en plus intéressée par le cours de philosophie de M. Pucci. Il va falloir choisir l'an prochain. Langue et Littérature italiennes ? Françaises ? Philosophie ? Père m'a déconseillé la médecine. Je risque trop de vicissitudes. Il paraît que ce n'est pas pour les femmes, l'obstétrique mise à part, et ça tombe bien car ça ne m'intéresse pas du tout. J'ai la vision de la quantité de sang que mon père doit éponger en ce moment et je n'aimerais pas être à sa place.

20 mars

Les soldats français et anglais arrivent de plus en plus nombreux à la rescousse. Nous faisons des avancées significatives mais le fleuve Piave est notre Styx. Ton grand-père dit que vaincus à Venise, nous serons morts à l'Italie. Il faut dire que c'est dans la Sérénissime qu'il a célébré sa lune de miel avec ta grand-mère. Celle-ci tous les jours prie pour nous tous, comme tu dois le savoir. Les soldats blessés qui nous arrivent sont de plus en plus jeunes. En outre, nous sommes astreints à déplacer nos unités de secours en fonction des mouvements d'avance et de retrait de nos troupes et les routes sont très encombrées. Nous nous installons dans des écoles, des établissements religieux ou même dans les grandes villas vénitiennes de l'ancien temps. Les lits se touchent, ce qui rend difficile la visite rapprochée aux patients. Des soldats paniquent quand le bruit des canons tout proches se fait entendre. Ils s'arrêtent alors de chanter et commencent à crier. D'autres sont agressifs et réclament des soins urgents. Ils nous expliquent que leur action au front est basée sur la rapidité et qu'ils ont droit à la même agilité de notre part. Mais ils ne voient pas le défilé permanent des ambulances !

J'interromps ici la lettre de Père ; la suite est écrite pour nous rassurer malgré tous les tourments. Je vois qu'il ne peut résister au besoin de dire la vérité. Moi, je dois céder à l'urgence de préparer mon succès scolaire. *Bye bye* cahier.

10 juillet

Je bénis le décret de mai 1916 qui, à cause de la guerre (je n'ose pas dire « grâce à la guerre »), a dispensé les lycéens de l'examen de *maturità*. L'absence d'enseignants occupés à se battre et l'investissement militaire des locaux ont rendu la tenue des examens difficile sinon impossible. C'est donc sur un vote d'évaluation par les professeurs que le diplôme a été décerné ou pas, et j'ai obtenu le mien sans difficulté. Pas comme Carolina, à qui on a dit qu'elle n'avait pas fourni un travail suffisant. Peut-être mon lycée s'est-il montré plus complaisant que ne l'a été le Maria Adelaïde ? Mais je préfère penser que c'est mon essai de philosophie qui a fait pencher la balance. D'ailleurs M. Pucci me l'a fait comprendre à demi-mot tout en me félicitant pour mon esprit novateur. Le sujet portait sur les rapports de la vie intellectuelle avec la vie matérielle. Cela imposait un tour d'horizon des Grecs et des Allemands, les premiers se consacrant à l'observation de la Nature et les seconds à celle de l'Esprit. Un peu hasardeusement, j'ai suggéré qu'il nous faudrait des pionniers de la pensée qui fissent de l'action un effet et non une cause de la philosophie. J'ai cité D'Annunzio comme modèle *italien* car en tant que « poète d'action » il ne se contente pas de montrer la voie ; même si celle qu'il a choisie n'est pas à l'abri de la critique, il s'y engouffre résolument et y entraîne ses adeptes par l'action. J'ai épicé avec les risques que prendraient ces « nouveaux philosophes », notamment vis-à-vis des instances politiques, en prenant pour exemple le procès de Socrate. Dans ce prolongement, j'ai conclu que vie intellectuelle et vie matérielle sont – ou devraient être – indissociables. Socrate lui-même n'avait aucun remords pour ses actes, qui, avant de boire la ciguë, disait à sa femme qu'il vaut mieux être condamné injustement que de façon justifiée. Monsieur Pucci m'a néanmoins déconseillé de prendre la filière philosophique à l'université, la voie étant ardue et parsemée d'embûches pour une femme (comme la médecine !). Je vais choisir Littérature.

J'ai dû payer dix centimes de pénalité à la bibliothèque pour avoir rendu en retard les livres empruntés.

20 août

Les nouvelles du front sont à la fois bonnes et mauvaises. Les Autrichiens sont fatigués et notre armée, aidée de ses alliés, les repoussera bientôt, c'est sûr, au-delà du Piave ; mais elle paie le prix fort avec un grand nombre de morts et de blessés. Papa s'est occupé d'un ambulancier américain gravement atteint par l'artillerie ennemie. Il l'a fait transférer à Milan, où on pourra l'opérer dans de meilleures conditions. Ils ont sympathisé et le jeune homme lui a donné des cigares, précisant que c'était une attention spéciale car d'habitude ce sont des cigarettes qu'il distribue aux soldats. Père a lui-même été transféré à la villa Velpo, accompagnant une troupe d'infirmières de la Croix-Rouge déplacées sur décision d'Hélène de France, duchesse d'Aoste, dont il me dit qu'elle devrait être une source d'inspiration aussi puissante pour la femme italienne que l'autre Hélène, notre reine. Pour ma part, bien que sensible à l'énergie de ces femmes, qui n'ont eu qu'à traduire leur noblesse de naissance en noblesse d'âme, je suis davantage inspirée par la romancière Grazia Deledda. Je voudrais faire pour la Sicile ce qu'elle fait pour la Sardaigne : oser écrire sur les traditions archaïques qui freinent l'émancipation. Dans un de ses romans récents on lit qu'un père despotique tient ses quatre filles enfermées à la maison. « Et, esclaves, elles devaient travailler, faire le pain, tisser, coudre, cuisiner, apprendre à tenir leurs affaires : surtout, il leur était interdit de lever les yeux devant les hommes, ou même de penser à quelqu'un qui n'était pas destiné à être leur mari. » J'aime cette façon de présenter, c'est-à-dire rendre présent, sans explication et sans jugement, j'aime cette espèce de journalisme des mœurs. Cela touche sa cible plus sûrement que la philosophie, qui en raisonnant vole une partie du raisonnement. Je ne regrette finalement pas de m'être inscrite en filière de Lettres. J'ai dix jours pour élire mon cours complémentaire. Ce sera le français.

18 juillet 1919

Père est enfin démobilisé ! (Les blessés n'ont pas guéri le jour de la victoire et de l'armistice.) Alberto n'a pas l'air très bien disposé à son égard. Il m'a confié qu'il lui en voulait de nous avoir abandonnés après le décès de Maman. Il ne veut pas venir à Monte San Giuliano avec nous car il prétend qu'il a du travail à Palerme. Quand on le questionne sur la nature de ce travail il reste vague. Il s'agirait d'assurer la protection de propriétaires agricoles dont les terres sont menacées d'occupation par des paysans communistes revenus du front. Il a quand même fait bonne figure quand nous avons fêté tout ensemble sa *maturità*, mystérieusement obtenue avec un an d'avance, mon passage en année supérieure, les vacances, ainsi, bien sûr, que le retour de

Papa. Celui-ci nous a montré des photographies prises lors de son périple nordique. Sur l'une d'elles, il est debout devant la fameuse villa du XVIIe siècle, imposante avec ses hautes statues de façade qui rappellent notre illustre place de Palerme. Il a le cigare à la bouche et paraît populaire parmi sa troupe d'infirmières souriantes. Celle sur la place Saint-Marc avec ses collègues moustachus est une très belle image aussi. La bonne humeur ne me lâche plus.

19 juillet

Gianni est venu me dire au revoir car Père et moi partons demain chez mes grands-parents. Gianni ! J'ai oublié d'en parler ; c'est dire comme le sujet me préoccupe. Je suis méchante de dire ça ; j'aime beaucoup Gianni ; nous sommes restés d'excellents amis bien qu'il n'ait pas eu la patience de « m'attendre ». Il s'est fiancé avec une Palermitaine très bon genre qu'il a rencontrée à l'université. Avant-hier nous nous sommes promenés tous les trois au jardin Garibaldi parmi les ficus géants et les orangers. Felicia porte bien son nom. Sa gaieté et la mienne font un mélange explosif qui déclenche des fous rires mémorables, quelquefois aux dépens de Gianni que rien cependant n'ébranle car le fait d'avoir deux femmes à ses bras est pour lui le sommet du prestige. Nous sentons notre jeunesse du plus profond de nous jusqu'au bout des ongles. *Carpe diem* !

J'ai demandé à Papa la permission d'emporter quelques livres de la niche grillagée, arguant de mon âge mûr qui devrait m'autoriser à lire n'importe quoi. Il m'a répondu que nous n'étions plus aux temps intransigeants de l'*Index*, même si celui-ci existe encore ; la grille n'a rien à voir avec notre âge (celui d'Alberto et le mien) ; elle est là pour protéger des éditions anciennes à la reliure fragile et il est donc hors de question de les emmener en voyage. Habile Papa !

20 août

La santé de Grand-père nous inquiète. C'est cet argument que Père a invoqué pour pouvoir s'absenter de l'hôpital de Palerme où l'attendent les soins à donner aux victimes de la grippe espagnole. Même si l'épidémie touche vraisemblablement à sa fin, il reste encore beaucoup de patients en danger. Ainsi, Papa a également mentionné le projet de porter assistance aux malades de Monte San Giuliano et Trapani. Les estimations actuelles font état de quasiment trente mille morts en Sicile. C'est comparable au nombre des morts de la guerre, sans doute moins cependant. Si notre famille a échappé à l'épidémie, c'est sans doute grâce à Papa et à ses recommandations drastiques sur l'hygiène. Cela me fait penser au fait que par le passé il aura sans doute aussi sauvé ses enfants de la tuberculose en nous faisant élever au lait de chèvre, ce qui est de toute manière une tradition séculaire dans la famille. Et pour le diabète de Grand-père, que peut-on faire ?

2 octobre

Le professeur d'histoire de la littérature italienne nous a demandé de connaître quasiment par cœur « Les *ismes* contemporains » du catanais Capuana. J'ouvre le livre au hasard et je lis, cité en français de la plume d'un certain Jean-Marie Guyau : « le vrai réalisme consiste à dissocier le réel du trivial ». Ça pourrait me servir de précepte pour ce journal. En attendant il va encore falloir faire des fiches d'*ismes* !

3 décembre

Pour mes vingt ans, j'ai été gâtée par de magnifiques cadeaux dont, venant de Trapani, une édition florentine assez récente de la *Comédie* en trois volumes. La reliure est en cuir rouge orné de fresques dorées et à l'intérieur se trouvent de nombreuses et superbes illustrations de style *Liberty*. Je demanderai à Papa de placer ces livres dans la niche grillagée et on verra s'il ne s'oppose pas à ce que Dante soit logé dans un voisinage libertin. Lui-même m'a offert les quatre volumes des *Laudi* de D'Annunzio. Je pense qu'il aurait fait le même choix s'il avait projeté d'enrichir sa propre bibliothèque. Mes grands-parents romains m'ont fait livrer une très belle *borsetta* garnie d'émaux et de perles nacrées particulièrement apte à me désigner au premier détrousseur venu. Quant à Toto, c'est un bracelet en or – le poinçon ne laisse aucun doute – qu'il a sorti d'un papier sale et froissé pour me le présenter fièrement. Devant notre étonnement il a soutenu que son travail de l'été lui avait permis ce genre de dépense et que sa sœur chérie méritait les présents les plus beaux. Il est inscrit en Faculté de médecine et quand on lui demande comment se passent les cours, il assure que tout va très bien.

4 janvier 1920

Les fêtes de Noël sans Maman sont tristes à mourir et nous pèsent à tous les trois à tel point que nous nous demandons si nous ne devrions pas renoncer à les célébrer.

Si j'avais été journaliste d'un grand quotidien durant l'année passée, j'aurais fait des va-et-vient entre la France et l'Italie. En janvier je serais allée à Paris pour l'ouverture des négociations de paix. Peut-être qu'offrir les *cannoli* de Grand-mère au président Orlando, palermitain de naissance, m'aurait valu un entretien avec lui, mais c'est peu probable. J'aurais plutôt dû me rabattre sur quelque membre du Cabinet. En tout cas j'aurais demandé ce que l'Italie allait recevoir en compensation des dommages subis et en vertu des promesses faites en cas de victoire. En mars j'aurais fait un tour à Milan pour essayer d'en savoir davantage sur ces faisceaux de combat qui ressemblent à nos vieux faisceaux siciliens et rassemblent des groupes d'individus de tendances extraordinairement variées. L'idéal aurait été d'approcher Benito Mussolini au siège de son journal, le *Popolo d'Italia*, me présentant comme une humble consœur. Gianni m'aurait préalablement fourni un complément d'initiation à d'autres *ismes* subtils de la politique et il m'aurait préparé une liste de questions. Le « Duce » – comme l'appelaient les socialistes – n'aurait certainement pas refusé une mise au point publicitaire de ses visées dans un grand quotidien. En juin je serais repartie à Versailles pour couvrir la signature du traité avec l'Allemagne. Revenue en Italie, j'aurais voyagé en Lombardie, Émilie et Toscane où j'aurais été très occupée avec l'agitation sociale due à l'inflation, avec les grèves et les pillages de vivres, et avec les terribles dégâts causés par le tremblement de terre du Mugello, juste à côté de Florence. Puis, en septembre, retourner en France direction Saint-Germain ? Pour entendre l'adieu grinçant de la délégation italienne à l'Istrie et la Dalmatie ? Non, trop humiliant. J'allais plutôt à Fiume ; j'y allais pour voir le poète-soldat « en action » à la tête de ses légionnaires, qui partirent deux cents et se virent trois mille en arrivant au port. Ou deux mille, on ne sait pas très bien. Je faisais parvenir un message à D'Annunzio lui signifiant que je connaissais certains Finzi qui étaient peut-être parents de son ami Aldo, le pilote d'un des sept avions depuis lesquels, l'an dernier, ils avaient lancé des tracts au-dessus de Vienne. Alors il me recevait dans le palais du gouverneur et me racontait que les Autrichiens eux-mêmes avaient admiré son audace pour avoir parcouru, assis sur le réservoir d'essence d'un aéroplane modifié en biplace, mille kilomètres dont huit cents en zone ennemie dans des conditions météorologiques épouvantables. Il me citait un article de la presse autrichienne, laquelle déplorait que parmi les nombreux poètes de l'Empire qui avaient versifié sur l'honneur de la guerre, aucun n'aurait eu ce genre de courage. Je prenais des notes. Il ironisait sur le conseil qu'on lui avait prodigué à ses débuts, « Écris et ne fais pas », qui s'était mué après ce vol fou en « Fais et n'écris pas ». Comment ne pas comprendre que les deux sont possibles ? Eia ! Alalà ! Je changeais de sujet et lui demandais de m'expliquer ce jeu de l'amour et de la haine entre Italiens et Français. Il me rappelait qu'il avait écrit quatre sonnets d'amour à la France. Puis il se mettait à rire en m'affirmant qu'il avait toujours été francophile, surtout quand la France épongeait ses dettes tandis qu'il dégustait les huîtres d'Arcachon ou se prélassait dans un hamac de la comtesse à Hyères. Il me disait : « c'est une explication que vous voulez ? Je vais vous la donner. Les Français ne sont ni des Latins ni des Teutons. Regardez une carte, ils sont dans l'entre-deux, ils appartiennent autant au Nord qu'au Sud. En ce sens, ils manifestent une forme de condescendance envers nous, leurs pauvres cousins, tout comme ils sont condescendants envers les pays pauvres. Bien sûr ils ont eux aussi connu la misère. Il n'est aucun pays qui n'ait connu la misère. Mais ils en sont sortis avec des gouvernements forts. Regardez, leur troisième république dure depuis cinquante ans ! Chez nous, on n'arrive pas à décider de quelle forme de gouvernement, de quelle politique nous avons besoin. Par conséquent le seul qualificatif qui convienne à tel ou tel de nos dirigeants est celui "d'éphémère". Mais cela va changer, nous aussi nous serons forts, nous en avons les moyens et nous avons un personnage-clé qui saura nous élever au rang des nations glorieuses et respectables. L'Italie ou la mort ! Notre problème c'est que nous traînons comme un boulet la gloire antique de l'Empire romain. La nostalgie du passé crée une illusion trompeuse. » Détournant la tête, il regardait par la fenêtre. « C'est en cela que je ne suis pas tout à fait en phase avec le Duce. » Puis, revenant à moi : « Notre lustre ancien ne tolère aucune salissure et en conséquence nous sommes devenus trop sensibles et même susceptibles. Rome a inventé les lois et les droits qui leur sont attachés et nous en faisons une exclusivité. En voilà une abstraction ! Or les Français sont abrupts et arrogants, c'est bien connu. Pas comme nous, ou plutôt comme nos élites intellectuelles et dirigeantes, qui se perdent en subtilités juridiques. Byzantins nous sommes ! Les Français, eux, ont obtenu de larges compensations d'après-guerre. Mais ils sont redevables aux Américains et soutiennent l'inepte "droit des peuples à disposer d'eux-mêmes" inventé par le président Wilson pour dynamiser son économie. Le peuple jugoslave, quelle est cette idiotie ? Voilà pourquoi la situation est tendue avec les Français. Si je suis ici moi, ce n'est pas comme César à Narbonne mais parce que Fiume devait nous être rendue. La moitié de ses habitants sont italiens et l'autre moitié parle l'italien couramment. Voyez comme nous avons été acclamés en arrivant ici : Fiume ou la mort ! Qui Fiume blessera de Fiume périra ! Il faut en finir avec notre sempiternel complexe de diva déchue qui mendie une reconnaissance malséante et implore la protection des plus forts. En 1914 nous étions alliés des Austro-Hongrois. Pourquoi ? Je me le demande. Je ne crois pas un instant à cette histoire de sable et de palmiers. Bien sûr il y a Bizerte ; c'était un appât, mais les Français, nos vrais alliés, y étaient déjà. On n'a qu'à fortifier Pantelleria. Depuis le début j'ai fait tout mon possible pour que nous entrions en guerre dans l'intérêt de l'Italie et je suis fier d'avoir réussi mon entreprise. Mais sommes-nous pour autant sortis de ce vieux travers d'allégeance ? J'ai des inquiétudes quand je vois la valse des marionnettes interchangeables de l'Union Libérale au pouvoir depuis Giolitti. Au pouvoir ? Quel pouvoir ? Dans mes pires cauchemars je vois l'Italie se vautrer sous l'aile adipeuse de l'Allemagne, pire peut-être, celle des États-Unis. *Che schifo !* » Sur quoi son monocle lui en tombait de l'œil.

Ainsi, j'aurais rencontré le *Vate*, le Prophète. Mais je ne suis pas journaliste. Il est trois heures et demie du matin et j'ai un cours de latin demain lundi à huit heures.

11 janvier

Père m'a demandé de lui restituer le mensuel politique que j'avais emprunté dans son bureau. « Tu t'intéresses à la politique maintenant ? » Je lui ai répondu que non mais que le cas D'Annunzio était captivant. Puis je me suis rétractée et lui ai demandé ce qu'il pensait du manifeste des faisceaux, paru l'an dernier – guerre révolutionnaire, suffrage universel à représentation proportionnelle, vote des femmes, abolition du Sénat, inspection de l'hygiène, journée de huit heures, salaire minimum, participation des ouvriers à l'organisation du travail, assurance maladie, abaissement de l'âge-limite des indemnités vieillesse à 55 ans, nationalisation des industries d'armement, séquestre de 85 % des profits de guerre, politique étrangère valorisant l'Italie dans un contexte de civilisation pacifique, forte taxation du capital, séquestre des biens appartenant aux congrégations religieuses —, et plus particulièrement :

— En quoi est-il différent de *ton* programme socialiste ?

— Quelques détails sur la forme. La différence – elle est de taille – est sur le fond : nous avons une vocation internationale et par conséquent nous plaçons l'individu au-dessus de la nation alors que les faisceaux le placent au-dessous.

— Crois-tu qu'ils pourraient fonder un parti à visée électorale ?

— C'est certain.

— Ils pourraient l'appeler « parti socio-nationaliste » ou bien « national-socialiste »…

— Le bruit court qu'il s'appellera « parti fasciste ». Les faisceaux sont obsédés par l'Empire romain et ses symboles, tel le *fasces*. Ce pourrait aussi être l'aigle mais « parti aquilin » ne fait pas très viril.

— Et cette guerre révolutionnaire ?

— Foutaises ! Tu vois bien que c'est en contradiction avec un soi-disant « contexte pacifique ». Seule la guerre leur importe. Voilà un point de discorde avec le parti socialiste, dont le programme préconise « l'abandon de toute politique coloniale à base de conquête militaire ».

— Mais pour le peuple italien…

— Jours sombres si les faisceaux accèdent au pouvoir. Vois-tu, si l'individu est placé au-dessous de la nation il ne s'y maintient pas tout seul. Nous aurions alors une dictature.

Je ne me souviens plus très bien du reste de la conversation. Je sais que j'ai questionné Papa à propos de D'Annunzio. D'après lui on peut dissocier l'écrivain talentueux de l'idéologue illuminé, mais chacun fait comme il veut. Pour ma part, je ne sais pas…

25 janvier

Je ne serai pas journaliste politique. Je ne me sentirais pas la force de déchiffrer les 381 articles du traité de Saint-Germain pour dénicher celui qui présente un vice de forme. Concernant le partage des territoires je trouve la méthode de Peppo à Monte San Giuliano beaucoup plus pratique : il urine au pied des arbres qui bornent les quatre coins de la propriété de Grand-père. Toutefois, nous ne savons pas ce qu'il se passerait si un loup venait à franchir les limites. Ce n'est jamais arrivé. Je ne me sens pas non plus en capacité d'être critique littéraire car je ne saurais choisir entre un mauvais écrivain qui écrit de bonnes choses et un bon écrivain qui écrit des méchancetés. J'ai ma crise de vocation.

Soir

J'ai pensé à cette phrase : « Au commencement était le Verbe. » C'est bien dit mais ça ne veut rien dire ; à preuve les millions de pages qui ont été écrites sur le sujet sans qu'on parvienne à extraire la moindre signification crédible. Je connais plus d'un homme politique qui pratiquent ce genre de procédé verbeux. Donc la politique c'est non. Mais le journalisme, c'est oui. Je cherche, je cherche.

1er février

J'ai trouvé : je serai journaliste gastronomique !

2 février

Quelle idiote ! Aller de restaurant en restaurant et devenir une poularde moi-même ! Et avec tous ces gens qui ont à peine de quoi manger, ce serait vraiment indécent. Trouvons autre chose !

8 février

Eh bien voilà, c'est décidé, je serai journaliste sportive, spécialiste du football. J'ai encore dans ma tête les cris de joie de Toto quand Palerme a gagné la coupe Lipton contre Naples. Papa nous avait emmenés au Notarbartolo voir la rencontre. Alberto n'avait que douze ans. À chaque action décisive, qu'elle nous fût favorable ou adverse, il se levait de son siège en poussant un cri, se tirait les cheveux et nous donnait des coups de coude. Sur le but napolitain il avait été au bord des larmes et sur les deux buts de Palerme il était en délire comme toute la foule des spectateurs, Papa compris. Depuis, l'engouement pour ce sport n'a fait que progresser dans le pays et semble dépasser celui qu'on peut éprouver pour la politique. C'est logique car il y a autant d'esprit de compétition, d'agressivité même, mais les règles sont plus simples. Deux équipes, une seule gagnante, un arbitre et pas de compromis louches. Le football a un grand avenir, c'est certain. Il faudra que j'apprenne les termes techniques mais ma connaissance de l'anglais m'aidera.

Je suis consciencieuse, je m'applique à écrire chaque semaine. Quand j'aurai assez de matériau, il faudra que je le mette en forme pour composer un livre. Je l'intitulerai « Dans la tête d'une Sicilienne » ou quelque chose comme ça.

15 février

Je me suis entraînée à rédiger un article de presse en prenant comme modèle cette rencontre mémorable entre Palerme et Naples. Alberto, qui se souvient d'à peu près tout, m'a aidée du début à la fin.

« Les *Rosaneri* sont arrivés sur le terrain sous une immense acclamation contrastant avec le silence et les quelques sifflets indignes qui avaient accompagné l'entrée des Napolitains. Au coup d'envoi, l'*azzuro* Sacchi expédie le ballon loin devant directement en tribune, visiblement en signe de mécontentement. L'arbitre vient le sermonner vertement, et Sacchi sourit ! C'est bon signe car on craignait le pire dès l'entame. (Après la rencontre on apprendra comment le joueur s'est fait rappeler à l'ordre : l'arbitre lui a dit qu'on n'était pas sur un terrain de rugby anglais !) La touche est jouée par Falcone qui lance le ballon dans les mains du portier. Nouvelle admonestation de l'arbitre ! On l'a entendu crier qu'on ne joue ici ni au rugby ni au basket-ball mais au football. Rires dans l'assistance. Les 18 minutes suivantes ont été marquées par des attaques musclées des *Azzuri* contre une défense palermitaine qui s'enlisait dans une récupération larvée, la balle restant dans les pieds napolitains. À la 19e, superbe diagonale de 65 mètres de Schiattarella sur Pannuti qui monte, feint la frappe, crochète et trouve le filet d'un gardien complètement désorienté. 0–1 pour Naples. Silence de mort dans l'arène des combattants. Balle au centre. Il semble que les Siciliens aient été piqués dans leur honneur. On se réveille et on s'organise. Le bloc du milieu est monté d'un cran et la possession a changé de camp. C'est Naples qui défend maintenant devant une audace palermitaine qui frise l'arrogance avec des passes téméraires mais millimétrées. Un boulet qui aurait pu être tiré par un 77 mm autrichien, mais qui est l'œuvre de Turner, fait vaciller le gardien Cangiullo qui plie mais ne rompt pas. L'obus n'a pas franchi la ligne. Cangiullo relance immédiatement à la main sur Corsi, le *giovinetto* de 17 ans en pleine forme. Celui-ci remonte en solo une bonne moitié de terrain grâce à des menées de balle stupéfiantes qui mystifient des *Rosaneri* désemparés. Sur le côté gauche, Cristiano est arrivé dans la surface et, seul devant le but, attend le ballon. Mais Corsi ne le voit pas et tente sa chance du gauche. Sa fusée passe une demi-dizaine de mètres au-dessus de la transversale. Clameur d'effroi puis de soulagement dans les tribunes. On s'ennuie en cette fin de première mi-temps. En manque d'inspiration, les deux équipes vivotent en cherchant des solutions qui ne viennent pas. Il aura fallu le repositionnement d'attaque adopté par Palerme en deuxième mi-temps pour débloquer le *statu quo*.

Bonanno est passé en pointe, soutenu à gauche par Wood, tandis que Turner, ayant lâché le centre à Lucchini, se retrouve forcément à droite. Pendant les dix premières minutes les deux équipes s'étudient sans prendre de risque. C'est Falcone qui ouvre le bal à la 60ᵉ avec une intuition de génie. Alors que les Campaniens ont vu l'appel transparent de Bonanno et lui opposent deux sentinelles, le faucon d'origine maltaise profite du vide laissé à droite pour lancer un Lucchini solitaire, Lucchini qui n'avait pratiquement pas touché le ballon en première mi-temps et qui l'expédie maintenant en pleine lucarne. Cangiullo, impuissant, n'a même pas bougé. Tout le public est debout pour saluer cette égalisation avec une formidable salve d'applaudissements. Un malheur attendait les *Rosaneri* à la 76ᵉ quand Pottino, voyant Sacchi s'aventurer dangereusement aux abords de la surface balle au pied, lui fait, on peut le dire, une prise de lutte gréco-romaine. On aura vu tous les sports dans ce stade ! L'arbitre, médusé, en laisse tomber le sifflet de sa bouche et se précipite sur Pottino. La décision est sans appel : c'est l'expulsion et Palerme devra finir la partie à dix. Mais le vent va, dans tous les sens du terme, tourner en faveur des Siciliens grâce à leur onzième joueur : un public sensationnel qui n'a pas perdu espoir et martèle ses encouragements. C'est alors que commence le siège de Palerme, qu'on n'avait plus vu depuis les Carthaginois. Mais les *Azzuri*, enflammés, oublient de protéger leurs arrières, ce que n'a pas manqué de remarquer l'inébranlable portier de la citadelle assiégée malgré son emploi du temps très chargé. Après un arrêt impérial dont on reparlera longtemps, c'est au cri de "*forza Bastiano!*" qu'il propulse l'attaquant, lucide comme le renard et rapide comme le guépard, vers la porte mal défendue du Paradis, laquelle lui cède sans difficulté à la 88ᵉ.

Après le martyre, ce fut donc la libération et c'est finalement Palerme qui a emporté le trophée d'argent. »

J'ai montré le « papier » à mon père. Le compte-rendu l'a beaucoup amusé et lui a rappelé de bons souvenirs. Mais il m'a affirmé que jamais une femme ne sera journaliste sportive. Les portes du futur se ferment les unes après les autres.

21 juin

… les unes après les autres. Ça m'enlève le goût d'écrire.

23 septembre

Voilà un événement digne d'intérêt et sujet d'inquiétude : par ses collègues, Père a appris qu'Alberto ne fréquentait plus la Faculté. Naturellement, cette fois encore il n'est pas venu à Monte San Giuliano. Au cours du dîner il a annoncé qu'il voulait travailler pour être indépendant. Décision honorable, pas d'objection. Mais que va-t-il faire ? Toujours cette histoire de gardiennage ? En rentrant à la maison il ramène souvent de gros sacs de citrons dont je ne sais plus que faire sinon les distribuer à la ronde (Madame S. les apprécie particulièrement).

26 septembre

Pour toute réponse à mes questions, Alberto m'a emmenée en train à Bagheria dans une écurie où se tenaient deux jeunes individus souriants mais laconiques avec qui il a échangé trois ou quatre mots *en croix* et à qui il ne m'a même pas présentée. Dès notre arrivée, un des quatre chevaux qui se trouvaient là s'est mis à piaffer et à secouer la tête en renâclant. C'est lui que Toto a sellé avant de me poser dessus et grimper derrière. De là nous sommes allés à la plage de Ficarazzi. En route, je me demandais quand, pourquoi et comment il avait appris à monter à cheval mais je n'ai pas voulu briser le charme de la balade avec un autre interrogatoire. Au bord de l'eau il a lancé l'animal au galop et j'ai ressenti un plaisir indicible, vécu une expérience enivrante où j'ai perdu la notion du temps. Quand nous nous sommes arrêtés, j'ai serré Alberto fort dans mes bras et il m'a embrassée sur la bouche. Je suis totalement incapable d'expliquer sinon de décrire de façon très incomplète ma réaction à… cet acte, allais-je dire. Mais ce n'était pas un acte, ni un geste, encore moins une initiative. C'est comme si la chose était l'aboutissement inéluctable quoiqu'inconcevable, presque immatériel, peut-être l'aboutissement déjà écrit d'un amour inconditionnel. Nous nous sommes regardés un moment avec des yeux à la fois étonnés et ravis. Je n'étais absolument pas choquée bien que parfaitement consciente de l'immoralité de notre baisement. Tout ce que je sais c'est que ça ne se reproduira pas.

20 janvier 1921

J'ai passé ces derniers mois à travailler d'arrache-pied pour ma *laurea*, que je devrais obtenir au début de l'été si tout va bien. Quand j'ai un moment de libre je vais aider Carolina, qui a ouvert une boutique de tissus rue Lampionelli. Nous avons des nouvelles de Concetta. Elle vit à Rome, où elle a trouvé un emploi de secrétaire dans un hôpital. Elle nous affirme que c'est la plus belle ville du monde (tiens, ce n'est donc plus Paris ?). Elle a rencontré un infirmier qui lui a déclaré sa flamme. Je suis contente pour elle. Père s'inquiète de la situation politique. Le manège des pantins du gouvernement continue. Quand aurons-nous une vraie nation ? D'Annunzio est parti de Fiume, bombardée par nos propres militaires. Il est vrai qu'après le traité de Rapallo (encore un !) il n'avait pas le choix. Dépouillé de son faire il lui reste l'écrire.

21 janvier

Une colombe fonce d'un vol décidé dans l'enfilade de notre rue. Où va-t-elle et pourquoi y va-t-elle ? On ne peut s'empêcher de chercher la Cause.

13 mars

C'est la dernière ligne droite. Il faut que je me renforce en thème latin. Mon dernier devoir m'a valu des reproches sur mes audaces syntaxiques. Coller à la règle, voilà ce qu'il faut faire. Si je veux inventer un latin décadent je n'ai qu'à écrire en italien. Ou en sicilien.

22 mars

Depuis les élections communales d'octobre Père est d'humeur maussade et, comme au décès de Maman, se réfugie dans le labeur. Il a repris une partie des patients d'un collègue parti à Milan et travaille maintenant dix heures par jour avec seulement un petit repos le dimanche après-midi. Il sent venir la fin de la démocratie libérale et s'est inscrit, par dépit, dit-il, au Parti Populaire, auquel il verse de belles sommes d'argent. Il dit : « Je ne suis pas croyant mais je suis plus chrétien que les croyants. Autant s'adresser à leur dieu car on ne sait plus à quel saint se vouer. Si le peuple ne peut être gouverné ni par la raison ni par la foi, alors il faudra qu'il le soit par la force. »

22 mai

Et Gianni dans tout ça ? Eh bien, nous nous voyons régulièrement. Il projette de se marier bientôt. Avec Felicia bien sûr. Sa conscience politique semble suivre les mêmes chemins que celle de Papa sauf que lui, Gianni, reste fortement attaché au socialisme. Il me dit même se sentir proche d'un certain Gramsci mais me demande de n'en point parler car il tient à conserver ses chances de trouver un emploi dans une questure.

24 mai

Coup de tonnerre ! Alberto m'a enfin avoué qu'il travaille pour l'Honorable société, ce sur quoi il n'y avait d'ailleurs aucun doute. Nous étions retournés à Ficarazzi et nous y sommes restés jusqu'au coucher du soleil. Ce cheval, tout de même, qui était-il, d'où venait-il et où allait-il quand il ne servait pas à nous balader sur la plage ? Toto m'a raconté être entré à la *cosca* de Bagheria comme *campiere* avec l'ambition de devenir *gabellotto*. Pour y être admis il a dû accomplir une action réservée aux *picciotti* : « abîmer » un propriétaire qui refusait le *guardiano* qu'on lui recommandait. Il ne touche pas à la *lupara* mais participe à la collecte du *pizzu*, possède un *pugnale* et s'initie à la *componenda*. Son *capodecina* lui a fait savoir que le *cacocciulu* l'apprécie en raison de son diplôme. Le *cacocciulu*, l'artichaut ? C'est comme ça qu'on appelle Don C., dont on doit évidemment taire le nom et qu'on désigne par « *Ci* ». Drôle de botanique où ce n'est pas la feuille, la *cosca*, qui est dans l'artichaut mais l'artichaut dans la feuille. Devant mon inquiétude qu'il soit arrêté par la police, Toto me rassure : il n'a rien à craindre car il est protégé, y compris par la police, qui ferme les yeux sur beaucoup de choses, par la magistrature, par les politiques et même par l'Église ! Il a compris, lui, que tout le monde veut aller à la soupe. Il ironise sur nos credo, nos engagements, nos idées politiques. « Nos » ? Oui, il m'inclut dans le lot des rêveurs avec Papa et Gianni. Il défend qu'il n'y a qu'une politique, c'est celle de l'Honneur. Don C., inscrit au Parti Populaire mais pas pour les mêmes motifs que notre père, est l'habileté et la sagesse mêmes. Il a tout expliqué à Alberto : « Regardons ce que faisait la gauche au début : clientélisme. Maintenant qu'elle a épongé ses dettes morales envers la droite ses *sbirri* s'acharnent sur nous, non par honnêteté mais pour pouvoir exhiber un tableau de chasse. Ils nagent dans l'infamie comme la vermine sur le marécage ! Ils mettent des voleurs en prison aux frais du peuple et ils ne dédommagent même pas les victimes. La *cosca*, au contraire, récupère le larcin et le rend à la victime en *componenda*, et c'est pourquoi les gens ont recours à elle plutôt qu'à la police : on préfère les hommes d'honneur. La *cosca* est au-dessus de toute politique, elle est souveraine. Il n'y a qu'à voir les procès qui sont faits aux *Mamme* siciliens. Le verdict est toujours le même : acquittement pour insuffisance de preuves. De toute façon, depuis l'antique Depretis il n'y a plus ni gauche ni droite. Il n'y a que des transformistes soi-disant pragmatiques qui singent ce que Fregoli fait en beaucoup mieux au music-hall. Résultat ? La Sicile se vide de ses habitants par centaines de milliers. La tentation de l'émigration contamine jusqu'à nos hommes d'honneur qui, de protecteurs qu'ils étaient, se retrouvent persécutés. Notre île risque de devenir un désert dont les derniers prédateurs se partageront les miettes. Pouvons-nous espérer le salut par les fascistes ? Nous avons le sens de l'honneur en commun. Nous sommes prêts à leur proposer nos services s'ils arrivent au pouvoir. Veulent-ils relever l'économie de l'île ? Nous savons fixer les prix ; nous avons la force de dissuasion voulue vis-à-vis des spéculateurs, des intermédiaires et autres parasites qui minent le pays. »

Mon frère m'a fait comprendre qu'il adhère pleinement aux idées de son patron. Il a ainsi juré fidélité éternelle à la « famille » et en disant cela il m'a fait un clin d'œil mystérieux. Il m'a demandé ce que je pensais de tout ça. Je lui ai répondu que je n'étais ni viande ni poisson, que je cherchais. Il m'a dit qu'il pourrait me donner plus de détails mais qu'avant il faudrait exécuter un petit cérémonial. Piquée de curiosité (toujours cette tendance journalistique…), j'ai accepté. Père n'était pas à la maison. Nous sommes allés dans la chambre d'Alberto. Il a étalé un linge sur sa table et y a déposé une épingle, un fil, une image de Sainte-Agathe et des allumettes. Ensuite il a relié nos index avec le fil, piqué le mien avec l'épingle et, prenant mon doigt en le pressant, il a badigeonné le portrait de la sainte avec mon sang. Enfin, il a brûlé l'image au-dessus du linge pour recueillir les cendres et il est allé les jeter par la fenêtre. Alors il m'a dit que j'étais désormais sa *sorella d'omertà* et qu'ainsi je devais taire tout ce que je savais sous peine qu'on retrouve mon cadavre dans le port. Le mien et le sien le cas échéant, si on venait à apprendre qu'il avait baptisé une femme. Quand je lui ai rappelé qu'il avait affirmé n'avoir rien à craindre, il m'a rétorqué que c'était vrai à condition qu'on ne parle pas. Il m'a serrée dans ses bras en me susurrant qu'il avait bravé le risque et enfreint la règle parce qu'il voulait que je fasse aussi partie de son autre famille. De plus en plus, je nous sentais comme envoûtés par le lien sacré et enchaînés par la peur du danger. Son excitation se propageait à mon corps. Nous avons entendu Père rentrer à ce moment-là. Maintenant dans ma chambre, j'ai retrouvé mes esprits mais je n'arrive pas à dormir. J'aurais préféré que Toto me raconte ses histoires une autre fois. Il me fallait être sereine pour préparer mes examens de *laurea*. Or je sais que je vais être perturbée par toute cette affaire. Pire, ce journal devient une pièce à conviction ! Le cacher et l'oublier… Je ne serai pas journaliste judiciaire non plus. Étaler au grand jour des affaires criminelles équivaut ici à un suicide.

19 juillet

Premièrement j'ai obtenu ma *laurea*, quoique de justesse. Deuxièmement Père nous a prévenus qu'il allait bientôt se remarier. Troisièmement Alberto m'a raconté des horreurs que je ne peux pas consigner ici. Quatrièmement j'ai fait des démarches pour partir en septembre. J'ai besoin de prendre le large. Je suis allée interroger ma professeur de français, Mme Clément, qui m'a joyeusement annoncé qu'un poste de répétitrice d'italien était disponible à Aix-en-Provence. J'ai envoyé ma candidature et j'attends. Je prie.

15 août

Quand j'ai vu le timbre français dans le courrier mon cœur a bondi et j'ai failli m'évanouir avant d'ouvrir la lettre. Alléluia ! Ma candidature a enthousiasmé le doyen et son assesseur. On me félicite sur la qualité du français et de l'italien de mes deux lettres de motivation et on se réjouit de m'accueillir début septembre. Je pourrai soit cohabiter avec deux étudiantes dans l'enceinte de la Faculté pour une bouchée de pain, soit séjourner dans une famille avec chambre individuelle pour un loyer plus conséquent. Les deux options me permettent pareillement de perfectionner mon français mais le séjour privé me met plus à l'abri des indiscrétions si je veux continuer ce cahier. Or je veux le continuer. J'ai fait un aller-retour à M.S.G. pour dire au revoir à Grand-mère, qui n'a pu retenir ses larmes, et à Grand-père, qui va beaucoup mieux grâce à son régime. Papa était là et disait mettre beaucoup d'espoir dans un traitement en cours d'étude qui devait prochainement résoudre le problème du diabète. Il s'agit d'un médicament appelé « inuline » ou quelque chose comme ça. Il a tout de suite accepté de compléter ma maigre rémunération pour que j'aie la chambre individuelle.

16 août

En faisant mes bagages, j'ai retrouvé le sonnet que j'avais écrit au lycée :

À l'extrême occident du triangle des Stryges,
Étrave dans la mer qui entoure ma mère,
Je l'embrasse du haut de mon beau belvedere
Où s'élance le castel vénéré. Qui suis-je ?

Ma Vénus Érycine est loin de Callipyge.
Les Grecs me donnèrent le nom du roi Eryx
Car il m'avait fondée, à l'opposé du Styx,
Près des nuages bleus et de la mer. Qui suis-je ?

Je suis le roc qui veille sur la terre et la mer.
J'honore le vieux saint qui libéra la ville
Et des chrétiens captifs détacha les anneaux.

À mes pieds Trapani ; Palerme à mon arrière ;
Ma sœur est Marsala, où surgirent les Mille.
Je m'appelle Monte San Giuliano.

Ma professeur d'italien avait sûrement fait preuve de complaisance en me félicitant. Je pense qu'elle valorisait le travail et la mémoire davantage que le talent ou le style. Dans la marge elle avait écrit : « Malgré quelques grincements la métrique est respectée, sauf pour le premier vers du premier tercet, un tri-décasyllabe qui en outre disconvient au rôle et à la solidité supposés du “roc”, le mètre impair exprimant plutôt le doute. J’apprécie vos coupes (celle du “castel” est osée !) et vos enjambements. J’aime aussi vos deux dernières diérèses ; l’hommage à M.S.G. (bourg que j’apprécie également) s’y trouve fortifié. Continuez ! »

15 septembre

J’ai découvert la France, arrivant par Marseille ! J’en ferais bien des alexandrins. On verra. Ce fut donc le vapeur *Cimarosa* venant de Bari et Catane qui m’embarqua à Palerme pour le pays nouveau. À bord une poignée de passagers et une cargaison aux effluves suaves de réglisse, sumac et camomille. Dix heures d’escale à Livourne et les corps suants des dockers qui chargent et déchargent. Un marchand anglais compagnon de voyage qui me tape sur l’épaule : « *Hullo!* ». Et nous voilà partis dans nos biographies respectives, la sienne beaucoup plus longue que la mienne mais réduite de 50 % vu que je ne le comprends qu’à moitié. Je lui ai fait part de mon envie de devenir journaliste-reporter. Si cela pouvait m’aider, il avait des adresses dans le monde entier. Deux jours de traversée. Il m’a parlé d’une journaliste française, Andrée Viollis. Elle a obtenu un entretien avec le Premier ministre anglais en 17 mais elle couvre aussi des rencontres sportives. Papa se trompait ! Je reprends espoir et place Mme Viollis dans l’Olympe de mes idoles féminines avec Grazia Deledda.

Au quai de la Joliette, Mister « je ne me rappelle plus son nom » m’a proposé de m’héberger à son hôtel mais j’ai préféré prendre le tramway pour Aix, où m’attendaient mes hôtes. J’ai quand même accepté l’offre de taxi pour me rendre à la gare, place du Change, où j'ai déposé mon bagage en consigne afin d'aller admirer le pont transbordeur, du haut duquel j'ai ressenti toute la distance qui me séparait de Palerme et de ma famille. Mes hôtes ont cinq filles charmantes qui toutes voudraient apprendre l'italien, y compris la petite Fabienne de six ans. Heureusement la grande Geneviève de seize ans se débrouille déjà assez bien. Monsieur et Madame Pagès habitent une maison au Pont de l'Arc entre la rivière et la ligne de chemin de fer.

À la Faculté je viendrai en soutien de M. Bonafous, titulaire de la chaire de Langues et Littératures de l'Europe méridionale. Sa familiarité avec Dante me fascine et mes sicilianismes me font rougir quand je ne les retiens pas à temps. Sa passion des langues, au contraire, le fait sourire à mes exotismes et il aurait plutôt tendance à les encourager. Je commence mercredi prochain avec douze étudiants chez qui je dois renforcer l'acquis des leçons du maître. Ce dernier leur ayant expliqué le *pourquoi* de la fondation de la langue italienne par Dante, je dois en développer le *comment*, c'est-à-dire fournir des exemples du passage de l'expression latine aux différents dialectes jusqu'à l'unité que représente le toscan.

Nota bene : Il faudrait que je propose à M. Bonafous d'approfondir l'idée que le sicilien a failli être la langue officielle. J'en profiterais pour revenir sur l'invention du sonnet par mes compatriotes insulaires. *Io m'aggio posto in core...* En attendant, je dois réviser le *De Vulgari*.

30 septembre

J'ai visité Aix de A à Z et me suis attardée rue Matheron, dont le nom honore une illustre lignée remontant au XIIe siècle. Un de ses représentants les plus réputés, Jean, n'avait eu en pouvoir rien moins que de légitimer les bâtards et protéger les Juifs provençaux. Le roi lui avait aussi confié les ambassades de Rome et Florence et avait même tenu son fils, René, sur les fonts baptismaux. À côté de l'hôtel Matheron se trouve celui d'une autre famille noble dont le plus célèbre membre instruisit le procès en sorcellerie d'un curé marseillais. Il ne se laissa pas troubler par les ruses et facéties de l'ecclésiastique et le condamna à brûler vif. En vérité j'ai poussé la porte cochère de chacune des augustes maisons de cette rue – il y en a une dizaine dont celle des Cézanne – pour respirer l'air de l'époque. La rue Matheron aurait pu s'appeler rue des Notables. Ou rue des Siècles, tellement on en traverse en la parcourant. Il faudra que je demande à Papa de m'acheter un appareil photographique.

14 octobre

Répondu à la lettre de Père, qui s'inquiète des dangers que pourrait courir sa fille immigrée en terre inconnue. L'ai rassuré sur la vie à Aix, une ville tranquille, trop tranquille, à l'opposé de Palerme. On s'y ennuierait n'était-ce le travail que demandent la Faculté et le séjour chez mes hôtes. Car outre les leçons d'italien faites aux filles, que je réunis deux fois par semaine dans le grand salon avant le dîner, j'ai bien compris qu'on attendait de moi que je participe à un minimum d'entretien de la maison. Il faut dire que leur seul personnel consiste en une cuisinière, Clémence, une Montpelliéraine à la fois sèche et bienveillante. Avec elle j'apprends des rudiments de patois et je recueille ses recettes dans un cahier. Elle juge que je ne devrais pas participer à l'entretien de l'*ostal* (elle prononce « oustaou ») car non seulement je paye un loyer mais j'instruis les filles. Mes hôtes sont des protestants. Ils vont au temple tous les dimanches matin et ils ont des règles bien strictes. Le jour du Seigneur, par exemple, on mange toujours un poulet rôti à midi, exactement à midi et pas à midi cinq ni midi moins cinq. Le pilon et l'entrecuisse sont séparés et chacun des deux morceaux constitue une part. Les sot-l'y-laisse vont à Fabienne car c'est la plus jeune. Au dessert on a droit au gâteau espagnol que nous fait Clémence. C'est une délicieuse spécialité de chez elle, parfumée au citron et à l'orange et moelleuse à souhait. Le fond est un peu brûlé. Il faut déguster lentement car il n'y a pas de deuxième part ; « ce ne serait pas raisonnable » dit Mme Pagès. Le dimanche c'est la pire journée pour aller en ville. Aix est vide et déprimante ; c'est une ville morte. Les Français ne pratiquent pas la *passeggiata*, du moins pas avec l'intensité, l'entrain qu'y mettent les Italiens. On se promène à Aix lentement, calmement, tranquillement, on parle presque à voix basse, on ne fait pas de gestes déplacés, on tue le temps. Au début j'allais en ville le dimanche après-midi pour flâner dans les rues mais maintenant je préfère rester à la maison à lire dans le minuscule jardin quand le temps le permet. À côté des œuvres complètes de Luther, je vois dans la bibliothèque des Zola, des Flaubert et des Stendhal qui seront mieux à même de perfectionner mon français.

2 novembre

J'ai demandé mon chemin à un passant. Il m'a indiqué la rue que je cherchais et a ajouté : « ça mérite bien un demi-kil ! » À quoi j'ai répondu : « Il faudrait qu'il reste encore des choses gratuites, comme les renseignements ! » Et il m'a dit : « Moi, justement, un demi-kil gratuit c'est ce que je cherche ! »

22 décembre

Quel dommage que mes protestants ne fassent pas la crèche ! On voit ici d'intéressantes figurines qu'on appelle « santons », c'est-à-dire petits saints, comme nos *pastori* siciliens mais en plus variés, fabriqués en argile et pas en cire. Certains n'ont rien de saint, comme le « boumian » par exemple, qui est le brigand portant poignard à la ceinture, le gitan, le voleur d'enfants. La légende raconte qu'à cause de leur mauvaise réputation les boumians auraient été exilés vers une grotte de la région, une « baume » comme disent les Provençaux, d'où le nom. En fait le boumian est un personnage ambigu. Il est aussi guérisseur car il possède des connaissances spéciales. Et les accusations de rapt seraient injustifiées : les boumians auraient simplement recueilli les bâtards des filles-mères. Ils auraient finalement fait acte de repentance pour leurs agissements supposés illégaux et c'est ainsi que leur représentation est non seulement admise mais requise dans la crèche auprès du Petit Jésus. Une autre figurine pittoresque est le Ravi. C'est le simple d'esprit, celui dont tous les instants qui passent font le bonheur. C'est pour cela qu'à l'occasion de la naissance du Christ il lève les bras en l'air. Il est ravi.

28 décembre

Pour Noël mes hôtes m'ont fait un présent somptueux en m'offrant un louis d'or portant l'effigie de Napoléon III. Ils ne sont donc pas aussi mesquins qu'on aurait pu le penser. J'avais un peu honte avec ma boîte de calissons Sainte-Victoire mais ils m'ont assuré être très touchés. Ils m'ont dit que ça leur était égal que du louis je fasse faire un pendentif ou que je le mette à la banque. Mme Pagès a ajouté que ce serait « une idée tout à fait raisonnable » de le convertir en livret d'épargne.

15 janvier 1922

J'ai reçu une lettre de Carolina qui m'adresse ses vœux de nouvel an et me donne des nouvelles qui me laissent perplexe. Depuis quelque temps on ne lui demandait plus de payer le *pizzu*, ce dont elle s'étonnait sans chercher à comprendre. Un mois après, Alberto est passé la voir à sa boutique et s'est vanté d'avoir intercédé. La raison ? Il est amoureux d'elle. Et elle ? Elle est séduite. C'est une bonne nouvelle mais cela veut-il dire qu'Alberto est monté en grade ?

12 mars

Mes progrès en français sont fulgurants. Je ne me trompe plus dans l'utilisation de « pourquoi » et « parce que ». Pourquoi les Français ont-ils deux mots différents pour poser une question et y répondre ? Parce qu'ils sont très formalistes. *Pourquoi* me regardez-vous ainsi ? *Parce que* je vous aime. En contraste avec ce distinguo c'est le même mot qui désigne la femme et l'épouse. Et si tous les maris sont des hommes, tous les hommes ne sont pas des maris. Il y a un soupçon d'inégalité là-dedans. Je m'entraîne aussi à la prononciation. *Nous affectionnions ses jujubes, heureux de les avoir reçus, mais ne nous illusionnions point sur les exigences de cet hurluberlu.* Impossible !

28 mai

Monsieur Bonafous est mort le six du mois. Il était malade depuis quelque temps mais on ne s'attendait pas à son trépas. En conséquence je ne touche plus terre. J'essaie de combler le vide qu'il a laissé mais suis loin de pouvoir suppléer non seulement ses attributions mais surtout ses contenus pédagogiques. La chaire est vacante et M. Mignon est pressenti pour l'occuper. Il a enseigné à Lyon, à Grenoble, et a dirigé des séminaires à Rome et Florence. Il vient tout juste d'arriver de Rome et m'a entretenue de la situation dans un italien plus que parfait. Il n'a aucun doute sur son pouvoir de faire prolonger mon contrat à la Faculté l'an prochain et insiste même pour que je reste. Je ne sais que penser. Je suis flattée mais la Sicile et les miens me manquent.

30 mai

J'ai revu M. Mignon hier. Je lui ai dit que j'avais passé mon dimanche à réfléchir, qu'il en était ressorti la conviction que je devais retourner en Italie (je pensais surtout à mon frère) et que je ferais mon possible pour trouver une condisciple de la Faculté de Palerme qui soit apte à me remplacer. « Ne vous inquiétez pas, m'a-t-il dit, nous n'aurons aucun mal à vous remplacer. » Je lui ai fait part de mes projets de journalisme. « Très audacieux, a-t-il réagi, mais à votre place je me préparerais un avenir plus fiable. Avez-vous fait votre inscription au concours d'accès à l'enseignement secondaire ? » J'ai avoué que je n'y avais même pas pensé. « Je crains que vous ne soyez hors délai, a-t-il déploré. C'est dommage car une place se libère au lycée Umberto I de Rome pour la rentrée. » Je n'aurais pas pensé à Rome non plus. La capitale est à des lieues de Palerme. Rome ? Le journalisme m'y attend peut-être. Rome ? Les vues sinistres peintes par Granet et exposées ici au musée éponyme ne me décourageront pas. Demain j'enverrai un télégramme : « Lettre suit pour candidature concours. » J'ai un mois pour me préparer.

30 juillet

Quel bonheur de retrouver Monte San Giuliano ! Allongée dans l'herbe, Peppo II à mes pieds (Peppo Ier nous a quittés voici deux ans), je me suis promis de retracer les événements de ces dernières semaines. Comme M. Mignon l'avait prédit, j'étais en retard pour le concours. Mais la guerre a effacé beaucoup de candidats et la demande est forte… J'ai quitté Aix-en-Provence et suis arrivée à Rome par le train après avoir navigué de Marseille à Gênes. J'espérais un sujet sur Dante ; c'est un sujet dantesque qui est tombé : « Accord du participe passé relativement à l'emploi de l'auxiliaire *avoir*. Vous comparerez les règles italiennes et françaises et proposerez des hypothèses sur l'origine des divergences, particulièrement en rapport avec les constructions latines. » Nous avions cinq heures pour composer et j'en ai passé une à extraire de ma mémoire les leçons de mes professeurs de langues. Je me suis souvenue d'un principe énoncé par mon maître d'italien : pour comprendre l'accord il faut tourner la phrase active en mode passif et on y découvre le rôle adjectival du participe. Or l'adjectif s'accorde. *La rose que j'ai cueillie est belle. Belle est la rose cueillie par moi*. Mais alors pourquoi, en français, ne pas aussi accorder quand le complément est après le verbe ? (*J'ai cueilli une rose. Une rose a été cueillie par moi.*) C'est effectivement ce que font certains Italiens adhérant à la logique pure. Je me souvenais que dans le manifeste des faisceaux de combat j'avais lu : *Les autres problèmes […] nous les identifierons quand nous aurons créé*e *la classe dirigeante.* La construction en latin dégradé impose l'accord : *rosam carptam habeo*. La question est de savoir pourquoi, dès Marot, les Français ont institué la place du complément comme base de la règle : … *le terme qui va devant volontiers régit le suivant*. Marot qui termine son poème en italien : *Dio noi a fatti.*

J'ai émis l'hypothèse que quand il se propage, le langage se dégrade en s'adaptant au « discours ». En règle générale, au lieu d'inventorier ce qui est autorisé on définit ce qui est obligatoire et ce qui est interdit. Les Italiens ont simplifié en n'imposant l'accord que dans deux cas : avec un pronom complément singulier ou pluriel de la troisième personne et avec le pronom *en*. Le reste est facultatif. *Cette rose, je l'ai cueillie et j'en ai cueillies d'autres*. Pourtant, quoi de plus imprécis et ambigu que « en » ? Les Français préfèrent ne pas accorder : *des roses, j'en ai cueilli beaucoup*. Mais s'ils s'adressent aux roses, ils devront dire : « Je vous ai cueillies », alors que les Italiens, aux mêmes destinataires, pourront écrire sans faute « je vous ai cueilli ». Les Français ont plus d'interdits que les Italiens. Cela doit venir de leur tempérament à moitié teuton. Mais les Italiens sont sujets au *quiproquo*. Une femme qui s'est offert pour cinq cents francs de bijoux est peut-être une grande dame tandis que celle qui s'est offerte pour cinq cents grammes de *tortellini* est certainement une prostituée de bas étage. Ma composition faisait vingt-cinq pages. Après avoir reçu mon résultat j'avais le choix entre un poste à Palerme ou bien à Rome. J'ai choisi Rome et je n'éprouve pas le besoin de me justifier.

31 juillet

J'ai tellement insisté auprès d'Alberto qu'il a fini par capituler et a pris des « congés » pour venir passer une semaine à Monte San Giuliano. Non seulement nous ne nous sommes pas vus pendant dix mois mais nous n'allons probablement plus nous voir pour qui sait combien de temps ! Néanmoins, Palerme n'est qu'à une trentaine d'heures de train de Rome. J'y reviendrai donc pour les vacances. Toto descend à Trapani presque tous les jours. Il dit s'y informer sur des affaires portuaires. Ou aurais-je mal entendu et disait-il *mortuaires* ? Il m'a annoncé que Carolina n'aura bientôt plus besoin de travailler. Ils se marieront, revendront la boutique et s'offriront un voyage. Ils hésitent entre Rome (oh oui, Rome !), Paris et New York. Ce n'est pas le même budget.

30 septembre

Je suis romaine depuis un mois. J'habite chez mes grands-parents, qui viennent d'emménager dans le quartier de Parioli. J'aurais préféré aller chez Concetta mais ils se seraient vexés si j'avais refusé leur hospitalité. Ils disent que je ressemble à Maman et ça adoucit leur chagrin, en plus du fait que ma simple présence met de l'animation dans leur retraite. Grand-père m'a raconté des affaires qu'il avait plaidées dans le temps et il avait une auditrice attentive. Grand-mère parle surtout du *Risorgimento* mais également des recettes culinaires qu'elle a apprises ici. Elle m'a enseigné son secret sur une touche sicilienne de la *saltimbocca*. Je l'écoute tout aussi attentivement mais je sens que je m'épanouirais davantage avec Concetta, qui se réjouit à l'idée d'une cohabitation. Elle habite dans le Trastevere et ne s'est pas encore résolue à fonder un foyer. M'installant chez elle, je devrais donc abandonner confort et jardin pour une mansarde, mais celle-ci offre une vue splendide sur les toits du quartier. L'argument décisif et pour moi et pour mes grands-parents sera la réduction conséquente du trajet jusqu'à mon travail. Je suis gênée quand ils parlent des Siciliens comme des *terroni* qu'ils semblent mépriser. Le mois prochain je suis chez Concetta. Je visiterai les Anciens le dimanche.

2 novembre

Depuis samedi dernier, une marée fasciste avait envahi les murs de la capitale. À pied, à cheval, à bicyclette, en automobile, par le train, entassés dans des camions, ils sont venus, paraît-il, de toute l'Italie. Les chemises noires marchent sur la capitale. Lundi, ils sont entrés. Au-dessus des têtes casquées ou ornées du fez, c'était un hérissement de drapeaux, fusils, palmes, étendards et mains levées pour le salut romain. On entendait scander des *Avanti Savoia !* Rome ou la mort ! Dalmatie ! *A Noi* !... Dans le public, au début, on voyait un ou deux chapeaux s'agiter en l'air mais la très grande majorité des hommes le gardaient sur la tête. Quelques femmes se mêlaient à la foule et les commentaires allaient bon train. Concetta et moi n'avons rien raté de la parade, qui semblait diversement appréciée. Comme la plupart des spectateurs, nous étions à la fois étonnées et sceptiques. Devant nous, se tenait le cordon des carabiniers, eux aussi entre ironie et tracas. Nous n'avions aucune idée de ce qui allait se passer et ressentions quelque inquiétude. À côté de moi, un homme visiblement enthousiaste a brandi son canotier. Tous les regards se sont tournés vers lui et il a remis son chapeau sur la tête. Mardi, renversement de situation, d'attitude et d'agenda : entassée sur la place du Quirinal, la foule a acclamé le Duce, notre nouveau chef d'État. Le Roi l'avait adoubé et il n'était plus question de finasser. Il y avait beaucoup plus de têtes découvertes. Et mes cours avaient été annulés.

17 novembre

Lettre de Gianni. Mais d'où diable tient-il ses sources ? C'est un autre genre de journaliste, lui ; je ne sais pas si on peut dire ça : un « journaliste de fond ». Bref, tout le monde se demande pourquoi le Roi n'a pas signé l'état de siège. Par amour pour Mussolini ? Sûrement pas, il s'en méfie comme de la peste. Pourtant l'Armée pouvait facilement écraser des fascistes dépourvus de munitions. Et le Duce s'était barricadé à Milan, entouré de barbelés et proche de la frontière suisse pour une fuite éventuelle. Alors ? Alors voilà : le peuple italien voulant une république socialiste, le Roi pouvait-il être républicain et socialiste ? Donc entre la peste, le choléra et, faut-il ajouter, l'anémie du gouvernement Facta… Mais la clé de cette affaire c'est le duc d'Aoste, fasciste de la première heure. Mussolini, préparant sa marche sur Rome, l'avait convaincu de provoquer une sédition militaire si le Roi se résolvait à signer. L'ambitieux duc était plus que sympathisant de cette idée car, Victor-Emmanuel détrôné, il aurait pris sa place. Compliquons les choses en affirmant qu'un appel à la sédition n'avait aucune chance d'aboutir, l'Armée n'obéissant qu'au Roi. Oui mais voilà, il fallait absolument éviter le scandale d'une brouille au sein de la monarchie et préserver le prestige de l'Italie aux yeux du monde. Et puis le Roi avait sans doute envie de tenter une expérience nouvelle avec le fascisme. *Tiens, et si on essayait ça ?* s'était-il peut-être dit. Et en effet l'expérience a l'air de très bien marcher. Les ralliements au régime sont de plus en plus nombreux, si bien que les convertis peuvent dire avec assez d'assurance aux réfractaires : « nous étions ce que vous êtes, vous serez ce que nous sommes ». Une frange du Parti Populaire s'est ralliée et deux de ses membres font partie du nouveau gouvernement. Qu'en pense Père ? La pièce sera-t-elle tombée côté pile ou côté face ?

Gianni conclut amèrement en disant que le spectre d'un scandale de cour a mis les fascistes au pouvoir, que de toute façon les Italiens ont le gouvernement qu'ils méritent et qu'on n'en est plus à une contradiction près. Parmi les réfractaires, les antifascistes comme on les appelle, n'entend-on pas des révolutionnaires crier au respect de la Constitution, cela alors même qu'elle n'a pas été touchée ? Mon ami a l'intention de faire un voyage à Rome et me demande si je pourrais solliciter Grand-père pour lui avoir un rendez-vous. Pour Gianni je demanderais un rendez-vous au Pape.

Ce cahier plein me rappelle comme le temps passe. En commencer un autre, est-ce le signe d'une vie nouvelle ?

***

18 mai 1931

Misère ! Hier j'ai perdu mon volume II. J'entame ce troisième chapitre sans conviction, sans élan, avec un sentiment angoissant d'inutilité, de frustration, de vide, de mutilation même. Par cette belle journée ensoleillée j'étais allée me promener le long du Tibre, prenant mon cahier pour y fixer d'improbables pensées. Car ces derniers temps j'écrivais peu. J'avais changé de format ; sur les pages je collais de petites photographies des monuments romains et je notais dessous mes sensations, parfois sous forme de poèmes. Jamais je ne pourrai retrouver ces émotions enregistrées à chaud. Je ne pourrai que retracer à froid les événements clés de cette période. Donc j'étais assise sur un banc pour attendre l'autobus et m'aperçois que je n'ai pas de monnaie pour le trajet. À côté de moi j'ai posé mon parapluie, que je prends toujours avec moi car à Rome on peut s'attendre au pire, mon sac et mon cahier, dans lequel je viens d'écrire une ode au Tibre. J'entre, implorante, dans une *trattoria* en agitant mon billet de cinquante lires. En ressortant je vois que l'autobus arrive. Je me précipite, prends mon sac et mon parapluie, et j'oublie mon cahier. Je m'en rends compte une fois l'autobus parti, descends à l'arrêt suivant, fais demi-tour et constate qu'il n'est plus sur le banc. Cent vingt pages parties en fumée ! Du moins j'aimerais bien que ce soit en fumée car il y a pire que la perte textuelle. Il y a, en vérité, que j'ai consigné dans ce cahier les aventures de Toto en 26, quand le préfet Mori est venu « nettoyer » Palerme. Mon frère me faisait parvenir son courrier dans des enveloppes à en-tête d'une société maltaise d'import-export qui n'étaient jamais ouvertes par la police. Après « l'infamie » d'un *gabellotto* il avait été incarcéré pour suspicion d'association de malfaiteurs et m'avait écrit à sa sortie de prison, seulement un mois après, me livrant ses craintes d'être traqué à la fois par la police et par la « famille ». Hélas ! je crois bien avoir écrit dans mon calepin le nom et l'adresse de certaines personnes à contacter en cas de nécessité. Dans quelles mains mon cahier sera-t-il tombé ? Peut-on remonter jusqu'à moi par ce qui y est écrit ? Écrit ? Mon Dieu ! je réalise que s'y trouve une photographie de moi devant le Colisée. J'avais demandé à un touriste de m'immortaliser devant le symbole de l'Éternelle. Toto et moi savons maintenant que le motif de sa libération précoce était lié à l'engorgement et de la prison et du tribunal, tant les arrestations de criminels notoires étaient nombreuses. Mais cela ne veut pas dire qu'il est à l'abri de la Némésis. Je me console en songeant qu'en ces temps de dictature il aurait pu aussi bien être exécuté sans formalités administratives.

1er juillet

Maintenant, que j'essaye de me souvenir !

En juillet 1923, à Palerme, Père nous a présenté sa nouvelle épouse. Alberto a immédiatement pressenti qu'elle n'était là que pour lui soutirer son argent, ce qui semble maintenant avéré. En septembre Gianni est venu une semaine à Rome pour remanier ses plans de carrière, visiter la capitale et enterrer sa vie de garçon. Un des meilleurs souvenirs de ma vie ! Un soir que nous nous promenions Concetta, lui et moi dans le Trastevere, nous voyons au loin une bande de chemises noires en pleine discussion. Gianni, émoustillé et voulant nous impressionner, se met à les provoquer en chantant l'Internationale. Nous voilà courant à perdre haleine dans les rues étroites et obscures du quartier, poursuivis par une troupe d'excités criant qu'ils vont nous faire avaler l'huile de ricin. Concetta est en tête car elle seule connaît la moindre venelle qui pourra nous faire échapper aux mâtins. Au sortir du *vicolo del Cinque* nous nous réfugions derrière une porte cochère, le cœur battant à deux cents, et nous retenons le fou rire qui sinon nous trahirait. La meute passe et ne tombe point à l'arrêt. Nous voilà sauvés. Nous montons chez Concetta, qui nous sert de grands verres de *primitivo* du Salento. Elle et moi passons ensuite dans la salle d'eau pour laver notre sueur. Une si belle soirée peut-elle se terminer ainsi ? Toutes moussantes, Concetta et moi avons un conciliabule. Pour les sensations, pour sa bonne humeur et son courage, nous devons offrir à Gianni une récompense, et pour l'enterrement de sa vie de garçon un présent digne de sa personne. Séchées et drapées dans nos cotonnades de vestales, nous l'invitons à se laver à son tour, évoquant une certaine odeur en quelques commentaires à la fois badins et corsés. Pendant qu'il s'exécute, nous rapprochons les deux lits de la pièce pour n'en faire qu'un et nous nous y installons, nues. Gianni, sortant de la salle d'eau, nous fait un grand sourire.

5 juillet

Je continue. Je me souviens de l'enlèvement et de l'assassinat du député d'opposition Matteotti en 24 et du discours de Mussolini, au début de l'année suivante, par lequel il justifiait les excès des *squadristi*. On pouvait donc tuer impunément quiconque n'était pas d'accord avec une certaine idée de l'Italie ? Nous avons longtemps eu un gouvernement de lâches, nous avons maintenant un gouvernement de terroristes. Au lycée, après l'indignation initiale, la tendance avait été d'éviter le sujet, tant de la part des enseignants que de celle des élèves. Idem dans la presse qui, depuis, est plus que muselée, beaucoup de rotatives ayant cessé de tourner. Dans mes pages maintenant perdues j'avais tenté d'élaborer une formule qui rendrait compte des alternances dans les sociétés modernes. C'était quelque chose comme « les hommes bons créent des épisodes instables qui engendrent des hommes durs, lesquels ramènent un ordre qui pousse à la rébellion pour revenir à l'instabilité ». Il faudra que je peaufine tout ça si j'ai le temps. Remplacer « bons » par « faibles » ? Père me donnait du souci, qui semblait danser d'un pied sur l'autre. Il avait bien sûr arrêté tout financement de parti. Ce qui m'inquiétait plus particulièrement, c'était son inquiétude. « On » lui faisait comprendre que s'il tenait à garder sa clientèle et son poste hospitalier il faudrait qu'il refuse de soigner les « indésirables ». Déjà, comme en contrepoids, un « Honorable » collègue ophtalmologiste lui avait certifié qu'il n'aurait rien à craindre s'il appelait ses patients à voter pour tel ou tel candidat du *listone*. Peu après, il a découvert que ce collègue faisait partie d'une certaine « société ». Voilà que je continue à prendre des risques, mais cette fois JE NE PERDRAI PAS CE CAHIER !

10 juillet

Si je n'avais pas tenu à me remémorer les événements en ordre chronologique, j'aurais parlé en premier du décès de ma grand-mère paternelle, emportée par suite d'une indigestion de moules façon *scoppiata*. Alberto m'avait raconté qu'il était descendu à Trapani pour corriger le poissonnier assassin. Les pages tristes que la disparition de mon aïeule m'avait inspirées l'ont rejointe dans le néant. Grand-père l'a suivie dans la tombe exactement un an après, comme de juste, en juin 1927. Nous avions prédit un ordre de départ inverse mais c'est bien le principe de la mort que de frapper où et quand on ne l'attend pas.

En 28 il y a eu la grosse affaire du voyage de noces d'Alberto et Carolina à New York. Le mariage avait été consacré dans la plus grande simplicité en raison des récents décès. Carolina s'est plu chez ses cousins de Little Italy, des émigrés de la vague 1880, et n'a pas voulu en repartir, laissant Alberto rentrer seul et créant ainsi le scandale. Elle m'avait écrit qu'elle n'avait nullement l'intention de faire des remous mais qu'elle n'avait pu résister à une ville vraiment fantastique, avec des tonnes d'opportunités pour faire du commerce, ouvrir des restaurants ou travailler chez des riches dont l'étendue de la fortune donnait le vertige, ajoutant qu'elle pensait avoir convaincu Alberto de la rejoindre dès que possible. Elle l'attend encore.

Dans quelques jours je serai à Palerme.

20 juillet, quelque part en Méditerranée

Après un trajet en train épuisant entre Rome et Naples je ne me sentais pas le courage de continuer et j'ai pris un bateau pour la Sicile. Nous avons dépassé un grand paquebot blanc, le *Patria*, rempli d'expatriés qui voguaient vers New York via Palerme et qui nous ont lancé leurs salutations euphoriques. Plus tard, le bercement des vagues m'a aidée à récupérer de mon manque de sommeil.

Je termine mon abrégé d'histoire vidé des images, des impressions, des sensations, des émois, des réactions… qu'avait suscités cette presque décennie. On peut se souvenir d'un sentiment mais ce qu'il en reste vraiment, après que la chose qui l'a provoqué s'est évaporée, est un résidu, ce qui demeure au fond d'une décoction oubliée, une cendre qui s'est substituée à une flamme, une métonymie. Un écrivain français,

Marcel Proust, s'est, paraît-il, attaché à retrouver les émanations du temps. Il faudra que je… Prenons par exemple cette aventure avec un fascinant fasciste ; j'ai failli l'oublier ; c'était en 25 je crois. Il vénérait D'Annunzio. Oh et puis non, ça ne mérite pas qu'on s'y arrête (j'ai assez caressé le poète dans le sens du poil). Un épisode qui m'a émue, après qu'en 27 on nous eut servi le « délit d'opinion », c'est quand les accords du Latran ont imposé l'éducation religieuse. Mes élèves, très charmantes d'ailleurs, ont été ravies d'avoir moins de syllepses, de déclinaisons et *d'ismisme* pour pouvoir se consacrer davantage au Petit Jésus. Je suis en totale harmonie avec elles car ma charge de travail a été allégée.

1er août

Palerme écrasée de chaleur et de solitude. Ma sœur de cœur, Concetta, restée à Rome, ma belle-sœur, Carolina, en Amérique. Père et frère trop occupés. Comme l'air me manquait, j'ai demandé la clé de San Giuliano à Papa. J'y serai sous peu. Seule.

17 août

Mes vacances se terminent après un *Ferragosto* de plus à Trapani, cette fois en solitaire.

3 septembre, quelque part en Méditerranée

Alberto et moi sommes sur un bateau en route pour Tunis. De graves événements ont bouleversé ma vie. Nos vies. Le 20 du mois dernier, je finissais de boucler ma valise quand on a frappé fort à la porte. C'était Alberto, pâle et souffreteux, un Alberto que je ne connaissais pas. Il m'a raconté ses déboires. Les nombreuses arrestations d'hommes d'honneur avaient nourri parmi eux un climat de suspicion qui souvent donnait lieu à des décisions inconsidérées. La *cosca* de Bagheria avait été passablement décimée et les hommes qui restaient étaient quasiment tous soupçonnés d'infamies. Alberto a été convoqué à l'exécution d'un présumé repenti, la convocation constituant une mesure prise dans l'idée de dissuader de ce genre de déshonneur. Le protocole requiert que, dans une campagne à la périphérie de la ville, une quinzaine « d'invités » fassent cercle, accroupis, autour du futur supplicié pour le dévisager un instant. Ils sont ensuite sommés de baisser la tête avant l'arrivée du bourreau pour ne la relever que quelques minutes après le coup de feu. Alberto n'a pu se retenir et a levé la sienne avant le signal. Ayant reconnu l'exécuteur, celui-ci l'a menacé d'une sentence redoutable, promenant son pouce le long de sa mandibule. Mon frère n'est pas enclin à paniquer pour des broutilles. Persuadé d'être condamné, il était venu se réfugier là où on ne le trouverait pas tout de suite. En partant il a prévenu Papa, qui nous a rejoints à M.S.G. Les deux sont convenus qu'une fuite s'imposait. Tunis n'est pas loin de la Sicile et on y accueille les réfugiés politiques, entre autres. Il suffirait à Toto de déclarer qu'il fuyait le régime. Mon père s'est précipité chez les Abita, à Trapani, et en est revenu assez rassurant. Comme il cherchait de quoi recopier une adresse, je lui ai tendu mon cahier. Si Alberto partait je partirais avec lui. Mes notes compromettantes égarées, la lourde atmosphère fasciste de Rome, l'espoir d'une vie libre dans une possession française peuplée d'Italiens… Mais ce sont moins ces considérations qui m'ont décidée que l'inconcevable perspective de laisser mon frère partir seul en exil. Alberto était soucieux quant aux risques de *vendetta* sur la personne de Papa. Celui-ci nous a encore une fois rassurés. Pour une forfaiture de cet acabit, seul le coupable était sanctionné. Ce n'était qu'en cas de meurtre ou alors si des biens volés n'étaient pas restitués ou remboursés qu'on élargissait les représailles à la famille. De plus, Père se savait protégé par des hiérarchies opérant largement au-dessus des piètres règlements de compte. Il est reparti à Palerme pour nous acheter des billets et nous a télégraphié la date et l'heure du départ. Alberto a rempli une valise avec des habits de Grand-père. La mienne était déjà prête. À Palerme, j'ai pris le temps d'aller embrasser Gianni et Felicia. Nous nous écrirons. J'ai aussi envoyé deux lettres, une au lycée, dans laquelle je me répandais en apologies sincères et justifications éloquentes, et une à Concetta, à qui je léguais toutes mes affaires. Papa se chargera d'informer ses beaux-parents.

10 octobre

Tunis est une ville étonnante ; à part l'arabe et l'italien, on y parle un français différent de celui dont j'avais l'habitude à Aix. C'est un français mâtiné. On y décèle des expressions italiennes, plus spécialement siciliennes, mais aussi, m'a-t-on dit, des éléments arabes, judéo-tunisiens, maltais et corses.

Au cours de notre débarquement un hurluberlu (j'arrive maintenant à prononcer ce mot à peu près correctement) nous a bousculés sur la passerelle, remontant le courant comme un saumon endiablé et vociférant dans un langage abscons. Le personnel a fait usage de la force pour l'empoigner et le ramener à quai. En redescendant, il se confondait en excuses auprès des passagers qu'il aurait pu importuner, disant, en bon français, qu'il s'était trompé d'horaire ou de quai, il ne savait pas très bien. Son âge canonique ne faisait qu'accentuer le pathétique du personnage. Nous avons décidé de l'emmener avec nous au poste de police, d'où on l'a fait gentiment ressortir presque aussitôt. Il semblait connu des autorités. Nos formalités d'immigration se sont bien déroulées, la lettre et l'adresse que Papa avait obtenues à Trapani faisant office de laissez-passer. En sortant du bureau, nous avons constaté que le monsieur de la passerelle était toujours là, assis sur le banc d'attente, et l'avons pris en commisération. Peu après un homme est arrivé et s'est présenté comme Darius B., fils du monsieur. Il était affable et nous avons fait un brin de causette. Il nous a d'abord présenté des excuses pour le comportement de son père, qu'il disait très fatigué. Puis nous avons abordé nos origines respectives. Il est maltais naturalisé français. Nous nous sommes revus hier. Il avait apporté un énorme sac d'oranges pour me remercier de mes attentions envers son père. Je ne sais pour quelle raison j'avais inventé, la première fois que nous nous sommes rencontrés, cette histoire de cousin qui nous hébergeait. Comme Darius me demandait des nouvelles de ce parent qui n'existait pas, j'ai bafouillé des inepties avant de trouver une solution : ce cousin c'était Pietro, l'actuel patron d'Alberto. En effet, mon frère n'a eu aucune difficulté pour trouver rapidement un travail de manutention dans un atelier qui façonne la pierre. On lui a même proposé de le loger, mais ce n'est que pour optimiser son rendement. Pauvre Toto ! Veut-il réellement apprendre un vrai métier ou la situation n'est-elle que provisoire ? Darius m'a ensuite raconté une affaire ahurissante de cimetière antique à Malte, affaire qui est à l'origine de l'émigration de son père. Puis il m'a galamment offert de m'emmener dans son automobile pour me déposer à mon rendez-vous. J'ai d'abord décliné étant donné que le siège de la société Dante Alighieri, rue Thiers, n'est qu'à cinq minutes à pied. Il a tellement insisté que j'ai fini par accepter. J'ai bien compris qu'il voulait me montrer sa belle auto. Comme je descendais du véhicule, il m'a proposé qu'on se revoie pour qu'il me fasse visiter les environs de Tunis, ce que j'ai accueilli avec beaucoup d'enthousiasme.

15 octobre

Lettre à Gianni écrite avec du jus de citron au dos d'un prospectus touristique :

Mon beau, je t'annonce que ma candidature a été retenue par la société Dante Alighieri pour un poste, tiens-toi bien, d'attaché culturel spécialisée dans la littérature italienne. Tu sais cet architecte qui m'a fourni le logement ici, dans l'immeuble dont il est propriétaire, il est sociétaire de la Dante et c'est lui qui m'a suggéré d'y aller pour tenter de trouver un emploi. J'ai aussi une possibilité au lycée de Bâb Djedid mais 1°, la Dante est à un jet de pierre de chez moi et 2°, le salaire y est presque le double de celui que j'aurais au lycée ; de plus, celui-ci est à 20-25 minutes de marche. Je garde néanmoins cette option en réserve car une enquête de moralité doit être diligentée me concernant. S'ils savaient ! (Je pense à notre soirée particulière à Rome.) Je ne suis pas idiote, je sais comment les objectifs de la Dante ont changé. Je t'écris justement pour te demander ce que tu en penses. Porte-toi bien, embrasse Felicia et tes parents.

PS : Tu vas être triste, je crois que je suis amoureuse.

31 octobre

Réponse de Gianni ; même procédé, révélation à la bougie derrière le facsimilé d'une ordonnance judiciaire :

Ma chère Maria, je ne sais que te dire, tu es seule avec ta conscience. Loin de moi l'idée de renier tes mérites, mais je suppose que tu sais déjà que l'embauche est facile à cause du renforcement de la mission fasciste en Tunisie. Tu auras sûrement du pain sur la planche, et pas que du pain blanc… Soit, mais en tant qu'ami je te dois tout de même un avis, ou plutôt une idée : prends le poste et fais-en un poste d'observation ! Les fascistes espionnent leurs opposants en permanence, pourquoi n'en ferions-nous pas de même ? De plus, tu auras une occasion unique de faire reluire ton curriculum. Ici, l'espoir de fonctionnariat s'amenuise pour les gens comme nous. Je ne suis pas sûr que l'enquête de « moralité » me serait favorable. J'envisage sérieusement de pointer la mire sur le privé. Je te donnerai des détails plus tard. De vive voix à Palerme ou à Tunis ?

Je t'embrasse affectueusement.

PS : Je ne te souhaite pas que tes amours durent toujours car ce sont celles qui sont impossibles (proverbe ottoman).

3 décembre

Pour mon anniversaire, Darius m'a emmenée à La Goulette pour que je choisisse un restaurant. Quand j'ai pointé mon doigt vers un établissement qui me plaisait, en bord de mer et décoré de lampions multicolores, il s'est écrié : « Surtout pas celui-là ! » Puis, devant ma surprise et après un instant : « Oh et puis après tout, pourquoi pas ? » C'était le restaurant où il avait célébré son mariage à une de mes compatriotes dont il a eu une fille, Giulietta, et dont il est maintenant divorcé. Notre repas fut romantique *assai*.

15 février 1932

Gianni avait raison : on m'a assigné une grosse charge de travail consistant à donner des cours d'italien, organiser des expositions, contacter des personnalités en vue de conférences, concerts ou pièces de théâtre, et rédiger des fascicules pour expliquer les objectifs de la *Dante* en termes de dissémination de la langue et de la culture italiennes. Pour ce qui concerne les aspects linguistiques et artistiques je suis assez satisfaite mais il apparaît clairement que la société outrepasse ses prérogatives culturelles en se lançant dans la politique étrangère. Et c'est à moi, entre autres, à diffuser le message. En quelques traits, voici un résumé du pamphlet qu'on m'a forcée à écrire :

Bizerte dans les mains des Français est un pistolet braqué sur la Sicile. Nos soi-disant « frères » latins se sont emparés d'une terre sanctifiée par la sueur et le sang de nos ancêtres. Nous, Italiens, construisons des palais de marbre en Tunisie depuis plus de deux mille ans, depuis une époque où les futurs Français pratiquaient encore l'anthropophagie. Et que dire des Républiques maritimes italiennes qui ont poursuivi et perfectionné l'œuvre de civilisation, même si des guerres y ont été nécessaires ? Et de l'exploit du Vénitien Angelo Emo qui, débarrassant la Tunisie de ses corsaires en 1774, l'aurait offerte à Saint-Marc si le Sénat ne s'y était opposé ? La langue italienne était alors celle de la diplomatie beylicale, y compris dans ses relations avec le Consulat français. N'oublions pas le pêcheur de corail génois ni le réfugié politique fuyant la police des Bourbons. Aujourd'hui, si la Tunisie n'est pas italienne, c'est à cause de l'engeance démo-judéo-plouto-maçonnique conspirant des deux côtés des Alpes. Mais le Guide, notre nouveau Scipion, saura mettre un terme à cette disgrâce et rendre à César ce qui lui appartient. Il nous faut faire davantage que rendre hommage à ce peuple ausonien qui a façonné la Tunisie, il faut la lui restituer. Comment comprendre, comment accepter que moins d'un millier de Français essentiellement recrutés dans les prisons de la République aient pris possession d'une terre habitée en 1881 par 25 000 Italiens, une terre fécondée par nos agriculteurs, lesquels ont transformé le désert en vignobles et en oliveraies ? L'urbanisation même, à Tunis et dans les autres villes du pays, est en grande partie attribuable aux architectes et constructeurs italiens. Ce sont nos nationaux qui constituent une bonne part de la main d'œuvre du service public et pourtant les Français, à l'encontre de toute décence et de toute moralité, exploitent et persécutent nos travailleurs. Est-ce ainsi qu'on nous remercie d'avoir sauvé la France en 18 quand nos troupes ont stoppé l'avancée allemande du côté du Chemin des Dames ?

Italiens, que cette insolence, que ces outrages n'érodent pas nos liens patriotiques mais au contraire les renforcent pour que soit enfin bâtie la nouvelle Ifriqiya fasciste !

La mainmise française sur la Tunisie, nos dirigeants la voyaient venir mais le président du conseil, Benedetto Cairoli, laissa faire. Il se disait inhabile mais honnête. Il y a un paradoxe troublant, quand on gouverne un État, à se dire honnête en se sachant inhabile. Mais jusqu'en 1896 les défaillances variées de nos gouvernements pusillanimes furent heureusement palliées par les initiatives de nos entreprises privées qui, elles, n'oublièrent point les Italiens, leur évitant de céder au chantage de Marianne qui les mettait en demeure de choisir entre exploitation, chômage et naturalisation. Autre exemple de l'indignité des Français quand, en 1911, ils nous proposèrent un accord laissant à chacun les mains libres, les uns au Maroc et les autres en Libye. Or, une fois installés, ils osèrent fournir des moyens de défense aux Turcs par la contrebande. Ils nous menacèrent de la guerre quand nous interceptâmes deux de leurs navires chargés d'armes et de munitions destinées à nos ennemis. Belle mentalité ! qui s'était reflétée déjà dans l'hystérique prétexte pour l'invasion : la puissante (sic) tribu des Kroumirs avait attaqué leurs pauvres Ouled-hehed algériens et il fallait rétablir l'ordre. Une journaliste française offrait 100 000 francs à qui pourrait lui montrer un exemplaire authentique de Kroumir, mort ou vif. Un haut fonctionnaire s'était laissé aller à confesser que les « Kroumirs » étaient payés 5 francs par tête et *par jour par le gouvernement ! Continuons, la liste est longue. Profitant de nos insuccès en Éthiopie, les « Protecteurs » nous infligèrent une double pleine : en lançant une campagne de « dé-nationalisation » qui, de fait, a pris la forme d'un chantage visant à ce que les Italiens prennent la nationalité française, et en nous imposant la convention de 1896, qui niait toute valeur aux diplômes italiens et nous empêchait d'agrandir nos écoles, même d'une seule salle de classe et spécialement quand la demande venait de la « Dante Alighieri ». Parlons aussi et surtout des mesures coercitives prises ensuite, au mépris même de ladite convention, contre : nos négociants, pour qui les frais de douane sont prohibitifs ; nos pêcheurs, dont on a supprimé les droits ; nos avocats, qui sont exclus du barreau si leurs études secondaires n'ont pas été faites en France ; nos investisseurs, à qui on dénie la liberté d'achat-vente de biens immobiliers ; nos patriotes enfin, à qui on défend de se rassembler et qu'on accuse d'avoir provoqué le réveil islamique alors que ce sont les Français qui en sont à l'origine. Que cette terre soit de fait une extension de notre Mère Patrie nul n'en doute, pas même d'honnêtes Français, car il en existe. Citons par exemple Paul Leroy-Beaulieu : « La Tunisie est une colonie italienne administrée par des fonctionnaires français. » Et ajoutons que ces fonctionnaires, par la voix de leur Résident général, osent s'attribuer le mérite de la prospérité économique du pays ! Nous n'avons pas besoin de lire les journaux français, nous avons l'*Unione*, qui dénonce les abus, les mensonges gaulois, et qui défend nos intérêts. Depuis quarante ans, la « Dante Alighieri » fait beaucoup pour honorer la culture italienne. Sa mission est maintenant de lui redonner sa primauté, d'être le rostre, le* flambeau *de l'italianité. Elle devra pour cela résister aux attaques des éléments antifascistes, qui ne sont rien autre qu'anti-italiens. Nous avons le plein soutien de Rome, tout* *comme les* Dopolavoro *et les organismes du* fascio, *tels les G.U.F. et les O.G.I.E., avec lesquels nous poursuivons le même but : faire renaître chez les Italiens l'amour de la Patrie, les prémunir contre les perfides sirènes de la naturalisation et rétablir la fierté de la Nation mussolinienne.*

Italiens de Tunisie, l'heure est proche où vous serez payés de vos efforts, de vos mérites et de votre foi en la Nation. Vive l'Italie, vive la Tunisie italienne, salut au Roi imperator, salut au Guide !

Tel est le rapide aperçu des 30 pages que j'ai écrites en adjoignant maints détails historiques et politiques, maintes dénonciations des « exactions » françaises et maintes exhortations au peuple italien. J'étais aidée en cela par mon directeur, Monsieur M., qui de temps en temps, dans la grande salle de la bibliothèque, surveillait par dessus mon épaule et d'un œil amusé la progression de mon travail.

29 février

Ce matin, Monsieur M. a fait irruption dans mon bureau, furieux. Il brandissait mon paquet de feuilles et en a extrait une qu'il a plaquée sur ma table avec un coup sonore du plat de la main. Puis, pointant son index sur une ligne barrée à gros traits rouges : « Supprimez immédiatement cette phrase sur l'en… sur la conspiration judéo… Remplacez par, je ne sais pas moi, la faiblesse ou l'incapacité des politiques, ce que vous voulez ! » Il est de confession israélite et je ne le savais pas. J'aurais dû m'en douter avec ses intonations toscanes. Énorme bévue de ma part. Rouge de honte, je me suis excusée platement, inventant que l'idée m'avait été suggérée par un activiste du *dopolavoro*. S'il savait que je suis l'amie des Juifs ! Je suis dans cette situation abracadabrante où, franco- et sociophile, je travaille pour un organe fasciste dirigé par un Juif. Monsieur M. est extrêmement intelligent. Au travers de sa réaction, somme toute indulgente, j'ai cru pressentir que sa position était plus menacée que la mienne. Le secrétaire m'a demandé de lui transmettre la version finale de l'opuscule pour dactylographie, et après relecture je suis censée l'envoyer à Rome pour impression. De toute façon je ne l'enverrai pas. Si on me demande le bon d'envoi je dirai que je l'ai perdu. Tout ça pour freiner un peu la propagande, pour gagner du temps.

15 mars

Gianni me suggère d'entrer en contact avec le Trapano-Goulettois Barresi à la L.I.D.U., la ligue italienne des droits de l'homme. Celui-ci a invité à Tunis le Sarde Lussu, de Justice et Liberté, que je « ferais bien de rencontrer ».

17 mars

Me suis acheté une Olivetti M40 sur laquelle j'ai commencé mon roman. Ne gribouillerai plus ici que quelques notes, des repères.

12 juin

Le Palermo sort vainqueur de Série B. Gloire à Carlo Radice ! Alberto en transe.

12 novembre

Barresi m'a demandé d'utiliser mes entrées à *l'Unione* pour essayer de faire parler des gens sur une certaine somme qui aurait été versée pour saboter la célébration d'anniversaire de la L.I.D.U. J'entre dans l'espionnage de haut vol.

1er janvier 1933

Averti la police française que A. a déposé une bombe chez l'antifasciste P. pour que celui-ci soit accusé de terrorisme.

12 janvier

Fait disparaître une copie de la liste des postulants italiens à la nationalité française.

13 mars

Angle sud-ouest de notre siège surélevé d'un étage comme pour rehausser l'image et augmenter l'emprise de l'Italie sur Tunis. Ce qui est incroyable, c'est qu'on y a déplacé mon bureau et j'ai maintenant l'impression d'être perchée sur un mirador. Je peux voir toutes les personnes qui entrent et qui sortent de la maison.

31 mai

Mariage d'Alberto à une Française. Célébration très discrète car il est maintenant officiellement bigame. Officieusement plutôt. Dit avoir choisi une Française pour se venger des tourments infligés par le préfet Mori. Elle est employée au Contrôle civil.

Sentiments vis-à-vis du Duce : Alberto, haine viscérale ; moi, défiance raisonnée.

À la suite de sa naturalisation, Pietro s'est fait traiter de *carne vendutta* en pleine rue. Toto hésite.

13 juin

Mariée avant-hier à Darius. Journée inoubliable. Soirée au fameux restaurant de La Goulette pour narguer le mauvais œil. Donato m'a arraché des larmes avec ses chants siciliens repris par Alberto et Pietro, ce dernier invité avec toute sa famille par mon frère. Sincère affection pour la colonie maltaise. Me voilà belle-maman d'une petite Giulietta de huit ans.

Mon mari avait admirablement préparé notre rez-de-chaussée rue du Danemark, près de la Bab de France. Point noir : la crise économique. Darius a trouvé des crédits et des aides du gouvernement français. Il a aussi déniché une manne grâce à la maison Enriquez. Celle-ci fabrique des boîtes de conserve de légumes et il leur confie ses artichauts. Le problème de stockage créé par la chute des exportations est résolu.

24 juin

Mort de Grand-père à Rome. Papa m'a écrit de là-bas. En lisant la nouvelle j'ai revu en pensée les reflets bleu et or de l'abside de Saint-Sauveur et le cloître dans lequel j'allais méditer et écrire à Aix. Étrange nostalgie.

31 décembre 1934

Où est passée cette année ? Mon livre devrait être fini. Il ne l'est pas. Je passe de longues minutes devant la page blanche et je décide alors de corriger ce que j'ai déjà écrit. Je fais donc du surplace.

15 janvier 1935

Accords Mussolaval. Les vautours latins se partagent quelques morceaux ; ça les calme momentanément, c'est-à-dire jusqu'à la prochaine curée ; non loin de là le vautour teuton, tel un spectre de Bismarck perché sur un arbre mort, observe la scène en ricanant. Silence de Gianni. Tunis toujours plus française.

3 mars

Tiens, un journal. Bonjour Journal.

4 mars

Me suis remise à l'écriture. Malheureusement le cliquetis de la machine énerve Darius. J'ai été profondément humiliée l'autre jour quand il m'a reproché de gaspiller mon temps avec des bêtises au lieu de donner un coup de main à l'entreprise. J'ai surmonté ma blessure d'amour-propre pour lui répondre que je travaillais à la *Dante*, que j'avais bien le droit de disposer de mon temps libre comme je l'entendais et que je n'avais aucun talent pour la comptabilité ou la manutention.

24 juin

Nouvelle défiance : politique défaillante du gouvernement italien en matière d'économie. Erreur du protectionnisme ; échec de l'autarcie. Sainte lire ! On arme, on arme.

13 septembre

Bon de commande de la *Dante* et chèque en blanc pour garnir la bibliothèque. Opté pour Pirandello, Marius Scalesi, Kessel et, soyons plus moderne, De Monfreid et Gabriele Audisio. Carthage, œil de la Méditerranée (Clitomaque). Contacté l'A.G.I.L. pour une expédition en franchise.

Un jour de février 1936

Le café rapporté d'Éthiopie par les volontaires est délicieux ; il a un arôme de cuir noble et de terre rouge ; non, je ne donnerai pas mon louis d'or au Duce. D'autre part… je suis enceinte !

14 septembre

Ma belle-sœur est aux anges : semaine de 40 heures et congés payés !

31 octobre

Vendredi d'il y a huit jours, naissance de notre fils, Julien, deux mois en avance ! Adieu livre, journal ; bienvenus biberons, langes et sourires.

27 novembre

Rencontré Marinetti au Majestic pour l'inviter à la *Dante*. Sa conférence d'hier sur le *Mare Nostrum (il appuie sur « Nostrum* ») était totalement différente de celle de 31, quand il avait préconisé que les Italiens arrêtassent de manger des pâtes, qui alourdissent le corps et l'esprit, pour les remplacer par des pilules chimiques, ce qui aurait été aussi l'occasion de faire en sorte qu'on cesse de nous appeler « Macaronis ».

Le futurisme à ses débuts avait le goût acide des fruits verts. Il sent maintenant la viande faisandée.

1er avril 1937

Félicitations de Gianni pour mon heureux événement. Enfin des nouvelles ! Il travaille pour une société de placements. Felicia attend elle aussi son premier enfant.

2 avril

Tiré le portrait de Julien. À l'opposé de la page blanche, son visage exprime toutes les nuances du sentiment : joie, inquiétude, étonnement, confiance, questionnement, malice, approbation et désapprobation. C'est LE Joconde. Toute la gamme est prête pour ce qui sera son destin.

19 juillet

Soumis un article à *L'Italiano di Tunisi* sous le pseudonyme de Mona (un seul *n* !) Lisa. En substance : l'expression et l'action antifascistes des femmes ne se départent pas du patriarcat. C'est un paradoxe très embêtant car le fascisme est un paradigme du patriarcat, son pinacle, son paroxysme. Il faut aller plus loin dans le réveil des consciences, l'émancipation, etc.

22 septembre

Hier le bruit courait qu'on ficherait un maximum de participants aux obsèques de Miceli, assassiné par des marins fascistes. Mortifiée à l'idée de ne point participer, j'ai mis un *niqab* et suis descendue dans la rue. Laissé Julien à la garde de

Darius. Flammes dans son regard. Toujours sa question : « quand vas-tu prendre la nationalité française ? » La réponse est « jamais ». Je ne comprends pas son insistance et je ne comprends pas qu'il ne comprenne pas. Veut-il que j'arrête de travailler à la *Dante* ?

23 septembre

Pensé à préparer un article sur les événements récents. Invasion de l'Éthiopie : faire oublier la crise économique ; en vue survie d'un pouvoir fébrile, lancer un peuple enivré et appétent contre une nation « prenable » ; collusion avec industries chimiques (gaz moutarde) ; État agresseur condamné par la communauté internationale. Jamais de telles banalités ne seront acceptées. Trouver autre chose. Néo-Destour, odalisque courtisée de tous : fascistes, communistes, socialistes, sujets du Bey… Libéraux laïques promettant le paradis aux fidèles. On aura tout vu et on le verra encore sûrement, le sacrifice à Allah en échange d'un vote. France-Tunisie, seule véritable compétition sur ce terrain. Qui va gagner ? Les paris sont ouverts. Bien, mais quel journal ? Ou alors la brèche ouverte par le meurtre de Miceli. Dissiper le malentendu amalgamant fascisme et italianité. Éviter une fracture irrémédiable dans la communauté italienne. L'*Italiano* ?

Je m'étais promis de ne pas être journaliste politique…

17 mars 1938

Rencontré Roberte par intermédiaire B6. Lui ai remis lettre (volée au Consulat) affirmant que H.B. a perçu 40 000 lires des Affaires Étrangères italiennes pour la propagande nationaliste. Puis bavardé sur l'impudence sans borne de Mussolini, qui parle de *Pax Romana*. Roberte : « selon un certain diplomate, Berlin veut bien lui laisser la Méditerranée, mais seulement l'eau qu'elle contient. » Ah ! la Méditerranée fasciste serait tellement plus belle, eau pure et limpide !...

20 mai

Bain de sang en ville le mois dernier. Qui est responsable ? Selon certaines informations ce pourrait être mes compatriotes. Pas moi en tout cas. Sœur de Darius émigrée en Angleterre. J'ai du mal à mettre Giulietta à contribution pour l'entretien du logis et la garde de Julien. Elle a pourtant 13 ans !

13 juin

Coupe du monde : France battue par Italie 1-3 en quarts de finale. Gloire à Piola ! Espérons que nous serons en finale.

20 juin

Champions du monde !

5 janvier 1939

Sarah a perdu son poste au lycée italien, conformément aux dispositions légales. Antisémitisme maintenant intégré à la loi ; c'est le vase qui déborde. Excellente enseignante de français pour laquelle je ne peux rien faire car ce serait me dévoiler.

30 mars

Jamais je ne finirai mon livre. Suis sans arrêt dérangée par ceci ou cela. De plus, Darius m'a traitée de prétentieuse. Autant abandonner.

2 avril

Police semble s'intéresser à mes cours. Non, pas à mes cours, aux Tunisiens qui les fréquentent.

1er mai

Tombée sur un article du *Tevere* à la *Dante*. Il rapporte la phrase du Duce à propos des Français : un peuple dégénéré ravagé par l'alcool, la syphilis et le journalisme. Impayable !

14 août

Miraculeusement obtenu copie livre Viollis. Souvenir de mon voyage à Aix : c'est sur le bateau pour Marseille que j'avais entendu parler d'elle pour la première fois. Inutile d'écrire sur la Tunisie, elle a déjà tout dit, en tout cas l'essentiel. Exemple à suivre du journalisme, elle s'entretient aussi bien avec les chantres du fascisme, consul et vice-consul d'Italie, qu'avec ses opposants du cercle Garibaldi et de la L.I.D.U., lesquels, en pleurs, lui content l'assassinat de Miceli. Quant à ses investigations sur la responsabilité des Italiens dans le massacre d'avril 38, elles confinent à une activité de détective ! Tout comme celles concernant l'opaque rapprochement entre pouvoir fasciste et mouvement destourien, panarabe ou pas. Encore une affaire de lettre compromettante cette fois trouvée, paraît-il, sur un journaliste destourien qu'on avait arrêté. La lettre, accompagnée de chèques d'un montant substantiel, semble faire écho à celle que j'avais volée. Chapeau aussi pour l'entretien obtenu en 38 avec Bourguiba dans sa prison militaire ! Interdiction de parler politique ; on ne pouvait aborder que les conditions de détention (satisfaisantes sauf pour l'absence de lumière le soir). Malgré ce, le message est transmis : il ne lâchera jamais et l'indépendance arrivera, inéluctablement. Vrai, Viollis est sans concession vis-à-vis des Italiens et légèrement complaisante vis-à-vis des Français, mais quelle journaliste !

16 novembre

Darius mobilisé et affecté à Ben Gardane pour défendre la frontière.

13 mai 1940

Mort de Grand-mère à Rome. Testament à 50 % en faveur de Père. Alberto et moi partageons l'autre moitié. L'avenir est assuré. Père reversera sa part aux Finzi, en difficulté par suite des lois raciales et au licenciement du patriarche. Ils comptent émigrer en Argentine.

12 juin

Écrit aux Pagès à Aix pour leur exprimer mon désarroi face à la déclaration de guerre de l'Italie à la France. Baisers affectueux. Darius bientôt de retour. Baisers très affectueux.

14 juin

Naturalisation française *in extremis* de Toto qui clame haut et fort que l'intention n'était pas d'éviter les camps d'internement mais de faire la guerre au Duce.

30 juin

Armistice le 24 ! Toto, qui a évité les camps, ne pourra donc pas exercer ses talents de tirailleur. Hasard, calcul ou bonne étoile ?

23 septembre

Suis repassée au Consulat ce matin pour une affaire de subvention. Surpris des bribes de conversation dans un couloir (brassards *Savoie* de l'O.V.R.A) au sujet de V. Il était question d'un accident d'automobile. Ma pulsation cardiaque a pris vingt battements. Prévenu V. qu'il se pouvait qu'un attentat fasciste se prépare contre lui. Était déjà au courant. Part demain pour Marseille.

4 novembre

Nouvelle rencontre avec Barresi. Le flux migratoire juif et antifasciste a besoin de faux papiers. « Avez-vous des contacts à Palerme ? » Lance-t-il cela au hasard ou est-il informé ? Comment et par qui ? Oui, j'en avais, mais je les ai perdus avec mon cahier. Alberto ? Laissons-le, il est entre le marteau et l'enclume. Et puis, Monsieur, ce ne serait pas très catholique.

15 février 1941

Alberto croit avoir reconnu « Un » de Palerme rôdant dans la Petite Sicile vers la rue Marcescau.

20 mars

Le racisme primaire de D.O. m'insupporte. À ses diatribes sur l'infériorité atavique des Arabes et des Noirs j'ai envie de surenchérir cyniquement en proposant d'y inclure les Juifs, qui ne pensent qu'à l'argent, et les Asiatiques, pour qui la vie ne vaut pas tripette. Je pourrais inventer que je me teins les cheveux en noir pour me fondre dans le paysage et qu'en réalité je suis une blonde on ne peut plus aryenne. Mais je suis obligée de faire bonne figure, je me tais. D'autant que j'ai besoin de lui pour préparer un nouvel opuscule à l'occasion du dixième anniversaire de l'exposition qui s'était tenue à la *Dante* sur la peinture sicilienne avant-gardiste. Pippo Rizzo et ses pointes, ses piquants, ses piqûres… Le fascisme c'est l'obsession de la vitesse à la pointe de l'épée. Trouver un autre mot que « obsession ». Redorer l'art arabe comme précurseur de l'art abstrait (détestation de la re-présentation). Fonction, géométrie et synthèse.

22 septembre

Impression désagréable d'être suivie depuis quelques jours. Mon imagination me joue-t-elle des tours ? Un homme en burnous… Le Destour ?

7 décembre 1942

Informé les Sadoun qu'ils sont visés par une rafle. Khaled leur offre l'asile. Écoles fermées. Julien a raté sa rentrée. Darius fait du marché gris.

28 février 1943

Enchères auprès de Moncef Bey pour lui faire signer une déclaration hostile aux Alliés. Berlin offre 100 00 francs, Vichy un million et Rome 50 000 lires. À chacun selon ses moyens et besoins. Réticence du Bey.

1er mars

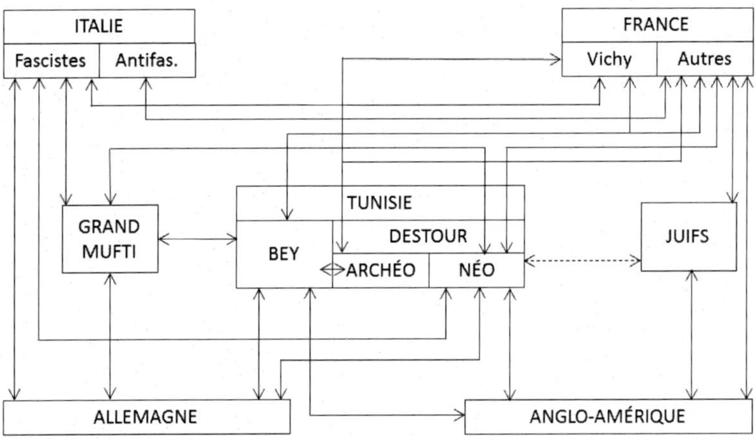

Au fil de mes discussions, de mes écoutes radiophoniques et de mes lectures quotidiennes de journaux, malgré la censure, je n'ai cessé d'ajouter des relations entre les différentes parties. On pourrait certainement toutes les relier, sauf peut-être les Juifs avec Mussolini ou le Mufti, quoique… Pour bien faire il faudrait un schéma bicolore avec l'idéologie en blanc et l'argent en rouge et cela donnerait immanquablement un beau rose bonbon.

4 mars

Belle-maman tuée par un bombardement américain. Darius, Giulietta et Julien très malheureux. Beau-papa accuse les Turcs. Sommes réfugiés à Porto Farina. Fermer la porte, éteindre la lumière et dormir.

24 juin

Insupportable comportement des occupants américains. Œillades à toutes les femmes comme si c'étaient des… Il y en a à qui ça plaît. Les Allemands étaient beaucoup plus respectueux.

14 novembre

Rencontré Mohamed E. qui me confie que son éveil au nationalisme provient de sa prime appartenance tribale (Saïdi). Comme une suite logique.

À Hammam Lif la police islamique a donné des coups de fouet à un musulman qui se promenait en état d'ivresse.

Guanciale (spero, sennò, frattaglie)
Avannotti
Muddica 2 etti
Anciovi, Sicilia mia
10 uova… si può?
Zafferano (da dimenticare)
Farina di ceci 2 ch
Glibettes bianche
Strutto 1 etto
Ricotta (un sogno)
Marsala (altro sogno)
Ciocc… Americani?
Aceto
Zucchero 1 ch
Caffè 1 ch

Histoire de Julien

Julien, sa mère est morte quand il avait sept ans. Un démarrage difficile donc, surtout qu'il était prématuré. La mort de Maria est demeurée un mystère. Un accident aussi stupide que tomber dans une bouche d'égout, personne n'y croyait vraiment. Ce matin de décembre, la veille de son anniversaire, elle avait annoncé à Giulietta, sa belle-fille, qu'elle allait faire ses courses. Or on l'avait retrouvée à l'opposé du marché, gisant au fond d'un regard de la rue de Russie. Qu'était-elle venue faire là ? Et d'abord pourquoi la grille était-elle ouverte alors qu'il n'y avait pas de travaux en cours ? On a beau être distrait, il est difficile d'imaginer qu'on puisse ne pas voir une bouche d'égout ouverte. Un résident du quartier racontait qu'il avait entendu un cri, s'était penché à sa fenêtre et avait vu un homme s'enfuir en courant. Malheureusement il avait été incapable de fournir une description fiable de l'individu à la police. Il avait d'abord parlé d'un imperméable gris et d'un chapeau marron, puis c'était l'inverse, chapeau gris et imper marron. De toute façon il n'avait pas vu son visage. En cette fin de 1943, Tunis était à la fois ruine et chantier, et la police n'avait pas le temps de sérieusement s'occuper du menu fretin ni d'autopsies. Elle a donc conclu à un malheureux accident. Darius, le père de Julien, oscillait entre plusieurs hypothèses sur un possible assassinat de sa femme. Il savait qu'elle se livrait à un double jeu dangereux à la *Dante*, l'association culturelle italienne pour laquelle elle travaillait et où elle était censée jouer un rôle dans la propagande du régime fasciste. (Il avait d'ailleurs essayé de l'en éloigner.) Dans ce contexte, Maria aurait pu être une victime expiatoire des ennemis de l'Axe qui, Français ou Italiens, communistes ou antifascistes divers, se trouvaient maintenant en position de force après la chute de Mussolini. Hypothèse inverse, des fascistes ou même des membres de l'O.V.R.A. auraient pu découvrir sa trahison et, enragés par leur défaite et assoiffés de vengeance, décider de l'éliminer avant de quitter le pays. Alberto, le frère de Maria, était quant à lui persuadé que la *cosca* de Palerme avait fini par retrouver la trace de sa sœur, laquelle en savait trop et représentait un danger qui demandait sa liquidation. Il était rongé à la fois par le remords de l'avoir condamnée par son activité passée et par la peur d'être la prochaine victime, et c'était ce dernier point qui déterminait sa vision des choses. Il avait donc changé d'aspect, se laissant pousser barbe et cheveux, et s'était réfugié à Porto Farina pour travailler dans la ferme de la belle-famille de Maria. En outre, il avait demandé à Pietro, son patron d'atelier tunisois, de dire à toute personne le recherchant qu'il avait émigré en France avec son épouse, elle-même française ; dans la foulée, il avait entamé des démarches pour être naturalisé. Enfin, quatrième possibilité, les gens du quartier pensaient que Maria avait été attaquée par un des nombreux pillards qui profitaient de cette période trouble pour commettre leurs méfaits. De toutes ces conjectures la police n'avait eu cure, ne retenant que la thèse de l'accident.

Julien déboulant dans la vie comme on va, aussi peu armé que se peut, au devant de son destin avec la volonté de survivre. Julien qu'à l'école on appelle déjà *Bab Ounous*, « demi-porte », clouant le bec à ses camarades en obtenant brillamment son certificat d'études avec une mention en mathématiques. À partir de 1948 il fréquente le collège, lequel ne sera pas en mesure de satisfaire ses attentes, l'imparfait du subjonctif n'étant pas une passion envisageable. Son père lui insufflant le précepte que le salut est dans le commerce mais qu'il y faut un minimum d'intelligence et que l'intelligence peut venir avec l'éducation. Son père remarié, cette fois avec une Française, Odile, car il estimait avoir le mauvais œil avec les Siciliennes. Marié pour la troisième fois donc, après un divorce et un veuvage. Julien passait tout son temps libre à l'aider au négoce et malheureusement l'entente avec Belle-maman n'était pas très cordiale. Darius avait déménagé avec armes, bagages et descendance chez son épouse. Elle-même avait un fils de 16 ans qui représentait à peu près tout ce qui comptait pour elle, ce qui réduisait drastiquement le potentiel d'affection qu'elle aurait pu avoir pour quiconque, Julien particulièrement. Giulietta à la rigueur bénéficiait de quelques attentions dont, à 23 ans, elle n'avait que faire et ne tenait d'ailleurs aucun compte. Avec le grand-père maltais ils étaient donc six à vivre ensemble et un septième élément, fruit de l'union de Darius et Odile, n'allait pas tarder à grossir l'effectif.

Malgré les conseils de son père, Julien a quitté le collège à 15 ans pour se consacrer entièrement à l'import-export. Il a vite appris les ficelles du métier ainsi que les astuces pour s'enrichir sur les ventes de gros aux détaillants. Sans préciser de chiffres, on peut facilement concevoir que l'achat d'un scooter, gage de succès féminins, était largement dans ses moyens. Comme en plus, s'étant disputé avec sa belle-mère, il était retourné vivre seul dans l'appartement de la rue du Danemark, toutes les conditions étaient réunies pour qu'advienne son dépucelage.

Avec ces clés de liberté et de puissance en main, le commerce ne lui suffisait plus. Quelque chose devait briser la routine. Ce quelque chose, ce fut l'Armée. Et le voici parti au bureau de recrutement avec en main l'autorisation qu'il avait arrachée à son père à force d'insistance. Son père qui avait cédé par nostalgie, souvenir de sa naturalisation et des conseils d'un abbé lui vantant l'engagement militaire.

Julien devançait ainsi l'appel en 54 après des années d'apprentissage puis de professionnalisme dans le négoce maraîcher, lâché pour un autre professionnalisme, celui d'opérateur radio. Direction Alger. Armée de terre. Transmissions. Puis le bled dans la montagne pour neuf mois. Là il apprend la technique, ce qui lui vaudra plus tard de battre le record français de vitesse de *dah di di dah di dit*, 1200 mots par heure. Ainsi que la promotion au grade de sergent. Tous les quinze jours, avec un camarade ils descendent en taxi sur Alger. La ville épousant la Méditerranée bien plus étroitement que Tunis, et l'uniforme leur donnant des airs de conquérants. L'ennui c'était la discipline car Julien, libre et autonome, admettait difficilement l'autorité. Devenu adulte à douze ans, il n'avait pas eu assez d'enfance pour s'imprégner du concept. En conséquence les sanctions lui pleuvaient dessus, les pires étant de nettoyer les latrines et les plus inoffensives de calculer, par exemple, le nombre d'allumettes qu'il eût fallu pour recouvrir la cour de la caserne. Il en a toujours gardé une certaine rancœur vis-à-vis des militaires.

De retour à Tunis après sa formation, Julien est affecté au G.R.E.T., le Groupement Régional d'Exploitation des Transmissions, pour finir sa mobilisation biennale. Direction Mareth-Toujane ! Julien oscille entre abattement et indignation. Pourquoi pas Tataouine tant qu'on y est ? Il n'en est pas question ! Finalement, grâce à la sollicitude du chef de corps Lamarelle, un militaire bienveillant dont, visiblement, il existe quelques spécimens, ce sera l'état-major à Tunis. Dès lors, Julien entame l'épisode doré de ses vingt ans, un épisode qu'aucun homme n'oublie.

Le voici passant ses samedis soir avec ses copains au dancing L'Oiseau Bleu, plage de l'Aéroport, un beau nom de plage dû à la proximité de l'ancienne base d'hydravions de Khereddine. Sur la piste de danse s'élance souvent, sculpturale, la sicilienne Claude Cardinal aux bras d'un cavalier fier de faire girer la reine du bal en espérant lui faire tourner la tête. Des yeux noirs comme ça, il n'y a pas plus clair. Julien dansant d'un pied sur l'autre, se sentant un peu vieux pour elle mais flairant justement que ce pourrait être un avantage ; il est sur le point de tenter une approche tactique. Un tour de scooter ? Une glace ? Un cinéma ? Mais passés quelques tours de piste envoûtants, la diva est inflexible, de quoi il conclut que c'est une bêcheuse. Et que le raisin est trop vert.

Julien serpentant et ondulant sur sa toute nouvelle Lambretta dans l'avenue Jules Ferry puis tournant subitement à droite dans l'avenue de Paris. Là, clopinant sur le trottoir, voici Nathalie, l'œil mauvais et le bras en écharpe. C'est une belle blonde aux yeux noisette. Irrésistible.

— Mademoiselle, c'est votre jour de chance !

— Je ne crois pas, non. On se connaît ?

— Pas encore.

— Qu'est-ce que vous voulez ?

— Vous tirer d'embarras et vous amener où vous voudrez.

— Amenez-moi à la plage de l'Aéroport.

— C'est comme si nous y étions !

Sur l'engin pétaradant elle lui crie qu'elle s'est fait une entorse au bras et à la jambe en tombant dans la douche, malgré quoi elle tient à rejoindre ses amies à la plage. Et en effet, l'attendent au point de rendez-vous Sylvie et Sophie. Les présentations faites, Julien se fend de quelques pièces pour offrir des glaces. On les déguste en regardant passer les bateaux.

Entre Julien et Nathalie, ça a marché tout de suite. Entre une Russo-Corse et un Malto-Sicilien ça ne pouvait que marcher. Il y avait quand même une sacrée différence d'âge, eh ! six ans ça compte quand on est jeune. Les 25 ans de Nathalie c'était loin de l'impressionner, Julien, ça le motivait plutôt. Il faut qu'il y ait une différence d'âge, ça crée une dynamique. Bref, c'était parti. Comme toujours, il y a eu l'épreuve du feu, le test d'endurance, de résistance plutôt. C'était avec la sœur de Claude, Bianca, débarquée à l'Oiseau Bleu l'année suivante, celle de ses 17 ans. La Sicile a failli marquer un point mais c'est la Corse qui a gagné. À l'aube on se propulsait au Dixi pour manger des croissants frais. Les bandes se mêlaient, s'entrecroisaient. On allait à l'Hacienda de Douar Chott pour faire la fête et de temps en temps assister aux concours de beauté, histoire d'admirer les Vénus locales. Mais ce n'est pas là que Claude a été sacrée plus belle Italienne de Tunisie, c'est plus au nord, à la Tour Blanche. Que ce bon temps dure longtemps, c'est ce que ni Julien ni sa coterie insouciante ne se disaient parce qu'ils étaient *dans* le temps. Les merdeux leur tournaient autour, avides de sensations et de reconnaissance, et on les calmait avec une boîte de thon Sidi Daoud. Parmi eux il y avait François, du Kram. Son grand-père, conducteur du TGM, faisait siffler le train pour lui quand il arrivait en gare. Justement, la tante de Claude avait été marraine de la sœur de François et un petit bout de la gloire de la star avait rejailli sur eux. Occasionnellement, Julien noyait seul ses soucis militaires dans une anisette bien tassée prise au *Colibri*. Ou bien c'était avec Nathalie au bistrot *Chez les Nègres* en sortant d'une séance du cinéma *Paris*. C'était le début d'une longue série d'anisettes qui marqueraient des moments d'amour et d'amitié, qui ponctueraient toutes les célébrations de la vie. « Je trinque à l'anisette, qui est notre ciment et notre boisson sacrée » disait Sylvie. L'autre précieux liquide c'était l'essence, celle pour le scooter. On se débrouillait pour être sûr d'avoir de quoi arriver à la station Esso de Carthage, où les cinq frères Intus faisaient crédit moyennant la promesse de leur apporter une bouteille de Saint-Georges de temps en temps. C'étaient des Sardes qui s'y connaissaient en gêne pécuniaire. Des frères, des vrais, et pas seulement par le sang.

Julien, son père lui serrait la vis pendant sa période sous les drapeaux, pour le former aux contingences de la vie, mais il s'assurait d'avoir toujours assez en poche pour payer deux places de cinéma et aller voir des films américains, entre autres. Leur cinoche préféré, à lui et Nathalie, c'était le Midi-Minuit, avenue Jules Ferry. Ils y avaient vu « La Môme vert-de-gris » avec Eddie Constantine. Voir Eddie et la Môme fumer clope sur clope ça lui donnait envie d'allumer sa Lucky et il ne s'en privait pas. Nathalie, ça ne la gênait pas ; au contraire, elle disait qu'elle ne pourrait jamais sortir avec un non-fumeur. Elle en grillait une de temps en temps, quand elle n'avait rien à faire et surtout rien à dire, ce qui était rare, mais elle n'avalait pas la fumée. Donc, soit on allumait une cigarette soit on mangeait des glibettes, ce qui fait que dans leur souvenir le cinéma est resté une sensation composée de bruits de grignotage et d'odeur de tabac. Pour d'autres, pour la plupart des jeunes en fait, le cinéma c'était l'opportunité de la salle obscure, qui permettait de « passer des doigts de lumière » sans rapport avec les fameuses et non moins délicieuses *deglet nour*. Quand on entendait un cri de jeune fille on ne savait pas si c'était en réaction au film ou à un geste osé.

Période d'insouciance parfois émaillée d'incidents plutôt drôles, rétrospectivement, telle cette aventure sur la plage avec Mahmoud, un ami de Julien. Ils avaient rendez-vous avec deux filles voilées qui se sont révélées être… des hommes ! lesquels les ont poursuivis jusqu'au bar où un contingent de copains menaçants a dissuadé les zélateurs. Mahmoud, de mère italienne comme Julien, c'était l'adonis, nez effilé, yeux bleus sur peau cuivrée, dents blanchissimes, cheveux noirs et drus, corps élancé, un vrai jeune premier tombeur de dames. Julien profitait des excédents de conquête de son grand ami et se rassurait : « c'est pas la taille qui compte… » Mahmoud avait eu une embrouille avec le vice-consul d'Angleterre, dont il avait séduit la fille. Le diplomate l'avait fait pourchasser par la police des mœurs et Mahmoud avait dû subir harcèlement et humiliations. Mais l'Anglaise était amoureuse et Mahmoud, offensé et revanchard, se promettait de l'enlever pour la prostituer à Marseille. Au lieu de ça, il l'avait simplement hébergée dans sa famille. Un jour, Julien était allé rendre visite à son ami et une femme qu'il n'avait pas reconnue lui avait ouvert la porte. C'était la fille, voilée !

Après, les choses ont évolué. L'indépendance est arrivée, inéluctable. Moins de deux ans plus tôt la Tunisie avait obtenu l'autonomie interne, déjà suggérée en 51 par François Mitterrand. Les Tunisiens pouvaient gérer leurs affaires propres mais la défense et la diplomatie restaient aux mains de la France et le français ne serait pas encore une langue étrangère. Il ne pouvait s'ensuivre qu'une indépendance pure et simple, d'autant que les royaumes d'Égypte et de Libye l'avaient acquise depuis belle lurette et que, en cette même année 1956, le Soudan et le Maroc venaient d'y accéder. Pourquoi pas nous ? se disent en général les prétendants à un objet de convoitise, surtout quand ils s'en sentent plus méritants que d'autres. Bref, l'Afrique du Nord adoptait le statut d'ex-colonie. L'Algérie, c'était une autre histoire, on verrait plus tard. Mais pour Julien cela ne changeait pas grand-chose, l'Armée était toujours là et on pouvait continuer d'aller se baigner à La Goulette ou au Kram. Pour la smala de Porto Farina, par contre, ça tournait au vinaigre. Le grand-oncle et la grand-tante, décédés depuis quelques années, n'auraient pas, au contraire de leur nombreuse descendance et de Tonton

Alberto, la tristesse de voir l'exploitation menacée d'expropriation. Ça sentait l'exil. Pourtant, Bourguiba avait annoncé aux colons que « les enfants de vos enfants pourront rester en Tunisie et ils seront bien traités. Ils auront les mêmes droits que les Tunisiens. »

Sorti de sa caserne, Julien était retourné travailler dans le négoce de Papa. Son expertise dans le domaine et son talent un peu matois lui permettaient des rentrées substantielles qui, combinées à ce qui restait de l'argent de sa mère, lui ouvraient la voie à la vie belle. La contrepartie c'est qu'en mettant de plus en plus d'ardeur dans son labeur, il était moins disponible et plus fatigué. Ainsi les sorties avaient tendance à se raréfier. Tant mieux car il était temps de songer au mariage. En effet le père de Nathalie estimait qu'il faudrait bientôt cesser de « jouer à papa-maman ». Julien écrivant une lettre pour demander à Monsieur Bogdan P. la main de sa fille – c'est comme ça qu'on faisait à l'époque –, convaincu de l'amour éternel qu'il lui vouerait (il ne se trompait pas), persuadé de faire son bonheur (là non plus il ne se trompait pas), dans l'espoir et dans l'attente de vous rencontrer prochainement, veuillez agréer, Monsieur, l'expression de ma plus haute considération. Votre serviteur, Julien B. Papa Bogdan avait apprécié et la rencontre avait eu lieu à leur domicile de la rue Sidi Abdelkader. Julien était tombé des nues quand il avait réalisé qu'il connaissait déjà son futur beau-père. C'était ce personnage un peu farfelu qu'il avait aperçu dans un bureau de l'Armée, arborant deux montres à chaque poignet, se levant souvent de son siège en laissant découvrir un short kaki à l'anglaise, armé d'un stick qu'il promenait de droite à gauche comme pour balayer d'invisibles soucis, et parlant avec un fort accent russe : ils avaient eu un échange plutôt plaisant quoique bref. La maman de Nathalie, son visage rappelait à Julien sa défunte mère. Son caractère aussi, peut-être à cause du fait qu'elle était corse, donc également d'origine insulaire. Nathalie a une demi-sœur, Rosalie, de dix ans son aînée et divorcée depuis dix ans, ainsi que trois autres sœurs dont la plus jeune a huit ans. La cérémonie s'est déroulée à la cathédrale Saint-Vincent-de-Paul, trois parts catholiques l'ayant emporté sur la part orthodoxe.

Puis les choses se sont un peu compliquées. Julien a été contacté par le Renseignement français. Accepterait-il de dénoncer les camions qui, passant par chez lui, dissimulaient des armes sous les fruits et légumes à destination de l'Algérie ? Il n'a pas hésité un instant et s'est déclaré volontaire. On lui a donné le nom de code « Gaston » pour les coups de fil. Vers la fin de 1956 les convois qui transitaient habituellement par le sud étaient presque systématiquement repérés par les légionnaires méharistes et par les avions réquisitionnés d'*Air Tunisie* ; alors on se rabattait sur Tunis. Des armes étaient entreposées dans un marabout ou une cave de La Marsa. Elles venaient de Libye, d'Égypte, d'Arabie et même de Chine ! Les Alliés anglais et américains avaient laissé traîner de l'équipement militaire un peu partout et les rebelles mettaient aussi la main sur des mausers allemands et des mousquetons italiens. Le F.L.N. avait des accointances dans tout le monde arabe et son chef, avant son arrestation, était un virtuose du trafic d'armes. Le négoce de Julien, que celui-ci considérait maintenant comme lui appartenant autant qu'à son père, n'était qu'un menu fragment dans une mosaïque de postes de transit. Alors il n'était pas question pour lui de faire du zèle ; il n'irait pas chercher à vérifier des soupçons de contrebande au-delà de l'évidence ; il laisserait plutôt passer un convoi suspecté que prendre le risque d'être découvert. Une fois il avait vu arriver un camion conduit par un Français qui avait eu le culot de se présenter comme déserteur de l'Armée d'Afrique. Celui-ci, voyant Julien faire mine de s'intéresser à son chargement, l'avait menacé des pires ennuis s'il était trop bavard ou même simplement curieux. Selon lui les Français seraient tôt ou tard obligés de partir, alors autant profiter des émoluments qu'offraient les services égyptiens pour alimenter ce trafic tant qu'il était encore temps. De meilleure humeur après quelques *boukhra*, l'ex-militaire lui avait proposé de l'accompagner à Ghardimaou, juste sous le « bec de canard », où il devait livrer sa cargaison. Mais non, merci, Julien s'était contenté de faire charger ses pommes de terre et il n'avait jamais rien dit à personne. Ainsi la vie continuait à peu près normalement, avec deux ou trois signalements par mois.

Les choses se sont gâtées début 57. Jusqu'à l'indépendance, Bourguiba n'avait cessé de ménager la chèvre et le chou. Au début d'août 55, le bureau politique du Destour avait interdit aux anciens fellagha tunisiens d'aider les gens du F.L.N. et un mois après, volte-face, il avait ordonné le contraire ; et puis encore, retour à la consigne de neutralité… Tout change après l'indépendance. Maintenant la direction du F.L.N. est carrément installée à Tunis et c'est de là que l'on conduit la guerre (sainte !) contre les Français. À la frontière est, des armes déchargées de chameaux avec la bénédiction de la police libyenne sont chargées sur des camions de la Garde nationale tunisienne. Hardi ! un vent d'émancipation souffle d'est en ouest et tournera bientôt pour souffler du nord au sud. Après l'Algérie, l'Afrique noire sera un jour indépendante. Donc, il faut l'admettre, les « Fels » sont transnationaux et l'Algérie a le vent en poupe. Les langues se délient et là, gros pépin et grande panique ! le Renseignement appelle Julien : « Gaston, vous êtes repéré. Il faut vite partir ! »

Julien rassemblant son courage et quelque bagage en vue de se faire encore plus petit qu'il n'est et même invisible car pas là. Parti. Parti début mars avec un vol Tunis-Marseille. À peine le téléphone raccroché, il avait couru chez Nelly, une amie tunisoise, pour la faire parler de cet emploi que son frère avait à Marseille et lui demander les coordonnées de la boîte. Puis l'agence de voyages ; bourrée de monde ; ça sent l'exode. Dix mille francs aller simple, départ après-demain. Voici un chèque. Faire ses adieux, c'était ça le plus dur. Son père ne partirait pas : « si je dois mourir ce sera dans mon lit, pas dans la rue. » Nathalie, pas tout de suite, impossible. Elle le rejoindrait plus tard avec ses sœurs quand son père aurait obtenu sa mutation en métropole. Idem pour Giulietta, qui voyait là une occasion de passer enfin en Europe. Pas le temps pour les cousins de Porto Farina. À l'oncle Alberto faisant passer le message qu'il lui chercherait un emploi dans la pierre ou l'agriculture. Le plus triste ce fut l'adieu au grand-père maltais, le seul grand-parent proche qui lui restait. Il avait une grande affection pour lui. Était-ce son traitement, ses séjours occasionnels à l'hôpital psychiatrique ou une évolution spontanée qui l'avait ramené à un comportement plus adapté ? L'agressivité avait laissé place à une affirmation de soi inoffensive et largement forgée par la tradition. Il avait un gros anneau argenté à l'oreille, portait chéchia et large ceinture rouges ainsi qu'une main de Fatma sur la poitrine. À 88 ans, on pouvait penser que cette transformation lui avait conféré une sorte d'immunité physiologique. Ses déplacements consistaient essentiellement à tracer un carré passant par la cuisine, la chambre, le poste de radio et la fenêtre par laquelle il s'adressait en maltais aux gens dans la rue. Parfois un compatriote s'arrêtait pour la causette mais repartait aussitôt que Grand-papa commençait à lui parler des voix d'outre-tombe qu'il avait entendues à la radio. Savait-il qu'il ne lui restait que quelques jours à vivre ?

À Marignane, Julien pense un moment être arrivé chez lui, dans la mère-patrie. Une vue de l'esprit qui sera vite balayée par les réalités d'un pays à vrai dire étranger. Quel est cet accent bizarre ? Et quelle est cette mentalité où on a l'impression que tout le monde est un « prépondérant » ? Comment ne pas arriver à se comprendre avec les gens alors qu'on parle la même langue ? Julien dépaysé dans son propre pays, sentiment pénible aggravé par les premières nuits d'hôtel où les effluves de graillon et de tabac le disputent aux relents urogénitaux. Les antipodes du jasmin tunisien. La nuit le dos lui démange et il rêve que c'est à cause des poils qui y poussent car il est en train de devenir un loup-garou. Très vite il trouve un appartement coquet au Panier, montée des Accoules.

La boîte c'était Nestlé, la SOPAD exactement. La chocolaterie toute récente de Saint-Menet effectivement embauchait. Là, par contre, le parfum était divin. Les sacs de cacao et de café montaient directement du port à l'usine, où le traitement de leur contenu embaumait tout le quartier. Représentant de commerce, voilà ce qu'on lui avait proposé. Le commerce, toujours le commerce, un véritable destin. *Mektoub !* Mais cette fois avec voiture de fonction. Julien avalant des kilomètres et des kilomètres pour vendre ses produits. Il écume les routes du sud, il va jusqu'à Béziers au marché des allées Paul Riquet où il traque le pigeon pour fourguer des invendus qui commencent à s'oxyder. Mon cher ami, savez-vous que les cours du cacao sont sur le point d'exploser ? J'ai là un stock de chocolat Kohler que je lâche au prix actuel mais chut ! pas un mot aux concurrents, c'est une affaire entre nous. Quoi ? Combien de cartons ? J'en ai treize mais je ne peux vous en vendre que deux. Comment ? Vous voulez la totalité ? Eh bien soit, les treize cartons sont à vous. Le patron de Julien le félicitant et parlant déjà de promotion. Un an il est resté dans la boîte. Nathalie était arrivée en décembre… avec un nouveau-né dans les bras, un bébé nouvellement né sur le paquebot Kairouan. Doublc cadeau. Julien était soufflé, lui qui avait contacté toutes les maternités de Marseille pour choisir la meilleure. Le reste de la famille était parti à Lyon, où Bogdan finirait sa carrière au service civil de l'Armée. La retraite n'était pas loin.

Eh bien finalement non, le destin a ses mystères qui déjouent tout pronostic, toute projection sur l'avenir. Ce ne serait pas le commerce. Julien souffrait d'un ulcère à l'estomac. Les médecins du temps évoquaient un nouveau fléau : le « stress » semblait être à la source de tous les maux de la Terre. Avez-vous ressenti une forme de détresse récemment ? Et Julien racontant son débarquement en pays inconnu, éventuellement hostile, et ressentant fortement, oui, une détresse qu'il n'avait jamais éprouvée auparavant, une détresse liée à un double choc, celui d'être séparé de sa famille, de sa femme enceinte surtout, et de se retrouver en terre étrangère, un triple choc même vu que tout ça se produisait suite à une menace sur son intégrité physique. Le corollaire de cet ulcère c'était un régime alimentaire strict incompatible avec les repas qu'il prenait tous les jours au restaurant à cause de ses déplacements. Un matin, au retour d'une visite chez un client, il voit un agent déposer un papillon sur son pare-brise.

— *Stationnemang ingterdit Meusieur !*

— Ah bon, je ne savais pas. Je viens de Tunisie et là-bas il n'y a pas de stationnement interdit.

— *De Tunisie ?! Ô pôvra, et que faites-vous ici ?*

— Je travaille pour Nestlé mais j'en ai marre, j'ai mal au ventre et je ne vois mon nourrisson que rarement. Je voudrais faire autre chose.

— *Et pourquoi vous rangtrez pas dans la Policeu ?*

Devant le bureau de recrutement, Julien hésite. Ira, ira pas ? Il y va et prend deux imprimés, un pour chaque concours : radio aux transmissions du Ministère de l'Intérieur et gardien de la paix aux C.R.S., les compagnies républicaines de sécurité. Au moment de sortir du bureau, le préposé le rappelle : « Vous avez dit que vous parlez l'arabe ? Prenez aussi cet imprimé, c'est pour être agent aux S.A.S. d'Alger, les Sections Administratives Spécialisées ; c'est beaucoup mieux payé ! » Julien secouant la tête pour décliner l'offre : « Très peu pour moi, l'Algérie je connais déjà et je viens de m'installer en France. Tant pis pour le salaire. » « Comme vous voudrez », répond l'autre, déçu.

Admis aux deux concours, Julien est gratifié des félicitations du jury pour celui d'opérateur radio : « Vous êtes un télégraphiste-né ; il faudra vous rendre à Paris pour votre affectation ; bienvenu à bord ! » Paris, ma capitale, se dit un Julien aussi optimiste que se peut. Tellement optimiste qu'il présente sa démission à un Monsieur Nestlé dépité et faisant des pieds et des mains pour le garder, proposant un avancement mirobolant. Rien à faire. En montant à Paris il faudra s'arrêter à Lyon pour montrer à la famille comme le bébé a grandi.

Marie-Rose, la mère de Nathalie, avait poussé Julien vers un recoin discret en compagnie de sa fille, Rosalie.

— Julien, tu sais que le père biologique de Rosalie était de Paris. Comme tu vas là-bas, je me demandais si tu pourrais aller à l'adresse que je te donnerai pour voir si les grands-parents de la belle que voilà sont encore en vie. Rosalie, tu m'as dit que tu étais d'accord pour les rencontrer, n'est-ce pas ? Je pense que ce pourrait être un dernier rayon de soleil dans leur vie, et puis tu verrais certainement des photos de ton père naturel.

Rosalie, souriant à la possibilité de connaître ses ancêtres à 38 ans, avait renouvelé son assentiment. Julien était enthousiaste à l'idée de préparer une rencontre insigne. Il avait emporté une autre adresse, celle d'un copain de l'Oiseau Bleu émigré à Paris deux jours après la proclamation de l'indépendance, qui était ravi de l'héberger dans la capitale. Julien finissant seul de traverser en train son nouveau pays, un tantinet angoissé de ne voir que de la grisaille au-delà de Dijon, cinq minutes d'arrêt, tentant en vain d'engager la conversation avec des Parisiens retour de week-end, débarquant gare de Lyon sous une pluie battante et glacée, mais profondément heureux de retrouver Hervé et de revivre les folles nuits de La Goulette, du Kram et de Gammarth. Réveillé aux aurores pour ne pas manquer son rendez-vous, il descend dans la rue et remonte aussitôt : « Hervé, Hervé, on a fracassé les pare-brise de toutes les voitures de la rue ! » Hervé se précipite en bas : « mais mon vieux, qu'est-ce que tu racontes ? C'est du givre ! » Julien se sent un peu bête, il a tellement de choses à découvrir dans ce pays de fous ! « Bon, maintenant que tu m'as réveillé, je t'accompagne au Ministère. » Dans le métro, sur la banquette à côté, un individu rougeaud, suant, puant et hirsute, la tête penchée, alimente un filet de bave entre son menton et ses genoux. Sortant de la station Saint-Augustin, Julien, noyé dans la foule, s'exclame : « C'est quoi ? Une manif ? » Non, Julien, il y a beaucoup de gens à Paris et à cette heure ils vont tous au travail. Plus loin, un attroupement : on bastonne un pauvre homme qui se couvre la tête de ses mains, pleurant les larmes de son corps. On l'insulte copieusement : « Tapette ! Pédé ! » C'est quoi un pédé ? « C'est un homosexuel, Julien. On ne les aime pas ici. Je te laisse à ton rendez-vous. Bonne chance et à tout à l'heure. »

— Encore toutes nos félicitations, Monsieur. Vous serez donc affecté place Beauvau.

— Place Beauvau… À Paris ?

— Vous en connaissez une autre ?

Décidément, les choses n'étaient jamais simples. Dépité et désorienté, Julien avait totalement oublié d'aller visiter les grands-parents de Rosalie. Il avait refusé le poste, persuadé qu'il ne survivrait pas à Paris, et se rabattait sur celui de gardien de la paix. Il faudrait encore faire un stage de formation à Sens, dans l'Yonne, vraiment trop près de Paris mais tant pis, ce n'était que pour quatre mois. Pour si peu, Nathalie resterait à Marseille avec le petit. À la fin du stage, parmi les postes proposés, le plus au sud était à Lyon. Nathalie était enchantée, elle se rapprocherait de sa famille. Julien, lui, avait fini par s'attacher à la ville de Marseille ; il n'en démordait pas. Avant de céder à la pression, il voulait faire une dernière tentative. Abandonner la police et revenir au commerce. Il y avait une ouverture aux Docks Méridionaux de Sète. Hélas ! les gérances de magasins d'alimentation exigeaient la collaboration de l'épouse. Naturellement Nathalie n'a rien voulu entendre. Ce serait donc Lyon… et la police.

Julien avait reçu sa convocation en même temps qu'une lettre de son père lui apprenant le décès de Grand-papa. Celui-ci s'était fait écraser par un autobus alors qu'il s'élançait les bras en l'air pour traverser l'avenue Bourguiba, un grand sourire aux lèvres comme attesté par les témoins de la scène. « Ils étaient là », voilà les derniers mots qu'il avait prononcés, gisant sur la chaussée, avant de rendre l'âme. Il avait été inhumé au cimetière de Bab el Khadra.

***

Blanc le matin, rouge à midi et le soir, voilà comment on pourrait résumer le quotidien alcoolisé des collègues de Julien. Il est censé s'occuper du maintien de l'ordre mais c'est plutôt le constat du désordre qui le préoccupe. Un après-midi on frappe à la porte du bureau où, ce jour-là, il est seul en train de taper un rapport. C'est un détenu, menottes aux poignets, qui lui demande poliment de le raccompagner dans sa geôle à l'étage au-dessus car l'agent qui le surveillait s'est endormi. Interloqué, Julien bondit de sa chaise et passe dans la pièce à côté où, effectivement, un collègue avachi à son bureau, la tête reposant sur son bras droit tandis que le gauche pend jusqu'à la cheville, émet un ronflement digne de l'ogre du Petit Poucet. L'odeur âcre, c'est celle du vernis qu'une gitane sans filtre, posée au bord du bureau et finissant de se consumer, a commencé de roussir. Au bout de quatre mois Julien n'en peut plus. Il a repéré la station radio du service et va voir le brigadier pour lui montrer son brevet militaire. Le brigadier transmet au brigadier-chef qui transmet à l'officier de paix, lequel transmet au principal qui transmet au commandant de la C.R.S.

— Vous êtes opérateur radio ? C'est magnifique ! On a besoin de vous en Algérie.

— Mais…

— C'est un ordre ! Préparez-vous à partir dans les jours qui viennent.

En 1960 on n'échappe pas à l'Algérie. Ni au nouveau franc, ni à la bombe atomique, petit souvenir laissé avant le départ définitif. Mais là n'est pas la question. Laissons la parole à Julien :

« J'espérais que les Fels n'étaient pas si transnationaux que ça et qu'il y avait une certaine étanchéité entre les Renseignements tunisien et algérien, surtout par rapport au menu fretin que je représentais. D'autre part je n'avais plus le même statut ; tuer un flic était puni de mort, non ? Bref, dû au départ précipité, je me suis retrouvé à Oran avec 2000 francs (anciens !) en poche. La Compagnie a été installée dans une salle de cinéma. Nous avions déboulonné un rang de fauteuils sur deux pour y placer nos lits de camp. Dans cette colonie française nous précédions de peu le Général qui, la même année, avait embrouillé les esprits avec la “fumisterie de l'indépendance” en mars et “l'Algérie algérienne” en juin. Nous on était là pour le maintien de l'ordre, pour protéger et les Pieds Noirs et les Arabes, mais on avait plutôt l'impression que c'étaient ces derniers qu'il fallait choyer en priorité. Sauf qu'ensuite il y a eu l'événement-choc près de l'aéroport, une manif au cours de laquelle 5000 musulmans sont descendus vers les quartiers européens pour, nous disait-on, faire un massacre. On était censés les empêcher de passer. En qualité de radio, j'étais dans le véhicule de tête avec le Commandant d'Unité. On s'est arrêtés à une vingtaine de mètres d'une foule hurlante armée de bâtons et d'armes blanches. J'étais terrorisé. Tout à coup les cris ont redoublé et les Arabes ont commencé à courir dans tous les sens. Des coups de feu claquaient. C'est qu'un régiment de légionnaires, à genoux par rangs de dix, s'était mis à tirer. Sans lâcher le combiné radio je suis sorti du véhicule et me suis mis à plat ventre. Des manifestants s'écroulaient devant mes yeux. En tout il y a eu plus de cinquante morts. »

Julien rentre à Lyon deux mois plus tard, soulagé. Il est affecté à la Préfecture du Rhône. On l'installe devant un télétype et deux émetteurs, l'un en liaison avec le Ministère parisien et l'autre avec la direction générale des R.G., les Renseignements Généraux. Ce qu'on ne lui a pas dit et qu'il réalise la veille de sa prise de fonction, c'est qu'il faut écouter les trois réseaux toute la nuit. On lui donne aussi la clé d'un coffre-fort contenant le chiffre, un énorme dossier avec les codes pour les transmissions secrètes. « Nous n'avons pas de formation prévue, il faudra vous débrouiller. » Le soulagement était donc temporaire mais à tout prendre mieux valait braver des aléas techniques que des périls mortels. Finalement, les capacités d'adaptation de Julien lui vaudront la confiance de sa hiérarchie ainsi que l'opportunité de réaliser des stages de perfectionnement à Agen, compléments de brevet à la clé. Au moment de l'indépendance algérienne, le travail devient épuisant ; le télétype crépite sans arrêt et les repas en famille, déjà rares, deviennent quasi inexistants. Malgré une promotion – à vrai dire purement honorifique – comme directeur du service des transmissions d'une C.R.S. algérienne rapatriée en banlieue lyonnaise, Julien décide qu'il est grand temps de préparer les concours administratifs. Reçu à celui d'officier de paix ainsi qu'à celui d'officier de police adjoint, il s'avise que l'uniforme n'est pas ce qui lui sied le mieux et opte pour la police en civil.

Après quatre mois de formation, Julien effectue son stage dans un commissariat de banlieue dont la « tête » avait été… trépanée suite à une balle reçue au cours d'un flagrant délit. Ce commissaire avait effectivement un comportement pour le moins bizarre. Quand il était aux toilettes pour uriner, on l'entendait répéter « allô, allô, allô… », comme accomplissant un rituel mystérieux. Une fois Julien s'entretenait de manière informelle avec un délégué du Ministère dans le bureau de l'OPJ, l'officier de police judiciaire. Ne voilà-t-il pas que le commissaire entre soudain, tenant son pantalon baissé, bretelles pendantes ; il se dirige vers l'armoire des fournitures et tranquillement y prend cinq feuilles de papier pelure, maugréant sur l'absence de rouleau dans les W.C. Le délégué reste bouche bée. Julien le prendra à témoin de l'inconfort de sa situation.

Néanmoins c'est là qu'il aura appris les bases du métier, Julien, qu'il y aura fait ses premières armes. Oh ! avec des affaires bien banales, des histoires d'assurances, d'accidents de la circulation ou de querelles de voisinage. Chaque fois il faut faire un rapport et Julien devient expert en la matière. Mais il y a plus sérieux, comme quand il y a mort d'homme. Le premier macchabée dont il a eu à s'occuper c'était, au tout début de son stage, un gars qui s'était noyé dans le Rhône. On avait remonté le bouffi sur la berge et Julien avait vomi à sa vue, provoquant l'hilarité des gardiens de la paix présents sur le drame.

Son stage terminé, Julien est nommé inspecteur dans un commissariat du VIIe, toujours à Lyon. Sera-ce la sortie du purgatoire ? Sa première affaire sérieuse remonte à fin 1964, quand il s'agit d'épingler un marchand de sommeil qui entasse des immigrés maghrébins dans des taudis insalubres qu'il leur fait payer au prix fort. C'est à ce moment-là qu'il a commencé à avoir envie de frapper, tout simplement parce que l'injustice le révoltait. L'autre se défendait, il disait qu'il avait le droit de louer son bien au prix qu'il voulait. La gifle était partie toute seule, assortie d'un florilège d'insultes. C'est plus délicat quand il s'agit d'enquêter sur des collègues. L'un d'eux s'était fait poignarder par un Maghrébin au parc de la Tête d'Or, heureusement sans conséquence létale. Il s'est avéré que les deux étaient impliqués dans une sordide histoire d'homosexualité. L'affaire a été étouffée. C'est le commissaire qui a rédigé un rapport confidentiel au Directeur, mentionnant « un funeste égarement des sens. »

Julien, ce qui a lui a véritablement mis le pied à l'étrier et le mors aux dents, c'est un cas de détournement de mineur qu'il a traité avec la plus grande énergie. Des parents inquiets se pointent un jour au commissariat et lui montrent un billet trouvé dans le cartable de leur fils âgé de 10 ans : « je t'attends jeudi prochain à l'endroit habituel. » Ils le disent gêné et peu bavard quand ils l'interrogent. Julien leur demande de revenir avec l'enfant. Seul à seul, il sait gagner sa confiance et le gamin se met à parler. Tous les jeudis, il prétend aller jouer au foot mais rencontre en fait un ami de la famille qui lui achète des sucreries et l'emmène promener. Sauf quand il pleut. Là ils vont à l'hôtel et… Julien est habitué à la malhonnêteté, voire à la crapulerie, mais voici qu'il plonge maintenant dans l'ordure, dans le sordide, le glauque, l'abject, le nauséabond, il n'a pas assez de mots pour exorciser le dégoût qui l'envahit. Son enfant à lui, si jamais… Non, c'est inconcevable. Aucune torture ne serait assez raffinée pour venger son petit si on touchait à un seul de ses cheveux. Le pervers est cueilli chez lui et ne fait aucune difficulté pour avouer, arguant du consentement de la victime. Il sera jugé aux

Assises et prendra 10 ans pour attentat à la pudeur et viol avec aggravation due au caractère homosexuel du rapport. Julien à l'inculpé : « Tu sais ce qu'on fait aux mecs comme toi en prison ? Eh bien, ce sera pendant 10 ans, pour payer chaque année d'innocence bousillée. Moi j'aurais bien raccourci ta peine… au niveau du col ! »

Julien ne voulait plus faire que du judiciaire. Sollicité, son directeur lui propose une mutation à l'Hôtel de police, service de la Sûreté Urbaine. Quelle aubaine ! On lui associe un coéquipier, Jean-Louis, Pied Noir oranais, arabophone lui aussi et tout autant épris d'ordre et de justice mais également de beaujolpif. Leur mission : déloger les petits trafiquants des rues mal famées de la Guillotière pour les reloger à la prison Saint-Paul, où des places disponibles les attendent. *Il suffit de passer le pont…* Techniquement, on ne peut rien faire sans indicateurs. Le matin, ils font la tournée des bars et restaurants, font ami-ami avec des commerçants honnêtes qui leur versent de grands verres de jaja, « vous réglerez la prochaine fois », en leur susurrant à l'oreille des noms et plus souvent des surnoms, l'Alouette, le Dingue, Momo, Brisebec… Ils reviennent le soir, tard, et au bout de trois mois ils ont une balance dans chaque rue. En deux ans ils feront coffrer une centaine de demi-sel anodins.

Naturellement il y a eu des échecs, tel celui qui a permis à un escroc à la banque et ses complices d'échapper à la justice. Un jour un cinquantenaire genre distingué, œillet à la boutonnière, se présente dans une grande banque de Lyon et demande à être reçu par le directeur. Celui-ci se réjouit quand l'homme ouvre devant lui une mallette contenant 100 000 francs qu'il veut déposer pour ouvrir un compte. Il explique qu'il vient de remporter un gros marché pour la construction d'un immeuble et qu'il aura bientôt à payer ses fournisseurs. Il repasse à l'agence centrale quinze jours plus tard et fait un nouveau dépôt de

100 000 francs. Le directeur, enthousiaste (et très naïf), lui propose de sabler le champagne. Le monsieur décline poliment, il a un agenda très serré et n'a pas le temps de batifoler ; cependant, il lui serait reconnaissant s'il voulait bien établir une attestation de provision à l'intention de Monsieur Untel, un partenaire tenu en très haute estime, pour que celui-ci puisse encaisser le chèque de 50 000 francs qu'il doit lui remettre prochainement. Une semaine après, huit individus munis d'un chèque dudit montant, d'un double de l'attestation et d'une pièce d'identité au nom de Untel se présentent simultanément dans huit succursales de la banque. C'est ce qui s'appelle doubler la mise, commentera Julien à qui on avait confié l'enquête et qui s'étonna qu'aucune succursale n'eût pris la peine de passer un coup de fil à l'agence centrale. L'escroc, lui, devait être en train de sabler le champagne dans quelque station balnéaire. On n'a jamais retrouvé les malfrats.

Un échec donc, presque immédiatement suivi d'un petit succès dans une affaire qui aurait pu être amusante si au final elle ne s'était révélée pathétique, et qui s'est soldée par l'arrestation d'un trio d'escrocs à la fausse agence matrimoniale. L'épisode démarra avec la plainte d'une dame allant sur ses cinquante ans qui avait répondu à une petite annonce : « Monsieur divorcé, bien sous tous rapports, cultivé, stable financièrement, cherche âme sœur pour existence paisible. Gourgandines s'abstenir. » Julien avait reçu la plaignante.

— On m'a proposé un rendez-vous dans l'arrière-boutique d'un commerce d'antiquités.

— Ça ne vous a pas mis la puce à l'oreille ?

— Excusez ?

— Non rien, je… Continuez.

— Moi je croyais que c'était une annonce entre particuliers. En réalité c'est une dame qui m'a reçue, Mme Géraldine de Montigny.

Elle m'a proposé de rencontrer le monsieur. Je l'ai rencontré et il m'a beaucoup plu. Il m'a dit qu'on pourrait prendre rendez-vous pour déjeuner dans un bon bouchon qu'il connaissait. Alors la dame m'a dit que je devais verser 2000 francs pour valider mon choix. C'est ce que j'ai fait mais après j'ai appris que le monsieur avait réfléchi et n'était plus d'accord pour établir une relation.

Julien pas très étonné vu que si on lui demandait les données anthropométriques de la cliente il répondrait qu'elle fait à peu près un mètre cube.

— Et ensuite ?

— J'ai été invitée à payer un supplément de cotisation de 1000 francs pour nouer des liens avec un autre homme que j'avais rencontré à la boutique, qui était encore plus beau que le premier et avec qui il s'est passé la même chose décevante. Alors j'ai compris qu'il s'agissait d'une entourloupe et je suis venue porter plainte.

L'enquête de Julien révéla que l'entremetteuse, supposée de noble extraction, s'appelait en réalité Berthe Mignard, qu'elle n'avait aucune licence enregistrée en préfecture et que les deux hommes utilisés étaient l'un son compagnon et l'autre son beau-frère. Une famille bien pourrie ! Julien eut la grande satisfaction d'aller informer l'infortunée plaignante qu'elle allait non seulement être remboursée mais qu'elle percevrait probablement des indemnités pour préjudice moral. Dans son deux-pièces cuisine au quatrième étage d'un immeuble de la Croix-Rousse, la colline qui travaille, la pauvrette était en larmes, larmes de gratitude envers son bienfaiteur et larmes d'appréhension en rapport avec sa situation. Elle lui avoua qu'elle allumait son poste radio sans l'écouter, tout bonnement pour briser le silence de sa solitude. Julien pensa qu'elle ferait mieux de déménager à Fourvière, la colline qui prie. *Il suffit de passer le pont…*

Il y avait les affaires dans les affaires, les affaires internes quoi, le côté sombre de la police si on veut. Julien s'adaptait, il se pliait aux nécessités du métier tout en essayant de préserver son intégrité, faisait de l'équilibre entre compromission, efficacité et soumission aux instances. Depuis des semaines, des voyous agressaient impunément moult facteurs payeurs de mandats. En absence d'arrestation, la population était excédée, criait à l'insécurité et à l'impuissance de la police. Il n'était pas de contravention, pour infraction au stationnement par exemple, qui n'exposât l'agent verbalisateur à des remontrances voire à des insultes. « Vous feriez mieux de faire votre travail et d'emprisonner les bandits au lieu de punir les gens honnêtes ! » Julien, Jean-Louis et leurs collègues avaient donc été sommés de « faire du papier », c'est-à-dire d'arrêter n'importe quel individu à la gueule un peu louche, quitte à le relâcher dans la foulée, pour montrer qu'on répondait à l'inquiétude des citadins. En même temps et quelque peu paradoxalement, les méthodes d'intimidation étaient de plus en plus proscrites par l'autorité policière sous la pression du barreau et du journalisme bien-pensant. Julien avait été pris à partie par un avocat maghrébin devant le Palais :

— Mon client m'annonce que vous l'avez menacé de lui pisser dans la bouche ?

— C'est faux. J'ai dit « faire pipi », pas « pisser ».

— Je vois que vous jouez sur les subtilités. Vous savez qu'il s'agit d'une des pires menaces pour un Arabe ?

— Autre culture, autres mœurs. Ici il y a des gens qui aiment ça.

— Qui aiment quoi ?

— Qu'on leur urine dans la bouche. Mais oui, bien sûr, je savais et c'est pourquoi j'ai utilisé cette menace. Je voulais absolument que votre client me livre le flic qui protégeait ses activités de souteneur.

De fait, le julot a été condamné pour proxénétisme aggravé et corruption de mineures. Le flic, un inspecteur de la brigade des mœurs – oui, des mœurs ! – a été démasqué, suspendu, emprisonné et révoqué de la police. Des affaires de corruption, il y en avait tant et plus, de quoi décourager la vertu même et vous abîmer le moral. Ici, un fonctionnaire du Service de la Garantie qui sortait la nuit pour poinçonner des bijoux en omettant de faire payer la taxe contre rémunération sonnante et trébuchante. Là, un substitut du Procureur qui vendait des certificats de nationalité bidon. Julien, inéligible à une intervention personnelle sous peine d'être accusé de provocation, lui avait envoyé une « chèvre », un Tunisien à qui il avait promis des indulgences, et la manœuvre avait permis l'arrestation et l'inculpation du substitut. Pour récompenser son biquet, Julien lui avait offert des tournées d'anisette et l'autre, bien que visiblement détaché de l'orthodoxie musulmane, n'avait pu s'empêcher de manifester sa joie d'avoir fait tomber un *Roumi*, ce qui avait étonné et quelque peu déçu Julien. Au-delà de ces broutilles, la corruption semblait maintenant s'étendre aux sphères supérieures, à telle enseigne qu'un jour un jeune inspecteur, craignant pour son matricule, avait remis son rapport directement au Procureur en court-circuitant délibérément la voie hiérarchique, ce qui avait provoqué un embryon de scandale qui, vite étouffé, s'était finalement retourné contre son initiateur. Le commissaire qu'on suspectait d'être mouillé dans un trafic d'héroïne n'a jamais été inquiété.

Mais Julien, Jean-Louis, leur gros succès c'est le démantèlement d'un trafic de voitures volées. Deux ans que les plaintes pour vol de 404, Mercedes, DS 19 et Goélette Renault explosent. Points chauds : Paris, Lyon, Marseille. À Lyon, il y a un bistrot que le flair de Julien l'incite à classer parmi les endroits louches. Or la tenancière se refuse à la moindre confidence ; elle est de marbre. N'est-ce pas son jules qu'on voit flemmarder des heures entières au fond de la salle ? Pas vraiment le julot casse-croûte : il arrive dans la Mercedes dernier cri justement, vêtu du costard de saison, bagouse à l'annulaire, montre de luxe, fumant des Craven. Plaque d'immatriculation vérifiée, rien d'anormal. Julien opte pour une filoche. Et paf ! Un dimanche, les voilà entraînés, lui et Jean-Louis, dans la cambrousse du côté de Brindas. Pas de quoi regretter le couscous dominical de Nathalie ni les jeux avec le fiston, le coin sent bon la magouille. Le suspect ayant pris un chemin de traverse, Julien gare sa 403 au bord de la nationale et la confie à Jean-Louis. À 300 mètres de là, il voit la Mercedes devant un imposant corps de ferme. De bosquet en bosquet, main sur l'étui de son 7,65, il parvient au mur de façade et repère une meurtrière par laquelle il jette un œil. Ma parole, c'est pas des oignons qu'il ramasse le gugusse, ça ressemble plutôt à des bagnoles. Il y en a au moins une vingtaine, et pas des épaves ! Julien ne voit pas le suspect mais il l'entend. Au bruit régulier évoquant l'établi, lime, marteau, relime, remarteau, il l'imagine bien occupé et en profite pour s'esquiver après avoir fait quelques clichés.

Le juge Courtot, de façon inattendue, faisait bien son mètre quatre-vingt-dix. Julien l'avait convaincu de l'opportunité d'un dispositif d'envergure dans l'éventualité où l'affaire dépasserait le cadre régional. Il avait vérifié trois numéros de plaque hâtivement notés à la « ferme » et l'un d'eux correspondait à une déclaration de vol sur Paris. On avait donc placé un « sous-marin » maquillé en épave à 50 mètres du lieu, près d'une maison en ruines où gisaient déjà deux authentiques épaves. Les équipes s'étaient relayées pendant une semaine et il ne s'était rien passé. Comme le découragement gagnait, la récompense était enfin venue le huitième jour avec l'arrivée d'un convoi de deux 404 et un camion. Ce dernier avait déchargé deux voitures légères et en avait chargé deux autres. Le lendemain, le même convoi était reparti mais s'était scindé sur la nationale, les 404 se dirigeant vers Grézieu tandis que le camion prenait la direction du sud. Heureusement des voitures banalisées avaient été postées en plusieurs endroits et maintenant les radios de la police chauffaient. Julien sentait monter en lui l'excitation du triomphe et anticipait les louanges à son intuition et à son efficacité. Les 404 ralentirent trois kilomètres plus loin et s'engouffrèrent dans un garage à l'orée du village. Comme convenu avec le juge, on avait alerté la gendarmerie et celle-ci intervint alors pour menotter trois individus. En concordance avec le dossier d'instruction judiciaire, Julien obtint les interrogatoires. Entre temps le camion avait été suivi… jusqu'à Marseille ! Un entrepôt de la gare maritime plus précisément. Les flics avaient laissé faire jusqu'au moment où le container allait être hissé à bord d'un navire en partance pour Tunis. Quand Julien apprit cela, il eut comme un point au plexus. Non qu'il eût oublié sa ville chérie, mais chaque fois qu'il entendait son nom ça le remuait.

En attendant il fallait cuisiner les trois malfrats car le trafic devait forcément exiger plus d'appoint que celui des conducteurs et transporteurs. Il se trouvait, par exemple, que le garagiste, véreux, falsifiait les plaques d'immatriculation. Il avoua sans peine car en vérité il était fier de son travail, qu'il qualifiait « d'artiste ». Il se vanta même, alors qu'on ne lui demandait rien, de maquiller les numéros de moteur et de châssis en refrappant un seul chiffre plus vrai que nature. Julien sentait qu'il pouvait jouer sur la fibre « professionnelle » du cave.

— Mais dis donc, les faffes ils sont vachement bien foutus aussi.

— Désolé Monsieur, c'est pas mon rayon.

— Tu sais quand même d'où qu'elles viennent les cartes grises, non ?

— Aucune idée. Sincèrement.

— Mon vieux, figure-toi que je te crois. Et puis je te plains car tu souffres de connerie et malheureusement ça ne guérit pas. Quand tu seras au violon, profites-en pour t'instruire. Ça remplace pas l'intelligence mais ça peut servir.

Restait à faire jacter les deux autres loulous. Julien éclatant de rire en entendant Jean-Louis s'occuper du premier :

— Nom, prénom ?

— Sive, Jean.

— Tes parents sont dentistes ?

— Non, pourquoi ?

Le gone avait tout de suite balancé :

— Les grises c'est Mario, le mec de Lulu, la patronne du Hublot à la Guillotière, c'est lui qui les aboule.

Pas la peine de travailler l'autre mouflet, il en saurait pas davantage. Ainsi c'était ce zigue au tralala un peu trop voyant, au contraste revenu-train de vie hilarant, celui qui les avait mis sur le coup et amenés sur la place, c'était lui qui traficotait dans les papelards. Pas étonnant s'il était plein aux as, faut du talent pour ce genre de manip et le talent ça se paie. Or, curieuse coïncidence, on ne le voyait plus au Hublot. Il avait donc fallu questionner sa moitié.

— Où qu'il est ? J'ai aucune idée.

— On dirait qu'il a pris des vacances.

— Possible.

— Dis donc Lulu, tu vas nous dire où il les prend ses vacances, oui ou m… ?

— Savez, c'est pas le genre à envoyer des cartes postales.

— Nous on est du genre à te mettre au chômedu.

— Eh dites, il est réglo mon troquet.

— Même si on t'envoie l'hygiène, le fisc et les Mœurs tout ensemble ?

— Bon, bon, ça va. Essayez peut-être chez sa maman à Vénissieux, mais n'y allez pas de ma part, *please*.

Mario, ils avaient des raisons de lui mettre les pinces vu qu'il les avait conduits dans un endroit puant l'illégalité.

— Je vois pas de quoi vous parlez. Jamais été là-bas. Connais pas.

— Et ça, c'est de la science fiction ? Julien lui montrait la photo qu'il avait faite, la Mercedes en premier plan et la ferme en arrière-plan.

— On voit que c'est un montage.

— Et tu t'y connais en montage, il paraît…

— Vous insinuez quoi au juste ?

Mario c'était un rugueux, pas question de l'avoir à la douce. Et inutile de lui dire qu'on l'avait dénoncé, sans quoi c'était envoyer en enfer les pauvres merdeux qui les avaient affranchis, lui et Jean-Louis.

— Tu te fatigues pour rien à nous promener. On a démonté tout le réseau ou quasi. Si tu restes dehors, tu risques gros dans le genre représailles. Accepte d'être logé et nourri aux frais de la communauté ; tu prends quoi, deux, trois ans ?

Mais rien à faire, le gars ne s'en départait pas de son innocence. Et Julien tenait absolument à le manier à bon escient ; il lui fallait non seulement des aveux mais encore des pistes car il était persuadé qu'il leur manquait une pièce parisienne dans ce puzzle. Faudrait le rudoyer un chouïa le Mario pour qu'il se mette à table. Julien et Jean-Louis s'étaient donc décidés à lui faire faire de la balançoire.

— Bon, il nous sert à rien ce mec ; autant en débarrasser la société. Jean-Louis, tu vas chercher la planche ?

Julien ouvrant la fenêtre, posant une extrémité de la planche sur le rebord, se penchant au-dehors et criant pour être entendu quatre étages plus bas : « Antoine, prépare le frigo, on a un colis. » Il prend la précaution de bien refermer la fenêtre, laissant toutefois la planche en place, tire les rideaux, débranche le téléphone et éteint la lumière. Mario menotté sur sa chaise commence à manifester des signes de nervosité :

— Eh ! qu'est-ce que vous faites ? Déconnez pas les mecs !

— T'en fais pas, tu sentiras rien. Jean-Louis, bande-lui les yeux s'il te plaît.

— Aïe ! Vous me marchez sur les pieds.

— Oh ! excuse-moi, chou. Tiens, lève-toi, détends-toi un peu.

— Mais j'y vois rien.

— Y'a rien à voir.

Pendant que Jean-Louis promène Mario à son bras, Julien a reculé la planche pour la poser sur une chaise. Il ouvre grand la fenêtre et une grosse bouffée d'air froid entre dans la pièce.

— Prêt ? À la une, à la deux…

Et hop ! ils empoignent Mario fermement, l'allongent sur la planche et, pendant que Jean-Louis l'y maintient, Julien soulève le bord reposant sur le plancher. Le cri rauque, guttural, désespéré, sortant du fin fond des entrailles de Mario retentit sur tout l'étage :

— MAMAN !!!

— Elle peut rien ta mère, sauf se lamenter sur les conneries de son fils.

— Arrêtez ! C'est Lucile, la fille à la préfecture.

— Quelle préfecture ?

— Paris pardi ! Des cartons vierges, elle en sort des bouquets entiers.

— Et qui la paye ?

— Personne. Elle fait ça pour le gars qui la baise. Je connais pas son nom, je le jure.

— Et toi ?

— Moi je suis graphiste.

— Quésaco ?

— Je remplis les cartes grises vierges.

Julien conduisant Mario devant le juge, Mario se plaignant à ce dernier : « Monsieur le Juge, j'ai été battu et menacé de mort par le policier ici présent, ce n'est pas légal. » Julien s'indignant : « que je t'aie menacé de mort c'est possible, mais jamais je n'ai levé la main sur toi, c'est un mensonge. » Le juge alors décolle lentement de son siège, déploie son inquiétante stature, fait le tour de son bureau et administre une claque au graphiste : « Je confirme vos dires, vous avez été molesté ; on voit les marques. » Et plus tard : « Idiot ! vous salissez la République. Mais peut-être ne savez-vous pas ce que c'est la République. La République, ce sont des individus qui travaillent, et en volant leurs véhicules vous empêchez ces individus de se rendre à leur travail. Vous accablez la société pour satisfaire des caprices d'enfant gâté ! » Julien méditant à part soi : « Police et Justice main dans la main… »

Huit mois après, lui et Jean-Louis font la première page du *Progrès*, leur nom noir sur blanc sous l'organigramme du réseau, où sont exhibées les photos en miniature de chaque membre. Le grand chef, le cerveau quoi, c'est Raymond B., ancienne grande figure d'un autre réseau, celui de la résistance gaulliste lyonnaise. Il avait les bras longs comme des branches de saule et il en avait partout, sorte de déesse hindoue au masculin. Julien ne s'était pas trompé, il ne s'agissait pas d'un modeste réseau local mais d'un bizness in-ter-na-ti-o-nal ! Les relations avec l'Afrique du Nord ? Une véritable entreprise d'import-export car après les indépendances les vols de voitures y étaient légion. Une grosse partie du boulot se faisait à la demande et la demande venait souvent de truands qui avaient besoin d'une caisse pour leurs fric-frac. Dans son élan républicain, le juge s'était un peu trop avancé ; de nombreux vols étaient en fait simulés en accord avec le propriétaire du véhicule ; et avec de faux papiers on volait parfois, au préjudice d'agences de location, des voitures qui ne manqueraient à personne.

De fil en aiguille, on avait détricoté une toile où chaque maille avait sa fonction et, plus ou moins, son ethnie : c'étaient surtout les Gitans qui opéraient les vols « non consentis » et récupéraient des épaves dans les casses pour que leur soit donnée une seconde vie administrative ; les Arabes savaient démonter les bagnoles invendables en l'état, car trop voyantes, pour revendre les pièces détachées ; d'autre part, ils étaient tout naturellement désignés pour effectuer les convoyages par la route depuis ou vers le Maghreb ; les Juifs séfarades, champions de l'immobilier de Paris à Tanger, d'Alger à Tunis ou à Casa, trouvaient des planques pour les dépôts ; les « fonctionnaires » franco-français s'occupaient des papiers mais aussi des petites annonces pour la revente ; le clan « garagistes et serruriers », lui, était multiculturel, et les Italiens en constituaient une part non négligeable. La gangrène, avait-on découvert, s'était propagée jusqu'au sein d'une clientèle de notables d'Afrique Noire, à Niamey, Bamako ou Dakar. L'enquête allait durer plusieurs mois encore et les magistrats ne seraient ni au bout de leurs surprises ni au point de se reposer. Des condamnations pour association de malfaiteurs, vol, recel, faux, corruption, menaces et port d'armes prohibées visaient des dizaines de personnes pour des centaines de véhicules détournés.

Ce qui avait miné Julien dans cette affaire, outre le fait que son nom fût apparu dans le journal, c'était l'implication de quelques policiers corrompus qu'il connaissait bien, ou plutôt croyait connaître. Même s'il s'agissait de chefs de famille nombreuse qui n'arrivaient pas à joindre les deux bouts, cela avait gravement écorné son idéal de justice.

En tout cas, tout ça c'était vraiment beaucoup de boulot. Les planques, les enquêtes, les écoutes téléphoniques, les courses-poursuites épuisantes, les interrogatoires, les rapports… Julien aurait voulu passer plus de temps avec son gamin. Il se rassurait néanmoins du fait que les méthodes d'éducation de Nathalie lui convenaient parfaitement. Pour elle, d'un naturel jovial et plein d'humour, un enfant était bon par essence. Il suffisait de canaliser ses impulsions, de lui suggérer quelques différences entre le Bien et le Mal, de toujours donner des explications verbales, des leçons de morale, jamais de châtiment corporel. Jamais. Et quand le môme franchissait la ligne rouge, lui faire comprendre qu'enfreindre un interdit se payait toujours. Toujours. Par exemple par la perte d'un privilège antérieur. Et ça marchait.

Comme pour contredire ces idées, sont survenus, en 1968, les événements printaniers. Un curseur se déplaçait sur l'échelle des libertés. Il est interdit d'interdire ? Tiens, un interdit de plus. Pour Julien, ce fut une époque très éprouvante. D'abord, il fallait lâcher toutes les enquêtes en cours pour se consacrer exclusivement à l'ordre public. On le savait bien, le politique prime sur le judiciaire. Si quelques malfaiteurs attentent à la sphère privée ce n'est pas très grave, mais si des mouvements de masse troublent les esprits il y va du salut même de la nation. La charge de travail s'était encore alourdie ; le plus souvent, Julien rentrait chez lui à onze heures du soir, exténué. Le petit dormait déjà et il avait à peine le temps de souhaiter une bonne nuit à Nathalie. Mais le pire c'est qu'il ressentait cette activité frénétique comme totalement inutile. La désorganisation des services était flagrante. Certaines unités serraient les manifestants les plus violents mais c'étaient d'autres unités qui les amenaient au poste, si bien qu'on n'était jamais sûr de qui avait commis quelle infraction. Des centaines d'étudiants et d'enseignants remplissaient les couloirs et les escaliers menant au quatrième étage où une dizaine de policiers recevaient les interpellés. Julien en « faisait » dix à l'heure ; s'il était habituellement rapide dans l'efficience, il l'était tout autant dans l'inefficacité.

— Tu as lancé un cocktail Molotov sur une voiture.

— C'est quoi un cocktail Molotov ?

— Ne fais pas l'idiot, on t'a vu.

— Il y a erreur ; j'étais sorti acheter des cigarettes et je me suis trouvé pris dans le flot des manifestants.

— Et le pavé dans la vitrine du Grand Bazar ?

— Je vois pas.

— Bon, ça va. Va voir ailleurs si j'y suis.

— Au revoir.

— Un instant ! La librairie incendiée à la Guillotière, c'est pas toi non plus ?

— Ah non ! Ça c'est l'extrême droite.

— C'est bien ce que je pensais. Suivant !

Outre que tout cela ne menait à rien, les conditions de travail étaient misérables. Julien faisait également des patrouilles, de nuit souvent, traquant le flag autour des facs et des usines, à pied ou en voiture banalisée… à condition de trouver de l'essence ! En ces temps de grève générale, il arrivait que l'administration débloque quarante litres, une panacée ! Les banques étant fermées, les commerçants refusaient les chèques. Il fallait donc se débrouiller pour avoir du liquide. Julien et Jean-Louis mangeaient dans les restaurants maghrébins, les seuls à non seulement accepter leurs chèques mais même à débourser en liquide une petite différence dépassant le montant du repas. « La Nation française vous sera reconnaissante ! », plaisantaient les deux compères. Pour se déplacer, on s'organisait à une seule voiture et on faisait le ramassage de trois ou quatre fonctionnaires. En allant chercher un collègue de Vénissieux on était passé devant l'usine Berliet et on avait rigolé en voyant le panneau de façade anagrammé en « Liberté ». Surtout, on prenait soin de se garer à quelque distance des commissariats, dans le voisinage desquels les incendies de véhicules étaient fréquents. On finissait donc le trajet à pied.

C'est fin mai que les choses se dégradent de façon inquiétante, d'abord avec la mort de ce commissaire écrasé par un camion fou lancé sans chauffeur contre un barrage policier, l'accélérateur calé par un moellon. Ensuite il y a le départ du président de la République pour Baden, et ce n'est pas en vue d'une cure thermale. Certains policiers ne mettent plus leur nom sur les procès-verbaux, craignant la vindicte populaire si jamais la révolte se transformait en révolution et que le gouvernement soit renversé. Julien n'a que mépris pour ce genre de lâcheté. Il n'a aucun état d'âme et se soucie peu du contexte politique. Il fait son boulot de fonctionnaire et sent bien que les mœurs sont en train d'évoluer. À preuve ce groupe d'individus qui, en pleine nuit, devant la faculté des Lettres, une tirelire à la main, arrêtent les automobilistes pour proposer un rapport « express » avec des étudiantes demi-nues assises sur les marches d'entrée. Tarif : un franc. Si ce n'est pas un franc symbolique, qu'est-ce que c'est ? On embarque le groupe de jeunes libertaires parmi lesquels se trouve un adulte plus âgé, chevelu et barbu, sosie de Karl Marx. En le voyant entrer dans le bureau, Julien est sûr de le connaître. À l'énoncé de son nom, il consulte ses fiches et constate qu'en effet le monsieur a déjà été interpellé pour jets de pierres contre les forces de l'ordre. Preuves : néant.

— Profession ?

— Prof de philo.

— Très bien. J'hésite à qualifier de proxénétisme votre second emploi. Si c'est de ça qu'il s'agit vous n'avez vraiment pas le sens des affaires. Mais peut-être vous êtes-vous lancé dans l'action humanitaire, les œuvres de charité ? J'ai de la peine à comprendre.

— C'est simple. Les femmes en ont assez d'être prises pour des ménagères reproductrices. Elles veulent jouir sans entraves.

— Mais alors pourquoi faire payer un franc ? C'est très risqué car on peut effectivement vous accuser de proxénétisme.

— En fait, c'est le prix d'un manifeste sur la condition et l'émancipation féminines qu'après le… la chose, nous remettons aux clients… pardon, aux sympathisants.

— Pas mal. On va voir ce qu'on va faire de vous. En attendant, je ne sais pas si vous vous souvenez de moi mais moi je me souviens de vous. Vous avez déjà été accusé de violences à agents dans l'exercice…

— Vous n'aviez pas de preuves.

— Récidive quand même. Il fallait que je sois fou pour vous laisser partir.

— Que je « fusse ».

— Pardon ?

— Si la principale est au passé le subjonctif de la relative doit l'être aussi.

— Tu sais où tu peux te le mettre ton subjonctif ? Au fait, tu sais qu'Aretha Franklin et Sean Connery se sont mariés ?

— Pas du tout. Et alors ?

— Et alors Mademoiselle Franklin a changé de nom.

N'empêche, ça l'avait vexé, Julien, qu'on le tarabuste sur la langue. Il baragouinait le maltais, se débrouillait bien en arabe, massacrait doublement l'italien car il le daubait d'un sicilien mal appris, mais le français, grands dieux ! c'était sa fierté, la langue qui avait uni ses parents. Le souvenir de sa mère était brusquement remonté et il était allé ouvrir ce porte-documents qu'il avait emporté en fuyant Tunis. Parmi les certificats de naissance et de mariage, au milieu d'actes divers, il y avait des notes manuscrites. Il se souvenait de les avoir lues en diagonale, sans leur trouver le moindre intérêt. Parmi elles, celle-ci : *Ottimo esempio dell'uso del congiuntivo in francese : la lettre était-elle apocryphe ? Rien ne permettait d'affirmer qu'elle le fût. Il valait mieux qu'elle le soit (Bouzanquet). Si la relative est dans un temps postérieur à – ou contemporain de – celui de la principale, on peut utiliser le présent du subjonctif.* Ce con de gauchiste, en plus il racontait n'importe quoi !

On avait identifié un des mecs qui avaient manœuvré le camion qui avait tué le commissaire. Il était fiché depuis belle lurette et son portrait ornait tous les commissariats de Lyon. Il existe deux versions de l'arrestation du suspect. Dans les archives de la police, on a retenu que c'est une patrouille de la 3e section de la Sûreté qui l'a coincé sortant de la faculté de Lettres. Mais d'après une historiographie occulte, l'arrestation est à mettre au crédit de Julien et Jean-Louis. Ceux-ci, patrouillant dans le centre-ville, aperçoivent l'individu attablé en solitaire à une terrasse place des Terreaux. Tu parles, on peut pas se tromper avec sa crinière rouge. Julien veut l'interpeller et Jean-Louis le lui déconseille : « déconne pas, on va faire une émeute. On attend et on le filoche. » Sage Jean-Louis, téméraire Julien. Ce dernier s'élance, renverse la table, plaque l'homme affolé ventre au sol et lui passe les bracelets. Des gens se lèvent. « Salauds de flics ! Fachos ! Pourris ! De quel droit ? » Un gaillard tout en muscles, biceps hypertrophiés (on est en juin), s'avance menaçant. Idée géniale de Julien : « Vous inquiétez pas, c'est pour un film. Vous voyez le camion là-bas ? C'est la prise de vue. On cherche à faire dans le genre réaliste. La nouvelle vague, vous avez entendu parler ? » Le mec à terre gémit : « Vous êtes de la C.G.T. ? On peut discuter. » Scénario parfait. Melville n'aurait pas trouvé mieux. « Ta gueule ! C'est pas la C.G.T., c'est la police. » Et le voilà embarqué au poste. Julien et Jean-Louis n'obtiendront jamais la reconnaissance qui leur est due. Et après tout c'est aussi bien comme ça.

Julien passa l'été à potasser le concours d'O.P.J., qu'il réussit haut la main en octobre. Il se sentait grillé dans le secteur lyonnais et voulait partir. Ce n'était pas tellement par rapport aux événements récents ; les étudiants sont de doux agneaux et de toute façon le rouge tendait à s'effacer du bleuissant drapeau national. Non, c'était plutôt l'affaire du trafic de bagnoles qui pouvait l'inquiéter. Les peines étaient généralement légères et les trafiquants n'allaient pas tarder à sortir de taule. Reçu parmi les premiers au concours, il avait pu faire son choix et avait obtenu une nomination comme inspecteur principal à la Mondaine de Marseille. À contre-courant de l'opinion générale, il trouvait, comme ça, que les voleurs, les escrocs, les braqueurs, ma foi, c'était un peu à chacun de s'en prémunir avec de la jugeote, des alarmes ou des portes blindées. Les prédateurs sexuels en tous genres par contre, c'est là qu'il fallait agir et frapper. Son expérience passée au commissariat du VIIe le hantait. Coup double donc, avec à la fois une promotion et un retour tant désiré à Marseille. Malgré l'éloignement d'avec sa famille, Nathalie était comblée. Tous deux allaient retrouver le soleil et la mer. Ils louèrent un bel appartement lumineux au Prado, à quelques minutes de la plage. À la rentrée 69, ils inscrivirent leur fils à l'internat du lycée pilote de Marseilleveyre. Le magnifique cadre naturel, l'éloignement de la pollution urbaine, le projet pédagogique visant l'épanouissement des élèves et l'apprentissage de l'autonomie par le pensionnat, tout ça répondait parfaitement à leurs souhaits.

À son arrivée dans le service, Julien est désigné pour diriger un groupe de six fonctionnaires. Au boulot ! D'abord traiter les plaintes. Les honnêtes gens du quartier Opéra, Curiol-Sénac ou le Jarret sont exaspérés. Il y a les allées et venues – des femmes et des hommes à l'aspect inquiétant et des individus dont on ne sait s'il s'agit d'hommes ou de femmes –, les soûleries et les cris qui vont avec, le bruit quoi, les bris de verre, la saleté, au « propre » comme au figuré, les disputes, les bagarres avec parfois des blessés, tout un ensemble qu'on appelle « nuisances ». Au cours d'une réunion, Julien, frais débarqué de Lyon, traînant avec lui une science théorique et surannée, a un mot malencontreux : « Et Thubaneau ? ». Rires de ses collaborateurs. Pourquoi pas le Panier, dont les bobinards ont fermé en 46 ? Non, Thubaneau c'est de la tradition vivante. Un assainissement ? Le voisinage aurait plutôt tendance à s'en inquiéter. De toute façon la Mairie a des projets, paraît-il, et avant de savoir précisément lesquels, peuchère ! inutile de s'exciter. Et puis maintenant c'est de l'autre côté de la Canebière que ça se passe. Julien tient quand même à montrer qu'il a du savoir. Rue Thubaneau, c'est là qu'on a chanté la Marseillaise pour la première fois, en 1792, non ? Nouveaux rires et irrévérences associées :

Allons enfants de mes parties
Le jour de foire est arrivé
Portons-nous dans les bars à filles
Les cent dards cinglants sont levés…

Une affectation à la brigade des mœurs, il ne se doutait pas, Julien, que cela pouvait comporter une initiation à certains us et coutumes. Comme il songe déjà au remplacement de quelques éléments de son équipe, on le rassure. Il ne s'agit pas d'éléments subversifs ; on peut dire tout simplement que l'intelligence ne leur troue pas le chapeau. C'est Michel qui a dit ça. Julien se dit qu'il fera peut-être un bon partenaire. Il a demandé le silence mais une petite voix se fait encore entendre dans le fond de la salle : « Aux charmes, citoyens… » Ça suffit ! Un autre collègue tente une diversion : « Mais si vous allez rue Thubaneau, vous verrez, vous aurez l'impression d'être en Afrique. Savez-vous pourquoi ? À cause des odeurs, surtout celle du pétrole, que les Africains utilisent pour l'éclairage et la cuisson. Très exotique. Allez-y. » Ainsi il semble qu'un des premiers impératifs soit de rétablir un semblant de discipline, c'est-à-dire d'exercer une autorité patente, et quoi de plus efficace dans ce domaine que de faire preuve de performance, de professionnalisme ?

La routine se met en place : surveillances, filatures, recrutement d'indics, contrôle des tapins, descentes, fermetures de bars américains, d'hôtels borgnes, de « studios », de bouges et claques en tous genres. Troubles à l'ordre public ! Comme toujours le plus dur c'est le flag. À l'hôtelier marron on dit : « Et la toile cirée sur le lit, c'est pour faire la dînette ? » Au couple improbable qui s'apprête à monter : « Alors Grand-père, on promène sa fifille ? » De fait, c'est le proxo qui est le plus difficile à coincer : « On vous a pris la main dans le sac (de la racoleuse). » Le Maghrébin a un aplomb déconcertant : « Ce n'était pas ma main. » Le Corse irrite en feignant l'ingénuité : « Quoi ? Elle est mineure ? Elle en a pas l'air ! » L'Italien qui tabasse sa favorite affiche un cynisme agaçant : « Elle couchait avec d'autres hommes ! » Et s'il la tue, compte-t-il invoquer le crime passionnel pour avoir des circonstances atténuantes ?

C'est justement d'un drame de ce genre que Julien aura à s'occuper, une affaire qui lui vaudra quelques lauriers supplémentaires et une bonne dose de respect. Nous sommes en 71 et la filière française, la *French Connection* comme on dit, provoque des ravages aux États-Unis. Nixon a manifesté son mécontentement à Pompidou, fustigeant la police française pour son manque de sérieux et d'efficacité. C'est donc une priorité absolue que de se mettre à la disposition des Stups en cas de besoin.

***

En cette nuit glaciale de décembre, à deux heures du matin, le téléphone sonne à la gendarmerie de Cassis. Une voix chevrotante :

— Je viens d'écraser une jeune femme sur la route.

— Qui êtes-vous ? Où êtes-vous ?

— Je suis Madame D. J'appelle d'une ferme à côté de… J'ai dû réveiller les gens.

— Que faisiez-vous là à cette heure ?

— Je rentrais de chez ma belle-fille. Le petit a la fièvre et mon fils est en déplacement à Paris.

— Nous arrivons. Ne bougez pas.

Parvenus sur les lieux, les gendarmes constatent le décès et consignent le récit de la grand-mère : « Au sortir d'un virage, une silhouette est subitement apparue dans la lumière des phares et s'est jetée sous mes roues, du moins je crois. Je n'ai pas eu le temps de freiner et j'ai fait une embardée sur la gauche, mais j'ai senti que je roulais sur quelque chose. Je me suis vite arrêtée sur le bas-côté et en revenant au niveau du virage j'ai vu le corps inanimé d'une femme, une Chinoise d'après moi. Elle ne répondait pas à mes questions. Je l'ai un peu secouée à l'épaule mais elle ne bougeait pas. J'ai eu toutes les peines du monde à la traîner jusqu'au bord de la route. Je ne voulais pas qu'une autre auto lui passe dessus. » Devant un cas de suicide hypothétique, le capitaine de gendarmerie hésite puis, intrigué par l'absence de traces de sang sur le bitume, il se décide à appeler la permanence de l'I.M.L., l'institut médico-légal de Marseille, pour faire effectuer une levée. Ne percevant aucun signe d'éthylisme chez la conductrice, fortement éprouvée par l'événement, après avoir vérifié carte grise et permis de conduire il l'autorise à rentrer chez elle et lui demande de rester à disposition. En attendant l'arrivée du légiste, il ordonne la prise des photos et commence à écrire des notes pour son rapport, confirmant que le cadavre est celui d'une femme de type asiatique qui semble avoir une vingtaine d'années ; elle est vêtue d'un court manteau de fourrure beige, d'une minijupe en skaï rouge, ce qui est surprenant en cette saison, et les jambes sont couvertes jusqu'au ras du genou par des bottes blanches ; elle n'a aucun papier d'identité ni affaires sur elle sauf un tube de rouge à lèvres dans une poche du manteau.

LÉGISTE *accroupi devant la victime* **:** Avec ce froid, inutile de sonder la température. Très forte rigidité de la nuque et des masticateurs. Traces de lividité sur les faces antérieures. Vous dites que la dame l'a tirée sur le bas-côté au niveau du point d'impact et qu'il n'y a pas de sang sur la partie de chaussée correspondante ? Vous avez bien vérifié sur un périmètre assez large ?

CAPITAINE *debout, bras croisés* **:** Affirmatif, sauf que je n'ai pas parlé d'impact. Apparemment la victime s'est couchée sous les roues. Je parlerais donc plutôt de roulement.

LÉGISTE : Hum, bien. En tout cas il faudra à nouveau interroger la conductrice. Il n'y a aucune raison pour qu'elle ait retourné le corps, n'est-ce pas ? Je peux déjà vous dire que la demoiselle a plusieurs côtes brisées.

CAPITAINE : D'autres lésions ?

LÉGISTE : Je ne sais pas si on peut appeler ça des lésions mais elle présente des micro-hématomes au bras droit. J'ai déjà vu ça chez les drogués.

CAPITAINE : Ah !

LÉGISTE : Je me permets de passer une main dans la culotte..., la routine, et... attendez... Oui, le pubis est rasé.

CAPITAINE : La routine ?

LÉGISTE : Une intuition... Bon, de toute façon il n'y a qu'une chose à faire. Si vous permettez je vais appeler l'IML pour qu'ils viennent chercher le corps. En rentrant vous appelez le Proc et je me prépare pour une autopsie demain matin. Tout à l'heure plutôt. La nuit sera courte, Capitaine !

À la grande surprise générale, le Proc était en personne à huit heures à la Timone, réquisition en main. Comme il avait poussé un ouf de soulagement à la vue du cadavre, on pouvait se demander s'il n'y avait pas une histoire d'infidélité conjugale dans l'air. Le capitaine de gendarmerie avait exigé qu'on lui apporte un demi-litre de café. Le légiste, lui, était naturellement excité ; il n'avait pas dormi de la nuit, essayant de corréler ses premières observations pour mieux anticiper celles qui allaient suivre. « Assistant, magnéto ! » Après les déclarations protocolaires, Cadavre X, ce jour le... en présence de..., l'examen peut commencer.

« Examen externe : début de rémission de la rigidité cervicocéphalique. La mort semble nettement antérieure au moment de "l'accident". Les lividités suggèrent un décès en décubitus ventral. Net écrasement du thorax et moindre des bras. Ecchymoses multiples à l'avant-bras droit, évoquant des injections non contrôlées. Pas d'autres lésions. La dentition est parfaite. Un odontogramme sera néanmoins joint au dossier. Pubis rasé depuis trois ou quatre jours. Après rasage du crâne, pas de lésion apparente. La trépanation est donc repoussée *sine die*. J'ouvre ! Examen interne : fractures massives du gril costal de K2 à K7. Intégrité des gros vaisseaux. Pas d'antériorité pathologique manifeste des organes. À toutes fins utiles, je prélève un échantillon du hile hépatique. Voyons maintenant les poumons. Contrairement aux attentes il n'y a pas d'hémothorax ! Il est envisageable de décorréler la mort de l'écrasement thoracique. À souligner. Le grattage de l'épithélium œsophagien révèle un pH acide, évoquant la possibilité d'un vomissement. »

Et cætera, et cætera. L'autorité juridico-militaire est abasourdie. Le Procureur sollicite l'avis du légiste. Selon ce dernier, « si suicide il y a, c'est un cadavre qui s'est suicidé ! » Le magistrat enchaîne : « Capitaine, je dois vous dessaisir de l'affaire. Je transmettrai votre procès-verbal ainsi que le rapport d'autopsie au SRPJ. Ils auront huit jours pour trouver l'identité de la victime et si possible établir les circonstances du décès. »

Le Contrôleur Général du SRPJ prend connaissance du dossier et n'a pas besoin de réfléchir trop longtemps. Les Stups sont débordés, entre le ratissage du pourtour marseillais à la recherche des labos de transformation de la morphine-base et le contrôle des navires venant d'Orient ou partant pour l'Amérique. La Criminelle pourrait prendre l'affaire mais comme c'est probablement une putain défoncée qui s'est fait écraser, les Mœurs auront sûrement plus vite fait de l'identifier. Il confie donc le dossier au Commissaire H., lequel met l'Identité Judiciaire sur l'analyse des empreintes digitales et, pessimiste quant aux résultats, convoque le binôme d'inspecteurs Marcel V. et Thierry B. pour écumer les rues et présenter des photos portraits à tous les tapins de la cité phocéenne.

Les huit jours de flagrance s'écoulent et tant côté labo que côté rue tout le monde a fait chou blanc. Le Procureur ouvre aussitôt une information judiciaire et désigne le juge… – appelons-le Marty – pour prendre le relais. Il sait, c'est sûr, son sérieux et sa science, son seul souci su étant une nette tendance à zozoter. En tout cas il a de très bonnes relations avec le Commissaire H. Celui-ci l'a rencontré dans son bureau, au tribunal. Il lui tend la main, doigts écartés :

— Étienne, content de te voir ! Comment va ?

— *Tha* va et toi ?

— Bien. Alors, tu as vu le dossier ? Qu'en penses-tu ?

— Bof ! *Thuithide* ou pas, à toi de trouver. D'abord l'identité. À *the thujet*, tes flics n'ont pas brillé. Note que je ne veux pas me mêler de tes affaires, mais j'*appréthierais* que tu les changes.

— Je suis entièrement d'accord. J'avais pensé…

— Écoute, j'ai eu affaire à… tu *thais*, le nouveau… Comment *th*'appelle-t-il déjà ? Julien quelque chose, un nom maltais je crois…

— Julien B. J'allais te le proposer.

— À la bonne heure ! *Th*'est un bon élément. Il a *therré* quelques *thouteneurs*. Je *thens* le type futé et… ne le prends pas mal… parfaitement intègre.

— On se comprend. Affaire conclue ; je le mets en couple avec Michel G. Ils ont l'air de bien s'entendre.

— Parfait. J'envoie la rogatoire au Contrôleur demain matin. J'ajouterai une note au *thujet* d'une *connecthion pothible* avec les *Thtups*. *Thi* vous pouviez remonter un peu dans la filière…

— Évidemment !

Julien avalant son café, déposant un baiser sur les lèvres de Nathalie et le front de son fils, dévalant les escaliers, s'engouffrant dans la 403, contact, première et demi-tour, remontant l'avenue du Prado à 120, souriant à la rue Paradis, un quart d'heure après raclant le gravier du parking de l'Évêché, pensant un instant faire un entrechat comme au cinéma, mais faut pas exagérer. Julien participe, à présent, à l'Œuvre de la Police Judiciaire. Enfin une enquête ! Au trot, Michel, on va à Cassis chez la mémé.

La dame leur offre du café et des biscuits. Julien remercie et engage.

— Madame, vous dites avoir vu une personne debout sur le bord de la route. Pourriez-vous la décrire ? Il se peut que ce ne soit pas celle que vous avez écrasée.

— Je n'ai pas vraiment eu le temps de l'observer car j'ai tout de suite paniqué. De l'image que j'ai gardée, il me semble que c'était bien la femme que j'ai été ramasser après. Un manteau qui descendait juste sous la taille, des cheveux noirs, ça c'est sûr, une coiffure à la Louise Brooks, vous savez ? Et puis des bottes, je crois bien, mais c'est allé tellement vite ! Ensuite je ne sais pas, elle a disparu. Moi j'étais occupée à essayer de l'éviter, mais je faisais attention à ne pas trop dévier vers la gauche. Et malheureusement elle est passée sous mes roues.

— Mais avant cela, vous n'avez rien vu d'autre sur la route ? Une masse, une ombre, une autre personne couchée peut-être ?

— Non, rien. J'étais assez fatiguée, sûrement un peu trop distraite pour conduire. Il me tardait d'arriver. Je n'ai pas l'habitude de me déplacer à ces heures-là, vous savez.

— D'accord. Et une fois stationnée sur le bas-côté, vous n'avez rien vu ou entendu ?

— Non, rien. Le reste je l'ai déjà raconté aux gendarmes.

— Quand vous avez déplacé le corps, l'avez-vous retourné ?

— Pourquoi aurais-je fait ça ?

— Donc quand vous l'avez découvert, il était couché sur le dos ?

— Oui.

— Très bien. Merci Madame. Il se peut que nous revenions vous voir. En attendant voici ma carte. Appelez-nous si vous vous souvenez d'autre chose. Le moindre détail est important.

Au retour, Julien s'arrête sur le lieu de l'accident et se promène dans les environs. À l'endroit de la levée, il signale à Michel que l'herbe a été foulée et que là où la terre est nue il y a des traces de pas.

— Évidemment, lui fait remarquer Michel, ils étaient quatre ou cinq autour du cadavre.

— OK, mais viens voir par ici.

Ils font une trentaine de mètres en direction de Marseille et là aussi il y a des traces de pas. Petite pointure.

— C'est la même pointure qu'à la levée, à côté de celles des hommes. La conductrice ?

— Je pense pas. De toute façon elle s'est arrêtée en direction de Cassis. Et ici on voit nettement que le talon est séparé de la pointe, alors que là-bas c'est des chaussures plates. Michel, réfléchis ! il n'a pas plu depuis une quinzaine. Qu'est-ce que ça veut dire d'après toi ?

— Tu te fous de moi ? Je vois pas.

— Que les dieux sont avec nous, bon sang !

Julien retourne à la Simca 1100 de service et y prend l'appareil photo. On a des empreintes, oui, mais de qui sont-elles ? La conductrice ? Peu probable. La victime ? On saura bientôt. Ou alors une troisième femme ? *La troisième femme… ça me rappelle quelque chose*, pense Michel.

Pour les prochains jours, Julien organise. Premièrement, l'identification. Marcel et Thierry, combien d'interviews ont-ils pu réaliser en faisant une pause bistrot toutes les heures ? À une cinquantaine par jour, mettons, ça nous fait quatre cents. On est loin de l'exhaustivité là, on est dans l'échantillon, ce qui est peut-être acceptable question statistiques mais certainement pas pour une enquête de ce genre. Julien scrute les photos et trouve que le visage ressemble à celui de n'importe quel jeune macchabée. Aucune expression. Ça a dû être une jolie fille pourtant. C'est là que l'idée soudain jaillit. Il se rue au rez-de-chaussée et va voir Sylvie, l'auxiliaire de police, une magnifique plante genre 90-60-90 avec qui il entretient des relations… avec qui il a de bonnes relations.

— Sylvie, tu penses que tu pourrais trouver une perruque style Louise Brooks ?

— Tu m'as bien regardée ? Je suis une blonde éternelle.

— Pas grave. Prépare ta trousse de maquillage ; je reviens te prendre dans une heure.

— Où on va ?

— À la morgue.

Il démarre la Simca et fonce rue Sénac chez Vanessa, un travelo brésilien qu'il a protégé des maltraitances d'un souteneur brutal. Il est midi et il faut taper longtemps à la porte avant que la *carioca*, émergeant d'un profond sommeil, vienne ouvrir.

— *Bom dia* Vanessa. Tu aurais une perruque style Louise Brooks ?

Le studio sent fort le patchouli. Avec la multitude de couleurs, ça donne le tournis. On se croirait devant un tableau fauviste. Vanessa, les yeux mi-clos, allume une cigarette et, imperturbable, va vers la fenêtre, près de laquelle un portemanteau branchu arbore une panoplie de postiches divers et variés.

— Ça t'irait ? Tu vas à une partie fine ?

— Ça ira. Pas le temps d'expliquer. Merci et désolé pour le dérangement.

— Quand tu veux.

— Je repasse fin d'après-midi.

En entrant à la morgue, Sylvie tressaille à la vue des corps figés dans des positions grotesques, terreur sculptée dans le visage, comme les moulages qu'elle avait vus lors d'une visite à Pompéi. Ceux-là attendent un dernier relâchement post mortem avant d'être enfournés dans le placard à macchabs. Dc l'armoire *Subzero*, le préposé va extraire la Chinoise au crâne rasé. Julien a également demandé qu'on lui apporte des gants d'examen ainsi que les bottes et le rouge à lèvres de la défunte. Son idée : lui refaire une beauté. Le légiste s'interpose quand Julien va pour la coiffer du postiche de Vanessa – Hé là ! doucement, vous faites quoi là ? – mais s'incline devant la commission rogatoire à effet carte blanche. C'est pour l'enquête ! Et au cas où on trouverait la famille, autant prévoir une identification préliminaire la moins traumatisante possible. L'habile Sylvie prend le relais. Sur la table d'examen, les instruments de dissection sont remplacés avec bâton de rouge, poudrier, mascara, fond de teint, *blush*, *eyeliner* et un fard bleu cobalt. Le boulot fait, on rouvre les paupières. Le résultat arrache un sifflet deux-tons d'admiration au légiste. Bon, c'est pas très catholique tout ça, mais faut reconnaître que c'est de la belle ouvrage. La *pin-up*, dommage qu'il faille la relaver après les photos. Julien fait des kodaks, des polaroïds, salue et emporte le rouge ainsi que les bottes pour l'I.J. En déposant Sylvie – un grand merci, excellent travail ! –, il croise Michel qui lui raconte que la dame de Cassis a téléphoné en fin de matinée. C'était pour dire qu'elle s'était réveillée en pleine nuit en réalisant qu'avant l'arrivée des gendarmes elle avait entendu un bruit de voiture qui démarrait.

Et Julien de retourner chez Vanessa.

— Tiens, ma chérie, voilà tes cheveux. Tu peux regarder ces clichés et me dire si tu connais ? Sans doute une professionnelle.

— Dis donc, elle a l'air en mauvaise santé la copine.

— Pire, elle est clamsée.

— Je me disais aussi, ce regard qui n'en est pas un…

— Bon, alors ? L'I.M.L. réclame l'inhumation. On n'a pas beaucoup de temps.

— Oui, il me semble la connaître. Des Chinoises, y'en a du côté de Saint-Charles.

La nuit bien avancée, Julien arpente le quartier de la gare. Il a pris le risque d'y aller seul. À la sixième prostituée, hourra !

« Oui, je la connais, c'est Olga. Mais ça fait longtemps qu'on l'a pas vue. » Un large sourire se peint sur le visage de Julien :

— Quinze jours environ ?

— Ah non ! beaucoup plus que ça. Un an ? Peut-être plus.

Le sourire s'efface, laisse place à une moue de dépit. Ça trotte dans la tête à Julien. Fausse identification ? La gonzesse aurait-elle pris une année sabbatique ? Une chose est sûre, il faut trouver son souteneur.

— Un paquet de chewing-gum pour toi si tu donnes son protecteur.

— Le mien est dans la dèche. Crise du pétrole. Son bistrot rue des Dominicaines a été fermé pour insalubrité. Si tu rouvres je donne.

— Ma parole d'honneur de Sicilien !

— Elle était avec Proxomélo, un Allemand je crois.

— Proxomélo ?

— Oui, c'est un musicien.

— Voici ma carte. Tu verras que je tiens parole.

Écoutes, surveillances, filoches, le train-train. Deux mois pour loger et charger le julot, un basané qui n'a rien d'allemand dans le faciès. La perquise est des plus instructives : une quinzaine de doses de blanche, liste téléphonique et livre de comptes. Carrément. La garde à vue s'impose.

— Vous n'avez pas le droit. Je suis hollandais. Je me plaindrai au consulat.

— Dis donc, Michel, t'as vu la gueule des tulipes cette année ? Ça doit être la variété moluquoise. Sérieux, ton livre de comptes il ressemble à celui d'un négociant bordelais du XVIIIe. Fatou, 150 000, Aminata, 150 000, Mireille, 300 000. C'est des anciens francs, je suppose ? Et pourquoi deux fois plus pour Mireille ?

— Vous savez pas qu'une blanche vaut deux noires ?

— C'est vrai que tu es musicien. Et toi tu sais que l'esclavage a été aboli y'a plus de 100 ans ? Tu joues du pipeau ou de la clarinette ?

— Je suis pianiste classique. Conservatoire d'Amsterdam.

— Tu pourrais jouer pour les pensionnaires des Baumettes ?

— Écoutez, je veux bien vous donner des tuyaux de temps en temps.

— Ça peut nous intéresser. Mais il faudra promettre de lâcher les gonzesses pour te remettre au piano. On cherche Olga.

— La Viet ?

— Heu… oui.

— Ça fait longtemps que je l'ai pas vue.

Ici le sens moral empêche de divulguer les événements qui suivirent cet échange. Car les tourments psychologiques que Proxomélo a dû subir seraient de nature à heurter la sensibilité des vieilles gens. Il avait vendu des sœurs ni chinoises ni siamoises mais vietnamiennes à un proxénète dont il lui était extrêmement ardu de révéler le nom. Julien et Michel devaient constamment le placer devant l'incontournable dilemme : le blaze ou la taule. Ça n'avait pas été dur de piger le code de vente des sœurs : « Saïgon2 ». Il avait vendu la paire une demi-brique, à perte selon lui car les clilles sont friands de ce genre de combinaison, et bien que Niakouées elles pouvaient rapporter des millions. Et au lieu du bénef qu'il espérait, ça lui faisait une perte nette de 100 sacs. Olga et Fleur figuraient sur la colonne de gauche tandis que Fatou, Aminata et Mireille sur celle de droite. Julien connaissait bien cette tenue de comptabilité, recettes et dépenses. Ce n'est qu'après douze heures de causerie çà et là interrompue de saucisson-beurre et jambon-beurre que le Hollandais a fini par révéler le nom de son acheteur : Marcel Amoretti, un Corse de Bastia, dit « Marcello » à cause qu'il ressemblait à Mastroianni.

Julien avait frappé à sa porte en criant « Police ! » et il avait eu le pressentiment de son erreur, avec le temps que l'autre mettait à ouvrir. Il s'était jeté de côté juste à temps pour éviter les quatre balles que le truand avait tirées à travers la lourde. C'est dans les hauteurs d'Endoume qu'elle était la maison et naturellement elle avait une issue côté jardin. C'est là que la brigade avait cueilli Marcello.

Au Prado ? Bientôt on les aura dans le hall de la mairie ! Oui, c'était au Prado que Fleur tapinait maintenant. Sa sœur Olga ? Depuis qu'elle était arrivée de Saïgon, voici à peu près un an, elle était tout le temps malade, ce qui incitait Julien à penser que Proxomélo n'avait pas fait une si mauvaise affaire. Fleur avait de l'ancienneté sur Olga. Aussitôt celle-ci arrivée, l'aînée avait voulu arrêter de se prostituer pour gérer le sérail de Marcello. Elle visait la promotion en somme. Elle était volubile pendant sa garde à vue. Olga avait abusé de l'héroïne au pays. Elle était tout le temps fourrée avec des Américains qui lui échangeaient de la poudre frelatée contre des bisous. Et puis elle avait voulu fuir la guerre et elle avait débarqué à Marseille, toussant. Proxomélo l'avait acceptée et s'était promis de la remettre sur pied avec de la bouillabaisse et de la soupe au pistou. Puis, constatant l'absence de progrès, il avait décidé de les échanger toutes les deux contre un trio afro-européen. Olga avait forcé sur le maquillage quand il l'avait présentée à Marcello.

C'est Fleur qui a craqué la première. On avait comparé ses empreintes semelles avec celles trouvées à 30 mètres du cadavre d'Olga. Qu'était-elle allée faire par là-bas ? Eh bien, elle avait eu envie de faire pipi et avait repéré un bosquet. Ses empreintes digitales avaient été trouvées sur les bottes d'Olga ; elle était forcée de tout déballer. Elle était en pleurs. Sa sœur était morte et elle avait un gros chagrin ! Comment était-elle morte ?

— On l'a trouvée vers huit heures du soir. Sa tête baignait dans le vomi, avec des coulures de maquillage dedans. Elle avait encore la seringue dans le bras. Tout ça c'est la faute à Marcello. Proxomélo, lui, ne la droguait pas. Et vous savez, Inspecteur, l'héroïne marseillaise c'est autre chose que ce qu'on s'envoie au Viêt Nam, elle est pure à 98 %.

— C'est un autre sujet. Qui nous intéresse aussi. Donc est-ce qu'elle voulait combattre le mal par lc mal ou bien est-ce qu'elle s'est simplement suicidée ?

— Un suicide, oui c'est ça, un suicide.

— Peut-être, mais certainement pas sur les lieux où c'était censé y ressembler.

— Ça aussi c'est une idée à Marcello. Il voulait pas d'ennuis.

— Dis plutôt qu'il voulait pas qu'on sache comment il se procure la schnouf.

— Inspecteur, voyez ça avec lui s'il vous plaît.

— Et pourquoi Cassis ?

— Marcello a paniqué. J'ai l'impression qu'il voulait aller le plus loin possible de Marseille. On avait passé des plombes à gamberger et en route on continuait à mettre au point.

— Mais comment pouviez-vous espérer qu'on croie à un suicide ? Pourquoi serait-elle allée le commettre près de Cassis ?

— En fait on jouait sur deux tableaux… pardon, Marcello jouait sur deux tableaux. Au début il s'était dit qu'il pourrait se débarrasser du fardeau en le mettant sur le dos d'un clille. Pourquoi pas un de Cassis ? Tout était possible, accident, suicide ou même meurtre, pourvu que Marcello ne soit pas lié à l'affaire. Ensuite, en route, il a eu cette idée. Avec ma frangine on se ressemble comme deux gouttes d'eau… c'est ce qui plaisait aux clients. En partant on lui avait mis son manteau, le même que le mien, et on pouvait nous confondre. On l'a allongée sur la route et Marcello est allé se garer dans un petit chemin. On a pas eu à attendre longtemps. Quand j'ai vu arriver la voiture, je me suis dressée sur le bord du bitume. Puis je me suis baissée et projetée en arrière. La bagnole m'est passée à dix centimètres. On comptait sur la confusion panique du conducteur.

Cela éclairci, l'interrogatoire de Marcello devait s'axer sur la provenance de l'héroïne. Le marle, y'avait tellement de motifs d'inculpation sur lui, avec l'accumulation des années de réclusion à venir il sortirait pas loin de la retraite et étant son propre employeur non déclaré, ça représentait un sacré inconvénient. Tentative d'assassinat sur fonctionnaire de police, délit de fuite, recel de cadavre, proxénétisme aggravé, détention d'arme et de drogues illicites, le mac était cuit. En lui promettant une sérieuse remise de peine, il pouvait pas refuser de balancer son grossiste.

***

Le Commissaire H. appelle le Parquet et communique clôture d'enquête avec sollicitation d'ouverture d'une enquête incidente. Dont acte. Étienne Marty sera à nouveau chargé de l'instruction. Là ça devient évident que le dossier sera transmis aux Stups. Dont acte. Grâce à son supérieur, le Commissaire H., Julien sera promu au grade de divisionnaire. Va falloir songer à changer de ville ou de service, c'est comme ça dans la police. Ce sera la Financière, à l'abri des balles.

On l'avait rappelé juste avant sa mutation. Le *Bureau of Narcotics* voulait le rencontrer au consulat. Julien s'était mis sur son 31 pour la circonstance. Il avait frappé à la porte de Randy Prester, le flic qu'on lui avait indiqué comme interlocuteur, et s'était entendu répondre par un *Come in!* irrité. Il avait ouvert sur un costaud en blue jeans et chemise texane confortablement installé dans un rocking-chair, les pieds croisés sur le bureau, en train de regarder un film noir et blanc à la télévision. L'Américain avait attendu la fin de la réplique : *The minute I saw her I knew that dame was trouble.* Julien s'était présenté et l'autre avait enfin daigné se retourner vers lui. Son accent était épouvantable, bien pire que celui d'Eddie, intranscriptible. Sur sa demande, Julien lui avait fait un exposé de l'affaire. Visiblement satisfait, Randy l'avait remercié et lui avait offert cigare et whisky. Puis il en était venu au fait : *J'auais bésoin d'oune authoriseytion pour prendoueu une échantillonne au morg.* Il était intarissable et dégoulinait d'éloges sur les progrès que faisaient les Américains dans la détection par chromatographie des différents métabolites de l'héroïne, la 6 – monoacétylmorphine en particulier, et non seulement ça mais on trouvait parfois des traces d'adjuvant qui permettaient de pister l'origine. Il ferait mettre le bout de foie dans la glace carbonique et l'enverrait par le premier vol Marseille-Paris-New York. Julien devait en référer à son supérieur ainsi qu'au Parquet mais, cher Randy, c'est comme si c'était signé. Ce qu'il pensait vraiment, c'était « cause toujours… » Que le morcif traverse ou non l'Atlantique, qui s'en souciait ?

Des longues années à la Financière, Julien ne gardera qu'un souvenir mitigé, bon côté du repos bien mérité et mauvais de la paperasse à traiter, 3000 dossiers en retard ! Au début des années 80, auréolé de ses états de service, il fera l'objet d'une promotion dite « au choix » pour accéder au grade de commissaire. Se retrouver à 46 ans sur des bancs d'amphi, à l'école de police de Saint-Cyr-au-Mont-d'Or en banlieue lyonnaise, ça lui faisait drôle. En vérité ça ne l'enchantait guère, et ça allait durer deux ans ! Heureusement, sur les mêmes bancs il y avait Sylviane, une jeune inspectrice qui s'était distinguée comme seule élue au statut de femme commissaire via le concours interne. Comme elle était de Marseille, ils faisaient ensemble le trajet tous les week-ends. Elle est devenue sa grande amie, sa « roulure » comme il l'appelait en plaisantant. Côté famille, il n'y avait rien à dire. Nathalie s'était créé un cercle d'amies et ne se plaignait ni de solitude ni d'ennui. Il y a quelques années, le fiston avait donné quelques soucis mais finalement il avait obtenu son bac à la deuxième fois. Après, il était parti en voyage en Afrique – en Afrique, je vous demande un peu ! – et puis, la crise d'adolescence passée, il s'était sérieusement investi dans ses études à la Faculté des Sciences de Saint-Jérôme. Actuellement il faisait un stage de doctorat.

On ne peut pas arrêter, même temporairement, l'histoire de Julien sans mentionner ses états de service à Ajaccio comme patron des C.R.S. Après les deux ans de formation à Saint-Cyr, il n'avait pas eu d'autre choix s'il voulait éviter Paris, Le Havre ou Strasbourg. Mais douze ans de repos c'est long, on se déshabitue de l'action. Et de l'action y'en avait en Corse ! Pas le genre cours de récréation. Des attentats avec des morts, des blessés et des destructions de biens publics et privés. Le F.L.N.C., le front de libération de Corse, frappait fort. Ça sautait partout. Centres administratifs, institutions d'état, installations techniques, militaires et touristiques, centres de vacances, gendarmeries, des nuits bleues en veux-tu en voilà. Outre les victimes collatérales, il y avait des exécutions en bonne et due forme, y compris de trafiquants de drogue. On plaisante pas avec certains Corses. Julien, il voyait l'avenir de l'Île comme celui de la Tunisie. D'abord le statut spécial, puis l'autonomie et enfin l'indépendance. Presque 30 fois plus grande que la République de Malte, où il n'y a rien non plus à part des artichauts. On n'y couperait pas. Le séparatisme est créateur d'emplois. Vous rendez compte, tous ces organes, ces postes, ces bureaux qu'il faut dédoubler, et tous ces assoiffés de pouvoir et leurs valets qui attendent leur heure, la langue pendante !

Pour le moment il fallait assurer le maintien de l'ordre et c'était pas du gâteau. Des CRS, y'en avait qui s'étaient fait mitrailler à Bastia voici deux ans. Un mort et deux blessés. Conséquence, ils avaient peur. Ils étaient devenus de vrais nounours hypersensibles. Faut dire, on les faisait venir de Paris ou Marseille pour un mois. C'était juste un mauvais moment à passer. Julien avait le soutien du Préfet mais il récoltait la mauvaise humeur des commandants de compagnie. Quand y'avait eu la fraude électorale à Bastia et qu'il avait fallu revoter, on avait fait venir quatre compagnies supplétives. Quel bazar ! Ils voulaient pas dormir dans les bungalows qu'on leur avait réservés sur la plage car ils craignaient les émanations toxiques des chauffages d'appoint que Julien s'était démené à leur trouver. Et puis quoi encore ? Quelle audace ! Julien les avait fait réunir en rangs devant le bâtiment principal. Pour la première fois de sa vie, il portait l'uniforme. Il avait entrouvert la porte de son bureau, s'était assuré qu'un gradé à proximité puisse l'entendre et avait appelé l'horloge parlante, vociférant dans le récepteur. « Allô ? Monsieur le Directeur Central ? Et bla-bla-bla… Comment ? L'inspection générale ? Oui, L'I.G.P.N. ? Ah bon ! Révocation des meneurs ? Très bien, je vais leur dire. » Tout était rentré dans l'ordre et les CRS avaient rejoint leurs bungalows. Faut dire qu'on était en février et qu'on se caillait les miches.

Puis, l'ambiance a tourné au farniente, à la dolce vita. L'indolence gagnait. Sur le rapport de fin de mission d'un commandant qu'on ne voyait jamais, Julien avait écrit : « A fait des progrès fulgurants au tennis. » Les relations se dégradaient et les ennuis s'accumulaient. Déjà il y avait eu cette lettre anonyme envoyée à l'I.G.P.N., la police des polices, accusant Julien de racket. Il fut établi qu'elle émanait d'un de ses anciens collaborateurs marseillais qu'il avait fait suspendre puis muter dans le nord. Et pour cause, le policier passait ses heures de repos à servir des boissons dans le bar de sa concubine, un repaire de voyous qui plus est. L'affaire fut classée sans suite. Passons. Mais il y eut plus sérieux quand Julien, débarquant un matin à son bureau, découvrit que celui-ci avait été plastiqué pendant la nuit. Les rideaux de percale que Nathalie lui avait amoureusement cousus étaient tout déchirés. Des quantités de bris de verre y étaient encore accrochés qui, avec le soleil éclatant de Corse, brillaient de mille feux, donnant un aspect surnaturel à la scène et y jetant une lumière crue qui avivait les moindres détails du désastre. Il était temps de partir. Oui, sauf que le chef, c'est-à-dire le Directeur Central à Paris, s'accrochait obstinément à Julien car celui-ci accomplissait parfaitement sa fonction. « Si vous étiez à ma place vous feriez de même » lui avait dit le Directeur. « Et vice versa » avait répondu Julien. Il y avait toujours des propositions d'affectation au télégramme et chaque fois qu'il postulait ça tournait au bras de fer entre les services. À la fin, voyant qu'il ne pourrait le garder, le Directeur lui avait demandé de « tenir » encore deux mois.

Julien mit ce temps à profit pour visiter quelques endroits de Corse. Il fit venir Nathalie et celle-ci tomba amoureuse de l'île. À Cargèse, ils allèrent voir la maison que la grand-mère avait vendue à la mort de son mari, en 45, pour partir s'installer à Tunis chez sa fille. Les volets étaient fermés. De l'exploitation il ne restait que quelques oliviers. C'était probablement devenu la résidence secondaire de quelque pinzutu. Nathalie versa une larme. C'était décidé, ils achèteraient un bien ici. Un collègue de Julien repartait au continent et vendait un studio à Ajaccio, route des Sanguinaires. Julien l'acheta. Ils y viendraient tous les étés.

Julien rêvant au sable de Tunisie, qui s'envole dans le vent.

Rôle de Nathalie

Sur la plage de l'Aéroport, La Goulette, Tunisie. 16 juillet 1946.

NATHALIE : Quoi ?!

SYLVIE : Parfaitement, à Abd-el-Ageich. Ma mère l'a vue.

SOPHIE : De qui parlez-vous ? Désolée, je m'étais endormie.

SYLVIE : De Madame Delafosse, Marielle de son petit nom. Il paraît qu'elle se prostitue.

NATHALIE : C'est incroyable !

SYLVIE : Même le TGM a failli lui passer dessus le jour où elle était complètement soûle au bord de la voie.

SOPHIE : C'est celle qui travaille pour ta mère ?

SYLVIE : Travaillait. Tu parles que ma mère l'a renvoyée. C'est moi qui ferai les travaux de couture dorénavant.

NATHALIE : *Meskine !* Les temps sont durs, mais ce n'est pas une excuse.

SYLVIE : Rien à voir, il paraît que c'est par plaisir.

SOPHIE : Plutôt par vice alors. À propos de couture, je voulais vous dire que je suis heureuse qu'on se soit rencontrées.

SYLVIE : Ô Sophie, ô toi la Prépondérante, sache que tu as en nous les sœurs les plus fidèles !

SOPHIE : Ô Sylvie, ô toi la Fille unique, je serai toujours à tes côtés.

SYLVIE : Nous aussi Sophie, on t'aime beaucoup, n'est-ce-pas Nathalie ?

NATHALIE : Moi je l'adore ma Sophie. Je crois que je l'aime plus qu'elle ne m'aime.

SOPHIE : Arrêtez de vous moquer de moi. Puisque c'est comme ça, je vais me baigner. À tout à l'heure, Mesdemoiselles.

…

NATHALIE : Sylvie, tu ne devrais pas lui rappeler tout le temps que c'est une prépondérante entre guillemets. C'est pas parce que ton père est à la C.G.T…

SYLVIE : D'accord. Tu as raison. N'empêche, parfois elle a de ces manières… C'est pas parce que ses ancêtres sont arrivés en 81… Au fait, mon père m'a fait mourir de rire l'autre jour en parlant de cacapipitotal.

NATHALIE : Tu me passes tes glibettes ?

SYLVIE : Tiens…

NATHALIE : Des noires ?! Tu n'as pas des blanches ?

SYLVIE : Tu es raciste ?

NATHALIE : Très amusant. Non, sans blague, il paraît que les blanches ont moins de gras.

SYLVIE : Et en plus elles valent deux noires.

NATHALIE : Dommage qu'il n'y ait pas des rondes.

SYLVIE : Soupir…

NATHALIE : J'ai détesté le cours de musique à l'école. Le prof était aveugle et il entendait le moindre bruit. Si on chahutait il savait qui était la coupable qui avait démarré.

SYLVIE : À propos de musique, tu sais ce que Sophie m'a raconté ? L'autre jour elle va chez Monsieur Le Bars. Il lui dit qu'il va lui jouer Clair de lune et elle : « Au clair de la lune ? » Non, c'est une sonate de Beethoven, il lui répond. Il la joue et elle trouve ça superbe. Il paraît que le piano n'était pas bien accordé et que ça donnait au morceau quelque chose d'*encore plus romantique* ; tu connais Sophie… Elle lui dit : « Cette sonate me touche énormément. » Tu sais ce qu'il lui répond ?

NATHALIE : Je vous la rejoue ?

SYLVIE : Pas du tout. Il lui dit : « Moi aussi j'aimerais vous toucher énormément. »

NATHALIE : Non !

SYLVIE : Je te jure. Elle avait envie de lui demander s'il serait intéressé par son clair de lune à elle. Elle a pris son livre de partitions et elle est partie.

NATHALIE : Quel culot ce type ! Du coup sa mère aussi se débarrasse d'un employé ? Tiens, Sophie arrive.

SYLVIE : Sophie, ne secoue pas ta serviette près de nous comme ça. Tu nous ensables.

SOPHIE : Les filles, vous devriez y aller, elle est à température idéale.

NATHALIE : Sylvie m'a raconté ton aventure chez le prof de piano. Tu vas y retourner ?

SOPHIE : Oui, j'ai réfléchi. Bien sûr je n'ai rien dit à mes parents. D'abord je vais lui demander des excuses et après j'aurai un moyen de pression. Si l'envie me prend d'avoir trois heures de libres…

SYLVIE : Mais c'est du chantage !

SOPHIE : Appelle ça comme tu veux.

NATHALIE : Mon père dit que la musique divise autant qu'elle unit.

SYLVIE : Chez vous c'est la Marseillaise, chez moi ce serait plutôt l'Internationale.

SOPHIE : Mais on se retrouve tous au bal. Au fait, Nathalie, on ne t'a pas vue au feu d'artifice.

NATHALIE : Depuis les bombardements il y a trois ans, je ne supporte pas les explosions.

SOPHIE : Pauvre chérie, viens que je t'embrasse.

SYLVIE : Donc, Sophie, tu disais que tu étais heureuse ?

SOPHIE : Oui. Je bénis cette école de couture qui nous a fait rencontrer. Mes parents s'étaient résignés à m'y inscrire car vraiment je n'étais pas douée pour les études et ils tenaient à ce que je sache faire quelque chose de mes doigts. Alors je les bénis eux aussi car ainsi je vous ai trouvées.

SYLVIE : Eh bien, moi aussi je trouve que nous faisons un joli trio mais je ne bénis pas cette école. Madame Tournais – moi je l'appelle « mal tournée » – est une véritable teigne. L'autre jour elle m'a fait recommencer trois fois l'ourlet d'un pantalon.

NATHALIE : Moi elle m'a menacée de me renvoyer quand elle a vu que j'avais collé des boutons sur un chemisier au lieu de les coudre.

SOPHIE : Mais toi, Nathalie, vraiment, tu passes un peu les bornes.

NATHALIE : J'étais pressée et…

SYLVIE : Bien sûr, toi, Sophie, elle te respecte, la carne, elle sait d'où tu viens. Mais note que je dis ça sans rancune ni jalousie. N'empêche que la mal tournée, j'aimerais bien lui jouer un tour.

NATHALIE : Moi aussi. Il n'y a pas qu'avec nous qu'elle est méchante. Qu'est-ce qu'on pourrait lui faire ?

SYLVIE : Une idée. Et si on envoyait une lettre d'elle à Monsieur « Casse-Croûte » lui disant qu'elle a le béguin pour lui ?

SOPHIE : Kaas, l'économe ? Cette face de tondeur de chien ?

SYLVIE : Justement ! Je le vois bien coincer la vipère dans un coin du réfectoire pour lui prodiguer ses assiduités.

NATHALIE : Et si on passait une annonce dans la Dépêche, « Femme mûre cherche partenaire fougueux pour nuits enflammées » ou quelque chose de ce genre ?

SYLVIE : Ou bien « Vends machine à laver l'honneur perdu. Prix sacrifié ».

NATHALIE : À redresser les torts dus, en deux mots.

SYLVIE : À fabriquer de l'eau en poudre.

SOPHIE : Mes chéries, je pense qu'il faut présenter une pièce d'identité pour passer une annonce.

SYLVIE : Ah bon ?

NATHALIE : Bof !

SOPHIE : Eh oui !

NATHALIE : Cette chaleur ! Je vais me baigner.

…

SOPHIE : Tu ne trouves pas qu'elle a un peu grossi notre Nathalie ?

SYLVIE : Je crois qu'elle a des soucis chez elle. Sa grande sœur divorce, sa mère est enceinte et elle doit s'occuper de sa petite sœur et de sa grand-mère.

SOPHIE : Rien que ça. Mais je croyais que les soucis faisaient maigrir.

SYLVIE : Ça dépend. Il y a des gens qui compensent avec la nourriture. Tu as goûté la *mloukhia* de sa mère ?

SOPHIE : Non, jamais.

SYLVIE : C'est un régal.

SOPHIE : Tu sais, tout à l'heure je voulais dire aussi que c'est formidable d'être un trio.

SYLVIE : Pourquoi ?

SOPHIE : Par exemple, il y a toujours une majorité. Imagine-toi si on était quatre. On pourrait être deux contre deux et là… Et puis s'il y en a deux qui se disputent, la troisième peut les réconcilier. Ou bien si l'une est malheureuse les deux autres peuvent la réconforter.

SYLVIE : Et si on est deux ou cinq, ça ne va pas ?

SOPHIE : Pas du tout. Deux c'est louche. On est trop proche, on s'épanche, on oublie la pudeur, il n'y a pas de témoin, pas de modérateur, on finit par dire n'importe quoi, on avoue ses faiblesses, ses vices. Alors il y en a une qui prend l'ascendant et l'autre devient sa chose.

SYLVIE : Dis donc, tu as l'air d'en connaître un rayon là-dessus.

SOPHIE : Quand j'étais petite j'avais une amie que j'aimais bien. Au début ça allait mais après elle s'est mise à me solliciter pour tout. Elle ne pouvait pas prendre une décision sans me consulter. J'étais devenue à la fois son modèle et sa boussole. Elle me faisait des confidences insipides. À la fin j'en ai eu marre et je lui ai dit d'aller voir sa mère.

SYLVIE : Je te comprends, il y a des pouvoirs dont on peut se passer. Et à cinq ?

SOPHIE : Cinq c'est n'importe quoi, ce n'est plus de l'amitié, c'est une bande. On se dilue dans la conformité.

SYLVIE : On se dilue dans la conformité ! Ma chère, c'est bien dit ça.

SOPHIE : Je l'ai lu dans un magazine. Vraiment, le trio c'est l'équilibre parfait.

SYLVIE : Au nom du Père, du Fils et du Saint-Esprit.

SOPHIE : Tu crois en Dieu toi ?

SYLVIE : Pas du tout. Je ne fume pas l'opium du peuple. Et toi ?

SOPHIE : Je sais pas. Je crois qu'il y a quelque chose, un truc qui a fabriqué tout ça.

SYLVIE : Mon père dit que ça s'est fabriqué tout seul, une chose entraînant l'autre…

SOPHIE : Ouais… Voilà Nathalie. On va lui demander.

NATHALIE : À votre sourire je vois que vous avez dit du mal de moi.

SOPHIE : Au contraire, on se demandait si tu savais qui a fabriqué l'univers.

NATHALIE : Vous êtes marteau ou quoi ? C'est Dieu, bien sûr.

SYLVIE : Je parie que c'est ton père qui t'a dit ça.

NATHALIE : Laisse mon père tranquille. C'est ma mère qui m'a enseigné la première.

SYLVIE : Enseigné quoi ?

NATHALIE : La foi.

SYLVIE : Il était une fois une marchande de foie qui vendait du foie dans la ville de Foix.

NATHALIE : *Lascia corre*, suppôt de Staline !

SYLVIE : Je croyais que la foi ne pouvait pas s'enseigner. Le petit père, lui…

NATHALIE : A assassiné mes grands-parents !

SOPHIE : Arrêtez ! Parlons d'autre chose. Sylvie, où en es-tu de tes amours avec Férid ?

SYLVIE : M'énerve. Il peut pas commencer une phrase sans dire « je te mens pas », comme si on n'ouvrait la bouche que pour mentir. « Je te mens pas, hier j'ai mangé le meilleur fricassé de ma vie ; je te mens pas, ce film est un chef-d'œuvre ! » É-ner-vant !

NATHALIE : Tu vas faire la *strada* ?

SYLVIE : Tu peux pas parler français de temps en temps ? On dit « prendre la route ».

NATHALIE : Je parle comme je veux.

SOPHIE : Comment va ta grand-mère, au fait ?... Nathalie ? Je te parle.

NATHALIE : Il faut l'aider pour tout. Je vous laisse imaginer… Et en plus elle est sourde.

SOPHIE : Oui, tu nous avais dit. À cause de son départ de Corse… ?

NATHALIE : Il semblerait. La mort de son mari, la vente de la maison, quitter Cargèse… Tout ça l'a bouleversée. Il y en a qui deviennent aveugles par suite d'un choc, paraît-il. Elle, elle est devenue sourde. Je vous ai dit, l'an dernier j'ai dû lui transcrire le procès de Pétain quasiment tous les jours pendant trois semaines. Tous les jours à écouter la radio et à lui expliquer le pourquoi du comment par des gestes, sur un carnet, en criant, et patin couffin. Ma mère devait traduire en corse quand elle ne comprenait pas. C'était épuisant. Mais elle tenait à le suivre ce procès. Comment de héros on peut devenir traître, voilà ce qui l'agitait. La Première Guerre déjà lui avait mis un coup, avec la fuite de sa fille, ma mère. On dirait que la deuxième l'a achevée. Mais je me demande s'il n'y a pas de la simulation dans son impotence. La semaine dernière il a fallu faire venir le docteur car elle avait mal partout. Le docteur l'examine et ne trouve rien d'anormal. Elle lui dit : « Parfait, Docteur, alors je meurs guérie ! »… En tout cas, j'espère que jamais nous n'aurons à fuir, nous.

SOPHIE : Jamais, non, car ça voudrait dire nous séparer.

SYLVIE : Jamais, à moins que nous fuyions ensemble.

SOPHIE : Et ton père, Nathalie, il va bien ?

NATHALIE : Oui, Papa prend bien soin de lui. Quand ça ne va pas il consulte son livre. « Mon Docteur » ça s'appelle, une encyclopédie de médecine et d'hygiène. Il a souligné des tas de passages, surtout au chapitre tabac. J'espère qu'il n'est pas… comment dit-on déjà ? Hypo quelque chose… En tout cas, il a aussi son dictionnaire Vidal et il se fait ses ordonnances lui-même, comme s'il allait chez l'épicier. Le pharmacien est toujours d'accord.

SOPHIE : C'était impressionnant ce que tu nous as raconté de son voyage sur la mer pour venir ici. Finalement il s'est remis ?

NATHALIE : Oui et non. Il prie souvent et je vois que dans ces moments-là il est un peu remué. Depuis huit ans il va régulièrement à l'église Nevski à Bizerte et ça a l'air de lui faire du bien car il en revient guilleret. C'est probablement grâce à cette dame, Anastasia, qu'il a connue petite fille sur le bateau. Il lui est très attaché. Maman en serait presque jalouse. Elle était venue chez nous. C'est vrai qu'elle est très gentille. Elle avait proposé de m'aider avec les maths mais Papa a poliment refusé.

SOPHIE : Et ta mère ?

NATHALIE : Toujours entre son travail au tribunal et ses assemblées corses.

SOPHIE : La mienne participe à des œuvres de charité. Les fellahs…

NATHALIE : La mienne aussi. Les Russes plutôt…

SYLVIE : Tous ces gens feraient mieux de se syndiquer.

NATHALIE : La revoilà partie à l'assaut.

SYLVIE : Bon, les filles, écoutez, on doit tout se dire, non ? Avec Férid c'est fini. J'osais pas vous dire parce que j'avais honte.

NATHALIE ET SOPHIE : Raconte !

SYLVIE : Ben voilà. Plusieurs fois il m'avait baladée en amazone sur son vélo et l'autre jour il m'annonce que son père lui a acheté une moto et qu'il veut me la montrer.

SOPHIE : C'est pas plutôt ses estampes japonaises qu'il voulait te montrer ?

NATHALIE : Celles de Yamamoto ?

SYLVIE : Stop les plaisanteries. C'est pas marrant. Donc il me donne rendez-vous au Saf Saf.

NATHALIE ET SOPHIE : À La Marsa ?!

SYLVIE : Où sinon ? Mon père ne voulait pas m'emmener, trop occupé, et me voilà donc partie avec le TGM. Comme j'étais en avance je suis descendue à l'Archevêché. Mal m'en a pris car il s'est mis à pleuvoir des cordes. Je suis arrivée au Saf trempée jusqu'aux os. Là, j'attends une heure. Pas de Férid. En allant aux toilettes je passe devant une glace. Horreur ! Je me suis fait peur. J'avais mis du kohl exprès pour lui – il aime ça – et ça avait coulé. On aurait dit une sorcière. Je me suis débarbouillée et j'ai demandé au patron s'il l'avait vu, le sagouin. Il m'a dit qu'il l'avait aperçu la veille sur une moto avec une donzelle derrière.

NATHALIE ET SOPHIE : Nooon !

SYLVIE : Dégoûtée j'étais. Je suis restée une heure de plus à regarder la chamelle tourner autour de la noria. C'étaient mes larmes qu'elle montait sans arrêt du puits. Comme elle, j'avais les yeux bandés et je me disais qu'il serait temps que j'enlève le bandeau.

NATHALIE : Yamamoto qu'a des ratés.

SOPHIE : Qu'a capoté même ! Viens que je t'embrasse. Un de perdu…

NATHALIE : Des comme lui, tu donnes un coup de pied dans une poubelle, il en tombe dix.

SYLVIE : J'en ai déjà un autre en vue. Ange.

NATHALIE ET SOPHIE : Uuuh !

SOPHIE : Moi j'ai du mal à sortir. Il faut tout le temps que je ruse avec mes parents. Une fois j'ai trouvé un truc qui a marché : j'ai demandé à Catherine Saint-Jean…

NATHALIE ET SYLVIE : Aaah !

SOPHIE : … de venir me chercher pour aller travailler les patrons chez elle et avec ses socquettes blanches, sa jupe écossaise, ses grosses lunettes et ses couettes elle a inspiré confiance à mes parents. Ensuite elle m'a déposée où j'ai voulu.

NATHALIE ET SYLVIE : Oooh !

NATHALIE : On comprend maintenant ce que tu fais avec cette grenouille.

SYLVIE : Oui, cette erreur de la nature. Cette malfaçon, comme dirait mon père.

NATHALIE : Par contre, elle est polie.

SOPHIE : Absolument. Et clairement il faut voir au-delà de son côté vieille France. Elle pourrait vous en apprendre sur l'Histoire plus qu'un professeur d'école.

NATHALIE : Et qu'est-ce qu'elle fait chez nous ?

SOPHIE : Elle était indigente en maths, latin, français, sciences naturelles et gym.

NATHALIE : Et donc tu l'utilises pour sortir.

SOPHIE : Ce serait seulement en dehors des cours de piano. Mais l'an prochain elle va à Cambon avec la fine fleur, ce sera plus dur.

SYLVIE : Moi je charrie des seaux d'eau de la fontaine à notre réservoir. C'est mon permis de sortie. Toute peine mérite salaire.

NATHALIE : Évangile de Luc.

SYLVIE : Sophie, bien sûr, n'a pas à charrier des seaux. Ses parents font appel au porteur.

SOPHIE : Plus maintenant. Nous avons l'eau courante depuis le mois dernier.

SYLVIE : Et un chômeur de plus !

SOPHIE : Pas du tout. Mon père a trouvé un emploi pour Mohammed à la Compagnie du Gaz. Mais toi, Nathalie, tu ne sors pas beaucoup. Ça ne te manque pas ?

NATHALIE : J'en meurs d'envie. J'adorerais danser toute une soirée avec des amis et pas que l'après-midi au club des Cheminots avec mes parents. Ma grande sœur, elle, s'en donne à cœur joie.

SOPHIE : Mais combien de sœurs as-tu au juste ?

NATHALIE : Deux et demi.

SOPHIE : Comment ça ?

NATHALIE : Deux et trois quarts plutôt, avec ma demi-sœur, Rosalie, et celle qui est en route. Je suis sûre que ce sera une fille. *Mazel tov !* Ma mère veut l'appeler Magali.

SOPHIE : C'est joli, Magali.

SYLVIE : À moi de me baigner. Au retour je vais chercher les granites. Parfum ?

SOPHIE : Fraise.

NATHALIE : Comme toi, citron.

…

SOPHIE : Elle est un peu ronde Sylvie, non ?

NATHALIE : Elle mange trop de bombolonis.

SOPHIE : Bientôt elle va rouler comme le bomboloni.

NATHALIE : N'exagère pas. Elle est juste un peu enrobée. Comme moi. Toi par contre tu pourrais être mannequin.

SOPHIE : Mes parents ne voudraient jamais. Je me contente d'apprendre à habiller les mannequins. Pour la silhouette, c'est le résultat des règles que nous avons à la maison : beaucoup de légumes, peu de sucre, peu de viande et interdiction de manger entre les repas.

NATHALIE : Et tu joues au basket. Ça doit aider.

SOPHIE : Ah ça, oui ! Et pas seulement pour la forme. Dimanche dernier à l'entraînement il a fallu attendre que deux équipes de garçons aient fini leur match. Toutes les filles avaient les yeux sur Enzo. Il est extraordinaire. En voilà un qui sait le mettre dans le panier, le ballon.

NATHALIE : Il faudrait que je voie la chose.

SOPHIE : Pour mes 17 ans j'espère convaincre mes parents de me laisser organiser une surprise-partie. Et inviter Enzo. Mais je te préviens, il est pour moi.

NATHALIE : Je ne prétends pas rivaliser avec toi.

SOPHIE : Au fait, je voulais te dire : j'ai rencontré par hasard Mme Tournais rue des Glacières et je lui ai parlé de Sylvie. Je trouve qu'elle la malmène un peu trop alors je lui ai dit des tas de bonnes choses sur notre copine. Inutile de lui en parler d'ailleurs, ça pourrait la vexer.

NATHALIE : Qui de rien ne se mêle de rien ne se démêle.

SOPHIE : Et je voulais aussi te demander si tu serais d'accord pour qu'on aille plutôt à Amilcar pour la plage. Elle est bien mieux qu'ici et ça ne fait pas beaucoup plus loin.

NATHALIE : C'est au moins le double de distance.

SOPHIE : Mais pas du tout. Un tiers tout au plus.

NATHALIE : Peut-être mais il y a autant d'arrêts en plus, ce qui double le temps. Et j'en ai pas énormément.

SOPHIE : Demandons à Sylvie ce qu'elle en pense.

NATHALIE : Ça serait pas plutôt que c'est la plage où va Enzo ?

SOPHIE : Dis donc, je ne vais pas à la chasse. Mais il se peut en effet qu'il y soit. Nathalie, je t'aime. Je crois que c'est parce que tu me fais tellement rire.

NATHALIE : *Lascia corre*. Le temps qu'on passera en plus dans le train ce sera le temps en moins qu'on passera ensemble.

SOPHIE : Ah oui, c'est vrai. J'avais pas pensé à ça.

NATHALIE : Et ton frère, qu'est-ce qu'il devient ?

SOPHIE : Toujours ses études de droit à Paris. Il va rester là-bas je crois.

NATHALIE : Et ta sœur ?

SOPHIE : Tu penses pas ?

NATHALIE : Non, je voulais dire ta sœur Geneviève, comment va-t-elle ?

SOPHIE : Elle travaille bien à l'école. Tout le contraire de moi. Mes parents en sont fiers.

NATHALIE : Tant mieux. Enfin ! Sylvie est de retour avec les granites.

SOPHIE : Sylvie, tu crois pas qu'on devrait aller à Amilcar la prochaine fois ?

SYLVIE : La dernière fois que j'y suis allée avec mes parents, il y avait plein d'algues au bord de l'eau.

SOPHIE : Pas si on descend un peu vers Sainte-Monique.

SYLVIE : Oui mais là il y a des rochers.

NATHALIE : Si le bel Enzo plonge depuis les rochers je suis partante.

SYLVIE : Buvez vos granites au lieu de dire des âneries. Écoutez plutôt, j'avais pas fini avec Ange, mon bon Ange qui m'a offert deux fleurs.

NATHALIE ET SOPHIE : Deux fleurs !

SYLVIE : Une rose rouge pour l'amour…

SOPHIE : Et pour la cause…

SYLVIE : Suffit. Une rose rouge pour l'amour et une blanche pour la pureté.

NATHALIE ET SOPHIE : La pureté !

NATHALIE : Purée ! c'est…

NATHALIE ET SOPHIE : ♫ C'est une fleur de Pa-ris… ♫

SYLVIE : La guerre est finie les amies, oublions-la.

NATHALIE : Mon père l'a évitée de peu, grâce à son âge, mais son collègue, Victor Boncopain, l'a faite en France. Il nous parle de ce pays comme s'il y était né. D'ailleurs je crois qu'il y est né. Il a fait sauter un pont à Orléans. Il ne s'en remettait pas, un très beau pont, paraît-il. Puis il est rentré ici.

SOPHIE : Moi je suis allée deux fois à Paris.

SYLVIE : Et alors, c'est comment ?

SOPHIE : Je ne me souviens pas, j'étais bébé.

SYLVIE : Mais à propos, Sophie, ça chauffe pour les Italiens. Comment s'en sort ton Enzo ?

SOPHIE : Il ne s'occupe pas de politique. Son but est de rejoindre l'équipe de France de basket.

SYLVIE : Mais il lui faudra la nationalité française alors.

SOPHIE : C'est en cours.

SYLVIE : Pourquoi pas l'équipe d'Italie ?

SOPHIE : Tu le sais très bien. Tu viens de le dire. Bref, il préfère rester à Tunis pour le moment.

NATHALIE : Pour tes beaux yeux, sûrement.

SOPHIE : Pas que pour mes yeux !

NATHALIE ET SYLVIE : Uuuh !

SOPHIE : Oh ! les filles, regardez qui vient par là. Madame Sarfati !

NATHALIE : Oh ! non, je veux pas regarder. Elle a l'alfa qui déborde du ballot. C'est dégoûtant.

SYLVIE : Paraît qu'elle couche avec son beau-fils.

NATHALIE : Un homme l'invite à s'asseoir, elle s'allonge.

SYLVIE : Avec les seins qu'elle a elle peut joindre les deux bouts.

NATHALIE, SYLVIE ET SOPHIE : Bonjour Madame Sarfati !

SYLVIE : Eh bien, elle ne répond même pas.

SOPHIE : Elle doit être sourde.

NATHALIE : Et aveugle.

SYLVIE : Je suis allée au souk el Grana l'autre jour. Je voulais acheter du tissu pour les rideaux de la chambre de Maman. Mais c'était un peu cher alors j'ai dit que j'étais une fille Lévi et le marchand m'a fait une remise de 70 francs.

NATHALIE : Les Juifs ont terriblement souffert pendant la guerre. En écoutant le procès de Pétain, j'en ai entendu des choses ! Tout le monde se renvoyait la responsabilité. Le Maréchal ne disait rien ; on ne comprenait pas s'il était au courant ou pas de ce que faisaient ses fonctionnaires, mais probable qu'il l'était. Ses avocats ont dit qu'il avait évité le pire, mais à quel prix ! Laval a prétendu qu'il avait eu son accord pour empêcher la dénaturalisation et donc la déportation des Juifs français. Quel pataquès ce procès !

SYLVIE : Et finalement ça a fait *blum !* condamné à mort. Il va payer pour tous ces Juifs.

NATHALIE : Non, ce que j'ai compris c'est qu'on l'a condamné pour trahison et menace sur la République. Ouh là là ! je me souviens qu'un journaliste avait parlé d'une femme qui était venue témoigner, une mère de famille qui avait perdu son fils à Oran. Pétain avait envoyé 11 000 hommes au casse-pipe pour tirer sur les Américains. Le fils détestait les Allemands et il est mort à leur service. Cette histoire m'avait frappée.

SOPHIE : Et ta grand-mère, elle était contente de la condamnation ?

NATHALIE : Pas du tout. Elle a pleuré à l'annonce du verdict.

SYLVIE : Et toi, tu en as pensé quoi ?

NATHALIE : Moi ? Je m'en foutais complètement.

SYLVIE : Chez nous on a bu du champagne. Papa et Maman étaient fous de joie.

NATHALIE : Je me souviens aussi d'une chose curieuse. Le pasteur Boegner est venu témoigner soi-disant à décharge. Il a dit qu'il avait rencontré le Maréchal six fois pour l'alerter sur les misères qu'on faisait subir aux Juifs. Mais il s'est trouvé qu'aucune suite n'avait été donnée.

SOPHIE : Et alors ?

NATHALIE : Et alors on dirait qu'il a plutôt témoigné à charge, non ? Il semblait être le seul représentant d'une Église à ce procès. En l'occurrence c'est le grand chef des Protestants.

SOPHIE : Mais, mais… Et les catholiques alors ?

NATHALIE : Oui, il y a eu un petit aumônier aussi. Lui il a franchement témoigné à décharge.

SOPHIE : Mais toi tu es catholique, non ? Et tu défends les Protestants ?

NATHALIE : Mais non, ça dépend de quel côté on est, pour ou contre Pétain. Et moi je ne suis ni pour ni contre, bien au contraire.

SOPHIE : Hi hi !

SYLVIE : Ha ! ha !

NATHALIE : D'ailleurs je suis orthodoxe.

SYLVIE et **SOPHIE :** Quoi ?!

NATHALIE : Vous savez, j'ai failli m'appeler Toussainte. C'est Maman qui voulait mais c'est Papa qui a gagné et je me suis appelée Nathalie. Maman a quand même réussi à imposer le « h ».

SYLVIE : Je crois qu'on s'égare. Il n'est pas question de religion. Pétain, il a maltraité la République, la Constitution et la Liberté. Il mérite la sentence.

SOPHIE : Intelligence avec l'ennemi. La mort !

NATHALIE : Je croyais qu'on devait oublier la guerre.

SYLVIE : Mais ici aussi ils ont souffert, les Juifs. Mes parents m'ont raconté les réquisitions en espèces et en nature, à savoir or, argent et travail forcé, tout ça…

NATHALIE : Ils n'ont pas autant souffert qu'en Pologne. Là-bas…

SYLVIE : Travail obligatoire, famille déportée et patrie germanique à la place de liberté, égalité, fraternité. Merci, Maréchal !

SOPHIE : Point final. Tiens, voilà les gazelles. Vous avez déjà porté un safsari ?

SYLVIE : Moi, oui. Aïcha m'en a fait essayer un en soie naturelle. C'est très agréable à porter.

SOPHIE : Je te vois très bien en bédouine, avec ton teint bronzé et tes yeux au kohl. Et tu as mis quoi dessous ?

SYLVIE : J'étais à poil.

NATHALIE ET SOPHIE : À poil ?!

SYLVIE : Ben oui, c'était juste un essai.

NATHALIE : À propos de soie, je meurs d'envie de m'acheter… Enfin… j'ai vu un tailleur chez Orosdi, c'est une merveille. Naturellement il est hors de prix.

SYLVIE : *Meskine !* Tu verrais deux morts tu en voudrais un.

NATHALIE : !

SOPHIE : Quelle couleur ?

NATHALIE : Noisette, comme mes yeux. Des tout petits pois blancs, boutons marron plutôt châtaigne, tu vois ? Deux galons du même tissu à la taille avec trois boutons un peu plus petits, épaulettes comme tu sais, doublure satin, deux beaux revers, trois plutôt, avec celui du dos. Le haut du dos et l'arrière du col en tissu uni.

SYLVIE : Pourquoi tu ne le fabriques pas ?

NATHALIE : Et le patron, je le trouve sous l'ongle d'un dromadaire ?

SOPHIE : Je peux peut-être t'avancer l'argent ?

NATHALIE : Dieu te bénisse ! Mais merci, de toute façon le patron est sûrement un « couture princesse ». Il va falloir que je mincisse. *Mektoub !*

SYLVIE : On doit voir ce genre d'habit au Belvédère et au Baghdad.

NATHALIE : Oui, pas à la *Dépêche* !

SYLVIE : À propos de la Dépêche, je vois pas pourquoi le rendez-vous est là-bas, devant le journal du Protectorat.

SOPHIE : Oui, Sylvie, on le sait qu'il existe d'autres journaux mais c'est là-bas depuis… Je sais pas depuis combien de temps mais…

SYLVIE : N'empêche que Yaël se sent obligé d'enlever sa kippa quand il vient. Juste avant ils la mettent pour aller au consistoire et puis ils l'enlèvent. Juge par toi-même, ô ma Sophie.

SOPHIE : Je reconnais… Mais finalement, vous y allez ce soir ?

NATHALIE : Peux pas.

SYLVIE : Moi, il faut que je repasse.

SOPHIE : Et Mademoiselle Carolo ? Celle qui repasse tout et sa suite, les sous-vêtements, les chaussettes…

SYLVIE : En congé en métropole. Je suis servie !

SOPHIE : J'avais la permission, mais sans vous… Tant pis si Enzo y est ; sans vous je ne suis riiien !

NATHALIE : Hi hi !

SYLVIE : Ha ! ha !

NATHALIE : Avant qu'on parte, je voulais vous dire : Rachel m'a invitée à la bat-mitsvah de sa sœur. Elle m'a dit : « Je peux inviter une catholique, toi, et tu peux amener un collègue musulman. » Sylvie, ça te gênerait beaucoup que j'invite Férid ?

SYLVIE : Mais je t'en prie. Qu'il s'étouffe avec sa hallah !

SOPHIE : Eh ! Nathalie, c'était pas toi la donzelle sur la moto de Férid ?

NATHALIE : Hé, hé, *mela lâa* ? Mais non, idiote ! Par contre je pense qu'il plairait à Rachel.

SOPHIE : Toi, tu veux semer la zizanie.

SYLVIE : Au contraire, elle prêche la tolérance.

NATHALIE : Peu importe. Rachel pourrait te venger de la typesse qui t'a volé Férid. Je parie que c'est une *zoubida.*

SYLVIE : Vilaine raciste !

NATHALIE : Moi ? Tu n'es pas un peu zinzin ? Mon père…

SYLVIE : Revoilà Papa !

NATHALIE : *Zittu* ! J'étais petite. À table, j'ai dit que j'avais été embêtée par trois « bicots ». Papa s'est mis en colère. Il m'a tapé sur la tête avec sa grosse cuillère en argent. Des gouttes de sang tombaient dans ma soupe. Il a dit « pas de racisme chez moi ! » et il m'a ordonné de quitter la table. Tu penses que je suis guérie.

SYLVIE : On dirait pas.

NATHALIE : J'appelle les choses par leur nom, ça ne veut pas dire que je suis raciste.

SOPHIE : Ça se défend. Mais, Nathalie, même dans cent ans tu ne feras pas marier une Juive avec un musulman.

NATHALIE : Qui parle de mariage ? On n'en est pas là.

SOPHIE : Ça me rappelle une histoire que m'a racontée Maman. Mon frère était petit et un jour un camarade de classe lui dit : « Moi je suis juif, et toi ? » Mon frère avait répondu : « Non, moi je suis français. » Ça a beaucoup amusé ma mère.

SYLVIE : Et Férid n'est ni juif ni français.

SOPHIE : Pourquoi ne pas plutôt lui faire rencontrer une autre fille ? Je pense qu'on peut écarter Catherine, mais Graziella par exemple, la fille au fil d'or ?

SYLVIE : Je suis pour Catherine.

SOPHIE : Parce que tu sais que ça ne peut pas marcher.

NATHALIE : Mais dites-moi, vous ne seriez pas en train de monter le harem de Férid ? C'est quand même pas le Pacha de Marrakech !

SOPHIE : C'est le Pacha de Tunis. Je veux peeerdre ma virginitééé avec lui !

NATHALIE ET SYLVIE : Hi ! Ha !

NATHALIE : Il est à Syyylvie !

SYLVIE : J'en veux p… *plas.*

NATHALIE ET SOPHIE : Fé-rid ! Fé-rid ! Fé-rid !

NATHALIE : Les filles, je dois encore passer au Monoprix pour faire des courses. On fait un dernier plongeon ?

SYLVIE ET SOPHIE : Ensemble !

…

***

Sur la plage de l'Aéroport, La Goulette, Tunisie. 17 juin 1956.

NATHALIE : « Tu seras ma femme », voilà ce qu'il m'a dit.

SYLVIE : Ça c'est parlé.

SOPHIE : Parole de militaire. Et c'est pour quand ?

NATHALIE : Fin de l'année, je pense. Julien et moi on se connaît pas depuis longtemps.

SYLVIE : Mais dis-moi, avec ton soldat, vous n'allez pas un peu tirer le diable par la queue ?

NATHALIE : Il ne compte pas rester à l'Armée. Il veut retourner travailler avec son père, il y gagne dix fois plus. À l'époque, il avait pu se payer sa Lambretta 160 000 francs !

SOPHIE : Mon mari vient de s'acheter une Giulietta Spider 1300 chevaux.

SYLVIE : Mais non, c'est des litres. Un litre virgule trois. Quelle couleur ?

SOPHIE : Rouge, comme ton nez ; tu devrais te mettre à l'ombre.

NATHALIE : Et c'est tout ce que vous voulez savoir ?

SOPHIE : Moi, je me demande comment tu vas te passer de ta bande d'adorateurs. Tous ceux qui étaient venus t'acclamer au Casino quand tu as été élue première demoiselle de Tunis, tu te souviens ?

NATHALIE : Si je me souviens ! J'avais une robe rouge à pois noirs. Eh bien, je les vois toujours mes admirateurs. Je les verrai moins, c'est tout.

SYLVIE : Tu vas te présenter au concours de miss l'an prochain ?

NATHALIE : Je l'ai déjà dit, JE NE PEUX PAS. Il me manque deux centimètres.

SYLVIE : Dommage ! Qui tu sais redoute ta concurrence. Il paraît même qu'elle est jalouse.

NATHALIE : Elle a toutes ses chances. C'est sa sœur qui m'inquiète davantage.

SOPHIE : Ah bon, pourquoi ?

NATHALIE : Elle a l'air d'intéresser Julien.

SOPHIE : Mais non, tu te fais des idées. Et tes enfants, Sylvie, comment vont-ils ?

SYLVIE : En pleine forme. Dommage qu'il nous faille partir. Le gaz passe aux mains des Tunisiens…

NATHALIE : Je savais qu'on ne pourrait pas s'empêcher d'en parler, hein ? De notre future séparation. J'ai un tout petit cœur en y pensant.

SOPHIE : Moi j'ai le cœur gros. Et vous savez où vous allez ?

SYLVIE : Belfort, Lens ou Dunkerque, pas encore fixés.

SOPHIE : Papa veut faire de la résistance, il a tellement à perdre ! Nous, je veux dire Philippe et moi, nos valises sont prêtes. Ce sera Paris. Mes cousins disent que c'est la fête continuelle là-bas.

NATHALIE ET SYLVIE : T…

SOPHIE : Stop ! Je sais que vous allez dire que je vous aurai vite oubliées. Jamais, mes chéries, jamais. Et toi, Nathalie ?

NATHALIE : Moi non plus, jamais je ne t'oublierai.

SOPHIE : Non, je voulais dire, vous savez ce que vous faites ?

NATHALIE : Papa a senti venir l'indépendance, comme tout le monde d'ailleurs. C'est pour ça qu'il a quitté les chemins de fer pour le service civil de l'Armée. Il y est rédacteur en chef et traducteur russe-français depuis janvier, d'accord ? L'indépendance arrive et il est à l'abri. Maintenant il se demande combien de temps ça va durer. Est-ce qu'il faudra bientôt aller se réfugier à Bizerte ? Bref, il a demandé sa mutation pour la métropole et il attend. Julien, lui, veut rester. Rien ne pourra l'arracher à ce pays. Il est persuadé que tout continuera comme avant.

SYLVIE : Y'a comme une déchirure dans l'emmanchure.

SOPHIE : Le temps est suspendu. Heu… j'ai lu ça dans un magazine.

SYLVIE : Il n'y a pas de problème, si ardu soit-il, qu'une absence prolongée de solution ne finisse par résoudre, a dit mon mari en rigolant quand on parlait du déménagement. C'est un optimiste.

NATHALIE : Mieux vaut en rire en effet. Sauf que je n'arrive pas à imaginer de ne plus vous voir. Restez au moins jusqu'à mon mariage.

SYLVIE : Ah oui, je veux voir le papillon de nuit retourner dans le cocon. Tu te souviens quand ton père était venu te chercher au dancing avec une lampe torche ?

NATHALIE : *Accidenti*, quelle honte ! Tout ça parce que Grand-maman était seule à la maison. Heureusement qu'il n'a pas vu ma sœur Marianne. Elle l'avait remarqué et était allée se cacher. C'est l'unique fois où je lui ai mal répondu. Me ridiculiser devant tout le monde ! Et il n'était pas question que je parte. D'ailleurs on a dansé toute la nuit.

SOPHIE : Oui, et toi à un moment tu dansais avec trois garçons à la fois, dont Férid. Tu disais que leurs moustaches t'émoustillaient. On avait bien forcé sur l'anisette.

SYLVIE : C'était grandiose. Mon prétendant était en transe. Cette nuit-là il m'a demandée en mariage. Il voyait que tout pouvait basculer.

SOPHIE : Tu veux dire que tu pouvais tomber dans n'importe quels bras ?

SYLVIE : C'est ce que je veux dire, ma Sophie.

SOPHIE : Moi j'essayais d'oublier que c'était la dernière fois que je voyais Enzo, qui partait en France rejoindre l'équipe nationale. Heureusement cette nuit-là Philippe m'a invitée à lui rendre visite dans la maison de vacances de ses parents à Sidi Bou Saïd.

SYLVIE : Chez Monsieur Saint Louis ?

SOPHIE : Que veux-tu dire ?

SYLVIE : Mon père m'a dit que Saint Louis s'était converti à l'islam avant de mourir. Qu'en fait, lui et le saint qui est enterré à Bou Saïd ne font qu'un. On a même trouvé des fleurs de lys dans le tombeau.

NATHALIE : Ridicule !

SOPHIE : Ridicule ! Tu vois un roi de France se convertir à l'islam ?

SYLVIE : Pourquoi pas ? Des milliers de Chrétiens se sont convertis à l'époque des courses.

SOPHIE : C'était ça ou la mort. Pour Saint Louis il faudra que je demande à Catherine.

NATHALIE : Oh là là ! les filles, vous vous rendez compte que cette école de couture ne nous a servi à rien ?

SOPHIE : Tu es folle. C'est grâce à elle qu'on s'est rencontrées.

NATHALIE : Bien sûr, je voulais dire qu'aucune de nous n'en a jamais fait un métier. Moi, j'ai tenu un mois dans cette maison de confection à La Marsa. Quand je suis partie ils ont voulu me donner quelques pièces pour mon solde. Je leur ai dit d'aller les mettre dans le tronc d'une église.

SYLVIE : Moi, ça m'a servi pour la maison. Je fais tous les vêtements de mon aîné.

SOPHIE : Nathalie, parle-nous de ton père. J'aime entendre ses histoires.

NATHALIE : C'est le docteur March. Et mes sœurs et moi sommes ses quatre filles. Quatre et demi, un peu comme les Mousquetaires.

SOPHIE : Et naturellement tu es Margaret.

NATHALIE : Et mon père c'est le pasteur. Maintenant il se laisse pousser barbe et moustaches et puis il porte tout le temps un chapeau, même l'été. La semaine dernière, nous sommes allés à l'inauguration de l'église de la Résurrection. Nous avons marché de la rue des Selliers jusqu'à Gambetta. Papa était sur un nuage, entouré de sa famille, de ses meilleurs amis russes et d'Anastasia.

SYLVIE : Mais il a gardé des liens avec sa famille là-bas en URSS ?

NATHALIE : Ils sont tous partis en Allemagne, sauf un oncle qu'il appelle l'oncle d'Amérique. Ils s'écrivent régulièrement. Une anecdote qui va vous amuser : l'autre jour, ma sœur récitait sa leçon d'anglais à voix haute. À un moment elle lance : « *Roxanne, open the door !* » Là, ma mère et moi on voit mon père se lever comme un automate et aller ouvrir la porte d'entrée. On est restées bouche bée. Maman lui a demandé : « Bo, où vas-tu ? » Mon père restait sur le seuil, surpris de ne voir personne. Il a souri : « D'où viens-je ? Où vais-je ? Qui suis-je ? » Je pense que Julien va l'adorer.

SYLVIE : Le Julien, il ne se plaît plus à l'Armée alors ?

NATHALIE : Non, il a des soucis avec ses supérieurs. Il lui prend parfois des colères… L'autre jour, à propos d'un officier, il me dit : « Celui-là je le vois mort par terre, je lui donne encore des coups de pied. »

SYLVIE : Sacré caractère, hein ?

NATHALIE : Affirmatif. Au tout début où on s'est rencontrés il m'avait dit, tout fier, qu'il était fils, petit-fils et arrière-petit-fils de contrebandiers.

SYLVIE : Ah, ces Maltais ! Je les aime bien. Surtout Julien. Quand le revoit-on ?

NATHALIE : Il a une permission la semaine prochaine. Mais il n'est pas de très bonne humeur en ce moment. Il vient de découvrir que sa demi-sœur se faisait rembourser ses dépenses médicales par son père. Le croirez-vous ? Mon futur beau-père ne sait même pas que la sécurité sociale existe. Du coup la Giulietta lui extorque de l'argent et Julien ne peut pas le supporter. Il dit que la mère était une mauvaise femme et que le vice s'est transmis à la fille.

SYLVIE : Amène-le-nous, on saura lui remonter le moral.

SOPHIE : Mais au fait, la différence d'âge ne vous gêne pas ? Quel âge a-t-il déjà ?

NATHALIE : Bientôt 20 ans. Mais, tu sais, il a une grande expérience de la vie. Trop grande même. Des fois ça me fait un peu peur.

SYLVIE : Nathalie et la corruption de la jeunesse. Hé, tu ne voulais pas un puceau quand même ?!

NATHALIE : Sophie, tout à l'heure tu disais que j'avais dansé avec Férid cette fameuse nuit ? C'est bizarre, je ne m'en souviens pas.

SYLVIE : Je confirme. Et moi, j'ai dansé avec Mahmoud.

NATHALIE : Impossible, tu ne le connaissais pas encore. C'est seulement l'an dernier que je vous l'ai présenté. Je t'ai vue danser surtout avec Yaël. Tu dois confondre avec une autre soirée.

SOPHIE : D'après vous, qui est le plus beau, Férid ou Mahmoud ?

NATHALIE ET SYLVIE : Mahmoud !

SOPHIE : Mais Férid le caïd, c'est le plus riche. Sylvie, avoue que c'est son argent qui t'intéressait.

SYLVIE : J'avoue. Je suis mauvaise femme, j'irai en enfer. Non, sans blague, vous savez quoi ? Il a failli se présenter comme candidat à l'assemblée constituante en mars. Mais son père le lui a déconseillé. Il a dit qu'il valait mieux attendre, que le vent allait tourner et que le Bey serait sûrement déchu. Vive la République !

NATHALIE : Tout à l'heure, quand on était dans l'eau, j'ai pensé qu'avant mon mariage il faudrait organiser quelque chose. On sait pas quand on va être séparées. Ce serait une fête d'adieu.

SOPHIE : On sait ce que ça veut dire. Toi, tu as tout le temps envie de danser.

SYLVIE : Beaucoup d'amis de Rachel et Yaël sont déjà partis en Israël. Beaucoup d'Italiens en Italie aussi, *andati via…* On pourrait faire un rite satanique entre nous, une nuit, sur la plage, autour d'un feu, pour barrer la volonté de Dieu de nous séparer. Nathalie ferait la danse du Diable.

NATHALIE : Si tu me cherches tu vas me trouver.

SOPHIE : Nathalie, sa spécialité c'est plutôt le tango, pas vrai ? Dites, il faut qu'on se promette de se téléphoner au moins une fois par mois.

SYLVIE : Par toi ?

NATHALIE : Je le jure.

SYLVIE : Je jure aussi. Mais j'écrirai également, et pas seulement pour les fêtes de fin d'année.

NATHALIE : Comme ça tu pourras réfléchir avant de dire quelque chose.

SOPHIE : Mes amours, profitons du temps qui nous reste. Les oiseaux dans leur petit nid font bon ménage, comme dirait Beth.

NATHALIE : Oui, les gens heureux trouvent que la vie est courte, ceux qui sont malheureux, qu'elle est longue. Et nous on est heureuses, donc la vie sera courte.

SYLVIE : Je propose une grève contre la vie courte. Et toi, Sophie, quand est-ce que tu vas nous faire de beaux enfants aussi beaux que toi ?

SOPHIE : Aussitôt qu'ils ont un toit solide.

NATHALIE : Elle va nous faire des petits Parisiens.

SOPHIE : Et toi, Nathalie, tu vas nous faire des Parisiens ou des Tunisiens ?

NATHALIE : Peut-être un panaché de Tunisiens et de Parisiens.

SYLVIE : *Mazel tov !* Tes Tunisiens pourront parler avec les miens et tes Parisiens avec ceux de Sophie.

NATHALIE : Vous vous souvenez comme on était insouciantes il y a 10 ans ? On pensait pas aux enfants. Ni aux valises.

SOPHIE : Oui, on pensait surtout aux papas, et pas spécialement les nôtres. Mais on était pas bêtes non plus, on se demandait… On se posait des questions. Qui a créé l'univers ? L'antisémitisme, on comprenait pas. Et là-dessus on n'a pas vraiment avancé. Moi en tout cas je serai toujours incapable d'expliquer les deux choses.

SYLVIE : On était comme on était parce qu'on sortait de la guerre, cette saloperie.

SOPHIE : Tu as raison. Et puis l'avenir était rose.

NATHALIE : Tandis que maintenant il a la couleur des glibettes. Les filles, je dis qu'il faut pas se fier à la couleur.

SYLVIE : C'est raciste.

NATHALIE : Je dis qu'il ne faut pas être pessimiste. La Tunisie, je l'ai dans le cœur comme je pourrais dire que je l'ai dans la peau. Mais je suis sûre qu'on s'en sortira. Ici ou là-bas…

SOPHIE : Sylvie, tes enfants sont avec leur nounou ?

SYLVIE : Oui, ils apprennent l'arabe. Ça leur servira.

NATHALIE : Inch Allah !

SOPHIE : Hamdoullah !

NATHALIE : Hier j'ai rêvé que j'étais sur un grand bateau et un enfant me tirait par la manche. Il voulait absolument me montrer l'eau. Il se penchait trop au bastingage. J'avais peur qu'il tombe.

SYLVIE : Ton fils sera marin !

SOPHIE : De ses voyages il te ramènera des caramels salés de Virginie.

SYLVIE : Des colliers de fleurs de Tahiti.

SOPHIE : Il parcourra les océans et découvrira une île mystérieuse.

SYLVIE : Où il fondera une famille avec une indigène à la peau d'ébène. Il deviendra roi de l'île et te couvrira de diamants.

SOPHIE : Tu seras M'am Nathalie, tu régneras sur les esprits. Ton mari sera ministre des affaires étrangères et comme il n'y a aucun pays étranger autour de l'île, il n'aura rien à faire.

SYLVIE : Il passera son temps à lire des romans policiers et à déguster des plats exquis. Comme toi.

NATHALIE : Je n'aime pas les romans policiers. Je préfère les romans d'amour.

SOPHIE : Ton fils te trouvera un scribe rien que pour toi, qui t'écrira des romans d'amour rien que pour toi. Peut-être même qu'il t'offrira une troupe de théâtre qui jouera des pièces d'amour rien que pour toi.

SYLVIE : La vie est un théâtre.

SOPHIE : La vie est un roman.

NATHALIE : Et Julien dans tout ça ?

SOPHIE : C'est un des personnages principaux. Ministre des affaires étrangères, ce n'est pas rien.

NATHALIE : Étrange, je le vois plutôt ministre de l'Intérieur.

SYLVIE : Il cumulera les deux fonctions, comme Mussolini.

NATHALIE : S'il te plaît, ne me parle pas de Mussolini. Julien m'a raconté cette histoire épouvantable à propos de sa mère. Elle aurait été tuée par ses sbires.

SYLVIE : *Poverina!* Encore une victime du fascisme.

SOPHIE : L'œil la suivait. Il était sur elle. Ça fait froid dans le dos.

SYLVIE : Ça me rappelle que là où on va on se gèle les os. Moins vingt degrés cette année, moins trente en 54.

NATHALIE : Oui, et les miséreux meurent de froid dans les rues. Il a fallu ce père… non, cet abbé… avec une bonne bouille – comment s'appelle-t-il déjà ? – pour en sauver quelques-uns. *Mabrouk !*

SYLVIE : Dans le sud les oliviers sont en train de mourir.

NATHALIE : Oui, le père de Julien se frotte les mains.

SOPHIE : Si on avait pu aller en Algérie !

SYLVIE : En pleine guerre ? Non, merci.

SOPHIE : Mais notre armée est forte. Ils sont des centaines de milliers de soldats là-bas ; ils finiront bien par étouffer la rébellion.

SYLVIE : Je ne mettrais pas un jeton là-dessus.

NATHALIE : Moi je mets un jeton sur la France, je veux dire l'autre côté de la mer, Paris… L'abbé Pierre ! ça me revient. *Chi ha, metta. Chi non ha, prenda*… Non, je crois que je confonds avec un abbé italien. Un abbé ou un médecin. Je sais plus. C'est ma mère qui me raconte ces histoires.

SYLVIE : Moi je vais pas vous mentir, je tremble à l'idée de quitter la Tunisie. Mon mari et mes parents, eux, ne s'en font pas. Les congés payés passent à trois semaines. On pourra revenir pour les vacances. Et là-bas on aura bientôt le courant par énergie atomique.

SOPHIE : Et je suppose qu'ils sont contents du gouvernement ?

SYLVIE : Je confirme.

NATHALIE : Vous avez d'autres nouvelles du continent ? Autant commencer à se faire une idée.

SYLVIE : La essef…

SOPHIE : Y'a un nouveau concours de chanson. L'Eurovision, ça s'appelle. Mais la France a perdu. Ça s'est tenu en Suisse et c'est la Suisse qui a gagné. C'était mérité. La Française, Mathé Altéry, avait une voix pleurnicharde et en plus… Hum ! la chanson parlait du temps perdu. Pas joyeuse du tout ; tandis que la Suissesse, elle avait une voix bien posée comme tout et elle parlait de… Elle est comme nous, elle a la nostalgie des amours passées. Mais ce n'est pas larmoyant comme la Française. Même, sa voix s'envolait quand elle a dit que son amoureux « portait sa jeunesse en son logis ».

SYLVIE : Le logis de qui ?

NATHALIE : Sylvie ! Le sien, à elle.

SOPHIE : À part ça, le rockainrol envahit la scène.

NATHALIE : Oui, voilà ! Je voudrais apprendre à danser le machin.

SOPHIE : Et le jazz aussi. Mais je pense pas que ça se danse.

NATHALIE : Avec quelques anisettes dans le coco je pense que ça peut se faire.

SOPHIE : Je te dirai ça quand je serai à Paris. Il y a plein de clubs là-bas où on joue cette musique.

SYLVIE : Oui, à Saint-Germain-des-Prés tu n'as que l'embarras du choix. Quelle chance tu as ! Moi je suis condamnée à écouter Bécaud, Ferré et Brassens à la radio.

NATHALIE : Moi c'est sur la Côte d'Azur que j'aimerais aller.

SOPHIE : Moi j'espère bien y aller en vacances.

SYLVIE : À vous palaces, autos décapotables, Giulietta Spider, festivals de cinéma, champagne et robes en strass ! À propos de champagne, vous connaissez cette histoire ? C'est un monsieur qui invite une collègue de travail chez lui. Il a une idée derrière la tête. Comme il n'est pas très sûr que la dame cède à ses avances, il prépare deux coupes de champagne et verse du laudanum dans l'une d'elles. Mais tout à coup il a une urgence et doit aller aux waters. Quand il revient il se trompe de coupe et boit celle qu'il a trafiquée. Ils sont sur le canapé et il commence à essayer d'embrasser la femme. Alors celle-ci lui demande de patienter, le temps qu'elle aille se rafraîchir dans la salle de bain. Elle y reste une minute et quand elle revient, voilà que le type s'est endormi. Elle ne sait pas si c'est elle ou une simple coupe de champagne qui lui a fait cet effet mais elle est quand même très vexée, et elle rentre chez elle. Le lendemain, au travail, le monsieur se confond en excuses. Il lui explique qu'il tient mal l'alcool, qu'il aurait dû lui offrir le champagne sans y toucher, et il la réinvite pour une deuxième chance. Elle lui répond : « Cher ami, je ne céderai jamais aux avances d'un homme qui ne tient pas une coupe de champagne, et je vous prierai de me rembourser le taxi que j'ai dû prendre pour rentrer chez moi. » Alors le monsieur, tout penaud, se dit qu'il y a loin de la coupe aux lèvres.

NATHALIE : J'aurais accepté une invitation pour un café. Voir ce qu'il avait dans le ventre, le type, quand il ne serait pas éméché. Julien n'aurait jamais fait une chose pareille. Et quand j'étais sur sa Vespa, pardon, sa Lambretta, je n'avais pas besoin de champagne pour être…

SOPHIE : Ivre de bonheur.

NATHALIE : N'exagérons pas. Sa Lambretta, c'était le modèle de base.

SYLVIE : Imagine si ç'avait été une Giulietta Spider ! Il n'y a pas que moi que l'argent intéresse.

SOPHIE : Julien est un amour. Nathalie l'aimerait même s'il n'avait pas le sou.

NATHALIE : Sylvie, ton type là, il scie la branche sur laquelle il se tient, non ? La dame, au départ, elle est plutôt consentante.

SYLVIE : Évidemment ; elle s'attendait à mieux.

NATHALIE : Comme quoi le plus court chemin vers le but c'est la ligne droite.

SYLVIE : Tout dépend du but.

SOPHIE : Philippe a dû attendre six mois avant que je cède.

SYLVIE : C'est moi qui ai dû attendre six mois avant que mon futur cède.

NATHALIE ET SOPHIE : Hi hi hi !

SOPHIE : Mais pourquoi ne l'appelles-tu jamais par son prénom ?

SYLVIE : Je n'aime pas ce prénom, Ange. Ça fait trop catéchisme.

SOPHIE : Tu sais qu'en prenant un Corse tu avais de grosses chances qu'il ait ce prénom.

NATHALIE : Il y en a deux dans la famille de Maman.

SYLVIE : Peu importe le prénom. C'est le nom qui compte. Celui du père si possible.

NATHALIE : Au nom du Père et du Saint-Esprit.

SYLVIE : Et le Fils ?

NATHALIE : Mon père dit que c'est une invention de Charlemagne, une invention inutile d'après lui.

SYLVIE : Nom d'une pipe !

SOPHIE : Nom d'un chien !

SYLVIE : Nom de nom !

NATHALIE : Ma sœur Rosalie a changé de nom trois fois. Elle est arrivée de Corse avec le nom de Maman, puis elle a pris celui de Papa quand il l'a reconnue et enfin elle a pris celui de son mari. Elle l'a gardé quand elle a divorcé, sans quoi elle ne saurait plus comment elle s'appelle. En plus c'est un nom bien français, pas corse ni russe.

SYLVIE : Ça ne fait que deux changements, non ?

NATHALIE : Oui, enfin, je veux dire qu'elle a eu trois noms différents.

SOPHIE : Philippe, Julien, Ange, je me demande s'ils s'entendraient bien ceux-là.

NATHALIE : Il n'y a qu'à essayer. Et si on allait au restaurant ? Le week-end prochain, si vous êtes libres. Chez Bichi ?

SYLVIE : Tu n'as pas quelque chose de plus original ?

SOPHIE : Au casino ?

NATHALIE : Jamais de la vie. J'ai peur d'y rencontrer Monsieur Bilba. Il y passe son temps et s'il me voit je ne suis pas près de manger. Lui, quand tu lui demandes l'heure, il t'explique comment marche la montre.

SOPHIE : Mais non, je veux dire celui du Belvédère. Ou bien au Palace si vous voulez.

NATHALIE : Dans les deux cas, il me faudra emprunter. Heureusement que j'ai Rosalie.

SOPHIE : Elle enseigne toujours au Fallières ?

NATHALIE : Oui. Les mathématiques.

SYLVIE : Mais dis donc, elle n'est pas restée longtemps mariée.

NATHALIE : Sept ans. Ils avaient convolé l'année de la déclaration de guerre. *Macagna !*

SYLVIE : Sept ans de malheur ?

NATHALIE : Non, sept ans d'ennui. Mon beau-frère, comptable au Contrôle civil, n'a rien du héros qui fait rêver les femmes.

SOPHIE : Oh ! je vois. Des virgules, des additions, des soustractions mais pas de distractions. Et ses enfants ?

NATHALIE : Tous les trois adorables.

SYLVIE : Elle n'a pas envie de rencontrer la famille de son père naturel ? Donner à ses enfants d'autres arrière-grands-parents ?

NATHALIE : Elle n'y pense pas. Par contre elle est ravie à l'idée d'aller en France.

SOPHIE : Attendez, j'ai apporté le journal ; je jette un œil. Hum… « M. Bourguiba vient à bout de la résistance du gouvernement français et obtient pour la Tunisie l'exercice effectif des affaires extérieures… » Ça, on savait. « Le Conseil des Ministres prend d'importantes décisions dont le vote des femmes… » Mazette !

NATHALIE : *Mazel tov !*

SYLVIE : Chapeau !

SOPHIE : Bon, je vais direct à la page cinémas. Oh ! Attendez, voici autre chose : « Samedi 23… » Tiens, au fait, c'est la Sainte-Alice ; il faut que je pense à souhaiter une bonne fête à ma tante. Je disais donc… « Samedi 23, au Caveau, le pianiste-chanteur sicilien José Marchese se produira avec son quartette de jazz. » Les filles, il faut qu'on y aille après le repas !

NATHALIE : Ouiii ! Je pourrai essayer de voir comment on peut danser ce truc.

SOPHIE : Mais alors le mieux c'est qu'on mange au casino de Tunis. Si on croise M. Bilba, je lui dis que tu as attrapé une maladie tropicale.

NATHALIE : C'est ça, et vous, vous êtes immunisées ? On pourrait aller ailleurs, n'importe où, puis prendre un taxi. Ou alors des victorias maltaises.

SYLVIE : Toi et tes Maltais… Non, ce qui serait épatant c'est de monter à six dans la Spider.

NATHALIE : Oh oui !

SOPHIE : J'espère que Philippe sera d'accord. Trois devant, trois derrière, sur le porte-bagages, cheveux au vent.

SYLVIE : On finit la nuit avec un bain à Amilcar, pour ton plaisir.

NATHALIE : Les folles nuits de Tunis !

SOPHIE : Et tout le dimanche pour dormir.

SYLVIE : Quelle soirée inoubliable !

NATHALIE : Il faudrait qu'elle existe pour ne pas l'oublier.

SOPHIE : Tu l'embrouilles là. Au fait, je me demandais, vous croyez que tous nos souvenirs sont toujours là, dans notre tête ?

NATHALIE : Bien sûr, comment peut-on oublier ?

SOPHIE : Non, je veux dire tous les détails, les plus petits détails. Par exemple, tu vois ce bout de coquillage marron à côté de Sylvie ? On le voit non ? Donc, est-ce qu'il va toujours être dans mon cerveau et que je pourrai m'en souvenir ?

SYLVIE : Que veux-tu faire d'un souvenir de coquillage ? S'il était bleu blanc rouge à la rigueur…

SOPHIE : Mais justement, peut-être qu'on ne se souvient que des choses utiles mais que le reste est quand même là. En attendant que ça nous serve un jour.

NATHALIE : Je vais en parler à mon cheval.

SOPHIE : Par exemple, j'ai des vieux souvenirs, vraiment très vieux. Je devais être bébé. Par exemple, oui, je me souviens être dans les bras de ma mère la nuit sous un lampadaire dans une rue déserte. Une autre fois, j'étais sur un balcon, je regardais les rideaux de tulle blanc flotter derrière la fenêtre ouverte, et j'entendais pleurer. Peut-être c'était à Paris. Ça ne me sert à rien, alors pourquoi est-ce que je m'en souviens ?

NATHALIE : Julien m'a dit des choses étonnantes sur son grand-père. Il l'aime beaucoup même s'il déraille. Il paraît qu'il se souvient de choses qui n'ont jamais existé. Ou plutôt c'est ce que dit son médecin. Mais Julien pense qu'il n'y a pas que la folie. Le vieux est capable de donner des détails incroyables sur tout ce qui touche à l'artichaut maltais par exemple. Le père de Julien raconte qu'un jour où lui et le grand-père se promenaient dans un champ à Porto Farina, l'ancêtre s'était soudain arrêté au bord du chemin : « cette pierre, elle n'était pas là. » qu'il lui dit. Le papa de Julien était pantois. Il a raconté l'anecdote à tout le monde et c'est resté comme une légende qu'on rabâche à chaque réunion de famille. Attention, pas pour se moquer du vieux, au contraire, pour faire honneur à sa mémoire d'éléphant.

SOPHIE : Oui, bien sûr, si on se souvenait de tout en même temps on deviendrait fou. Il faut que ça remonte au compte-gouttes.

SYLVIE : S'il y a quelque chose à remonter. Toi tu penses que la source est intarissable ? … Sophie ? Sophie !

SOPHIE : Oui, pardon. Ces choses sont compliquées alors je prends le temps de réfléchir. L'autre jour je suis allée rendre visite à ma petite cousine à l'hôpital (vous savez qu'elle est tombée de sa fenêtre en tentant une escapade nocturne). En partant je me dis qu'il faut que je pense à lui acheter des fleurs. En route j'oublie totalement et je me présente dans sa chambre d'hôpital les mains vides. Le souvenir, il était là puisque je venais d'y penser avant de partir, et il était utile parce que j'aime cette petite et que je tenais à lui faire plaisir.

SYLVIE : Peut-être tu l'aimes moins que tu crois. Ou alors en route tu as rencontré un étalon arabe qui t'a mis la tête à l'envers.

SOPHIE : Voyons, qui ai-je rencontré en route ? Ah ! en effet, j'ai rencontré Ahmed le jardinier. Je me souviens que je me suis dit : « Sophie, ma chère, tu ferais mieux d'oublier les mille francs qu'il te doit. »

SYLVIE : Ah, tu te tutoies quand tu te parles à toi-même ?

SOPHIE : Oui, et vous, Sylvie, je vous ignore, pour ne pas dire pire.

NATHALIE : Et donc, ta cousine ?

SOPHIE : Quand je me suis excusée, elle m'a dit : « Ce qu'on a de mieux à offrir, c'est son temps. » Elle est a-do-ra-ble.

NATHALIE : Mais elle va bien ?

SOPHIE : Oh oui, elle sortira bientôt.

SYLVIE : De l'hôpital, mais pour les soirées je pense que c'est foutu.

SOPHIE : Oui. Je vais lui apporter des magazines quand elle sera chez elle.

SYLVIE : Si tu y penses.

NATHALIE : Notre Sylvie est très mordante aujourd'hui. Qui aime bien châtie bien.

SYLVIE : C'est ça. Nathalie, tu es notre fée d'amour.

NATHALIE : Tu veux pas me la chanter celle-là ?

SYLVIE : ♫ Ô Nathalie, tu es le soleil de ma vie, tu es la rein' de Tunisie… ♫

SOPHIE : Pas si fort ! Tu vas nous attirer des ennuis.

SYLVIE : Donc, Mesdames, que pensez-vous de ben Youssef ?

NATHALIE : Le pacha de… pardon, le sultan du Maroc ?

SYLVIE : Mais non, Salah, l'opposant de Bourguiba.

NATHALIE : C'est un *sukinsyn.*

SYLVIE : C'est-à-dire ?

NATHALIE : Ça veut dire fils de chienne en russe. Une expression de Papa. Heureusement qu'il s'est enfui en Libye. Si c'était lui on était tous morts. Tous massacrés.

SOPHIE : Mais il en profite pour faire du trafic d'armes là-bas.

SYLVIE : Gloire à Habib alors ?

NATHALIE : À tout prendre…

SOPHIE : La Tunisie fut notre berceau. Elle ne sera pas notre tombeau. Point.

NATHALIE : Tu vas me faire pleurer, Sophie.

SYLVIE : Le passé n'est pas simple, mais le futur alors ! Qui sait où on sera dans dix ans…

SOPHIE : Et où on *en* sera. Je verrais d'un bon œil le retour du général de Gaulle.

SYLVIE : Celui qui a gracié Pétain ? Pour l'instant contente-toi du Mollet. Grâce à la essef…

SOPHIE : Oui, un Mollet ni dur ni coque qui brade les colonies et prolonge le service militaire. Pense à toutes ces jeunes filles qui ne verront plus leur fiancé pendant neuf mois, ou qui ne le verront plus du tout s'il meurt en Algérie.

NATHALIE : Mais Poujade finalement, c'est de droite ou de gauche ?

SYLVIE : Ni d'est ni d'ouest. Il est du Sud.

SOPHIE : C'est un *sukinsyn*.

SYLVIE : Pour une fois on est d'accord.

NATHALIE : Ma sœur Magali, la plus petite, commence à utiliser cette insulte. C'est une forte tête. L'autre jour Marianne lui a dit qu'elle en avait assez de faire le ménage, qu'à dix ans elle devrait s'y mettre un peu elle aussi. Alors Magali lui demande : « Si j'étais pas là, tu le ferais pas le ménage ? » Marianne lui répond que si, bien sûr. Et Magali : « Bon, alors ?! » Et elle a ajouté : « toi tu ne penses qu'à *scapa*. Et d'abord je n'ai que neuf ans. » C'est vrai que la Marianne, elle a très envie de sortir. C'est son âge. Rappelez-vous comme on était, nous, à 18 ans.

SOPHIE : Tu ne nous parles jamais de ta sœur mariée.

NATHALIE : Toujours avec son Allemand, chef comptable.

SYLVIE : Aïe !

NATHALIE : Non, *maalesh*, il est plus chef que comptable. En français son nom veut dire « livre de marque ».

SYLVIE : Mazel tov alors !

NATHALIE : Et toi Sophie, ton frère et ta sœur ?

SOPHIE : Guillaume sort d'un procès éprouvant à Paris. Il a assisté un avocat français très célèbre qui défendait une taupe du parti communiste, Monsieur Barabbas ou quelque chose comme ça. Le type était en lien avec la Tunisie et Guillaume connaît les affaires d'ici. On accusait Barachose d'espionnage et d'être un agent double mais l'avocat a brillé et ils ont gagné le procès. Guillaume est très fier.

NATHALIE : Et c'est Jésus qui a été condamné ?

SOPHIE : Il y a eu deux Jésus. Des pacifistes.

SYLVIE : Mais Mitterrand finalement avait été blanchi.

SOPHIE : Oui mais…

SYLVIE : Mais quoi ? Tu ne voulais quand même pas qu'on lâche une bombe atomique sur ces pauvres Indochinois ?

SOPHIE : Bien sûr que non. D'abord il faudrait l'avoir eue, la bombe, pour la lâcher. Et même si on avait trouvé l'américaine dans une pochette-surprise, il n'était pas question d'irradier l'Armée française. Mais, un, c'est « grâce » à Mitterrand qu'un réseau anticommuniste a été bousillé. Et deux, je pense à nos soldats là-bas, à l'époque. Guillaume dit que la trahison a pu être la cause de Diên Biên Phu. Mais il ajoute aussi que toute cette affaire d'espionnage pourrait n'être qu'un règlement de compte politique.

NATHALIE : Et Geneviève ?

SOPHIE : C'est un mélange de Jo et Meg March. Très indépendante mais à la recherche d'un partenaire.

SYLVIE : Ça me rappelle ce que tu nous avais raconté de Catherine, quand elle avait demandé à son ami – ami ou fiancé ? – s'il connaissait les filles du Docteur March et qu'il lui avait répondu « non, mais je serais ravi de les rencontrer ». Je repense souvent au film. Je trouve que les meilleures répliques sont celles d'Amy.

SOPHIE : Clairement. J'adore quand Liz Taylor dit : « Une princesse sait toujours qu'elle est une princesse. » Ou « Quitter l'école, c'est la chose la plus brave, à ma connaissance. »

SYLVIE : Et quand elle dit que la famine dans le monde, elle essaie de ne pas y penser ?

SOPHIE : Clairement, elle a raison.

NATHALIE : Mes préférées : « Je vous ai légué tous mes vêtements mais comme je ne suis pas morte personne n'emporte rien. » Ou alors quand elle distribue des morceaux de brioche aux cinq petits affamés : « Un pour toi, un pour toi et un pour moi. Un pour toi, un pour toi, un pour toi et un pour moi. » Double ration pour elle. Ou bien, vers la fin, « Vous savez, en Europe on trouve que la saleté est pittoresque. »

SOPHIE : Amy parlait de Nice, sur ta Côte d'Azur.

NATHALIE : Comment le sais-tu ?

SOPHIE : Figure-toi que j'ai lu le roman. Si elle était venue ici elle aurait sûrement trouvé la *hara* pittoresque.

SYLVIE : Raciste. Tu trouves que les quartiers juifs sont sales ?

SOPHIE : Celui-là pue. De même que Malta Srira ; désolée, Nathalie.

NATHALIE : Je suis d'accord. Heureusement la famille de Julien est de Bab el Khadra… Sinon, il y a des répliques de Jo que j'aime aussi. Quand sa sœur veut lui coudre un nœud de ruban sur la robe à l'endroit des fesses : « Un nœud de ruban ?! Là ?! » Ou alors : « John Brooke a un comportement odieux et Meg aime ça. »

SYLVIE : Mais au fond, la morale de l'histoire c'est que les Protestants veulent bien partager la pauvreté mais pas la richesse, c'est ça ?

SOPHIE : Non, pour moi la morale est résumée dans ce que dit Beth mourante : « J'ai appris que je ne vous perdrai pas, que rien ne peut réellement nous séparer. »

NATHALIE : Pour moi aussi. Entièrement d'accord. C'est notre histoire. Ou plutôt notre avenir… Dites, ça fait une demi-heure, peut-être même une heure que nous sommes là. Comme dirait Sophie, le temps s'est suspendu.

SYLVIE : Oui, moi aussi je dois partir sous peu.

SOPHIE : La mer nous attend pour le bain de l'amitié, et en plus j'ai un besoin urgent !

SYLVIE : Rumba la semaine prochaine ! J'ai hâte. Nathalie, je sens que tu vas nous épater.

Sur la plage du Prado, Marseille. 15 août 1977.

NATHALIE : J'ai apporté l'anisette. Et j'ai pris les glaçons chez Denis.

JEANNE : Tu commences tôt toi !

NATHALIE : Eh quoi ? C'est midi, il faut bien boire l'apéritif.

MADO : J'ai apporté les cacahuètes.

…

NATHALIE : Alors *pace e salute*, hein ?

JEANNE : *Pace e salute !*

MADO : *Pace e salute !*

JEANNE : Et je lève mon verre à la plage du Prado ! C'est vraiment beau. Je regrette de ne pas être venue à l'inauguration.

MADO : Voir Gaston et mourir !

NATHALIE : Monsieur le sinistre… qui voulait que nous allions nous faire pendre, ou qu'on soit rejetés à la mer…

JEANNE : C'était pour les Algériens, ça.

NATHALIE : Kif kif bourricot. En tout cas, si c'était pas que je tombe sur la plage en cinq minutes direct de chez moi, j'aurais bien continué d'aller à la Pointe-Rouge. Au moins c'est du sable et pas cette pelouse polluée par les déjections des goëlands.

JEANNE : Tu n'as pas connu, toi, la plage ici avant les travaux. C'était affreux, tellement étroit qu'on était les uns sur les autres, avec le dégueulis de l'Huveaune à côté, éclaboussés par les voitures dès qu'il avait plu. Sans compter qu'on pouvait se faire écraser s'il y avait une sortie de route.

NATHALIE : Si, j'ai un peu connu, mais il y avait déjà le mur de séparation avec la route. C'était pas si mal que ça. Mais j'ai été contente quand on a dû déménager à la Pointe-Rouge à cause des travaux. Vraiment, il devrait y avoir une navette gratuite, comme ici.

MADO : J'adore la navette. Ce matin on a bien rigolé avec tous ceux qui revenaient de la messe à Notre-Dame. Il paraît que la soliste a fait un canard atroce à la fin de l'Ave Maria et y'en a un qui a crié « Pan ! ». Le curé a écourté. Cette navette ! Y'avait les plaisanteries habituelles sur les pois chiches dans les souliers, plutôt cuits que crus ; y'avait celui qui voulait bien monter avec une paire remplie de pois chiches, oui, mais les lacets à l'épaule ; celui qui disait que ça ajoutait une saveur particulière au ragoût ; celui qui s'était fabriqué des chaussures spéciales en plaçant les pois chiches sous la semelle ; celui qui disait qu'on ne trouvait plus de pois chiches à Noailles ; celui qui les gardait pour le Vendredi saint ; une autre qui s'offensait de la faim dans le monde ; celui qui n'en mettait qu'un parce qu'on n'avait pas précisé la quantité ; il y a ceux qui affirment qu'ils n'ont aucun péché à se faire pardonner et oublient que le mensonge est un péché ; celui qui demandait s'il fallait les faire tremper et si ça revenait au même que ce soit des Sabarot ou des Lusitana ; celui qui disait qu'il fallait rentabiliser l'autobus sans quoi il disparaîtrait comme le funiculaire. Y'en avait un qui disait être monté en apesanteur, comme la Vierge quoique moins haut. Comme on criait au blasphème, il a précisé qu'il comptait atterrir aux pieds de la Bonne Mère mais qu'elle s'était envolée avant.

JEANNE : N'en jette plus, je t'en prie, Mado. Ta navette c'est la cour des miracles ambulante.

NATHALIE : Chez nous, les pois chiches, on en fait le *lablabi*.

JEANNE : Chez moi, la pénitence c'est de les éplucher pour le houmous. Merci pour la recette, Nathalie. Mes enfants adorent ça et maintenant je suis obligée de le leur faire souvent. Sans rancune.

NATHALIE : Je maintiens que la navette devrait aller jusqu'à la Pointe-Rouge.

MADO : Pourquoi pas jusqu'aux Goudes ?

JEANNE : Avec arrêt à la Madrague. Je repense souvent à cette Saint-Sylvestre où on avait harcelé le jeune serveur au restaurant du bord de l'eau.

NATHALIE ET MADO : Oooh !

MADO : Ce bel étudiant. Jean-Mi. Étudiant en quoi déjà ?

NATHALIE : Un truc au logis. On lui avait demandé s'il pourrait nous examiner.

JEANNE : Ça c'était au champagne. Et on avait déjà pas mal d'anisettes et de rosé dans le coco. Les maris étaient sortis fumer et pisser. Je crois pas qu'ils auraient apprécié.

MADO : Le truc moche c'est quand ce retardé mental lui a lancé des boulettes de mie.

JEANNE : Mais là on s'est rachetées en le défendant contre l'abruti.

NATHALIE : Je pense qu'il devrait y avoir un permis de boire. Celui qui supporte pas ou qui sait pas se tenir il boit pas.

JEANNE : Le pauvre, il faisait des extras pour payer ses études.

NATHALIE : À propos d'études, mon fils vient de revenir d'Afrique. Il a beaucoup changé. Quand je pense qu'il a dû s'y prendre à deux fois pour avoir son bac ! Et c'est parce que son père et moi on a beaucoup insisté. Méconnaissable. Ces neuf mois là-bas… Je sais pas ce qui s'est passé mais maintenant il est impatient dc s'inscrire à la Faculté. Et avant, il va faire les vendanges dans l'Hérault. Il déborde d'énergie.

MADO : Les fils uniques sont spéciaux. C'est des jumeaux deux-en-un. Tu nous as dit que tu n'avais pas pu en avoir d'autre ?

NATHALIE : Infertilité secondaire. C'était pas très secondaire pour moi mais je me suis faite à l'idée. Julien aussi. Faudra que tu m'expliques le deux-en-un.

MADO : J'ai lu ça dans un magazine mais j'ai pas l'expérience vu que venant d'une ribambelle j'ai fait une ribambelle.

JEANNE : Nathalie, tu sais que Mado et moi on est fascinées par tes péripéties en Méditerranée. Par exemple ! un accouchement en pleine mer, ça c'est du sport ! Nous on est marseillaises de naissance et on a le goût des voyages. On t'a raconté nos histoires à la Pagnol et on aimerait bien que tu nous en dises plus sur tes origines tunisiennes.

NATHALIE : Je ne suis pas tunisienne. Je suis française de père et mère.

JEANNE : Bien sûr, c'est pas ce que je voulais dire. Je pensais aux gens de ta famille et belle-famille. Quels phénomènes, d'après ce que tu as raconté ! Qu'est-ce qu'ils deviennent ?

NATHALIE : Ouh là ! Y'a beaucoup à dire. Par qui je commence ?

MADO : Ton père.

NATHALIE : Sa retraite se passe bien. Il se consacre davantage à la religion. Tous les dimanches il s'enferme dans son bureau et se fait une cérémonie pour lui tout seul. L'encens embaume tout l'air de la maison. En fait ça a commencé il y a une quinzaine d'années, quand il a appris le décès de Zya, une dame qu'il avait rencontrée sur le bateau pour Bizerte. Il est très attaché à sa fille, Anastasia. Puis il y a eu quand sa cousine, une fille de la sœur de son père, émigrée en Allemagne, a perdu sa mère et lui a envoyé la soutane et d'autres objets religieux de mon grand-père. La soutane était encore tachée du sang de son meurtre. Mais à part ça il s'intéresse aussi à la théologie. Il a commandé des livres aux États-Unis qui lui ont coûté une fortune. Il regrette De Gaulle. Ça n'a rien à voir mais je le dis quand même. Ah ! si, ça a à voir. Peut-être. Quand il rencontre le mari de Marianne il lui dit « Bonjour Monsieur Psu ». Ma sœur me raconte tout au téléphone, qu'ils l'emmènent souvent en course dans la deux-chevaux de Michaël, qu'il ne veut pas enlever son chapeau quand il monte dedans et qu'on est chaque fois obligé de le ramasser. Il tape sur l'épaule de Marianne et lui dit « d'arrêter de parler au chauffeur » et Marianne : « tout de même, je peux parler à mon mari, non ? » Michaël est au parti socialiste et Papa est un vrai caméléon. Il lui fait les éloges de Michel Rocard et tout va bien entre eux. Lui-même se dit de la « droite sociale », il pense qu'on peut faire des câlins aux riches en même temps qu'on soutient les pauvres. Quand on lui demande quels étaient les critères pour qu'il accorde la main de ses filles, il dit « néant ». Hier il a dit à Marianne qu'il avait dû vendre l'alliance de sa mère pour survivre à Istanbul parce que l'argent de l'oncle ne suffisait pas. Il était navré car il avait compté la garder pour l'offrir à la femme qu'il épouserait. Cette bague, son oncle l'avait retirée du cadavre de sa mère et la lui avait fait parvenir avant qu'il parte. Les Bolcheviques n'en avaient pas voulu, ou peut-être qu'ils ne l'avaient pas vue. En tout cas jamais il ne nous avait parlé de cette histoire d'alliance jusqu'à hier, soit 58 ans après.

JEANNE : Mes parents aussi ressassent. Que veux-tu ? C'est l'âge. Et ta mère ?

NATHALIE : *Aiò*, la mamma maintenant. Elle aussi goûte sa retraite. C'est l'entente avec Papa, du moins quand ça en reste à la politique. S'ils se disputent c'est à cause des religions. Exemple, la semaine dernière, Papa était énervé après elle car elle refuse à Marianne la cuillère en argent de la ménagère que lui a léguée Grand-mère. Marianne veut se convertir à l'orthodoxie et elle a besoin de la cuillère pour payer le pope de Lyon. Et Maman : « Je ne vois pas l'intérêt qu'elle change ! » Et elle enchaîne, ça ne s'arrête plus : « D'ailleurs Bogdan est un prénom catholique qui veut dire Dieudonné ; à la rigueur elle pourrait se convertir au judaïsme puisque ton nom de famille est juif polonais, comme celui de ton cousin Semantof ou bien Semensky. Avec un i grec, n'est-ce pas ? Et avec ton groupe sanguin AB rhésus plus, il n'y a pas de doute. Quand je pense que tu voulais que je me convertisse à l'Église russe pour valider le mariage ! Les Grecs m'avaient bien acceptée, pourquoi pas les Russes ? Ici de toute façon on est en France et on est catholique. Etc., etc. » Magali était sidérée, elle m'a dit que Père a vu rouge : « Toi et tes groupes sanguins racistes ! Ta mère doit se retourner dans sa tombe si elle sait que sa fille ne veut pas donner une cuillère à sa petite-fille. » Il a claqué la porte en disant qu'il reviendrait quand il serait calmé. Quand il est revenu, une heure après, elle est repartie à la charge : « et d'ailleurs son mari est catholique, donc c'est mieux qu'elle reste catholique ; quand on l'a baptisée au Rosaire de Bab Jedid tu n'as rien dit, non ? Ni pour le baptême des aînées à Bellevue, que je sache. »

JEANNE : Mais le mari de ta sœur, qu'est-ce qu'il en pense ?

NATHALIE : Il s'en moque. Il est au P.S.U. Donc je disais que de temps en temps ma mère asticote mon père pour tester ses limites. Ça dure une heure et puis ils se raccommodent. Là, par exemple, Magali m'a raconté qu'à propos de ce baptême à Bellevue… Vous savez, c'est dans le quartier d'El Ouardia à Tunis… Ils se sont rappelé des choses… En vérité ce qui les lie le plus fort c'est leurs souvenirs de Tunis. Comme moi avec Julien sauf que pour eux Tunis c'était la fin du calvaire, le paradis, avec la jeunesse en plus. Nous, c'était la jeunesse sans plus mais c'était déjà beaucoup.

MADO : Et que va faire Marianne ?

NATHALIE : *Umba.* Je sais pas pourquoi elle veut se convertir. On y va à la Toussaint, je lui demanderai. C'est mieux qu'au téléphone. On y va pour porter des fleurs sur la tombe de Grand-mère, qui aurait eu 100 ans cette année. Mon oncle d'Ajaccio sera là, il me tarde énormément de le revoir. Il ne vient qu'une fois à Noël et une l'été, avec mes cousins ou pas, ce n'est pas assez.

MADO : Pourquoi vous n'allez pas le voir à Ajaccio ?

NATHALIE : Il ne veut pas. Il dit qu'il faut se retrouver tous en famille et le mieux pour ça c'est Lyon. Il n'y a rien en Corse comparé à ce qu'on peut faire à Lyon. Il adore les lumignons aux fenêtres l'hiver. Sa femme aussi. L'été ils font tous les festivals de la région. En vérité il aime venir sur le continent dès qu'il peut. Son restaurant marche du feu de Dieu et il cherche à dépenser son argent. Il ferme pour Noël et l'été il laisse la gestion à son commis. Mais j'irai en Corse, j'irai le voir un jour. Quand Grand-maman est morte, en 71, il a fait fermer tous les volets, pas seulement de sa maison en Corse mais aussi à Lyon. On allumait les lumières en plein jour. Mon père, ça ne lui déplaisait pas. La tradition, il respecte. Oh ! j'allais oublier une anecdote récente que m'a racontée Marianne à propos de Papa. En même temps que ses livres de théologie il s'est fait envoyer l'index Merck. C'est un livre où il y a tout sur les produits chimiques, les effets, les doses mortelles et *tutti quanti*. Donc maintenant quand il a bobo quelque part, il consulte d'abord son encyclopédie médicale, puis le Vidal pour trouver le médicament et savoir quel est son principe actif, et enfin l'index Merck pour les doses. Comme les doses sont données par kilogramme, il se pèse régulièrement avec une précision qui fait rire tout le monde. L'autre jour Marianne l'accompagne à la pharmacie et là il demande un médicament pour son foie. Il avait l'index Merck sous le bras. Le pharmacien lui dit que pour ce médicament-là il faut une ordonnance car à fortes doses il peut être mortel. Alors il pose l'index – le livre – sur le comptoir, l'ouvre à la page qu'il avait marquée et pose l'index – le doigt – sur la ligne : « Là, vous voyez bien qu'il n'y a aucun risque si je prends dix milligrammes ! » L'apothicaire, il était troublé, mais bien sûr il ne pouvait pas lui vendre le produit. « Pourquoi n'allez-vous pas voir votre docteur ? » Et Papa répond : « Mon docteur ? Mais c'est un vétérinaire ! Tant pis pour vous, j'irai voir ailleurs ! » C'est vrai qu'il a un copain vétérinaire. Il déteste les médecins, « tous des charlatans » qu'il dit. Donc ils vont voir son copain Christophe et il lui demande s'il pourrait lui prescrire la chose. L'autre : « En tant que véto, je ne peux pas te prescrire un médicament, même si tu te mets à aboyer. Mais tu as de la chance, ce produit est aussi utilisé en zoothérapie. Je vais donc te faire une ordonnance pour Max, le leonberg qui peut presque peser ton poids, sacré animal de Bogdan. » Ils vont dans une autre officine et, tout en cherchant le médicament, la pharmacienne commence à lui parler de son chien, pas le sien, celui de Papa. On voit qu'elle a très envie de parler. Et le pauvre toutou, et comment a-t-il pu attraper une hépatite, et est-ce que vous le nourrissez convenablement… Et

Papa qui est très embarrassé car il n'a aucune notion sur les chiens. « Je lui donne des keftas avec de la salade et des fruits pour dessert, jamais de gâteaux. Avant il était content quand je lui apportais son plateau mais maintenant il ne sourit même plus. » La pharmacienne lui répond : « C'est inhabituel, je n'ai jamais vu un chien manger de salade, mais pourquoi pas ? J'aimerais bien le rencontrer à l'occasion. Revenez avec, la prochaine fois. J'adore les chiens. Voilà vos suppositoires et faites une bise à Max de ma part. Encore une chose, quand vous le mettez, enfoncez un peu votre doigt, parfois le suppo peut ressortir. » Mon père était blême ; c'étaient des cachets qu'il voulait. Comme Julien écoutait ma conversation avec Marianne, il m'a dit de lui faire dire qu'avant de se suicider avec une saleté chimique, il devrait essayer le Livartil, un extrait d'artichaut efficace sur le foie.

JEANNE : Oui, et Julien au fait, quoi de neuf ?

NATHALIE : Ah ! Julien. Alors il me faut une autre anisette. Même si cette Gras, je trouve qu'elle arrive pas à la cheville de la Saliba.

…

NATHALIE : Tenez Mesdames. *Pace e salute !*

JEANNE : *Pace e salute !*

MADO : *Pace e salute !*

NATHALIE : Calme plat pour l'instant mais avis de tempête possible. L'ennui c'est qu'il s'ennuie à son travail. De la paperasse à n'en plus finir. Julien, vous savez, c'est un orphelin et il se comporte comme s'il lui manquait toujours quelque chose. Un peu l'inverse de tes jumeaux, Mado, plutôt deux moins un. Incapable de prendre une décision qui dure. Il est retourné à Tunis récemment voir son père qui a des soucis de santé. Le cœur. Ce n'est peut-être pas la fin des haricots mais c'est certainement celle des artichauts. Le pauvre, en plus il est seul, sa Française de femme est partie en 66 avec ses deux fils, dont le demi-frère de Julien. Elle est retournée dans sa famille, à Bordeaux. Ils n'ont même pas divorcé, à quoi bon ? Tout le monde a insisté pour qu'il parte lui aussi mais rien à faire, jamais Beau-papa ne quittera la Tunisie. Julien m'avait proposé d'y aller avec lui mais moi, non merci, ça a dû beaucoup changer depuis. Je crois pas que je pourrais…

Donc le Julien, il lui manque l'action mais comme il hésite à y retourner, au combat, vu qu'il a eu des ennuis sérieux… D'ailleurs, en allant à Tunis il a revu un Juif français qui avait participé à ce trafic de voitures volées que je vous ai raconté. Il avait même volé celle du Trésorier principal de Tunis. Le type lui a proposé de s'associer à un trafic juteux d'un autre genre. Vous voulez que Julien le dénonce ? Faut pas contrarier les vocations, comme il dit. Heureusement de temps en temps on le convoque au tribunal ou à l'hôtel de police pour faire l'interprète avec des Arabes. Ça lui donne de la distraction. Le mois dernier on l'a fait venir pour un Maghrébin qui avait coupé le zizi d'un autre Maghrébin, qui du moins se faisait passer pour tel ; El Menchón, ça fait plutôt espagnol. Les mis en cause, ils l'avaient vu manger du porc et boire de l'alcool et ils avaient soupçonné que c'était un traître alors ils l'avaient coincé dans un taudis de la Belle de Mai et là, demi-surprise : il n'était même pas circoncis ! Tu parles qu'ils l'ont fait parler. Le type espionnait une médersa pour le gouvernement. Du coup la police cherchait à savoir qui avait porté le coup de rasoir fatal. Julien, pour ce genre d'histoires ça ne le dérangerait pas de retourner à la Sûreté. Mais son héros, vraiment c'est Borniche. Ça, la PJ, le grand banditisme, c'est une autre paire de manches. Par contre, avec les sales histoires qu'il a eues, Julien, ça le tente mieux sous forme de roman. Il a lu tous ceux de Borniche justement. D'ailleurs, ça me fait penser que pour son anniversaire je dois lui acheter le dernier, comment s'appelle déjà ? Une histoire de flic…

MADO : Flic story.

NATHALIE : Mais non, ça c'est vieux. Après y'a eu le film ; on a été le voir, bien sûr, avec le bel Alain.

MADO : Tu as été voir un film avec Alain Delon ?

NATHALIE : Dis, Monsieur Devos !... *L'indic* ! Voilà le titre. Mais Julien, finalement, là où il se sent le mieux c'est en vacances. Il adore mon père et c'est réciproque. Le truc incroyable c'est qu'ils se sont rencontrés avant qu'on se connaisse. Julien était à l'Armée et mon père y travaillait au service civil. Tunis est un village. Tenez, c'est comme ma mère et le père de Julien. Eux aussi s'étaient rencontrés bien avant que nos familles se connaissent. C'était au tribunal de Tunis. Ils étaient encore célibataires. *Mah!* ils auraient pu se marier. Ma mère m'a toujours dit qu'elle n'aurait pas dit non. C'est la vie. Le papa de Julien, lui, n'a pas eu de chance avec la sienne, avec sa deuxième femme je veux dire. Victime de la vendetta. On a ça nous aussi en Corse.

MADO : Oui, c'est vrai. Moi-même, quand je suis allée en Corse…

NATHALIE : Ouais mais en Sicile, c'est encore plus sauvage. L'oncle de Julien avait trempé dans le milieu, il lui racontait des histoires épouvantables. Au mieux on te bouffe un doigt, au pire tu peux te retrouver plié en deux dans un tonneau ou nourrissant les cochons. Vivant.

JEANNE : *Mamma mia!* Et finalement, qu'est-ce qu'il est devenu, qu'est-ce qu'il devient le tonton ?

NATHALIE : C'était le roi de la reconstruction à Tunis après la guerre. Il s'entendait à merveille avec les Tunisiens. Les architectes. Ça fait qu'il a amassé une petite fortune. Et maintenant il coule des jours paisibles à Naples, où il a acheté une petite propriété. Il a envoyé des photos à Julien : citronniers, orangers, palmiers, pins, cyprès, un petit bassin devant l'entrée, un calvaire au coin des deux rues qui longent sa maison. Il a repris sa nationalité italienne et sa femme, française à l'origine, s'est elle aussi convertie. Je crois qu'un de leurs enfants a une maison d'édition de disques. Enfants et petits enfants, tout le monde est heureux à Naples. On chante, on danse, c'est la dolce vita. Mais pas celle du film, triste à mourir. Julien m'avait fait rire, je me souviendrai toujours. Dans la fontaine, quand Anita Ekberg l'appelle, « Marcello, viens ici, dépêche-toi ! », Julien avait crié « pas là les mains, *finocchio* ! » On s'était fait huer par toute la salle.

MADO : À propos de chanter, c'est formidable que la France ait gagné l'Eurovision cette année !

JEANNE : Marie Myriam était simplement géniale.

NATHALIE : Et la chanson, quelle beauté ! Je me la passe sans arrêt.

MADO : Moi aussi. Elle te met vraiment d'attaque. Et puis c'est que de l'espoir.

JEANNE : L'amour, l'oiseau et l'enfant…

NATHALIE ET MADO : ♫ C'est $_{m}^{t}$*oi* ! ♫

JEANNE : C'est nous. Moi je suis l'amour, Nathalie l'oiseau – migrateur – et Mado l'enfant. À moins que vous vouliez voter.

NATHALIE : Dans ce cas, j'insiste sur le vote secret, comme dirait Liz.

MADO : Non, s'il vous plaît, pas les filles March.

JEANNE : Quoi alors ?

NATHALIE : Je peux finir de vous raconter Julien et mon père.

JEANNE ET MADO : Oh oui !

NATHALIE : Donc quand on monte là-haut, Papa accueille Julien avec un « mon cher calendrier ! » Vous savez, les orthodoxes ont un calendrier différent, le calendrier julien et… Oui, l'humour de Papa est un peu limité. Depuis que Julien lui a dit qu'il voulait arrêter de fumer, Père lui demande ce qu'il va faire de son argent. Julien lui répond qu'il va s'acheter des chaussettes. Pas des jaunes comme ça, j'espère, dit mon père en pointant son index. C'est la mode, répond Julien. C'est le genre de dialogue qu'ils ont.

MADO : Ils parlent de football aussi ?

NATHALIE : Jamais.

MADO : Dommage. Ici, on aime le foot. L'an dernier Marseille a gagné la coupe.

NATHALIE : Je sais ça. Je sais aussi que cette année ils ont été éliminés par Montpellier, un club de troisième division, et que c'est Saint-Étienne qui a remporté la coupe.

MADO : Saint-Étienne, oui, et l'an dernier c'est eux qui ont remporté le championnat. Ils auraient même pu gagner la coupe des champions sans les poteaux carrés.

JEANNE : Excusez-moi les expertes, mais là je me permets. J'ai entendu parler de cette histoire et rien ne dit qu'ils auraient gagné si les poteaux avaient été ronds.

MADO : Mais enfin, Jeanne, tiens, je te fais le dessin sur le sable, poteau droit par rapport au gardien. Tu vois, toutes les frappes sur la moitié gauche font sortir le ballon, que le poteau soit rond ou carré, mais toutes les frappes sur la moitié droite le font rentrer si le poteau est rond et sortir s'il est carré.

JEANNE : Mais peut-être qu'ils ont frappé la moitié gauche. Et puis, les poteaux, ils étaient carrés pour les deux équipes, non ?

MADO : D'accord, mais c'est bien les Français qui ont eu le mérite de les taper. Donc ils auraient dû gagner.

JEANNE : Tu peux pas dire ça. Supposons que le ballon rentre sur la première frappe au poteau ; y'a égalisation, balle au centre, et le jeu prend une nouvelle tournure. Peut-être, alors, que c'est le Bayern qui aurait marqué d'autres buts. Comment dire ? Tu peux relier deux événements passés pour refaire l'histoire mais tu peux pas en changer deux pour prédire le troisième, pour tirer des conclusions, si tu veux. Si Monsieur Machin n'était pas sorti de chez lui ce matin-là, c'est sûr qu'il n'aurait pas reçu un pot de fleurs sur la tête, mais peut-être que le lendemain c'est un piano qui lui serait tombé dessus.

MADO : Ah oui, toi, bien sûr, tu défends les Allemands. Moi je suis pas pour les Stéphanois, bien au contraire, mais je pense qu'ils ont été volés. De toute façon si c'est pas eux c'est Marseille, un jour, qui gagnera la coupe d'Europe. J'en suis sûre.

NATHALIE : Pour vos salades, là, tout dépend comment on voit les choses. Par exemple, ce matin en sortant de chez moi j'attendais que Julien aille chercher la voiture, j'ai pas reçu de pot de fleurs sur la tête mais pour la première fois j'ai vu cette notice en bas de l'immeuble : « N'abandonnez jamais un électrocuté sans avoir des signes certains de sa mort. » Pour moi ça pourrait vouloir dire qu'il faut l'achever, mais comment faire ?

JEANNE : Ça veut dire qu'il faut rester avec lui.

NATHALIE : Et assister à son agonie ? Non merci.

MADO : Mais pour appeler les secours, il faut bien le laisser, non ?

JEANNE : Peut-être qu'il faut lui dire des mots gentils pour adoucir son trépas.

NATHALIE : Pourquoi pas le confesser ? En vérité tout dépend de qui est électrocuté. Dans mon cas, si c'est Monsieur Borély, le gérant de l'immeuble, je le laisse griller sur place. Peux pas le supporter ce bonhomme. L'autre jour, il vient taper à la porte : « Interdit de mettre les draps de bain à sécher sur les rambardes ! » C'est sans arrêt comme ça, on peut pas faire ci et on peut pas faire ça et patati et patata. Chez moi j'ai un pot de Nescafé « Ouvrez vite et sentez ». J'ai envie d'y mettre ce que vous savez et de le poser devant sa porte.

MADO : Inouï, j'ai eu la même idée pour notre voisin. Il se plaint tout le temps du bruit. Mais le bruit c'est la vie, non ? Je lui ai dit : « Monsieur, il vous tarde d'aller au cimetière ? Les voisins y feront moins de bruit. »

JEANNE : Bien envoyé. Puisqu'on est dans le chapitre des nuisants, moi, c'est cet inspecteur des impôts qui ne nous lâche pas. J'en fais des cauchemars.

NATHALIE : Tiens, justement, le week-end dernier on a mangé avec un ancien de Tunisie qui est inspecteur des impôts. Il vient d'être muté à Marseille. Je peux lui parler pour toi si tu veux. À Tunis Julien côtoyait son père pour les affaires ; il l'appelait « l'oncle » ; pour lui c'était le vieux sage, quoique… il n'était pas très vieux. Il me l'avait présenté. C'était un très bel homme et quand on l'a revu chez son fils on aurait dit qu'il avait fondu. Je lui ai dit : « Monsieur Azzopardi, où sont passés vos muscles ? » Il m'a répondu : « Avant je faisais du développé couché, maintenant je fais plus que du couché ».

JEANNE : Merci pour ta proposition, Nathalie, c'est très gentil mais Jacques voit ça avec son comptable. Normalement on est en règle.

NATHALIE : Quand j'y pense, ça fait vingt ans maintenant. J'ai dit à Monsieur Azzopardi : « comme le temps passe vite ! » Il m'a répondu : « c'est notre point commun, Nathalie, le temps passe pareil pour vous et pour moi. » Dites, je suis pas trop déglinguée quand même ?

JEANNE : Mais non, Nathalie, tu n'as pas de souci à te faire, tu es une très belle femme.

MADO : La plus belle pour aller danser.

NATHALIE : Ça mérite une anisette. Jamais deux sans trois.

JEANNE : Pas pour moi, sinon il faudra que je rentre à quatre pattes.

MADO : Pour moi non plus. L'autre jour je me suis endormie au feu rouge. Les klaxons ne m'ont pas réveillée. Le type derrière moi est venu me secouer : « Madame, Madame, vous avez du pastis qui coule par les narines ! »

NATHALIE : Un miracle de la Sainte Vierge ?

MADO : J'en avais bu pas mal mais de là à ce qu'il me coule du nez… !

NATHALIE : Il a goûté, le type ?

MADO : Je sais pas mais en tout cas il m'a garé l'auto et m'a allongée sur un banc de l'avenue.

JEANNE : Et après ?

MADO : Rien. Il est parti et moi je suis restée là un moment, puis je suis rentrée.

NATHALIE : Bon, alors je garde l'anisette pour la prochaine fois. Je boirais bien un café maure.

MADO : Un décaféiné tu veux dire ?

NATHALIE : Mais non, pas « mort » comme « défunt ». Maure comme arabe. Vous appelez ça un café turc ici.

JEANNE : Quelle horreur ! Tu as l'impression de manger du sable. On n'en vend pas ici.

NATHALIE : Je sais. C'est une envie qui m'est venue…

JEANNE : On peut lever Nathalie de la Tunisie mais on peut pas lever la Tunisie de Nathalie.

NATHALIE : C'est drôle cette expression que vous avez ici, « lever » au lieu de « enlever ».

MADO : Nous, on est là depuis 25 siècles, on peut dire ce qu'on veut.

JEANNE : C'est de l'italien, ça vient de « *levare* ». Nous sommes des primates évolués, enfin, Mado, pas seulement des indigènes préhistoriques !

MADO : « Enlever » c'est pour parler, par exemple, de ce qu'a fait Ranucci, celui qu'on a exécuté le mois dernier. Faut dire qu'il le méritait, enlever et tuer une petite fille… !

JEANNE : Paraît que le Président réfléchissait à la grâce et qu'ensuite il s'est endormi et que, zut, quand il s'est réveillé vers 6 heures du matin l'autre était raccourci depuis deux heures. J'espère qu'il ne regrettera pas. Vous rendez compte ! s'il n'était pas coupable, s'il y avait eu la moindre chance…

NATHALIE : Spaggiari, c'est le contraire, comme hors-la-loi je veux dire. Sans haine ni violence. Ça serait pas l'une de vous qui le cache ?

MADO : Oui, c'est moi. Il me fait des tagliatelles à la carbonara, la vraie, sans crème et avec du *guanciale*, il fourre lui-même ses *cannoli* et il fait le café avec une Bialetti.

NATHALIE : Des *cannoli* ! Julien en est fou. Sa mère les lui faisait quand il était petit. Mais dis donc, Mado, tu t'y connais en cuisine italienne !

MADO : Eh oui, d'origine calabraise je suis.

NATHALIE : Je croyais que tu étais là depuis 2000 ans.

JEANNE : « Nous les Marseillais en général » elle voulait dire. Moi je suis d'origine toscane. Je peux te raconter mon histoire ancienne si tu veux.

NATHALIE : Avec plaisir.

MADO : Moi je la connais déjà. J'en profite pour aller me baigner. À tout à l'heure.

JEANNE : Oui, mon père est parti de Villa Basilica. C'est près de Lucca. Il est parti en 1911 la faim au ventre, direction les États-Unis. Dans son village toscan, il se louait comme ouvrier agricole aux paysans du coin. C'était la misère. Il n'y avait qu'une seule paire de chaussures à la maison et elle était pour le premier levé. Les autres passaient la journée pieds nus. Un jour mon père a découvert un nid d'oiseaux dans un arbre. Il lui tardait que les œufs éclosent pour manger un peu de viande. Quand il a estimé que les oiseaux devaient être nés, il est monté à l'arbre, il a avancé sa main vers le nid et l'a retirée à temps car un serpent a surgi des branchages. Quand il a pu se pencher au-dessus du nid, ç'a été la grosse déception, il était vide. Le serpent avait gobé les œufs. Au village, il leur aurait fallu des fusils pour faire la chasse mais c'était trop cher. Ils se contentaient de pêcher à la grenade. Beaucoup avaient dû abandonner la culture du ver à soie because la concurrence chinoise. La vigne et le bois d'abattage, c'était pas mieux. Un jour ma grand-mère a fait tomber un sac de lentilles par terre et elle les a ramassées une à une, dixit *mio padre*.

Papa est parti à la mort de son père, avec plusieurs autres de la région. Ses sœurs sont parties deux ans après mais elles, c'était pour s'installer à Marseille. Elles ont fait tout le trajet en sabots depuis la Toscane. Les hommes, ils avaient tous un « nom » avec eux, le nom des Italiens qui garantissaient de pouvoir les accueillir en Amérique. Donc ils se sont mis en route pour Le Havre parce qu'en Italie, quand les grands propriétaires terriens ont vu toute cette main-d'œuvre foutre le camp, ils étaient évidemment pas contents. Alors, en complicité avec les autorités, ils ont commencé à faire des contrôles extrêmement stricts dans les ports ; Gênes et Livourne, on pouvait oublier. Surtout qu'à l'époque le service militaire était de cinq ans en Italie. Mon père, lui, avait fait son service mais il y avait plein de gens qui ne l'avaient pas fait et qui essayaient de partir. Du coup les autorités s'appuyaient là-dessus pour empêcher les candidats à l'émigration d'embarquer. En plus ils traînassaient pour délivrer les passeports.

Donc le 6 mai, mon père s'embarque au Havre sur La Touraine, le bateau qui a signalé des icebergs au Titanic l'année suivante, et il arrive à Ellis Island le 15. Il avait 30 dollars en poche. Son contact était à Syracuse, au nord de l'État de New York. L'hiver venu, le temps y était l'inverse de celui de Syracuse en Sicile. De la neige comme ça, un mètre, un mètre cinquante, il n'en avait jamais vu. Au bout d'un an à abattre des arbres, il a amassé un petit pactole grâce à un joli salaire. Un Italien lui a donné une adresse à Philadelphie pour l'entretien des jardins de la ville. Il y arrive en plein été et c'est la canicule. Là il rencontre un autre Italien qui lui parle de l'usine de Terra Cotta à Perth Amboy, dans le New Jersey, où on fabrique des ornements pour la maison mais aussi, entre autres, des santons. Pour lui, c'est le déclic. Il lâche sa pelle, sa pioche et ses sécateurs et part à l'aventure, comme il a l'habitude. Il explique au patron de l'usine qu'en plus de vendre les santons en gros aux paroisses catholiques il aurait intérêt à envisager une vente au détail. Papa lui propose de participer à la fabrication des santons, de les peindre lui-même et d'aller les vendre dans Little Italy. Le patron aime l'idée et l'embauche. Les quatre années suivantes, le commerce marche bien, même si l'essentiel des ventes se fait autour de Noël. Le boss est content. Papa pousse jusqu'au Bronx et à Yonkers, où il arrive à convaincre les Irlandais d'adopter les figurines italiennes. Entre temps la guerre éclate en Europe et au début les Italiens sont mal vus, comme amis-amis avec les Boches, tu sais, la Triple Alliance… Il ne sait pas si c'est lui ou bien l'Italie qui est du mauvais côté.

NATHALIE : Jeanne, je me fais les ongles mais ne t'inquiète pas, je t'écoute.

JEANNE : Bref, son permis de séjour représente plus une menace qu'autre chose. Heureusement, l'Italie entre en guerre en 15 au côté des Alliés. En 17, les États-Unis aussi. Là, il voit une affiche de l'Oncle Sam pointant le doigt vers lui en lui disant *I want you for U.S. Army* et il est convaincu. Les démarches pour obtenir la nationalité sont longues, fastidieuses et même pas garanties. Alors il pense à l'armée, le chemin le plus court pour l'obtenir, même si dans certains cas c'est aussi le chemin le plus court pour le cimetière. Là, je te résume les choses grossièrement, tu comprends, Nathalie ?... Nathalie ?

NATHALIE : Pardon ? Ah oui, heu… Et après ?

JEANNE : Eh ben après, pardi, il est incorporé dans le 114e d'infanterie, 29e division. À la caserne, à chaque appel… Tu sais, mon nom se prononce « poutchi », mais les Américains prononçaient « pussy », ce qui veut dire « chaton » et autre chose aussi mais… Donc, à chaque appel de son nom, tous les camarades faisaient « miaou ! » Ça, c'est pour l'anecdote. Puis il part de Newport News le 15 mai 18 sur le USS Lenape à destination de Brest, le port militaire, et participe à la finale en Argone. Je te la fais vite, hein ? Il a pas été blessé ni même traumatisé. Un jour ils partent trois pelotons à l'action et y'a que cinq soldats qui reviennent. Avec tous ces absents, la cantine du soir est plus qu'abondante. Papa fait une indigestion de haricots et le cuistot lui fait une remarque désobligeante. Il lui répond que « ces haricots, si je les avais pas mangés ça n'aurait pas fait revenir les morts, *capich'* ? ». Il était aide de camp d'un officier américain qui avait son père directeur d'une entreprise de construction d'autos à Detroit. Le brave homme, il lui avait promis un poste dans l'industrie automobile quand la guerre serait finie. Mais le pauvre il est mort au combat. Papa était désolé d'avoir perdu à la fois un ami et une opportunité. Les santons ça avait périclité vers la fin, alors cet emploi c'était un rêve magnifique. Un rêve brisé.

NATHALIE : Mado ne s'est pas noyée au moins ?!

JEANNE : C'est ce que je pensais, tu ne m'écoutes pas.

NATHALIE : Mais si, Jeanne, je t'en supplie, continue !

JEANNE : Quand il est démobilisé, en 19, il est aussi démoralisé et il descend à Marseille voir ses sœurs. Là, il décide de rester et trouve un emploi pour livrer les barriques de vin d'un négociant italien parent de sa famille. Puis il tombe amoureux de ma mère, Marie-Jeanne Gueydan, une vraie Phocéenne, elle, et ils se marient en 20. Ma sœur aînée, Rosemarie, naît l'année suivante. En 22, aïe ! Papa perd sa nationalité américaine. Eh oui, après cinq ans aux abonnés absents chez lui, à Perth Amboy, il redevient italien. En 37… Tu vois, je vais vite… En 37, il nous arrive un miracle sous forme d'un tas de billets de banque remis en échange des dollars perçus pour le temps de service dans l'armée américaine. Pour que les anciens combattants puissent avoir leurs sous ç'a été tout un pataquès, je veux dire là-bas, aux États-Unis, avec des protestations, une marche sur Washington, bref, je t'épargne le détail. Papa avait couvert la table de la cuisine avec des billets de 100 francs.

NATHALIE : Vous avez fait une photo ?

JEANNE : Bien sûr, elle est encadrée au-dessus de la table. Après, en 40, l'Italie déclare la guerre à la France. Papa se rend en préfecture et déclare : « J'opte pour la France. » On lui répond que si on a besoin de sa classe d'âge on le lui fera savoir, mais que ses services en 18 l'honorent déjà largement. Dehors, les menaces et les insultes pleuvent sur les Italiens. Un jour, dans la rue, un moins-que-rien assaille mes tantes en ironisant sur leur nom italien. Ma tante Annunziata lui réplique : « et toi, espèce d'embusqué, qu'est-ce que tu fais là au lieu de défendre ton pays ? » En 42 les Italiens bombardent le Panier. Les idiots, le Panier est cafi d'Italiens ! Mais c'est pire en 44, le 27 mai, avec les Américains. Pour le coup je te raconte aussi mon histoire, tu comprends. Tu parles si je m'en souviens, j'avais 19 ans. J'étais au travail à la Worms, je tapais des lettres. À l'époque on travaillait le samedi. D'habitude y'avait deux coups de sirène, un pour le début du bombardement et un pour la fin. Là on entend deux coups assez rapprochés. Déjà fini ? Moi, je me dis que ce devait être un repérage photo parce qu'on avait entendu les avions piquer. Ils avaient dû repartir. Un collègue va à la fenêtre, un Italien lui aussi, tiens, et il pousse un gros « *porca miseria!* ». Je lui demande s'il s'agit bien de photos et il me répond que non, pas du tout, le ciel est noir tellement il y a d'avions ! Ensuite ça a pété horriblement. C'était effroyable.

NATHALIE : Moi aussi j'ai connu ça, les bombardements. À Tunis. Moi, j'avais 13 ans. La grand-mère de Julien a été tuée au cours d'un raid américain.

JEANNE : Nous on a eu des milliers de morts et de blessés et c'est miracle, deuxième miracle, que Papa n'en ait pas fait partie. Ce jour-là il est en train de faire sa tournée. Quand ça commence à pleuvoir il est sur la Canebière et le cheval est sacrément agité. Du coup il veut pas le laisser, le canasson. Mais l'agent de police lui ordonne d'aller aux abris, alors il s'exécute. Quand c'est fini, il retourne vers le cheval, ce qu'il en restait du moins, car un obus était tombé dessus. Le soir-même, au travail, le patron nous demande de rester pour ajouter une note au bas de tous les courriers : « Venons subir terrible bombardement ; points de chute nombreux. » J'en ai fait deux ou trois et puis j'en ai eu marre et je suis rentrée en disant que ce qui m'importait le plus c'était d'avoir des nouvelles de ma famille. C'est là que j'ai appris l'aventure de Papa. Les jours suivants ont été horribles. Au cimetière de Saint-Pierre ils cherchaient des volontaires pour laver les visages des morts et décrocher les squelettes des arbres. Des femmes croyaient être enceintes parce qu'elles n'avaient plus de règles. En fait c'était à cause de leur maigreur. Et probablement aussi à cause du choc. Les familles des victimes se sont mises à haïr les Américains mais pour nous, bien sûr, c'étaient les libérateurs. Tiens, voilà Mado.

MADO : Ça ferait un bon film, tu crois pas, Nathalie ?

NATHALIE : Oui, je verrais bien Belmondo et la Cardinale comme les parents dans les années 40. Et pour toi, Jeanne… Pour toi…

MADO : Isabelle Adjani ! Elle pourrait faire à la fois le rôle de la fille et celui de la mère jeune.

NATHALIE : Avec des yeux bleus comme ça ?! Impossible. Ou alors il lui faudrait des lentilles. Par contre, le père dans les années 10 ou 20, je vois pas.

JEANNE : Faudrait un acteur américain.

NATHALIE : Bon, les filles, je veux pas vous désobliger mais je dois partir. J'ai hâte que mon fils me raconte son voyage.

MADO ET JEANNE : On se téléphone !

Liber

— Mon vieux, tu peux pas savoir comme je suis content que tu sois de retour parmi nous !

Je suis bien éveillé mais je commence à peine à reconnaître les traits d'Alex, mon ami de longue date.

— Je viens de discuter avec le chef du service, c'est un collègue. Tous les voyants sont verts, tu t'en sors sans séquelles. Mais tu nous as fait peur !

Cela fait combien de temps que je me suis réveillé ? Quelques heures peut-être. Je n'ai pas encore recouvré la notion du temps.

— Bonjour Alex. Je suis très content aussi. Le toubib m'a dit que j'ai dormi 10 jours. J'en croyais pas mes oreilles.

— Oui, un beau coma. Ton antiarythmique était surdosé et tu nous as fait un bon vieux bloc de vieille branche des familles. Mais j'avais espoir. Une infirmière de la réa prétend t'avoir vu faire des sourires. Le médecin-chef ne la croit pas, il dit que c'est impossible.

— Je ne sais pas si j'ai souri mais peu à peu je commence à me souvenir de trucs comme des rêves… mais pas pareil, c'était très réel… Mon thésard !?

— T'en fais pas, il a tout de suite été prévenu. Tes enfants viennent demain.

— Oui, je sais. Et ma femme ? Son portable est éteint.

— Elle est toujours portée disparue depuis ton accident. Vous veniez de rentrer de Rome et… bref, tu devrais avoir la visite de la police sous peu. Je suis vraiment désolé. Personne ne comprend ce qui a pu se passer.

Je me demandais si je devais parler à Alex, à tout le monde de fait, des hallucinations vivaces que j'avais eues pendant mon coma.

— J'ai rêvé de mon voyage en Afrique, tu sais, quand j'étais jeune et désœuvré, mais c'était pas tout à fait comme quand j'y étais en vrai. Dans mon rêve, il y avait une espèce de mage noir, un Yoruba. Attends, il avait un nom comme John Juliladi ou Julildi. Il me faisait bouffer une pâte infâme et je voyais toute ma lignée, tout le bordel et son train. C'était un ethnopsychiatre, pas un neuropsychiatre comme toi. Mais peut-être c'était à toi que je pensais, qui sait ?

— Sans doute y aura-t-il des séquelles après tout. Écoute, j'ai là un formulaire à signer où tu déclares te porter cobaye volontaire pour des recherches cliniques au labo. Non, je déconne. Tiens, je t'ai apporté tes chocolats préférés, à la liqueur. Je sais qu'on t'interdit l'alcool dorénavant mais c'est pas ça qui va t'achever.

Chic type, Alex. On a fait connaissance au tennis quand on y amenait nos enfants. Ni lui ni moi ne jouions et on avait le temps de bavarder. Nos femmes se sont rencontrées et elles ont fait la soudure. On se voit tout le temps, chez les uns chez les autres et l'inverse. Il vient forcément un moment, entre l'apéritif et le digestif, où Alex et moi on se met à parler de trucs scientifiques. Alors nos femmes rejoignent d'autres groupes si on est à une soirée, s'assoient sur le canapé bleu si on est chez moi, sur le rouge si on est chez Alex. Nous on reste à table, près des bouteilles. Pendant que nos dames ont des discussions genrées, nous on aborde les questions de fond. Lui neuropsychiatre et moi astrophysicien, on pourrait ne pas croire la communication possible et pourtant elle l'est. Localement, l'infiniment loin et l'infiniment près ne sont pas incompatibles mais comme l'espace-temps est courbe, ça nous amène fatalement à tourner en rond autour de certains sujets. Alex est dans une sorte d'hyper-présent avec ses patients et moi je suis partout sauf dans le présent.

— Mais vraiment le plus urgent c'est de retrouver ta femme.

— Ah oui, bien sûr ! Je ne comprends pas non plus. Quand on est rentrés de Rome, elle avait l'air un peu fatiguée. C'est qu'à l'aéroport on a pris une tournée de *negroni* de trop. Elle s'est d'ailleurs juré de ne plus boire d'alcool pendant tout le mois. Puis j'ai eu ce black-out à la maison, plus de son ni d'image. Tout ce dont je me souviens c'est que j'avais commencé à déballer ma valise et dedans il y avait ce strip de l'électrocardiogramme que j'avais fait faire à l'hôpital Édouard Herriot alors que j'étais de passage à Lyon. Je ne sais pas pourquoi je l'avais emporté à Rome. Ça disait que tout était normal. Mais quand je l'ai revu après avoir ouvert ma valise au retour, mon nom avait été effacé de la bande. Je crois que c'est ce qui m'a fait dévisser.

— Tu veux que j'aille voir chez toi si le strip y est ?

— Pas la peine. Je verrai ça plus tard.

Alex est parti. Il m'a dit qu'il reviendrait après-demain. Son départ a laissé comme un vide. J'ai tellement dormi que je n'aurai probablement pas sommeil ce soir. La télé déballe son lot habituel d'info, moitié banalités et moitié redondances, alors je l'éteins. Et naturellement je me remets à revivre mes songes récents. À la suite de la biographie originale de mes grands-parents s'était ajoutée celle de mes parents. Ça faisait un fondu enchaîné avec des choses plus récentes, des choses que j'avais vécues personnellement. Je me demande si je ne suis pas sorti du coma au moment où j'y entrais. Voyons, j'arrive de Rome et je tombe inconscient. À partir de là je me mets à revivre le passé, un passé qui s'achève au présent d'il y a 10 jours, c'est-à-dire, précisément, au moment de mon accident cardiologique.

Maintenant je rembobine et je me repasse des séquences choisies du film. Je pense à mon postdoc à Pasadena avec ma bourse Lavoisier. 1986. Une première semaine à dormir à cause du décalage horaire. Puis, quand je m'étais réveillé, j'avais assisté à un séminaire : « Quel est l'âge de l'univers observable ? » Ça résonnait bien avec mon choix pour les études que j'avais faites. La question subsidiaire était aussi intéressante : « Comment mesurer le temps quand l'univers est en expansion ? » Mark Gonzalez me disait que le temps est la mesure des transformations de la matière mais comme la montre est une matière soumise à transformation, il ne voyait pas de solution pratique. J'étais plus prosaïque, je lui parlais de mon temps subjectif, par exemple en lui racontant mon trip en solitaire à Vegas et le retour dans le désert avec un réservoir d'essence quasi vide. Comme d'habitude, je n'avais pas pensé à faire le plein et pendant des kilomètres je n'ai pas vu poindre la moindre station service. Mon anxiété était à son comble et le temps m'a paru extrêmement long. Aucun rapport avec celui que j'avais mis à avaler mon petit-déjeuner, à tel point qu'en milieu de matinée je m'étais demandé si je l'avais effectivement pris. Je disais « comme d'habitude » parce que j'ai continué dans ce travers à répétition jusqu'à aujourd'hui. Ça m'a même coûté de nombreuses disputes avec mon épouse qui, elle, ne supporte pas l'imprévu. Mais à la fin une station apparaît toujours qui sauve la situation. Le milk-shake aux dattes de Palm Springs n'en est que plus goûteux. Je ramène des photos de Vegas tirées la nuit d'une voiture en marche avec les traînées oscillantes de néon multicolore, la lumière prise en flagrant délit de fantaisie artistique.

Marie, l'infirmière, entre dans ma chambre. Mes enfants ont annulé leur visite, trop occupés par leurs études à la fac. Ils ont téléphoné à l'accueil pour prévenir. La journée va être longue demain. Marie me demande si tout va bien avant de me souhaiter une bonne nuit. Salade de carottes, steak haché, purée, compote, eau minérale. Tout va bien, Marie. Sauf qu'après, le sommeil ne vient pas. La retraite. Il faut maintenant que je prenne ma retraite. Brahim soutient sa thèse en juillet et ensuite basta. Même si son sujet – Une approche gravitationniste de la constante de Hubble – mériterait un suivi, non, je ne demanderai pas l'éméritat. J'arrête, j'ai envie d'autre chose.

Ça fait un moment déjà que je m'intéresse au vivant. D'où on vient d'abord. Ces dernières années de la recherche spatiale ont été franchement excitantes. Les fragments, cinq grammes, rapportés de Ryugu, l'astéroïde des Japonais qui se balade entre 100 et 300 millions de kilomètres de nous, le pic hydroxyle quand ils les ont passés aux infrarouges… j'imagine l'enthousiasme de Jean-Pierre, ce sosie d'Einstein. Puis, révélés par les analyses de l'année suivante, les acides aminés, l'uracile ! une brique d'ARN ! Et Bennu alors, l'astéroïde des Américains, qu'est-ce qu'il va nous apprendre ? J'ai hâte. Ryugu, Bennu, tous ces gentils bolides, leurs pare nts nous ont certainement bombardés dans l'ancien temps, mais oh là, pas le genre bombardement pif paf boum du 27 mai sur Marseille, même si une amie de ma mère m'a raconté que c'était l'enfer sur terre. Avec les corps célestes, c'était plutôt du corps-à-corps. Toute sorte de matière et de la glace, beaucoup de glace pour nos océans, pastis et glaçons. Bref, ça fait des milliards d'années, il y a prescription. « Des briques d'ARN, sans blague ?! » s'était exclamé Alex. Eh oui, mon vieux, pas besoin d'attendre les extra-terrestres, ils sont déjà là. C'est nous. À nous de régler nos problèmes tout seuls. Lui et moi on s'était dit que ç'aurait été bien d'être visités par des extra-terrestres super organisés et hyper intelligents. Ils nous auraient expliqué. Au lieu de gaspiller des milliards à fabriquer des missiles pour tuer des gens, on ferait mieux de financer l'exploration spatiale. Et la recherche médicale, bien sûr. Du coup, peut-être, toutes ces histoires de races, d'origines, de religions, tout ça serait mis en veilleuse ; le débat serait apaisé. Pas plus tard que l'an dernier, James a découvert du cation méthyle sur une étoile de chez Orion, à 1350 années-lumière du plancher des vaches. Des jeunots sont en cours d'évolution, aucune chance qu'on les rencontre.

Je crois que je me suis finalement endormi. Un moment. Je me suis réveillé à trois heures et j'ai réalisé que je ne m'étais jamais senti aussi proche d'Alex qu'après cette éclipse de dix jours dans un trou noir. J'ai le sentiment qu'il est mon double et ça me rappelle « l'histoire de William Wilson, [qui] avait croisé son double dans la rue. Il l'a cherché partout pour le tuer et une fois que ç'a été fait il s'est aperçu que c'était lui-même qu'il avait tué et que ce qui restait c'était son double. » Dit avec le ton sérieux de Belmondo, c'était tordant. Mais j'avais été déçu de découvrir que Godard n'avait fait que plagier Edgar Poe.

Au petit matin, Marie est entrée dans la pièce.

— Vous avez bien dormi ?

— Bien, oui, mais pas longtemps.

— Vous avez regardé la télé ?

— Non, ça ne m'intéresse pas.

— Vous avez dû vous ennuyer alors.

— Un peu. J'ai pensé à mes parents et à mes enfants.

— Et votre femme ?

— J'imagine qu'on ne l'a toujours pas trouvée.

Il y a une attraction gravitationnelle certaine entre Marie et moi. Ça n'a rien de sexuel, c'est une simple envie d'être ensemble. Une curiosité l'un pour l'autre. Elle a déposé le plateau du petit-déjeuner sur ma table.

— Vous êtes d'où en fait ?

— De nulle part en fait. Je suis né au milieu de la Méditerranée. Je peux vous donner les coordonnées si vous insistez. J'ai une histoire là-dessus. Si vous superposez, à la même échelle, deux cartes des environs de Tunis et Marseille avec une phase d'une dizaine de degrés, vous verrez que les deux villes ont dû se faire un gros bisou à un moment. Marseille ouverte à l'ouest est l'image en miroir de Tunis ouverte à l'est. Regardez comme Gammarth effleure Le Rove et l'Estaque, comme Carthage flirte avec Arenc, comme les Goudes éperonnent Radès, comme les côtes s'épousent quasiment jusqu'à Cassis. Quand mes enfants étaient petits, je leur racontais que les deux villes s'étaient séparées pour me faire un berceau plein d'eau. Je leur montrais la carte. À huit ans ils savaient dessiner le monde. Ma fille avait été fière de me montrer sa découverte : l'extrapolation de la droite Tunis-Palerme coupe Donetsk ! J'ai essayé de lui expliquer qu'il s'agissait d'une projection sur un plan qui ne reflète pas la réalité. La Terre n'est pas plate. Un jour, dans une boutique de souvenirs à Barcelone, j'ai trouvé un magnet qui est une carte de la Méditerranée avec le relief tout autour et un point rouge sur la ville catalane. Je m'en sépare rarement et une fois je l'ai même montré à un policier qui me demandait ma carte d'identité. Quarante degrés Nord, sept degrés Est, ce sont mes coordonnées, et je peux aussi vous donner mon numéro de portable. Mais excusez-moi, je suis mort de faim.

Marie a souri. Elle m'a regardé déguster mon thé et mes croissants.

— Et vos parents ?

— De Tunis tous les deux. Ils sont arrivés en France après l'indépendance. Mon père d'abord puis ma mère avec moi fraîchement éclos sur l'eau comme un nénuphar.

— Ils sont en vie ?

— Ma mère est décédée il y a un peu plus d'un an. Elle était plus âgée. Mon père vit à Lyon, près de sa belle-famille.

Une heure après la police est arrivée, commissaire Casanova et commandant Lemaire. La commissaire, pendant que je regardais ses jambes en feignant l'humilité, m'a tout raconté. Le SAMU avait reçu un appel leur signalant la présence d'un corps inanimé à notre adresse. Lequel SAMU avait enquêté auprès des voisins puis cherché à joindre des personnes de l'entourage du patient, « vous », et devant l'insuccès avait contacté la police, laquelle police n'avait rien pu obtenir non plus, aucune des personnes appelées n'ayant de nouvelles de la disparue. Je leur ai répété ce que j'avais déjà dit à Alex. Et puis je me suis souvenu que ma femme n'avait pas défait ses valises en arrivant et que ça m'avait étonné. Le commandant m'a demandé si elle aurait pu avoir une relation extra-conjugale et j'ai avancé que c'était peu probable. J'ai signé le Cerfa n° 15603*03 pour constater son absence.

Marie est venue m'apporter le plateau de midi. Voyant la croix qu'elle avait sur la poitrine, je lui ai demandé si elle était pratiquante. Elle m'a dit qu'elle l'était à l'occasion et à son tour m'a demandé si j'étais croyant. Je lui ai répondu que le monothéisme n'était pas mon fort, que j'étais plutôt tenté, disons, par l'animisme, mais que j'avais le plus grand respect pour les traditions. Et à ce sujet je lui ai raconté mon retour des U.S.A. spécialement pour assister aux funérailles de mon grand-père Bogdan à Lyon. C'était en 1987. On l'avait veillé pendant trois jours. Quelques heures avant son décès, il ne parlait plus que le russe. Comme mon père avait été chercher le pope, celui-ci nous faisait la traduction. Grand-père parlait de sa jeunesse, de neige surtout, comme celle qui tombait en abondance sur cet hiver lyonnais. Il paraît que c'est un fait commun que de parler sa langue d'origine dans les derniers moments ; c'est là que les souvenirs d'enfance remontent à la surface mus par la poussée d'Archimède. Ç'avait été pareil avec ma grand-mère, qui ne parlait plus que le corse avant de mourir. Et donc, Bogdan avait entretenu mon père au sujet d'un bandeau qu'il trouverait dans tel livre de la bibliothèque et dont il devrait lui ceindre le front avant la mise en bière, comme ceci et comme cela. Et mon père a fait ça avec grande émotion. Et j'étais ému aussi parce que ma mère et mes tantes étaient effondrées. En partant de Lyon, mon père a emporté les livres de théologie, qu'il a plus tard donnés au pope de Cannes, et je suis rentré à Pasadena.

J'ai bien réalisé que Marie s'était éclipsée depuis un moment, certainement parce que je m'étais moi-même à moitié endormi. L'expérience de ce coma me fait douter. Parmi mes souvenirs, je n'arrive pas à distinguer ceux qui proviennent d'avant l'accident, mes souvenirs de toujours en somme, de ceux qui me sont venus après lui. Ça se mélange à la surface. Je pensais encore à mon père et à la discussion qu'on avait eue à Marseille après les obsèques.

— Qu'est-ce que tu es allé te lancer dans des études d'astrologie ?!

— Pas d'astrologie, Papa, d'astronomie. C'est pas la même chose. À force que tu me dises « va voir ailleurs si j'y suis », j'ai fini par avoir tout le temps besoin d'aller voir ailleurs.

— Il faut dire que tu étais collant quand tu étais gamin. Et pourquoi ceci et comment cela, et moi j'étais crevé par le travail.

— Ouais, je me souviens que je voulais qu'on construise un voilier pour aller au Groenland. Le bout du monde, quoi.

— Après tu t'étais rabattu sur la Tunisie. Et quand est-ce qu'on y va, dis, dis ? Et ta mère qui disait que c'était hors de question. Et puis, vers 16-17 ans, plus d'intérêt pour rien.

— La crise de l'adolescence, Papa. Mais après je me suis rattrapé.

— En partant vers les étoiles. Tu aurais dû faire ingénieur, tiens. Au moins tu aurais pu m'inventer un suspensoir testiculaire ergonomique. Depuis un certain temps j'ai les bonbons qui collent au papier. C'est désagréable.

— Achète-toi des slips Décathlon.

— J'ai essayé, c'est pas la solution.

— On doit pouvoir retirer de la peau pour remonter le paquet, comme pour la ptose des yeux.

— Tu veux que je fasse de la chirurgie esthétique sur mes couilles ?

— Écoute, de toute façon on ne peut pas garder des coucougnes de nourrisson éternellement. Faut s'habituer.

Et on s'était quittés sur la promesse de faire un pèlerinage à Tunis un de ces quatre, sans Maman bien sûr. L'occasion s'était présentée deux ans après, en l'occurrence pour enterrer mon grand-père tunisois, mais j'étais en pleine période d'examens et je n'avais pas pu me libérer.

Brahim m'a sorti de ma torpeur. Il apportait des chocolats, mais sans liqueur. Ainsi qu'une « poignée » comme celles que ma mère achetait jadis, mais là c'était pas Paris Match ou Point de vue, c'étaient des revues d'astronomie. Il avait aussi avec lui des copies d'articles sur un sujet qui le tracassait. Il s'agissait de différences de photométrie et d'asymétries entre galaxies spirales horaires et antihoraires. Ça foutait en l'air le sacro-saint principe d'isotropie. J'ai fait semblant de ne pas connaître ces papiers et je lui ai sorti l'explication basée sur le rayonnement relativiste. Le principe, il n'est pas sacro-saint, Brahim, il est juste, tout simplement. Si on peut envisager que l'univers a une direction autant se recycler dans la théologie. En fait, il était inquiet par rapport à sa soutenance. J'ai tenté de le rassurer en lui disant qu'il n'avait pas grand-chose à perdre, qu'il faut un jour se lancer dans le vide, mourir un peu. Et puis les rapporteurs avaient quasiment validé, non ? Mais surtout, il fallait qu'il prévoie un verre de rouge, du bordeaux par exemple, avant de passer devant le jury. Mais un verre seulement, hein ? Pas plus.

Après c'est le kiné qui est venu. Lui aussi j'ai eu besoin de le rassurer. Je me déplaçais sans problème pour aller aux toilettes mais, bien sûr Didier, on pourrait faire un peu de rééducation, ça nous ferait passer le temps.

J'ai repensé à mon père. Décidément ! Oui, j'y ai repensé en me souvenant de sa retraite à lui, en 91. Il l'avait prise en devançant l'appel, si on peut dire, faisant valoir son statut d'ancien « combattu » – comme il disait – en Algérie. Mais il avait vite ressenti la dilatation du temps que la cessation de travail entraînait et il avait trouvé un job de détective pour une boîte d'assurances. Il allait souvent à Milan pour démêler des arnaques. Ça avait duré deux ans et puis il s'était réorienté vers la justice, délégué du Procureur. Et moi, qu'est-ce que j'allais faire en prenant ma retraite ? J'avais pensé faire des bandes dessinées de science-fiction mais il faudrait trouver le dessinateur.

Quand elle est venue m'apporter mon repas, j'ai demandé à Marie si le genre l'intéressait. « Moi, de la science-fiction ? Jamais de la vie. Mon genre à moi c'est le roman policier. Mais mon fils, lui, ça l'intéresse. » Alors, comme je lui demandais si par hasard il ne serait pas dessinateur, elle m'a dit qu'il se débrouillait pas mal. Il faisait des affiches pour son syndicat à la régie des transports. Eh bien, en voilà une perspective, inch Allah ! La soupe de légumes était délicieuse, merci la cuisine !

C'était parti pour ma deuxième nuit postcoma. À nouveau les remontées de ce dont j'avais été imprégné pendant le coma. « *Liber* ». Ce mot m'obsédait.

Le lendemain matin, Alex est passé. Il avait modifié son planning et avait pris toute sa matinée. Je lui ai demandé :

— « Liber », à quoi ce mot te fait-il penser ?

— C'est du latin, non ? « Libre », ça veut dire « libre ».

— Ou « homme libre », et quoi encore ?

— « Livre », je pense.

— Ou « partie d'un livre ». Et puis ?

— Ma langue au chat.

— C'est aussi la partie vivante de l'écorce d'arbre. D'ailleurs c'est parce qu'il est feuilleté qu'on l'appelle « liber ». Et autrefois il a été un support pour l'écriture. C'est aussi une ancienne divinité proche de Bacchus, le Libérateur, et par extension « le vin ». Et enfin, *last but not least*, c'est l'enfant, pas le mignon bambin que tu serres dans tes bras mais ta descendance, juridiquement parlant. D'ailleurs c'est surtout employé au pluriel pour parler de toute ta descendance.

— Google ?

— Non, le Gaffiot.

— Et alors ?

— Rien. Je trouve que ça fait beaucoup de sens différents pour un seul mot. La vérité c'est qu'il remonte souvent dans mes rêves, et il est clair que c'est suite à mon coma. Le sorcier yoruba dont je t'ai parlé, il m'appelait « Liber » en m'expliquant que j'étais destiné à transmettre du dedans vers le dehors. Du coup je m'identifie, je suis le livre ouvert, l'entre-deux, à la fois enfant et homme libre.

— Tu sais que même si j'avais un divan, en tant qu'ami je ne pourrais pas te prendre en consultation. À ton sujet ce qui m'intéresse c'est ton réflexe de Babinski et de ce que j'ai vu tout est OK. Je suis un hospitalier clinicien et je m'occupe de patients qui ont d'autres genres de problèmes. Tiens, en ce moment j'ai une patiente qui avec ses excréments dessine des spirales sur les murs de sa chambre.

— Horaires ou antihoraires ?

— ?

— Laisse tomber. J'ai le même souci avec Brahim.

— Il souille sa chambre ?

— Hi hi ! Non, il se fait des nœuds au cerveau avec des galaxies spirales. Au fait, j'ai dit à l'infirmière que j'étais animiste. Le Yoruba, je crois savoir d'où il a surgi. Je me souviens qu'une fois à Manhattan j'avais pris un taxi et le chauffeur, au rythme de la musique qui sortait de ses cassettes, j'avais deviné qu'il était yoruba. Y'avait des grigris partout dans sa bagnole. Et il m'avait amené à mon rendez-vous à Columbia en un temps record. À peine eu l'occase de discuter un peu. J'étais dans Little Italy pour chercher des spécialités italiennes à rapporter à mon père et le trafic était infernal pour remonter jusqu'à la fac. Des bagnoles partout. Mais mon mec du taxi il connaissait les détours et il se faufilait comme un chef. On était sortis du chaos au niveau de la cent dixième, comme passant du dedans au dehors, enfin libres.

Les souvenirs remontent tout seuls maintenant. Je veux pas te soûler avec mes salades mais… c'était en 2018, je crois, tu m'avais parlé de ce décret de l'Oba de Benin qui annulait la dette des prostituées nigérianes. Tu en avais eu plusieurs à traiter avec des anxiolytiques car elles ne se faisaient pas à l'idée de trahir le rite du *juju*. Tout ce que je connaissais du *juju* c'était le disque de Sun Ra, *The Magic of Ju-Ju*, un morceau d'anthologie. Mais au fait non, c'était pas Sun Ra, c'était Archie Shepp qui avait sorti cet album.

— Oui, les prostituées, on en avait pas mal à l'Association. Quel casse-tête ! Elles étaient soumises à l'*omertà* et en conséquence on pouvait pas parler, alors on leur donnait des pilules. La plupart sont retournées à la prostitution, encore plus droguées que d'habitude. C'est le dilemme du chien et du loup. Le loup est libre mais affamé alors que le chien mange mais subit la laisse. Toujours rien sur ta moitié ?

— Rien. Moi aussi je donne ma langue au chat. J'ai appelé toute la famille et les amies. Rien, aucune nouvelle. Son portable est toujours éteint. Je crois qu'au début j'ai été dans le déni qu'elle ait pu disparaître. Je ne réalise que maintenant et c'est terriblement angoissant. Et si elle avait été agressée ? Ou enlevée ? Qui a prévenu le SAMU ? C'était pas elle par hasard ? Tout ce qu'on sait pour l'instant c'est que c'était une femme. Mais la police va essayer de tracer les appels au SAMU. Ils me rappelleront quand ils auront des renseignements.

— T'en fais pas, on va la retrouver. Tiens, pour te changer les idées, je peux te raconter d'autres patients intéressants que j'ai. En fait ils sont tous intéressants. Ils ont un autre type d'angoisse, totalement irrationnelle. Par exemple, il y en a un qui est suicidaire soi-disant parce qu'il est du groupe sanguin AB rhésus négatif, le plus rare. Il a déjà essayé de se couper les veines deux fois. Oups, excuse-moi, je gaffe ! Il y en a un autre qui est plus marrant. Il renifle toutes les personnes à qui il parle. Il dit que c'est le sens le plus aiguisé qu'il possède. De fait il y a de plus en plus de sociopathologies.

— Mais le plus gros souci, c'est pas avec les agresseurs, les viols voire les homicides ?

— Pour les violeurs la castration chimique marche bien mais comme c'est basé sur le volontariat la plupart préfèrent rester en prison. En préclinique on travaille sur le système nerveux central et l'industrie est là qui espère trouver LA molécule. Pas eu tellement de progrès depuis ma thèse.

— C'était sur quoi déjà ?

— Ma thèse ? C'était sur les synapses. Je posais la question de savoir ce qui dépolarise le neurone cortical qui enclenche un mouvement volontaire, vu que pas de stimulus pas d'action et pas de transmission, donc question. La seule solution c'est que le neurone moteur doit être stimulé par une perception sensorielle quelconque. Je concluais qu'il n'y a pas d'action sans perception, sur le modèle *out-in-out*, et je brodais sur les retombées en psychiatrie. Mon renifleur actuel, par exemple, son problème c'est qu'il a besoin d'un stimulus puissant pour communiquer, fonction essentielle, n'est-ce pas ? Les tueurs, à l'inverse, ils pourraient être bombardés par leurs perceptions et… bien évidemment ça ne les excuse pas mais…

— Diantre ! Le vivant est aussi passionnant que les étoiles.

— Oui, et d'ailleurs je dois y retourner à mes étoiles de poussière, mes patients.

— Attends ! Il y a plein de tueurs dans le cosmos, des tueuses plutôt, des naines blanches, des supernovæ… La violence, c'est pas un truc inévitable ?

— Dans l'espace, sûrement, mais sur Terre on peut envisager les choses autrement.

— Ouais, nous on avait Tintin, le héros essentiel et sa violence légitime. Un de mes plus grands bonheurs, c'était quand ma mère m'emmenait à la Maison de la Presse chercher le dernier album paru. Tintin blanc-blond-bleu.

— Rouquin plutôt. Tu veux dire que… on n'avait aucun doute sur le Bien et le Mal ?

— Aucun. Mais finalement, il l'était raciste, Tintin, ou pas ? Peut-être un tantinet, mais pas trop. Il a pris la défense des Gitans et des Noirs. Avec Tchang, par contre, je pense que l'histoire ne dit pas tout. Mais surtout, tu vois, il s'attaquait à tous les genres de délinquants, des petits trafiquants aux magnats et aux puissants. Du coup, forcément il a assommé pas mal de types. La violence y était aussi.

— Moins que dans l'*Iliade*. Et franchement, s'entretuer pour une femme, même si c'est une reine de beauté… ! Enfin, avec Tintin c'était au nom d'une idée de justice, pas quelque chose venu du plafond bas de nos délinquants ordinaires. Et puis c'était sur papier, rien à voir avec les vidéos du Net.

— Il faudrait que nos petits-enfants lisent Tintin.

— Bon courage !

— Du coup il faudrait le traduire en langue ad hoc. Tu te souviens, *Coke en stock* ? Quand cette racaille d'Allan va voir Haddock et Tintin prisonniers. Ça donnerait un truc du genre : « Alors yeuv pochtron on commence déjà à foutre le merdier ? C'est kiffant de se retrouver en vrai mon gros. Vise c'te picole. On va s'enjailler.

— Allan, c'est quoi l'embrouille ? Comment c'est que… ?

— Que vous êtes en galère ici ? Izi. Dab je gère le bizbif d'Aulnay mais hier Zola m'a dit d'aller faire l'incruste ailleurs. Et ce matin tu crois en papillonnant on passe par Courbevoie. Plan top tavu ?

— Wesh ! Et tu fais quoi avec nous ?

— Si vous êtes cool vous larguer dans le neuf trois. Mais pas à la Basilique bien sûr !

— Le neuf trois ?! Mais là on est dead ! Shrek il a juré de nous kalashniquer !

— Ça mon blaireau je sais pas je le sais. Vasy assez de speech. On voit t'as soif. Vasy picole à ma santé.

— Fuck le cassos ! Tu vas nous débarquer à la Basilique yo sinon…

— Sinon what ? La vie de ma mère. Vaut mieux pour toi t'es grave cool. Oublie pas on est à Paris c'est plein de ienchs tahi. Genre je t'aura prévenu. Mon frère je vais être tijan. Je te laisse la teille de Polia pour te ken le séum. » Et Tintin qui…

— Je suis impatient que tu me rappes ça. Je dois vraiment y aller. Je t'appelle sous peu.

J'attends Marie et c'est Isabelle qui entre. Marie est en congé. Isabelle me tend une lettre avec un timbre italien :

Je te demande pardon ! J'ai beaucoup à me faire pardonner, deux choses en fait. D'abord de t'avoir laissé l'autre jour en rentrant de Rome. Tu t'es écroulé sur le lit sans un cri et tu ne répondais pas à mes appels ni à mes tapes sur le visage. Mais tu respirais, Dieu soit loué. J'ai tout de suite appelé le SAMU et ils m'ont dit à quelles urgences ils allaient t'emmener. Et voilà la deuxième chose : j'avais en poche un billet d'avion pour un retour à Rome dans la soirée même. Je vais vivre avec Silvana. Je connais ta capacité à rationaliser, alors écoute : ce n'est pas d'aller vivre avec elle que je demande à être pardonnée, c'est de ne pas t'en avoir parlé plus tôt. En fait je comptais le faire le jour de notre retour, dans l'avion par exemple, mais les negroni ont eu raison de moi. J'avais hésité quant à la possibilité de rester à Rome mais j'ai tenu à te raccompagner chez toi. Je ne dis pas « chez nous », il n'y a plus de « chez nous ». Tu aurais peut-être réussi à me retenir – qui sait ? – sans cet évanouissement. Quand c'est arrivé j'ai paniqué, et puis je me suis dit que le SAMU ferait son boulot avec ou sans moi, et je suis partie en laissant la porte ouverte. Tu penses que c'était de la lâcheté ? Peut-être, ou carrément de l'opportunisme. De Rome j'ai appelé l'hôpital et ils m'ont appris ton coma. Alors là j'ai totalement paniqué et, effectivement, je me suis sentie coupable. Naturellement je n'ai pas dit qui j'étais, j'avais trop honte. Je vais maintenant téléphoner aux enfants mais je leur demanderai de ne pas te prévenir. Je tenais à le faire moi-même. Et je ne voulais pas le faire au téléphone, encore moins avec un SMS. Tes yeux me manquent déjà, mais je n'ai pas d'autre moyen que cette lettre. Ouh, dis donc, je n'ai pas écrit de lettres depuis au moins 25 ans ! Passons. Tout ce que je souhaite c'est que tu puisses la lire le plus vite possible, mais l'hôpital m'a rassurée sur ton pronostic et j'en suis profondément heureuse.

Donc, Silvana. Mais je suis sûre que tu avais déjà tout compris. Me trompé-je ? Sauf que c'était beaucoup plus que des vacances romaines. Elle et moi, c'est… mais je vais t'épargner tous les lieux communs qu'on pourrait dire. Grâce à elle je reprends mon poste à Cinecittà, celui que j'avais abandonné il y a longtemps pour te rejoindre. On dirait que l'abandon est une tendance chez moi. Si tu veux, je te résume : Silvana et moi sommes amoureuses, et c'est vrai tout ce qu'on raconte et qui réapparaît tout à coup, l'horizon qui s'ouvre, le temps, la durée plutôt, qui change. Tu vois, j'ai retenu tes leçons sur la nuance entre temps et durée. Revivre ça à mon âge, c'est inespéré. Elle et moi, nous sommes sur un nuage. Puissions-nous rester suspendues comme ça éternellement. Pourtant je n'ai pas cessé de penser à notre histoire, à toi et moi, et je n'y vois que du positif. Même tes coups de la panne m'amusaient, panne d'essence bien sûr. Je suis fière de nos enfants. Toi et moi on a su leur donner le meilleur pour qu'ils s'épanouissent et je crois que c'est le cas. Dans quelque temps, si tu m'as pardonné, on pourrait se revoir. Je ne te demande pas de me pardonner tout de suite. Je sais qu'il faut un sacré travail interne pour y arriver. Je t'aime toujours, tu sais. Je t'embrasse.

PS : Tu peux m'écrire chez Silvana si tu le souhaites.

En voilà une onde de gravité, une distorsion de l'espace-temps ! Je ne savais pas si je devais réfléchir ou répondre à chaud. J'ai décidé de répondre à chaud, avant que l'absence se fasse trop pesante.

Ma chère, je croyais que tu m'étonnerais toujours mais cette fois a l'air d'être la dernière. Ta décision est-elle vraiment irréversible ? Je ne sais pas si je dois te féliciter pour ton courage ou te blâmer (euphémisme) pour tes cagades. Bref, oui, si je te pardonne il faudra un certain temps, comme disait l'autre. Mais en attendant je ne ressens que la douleur de la fracture et j'ai l'impression que le plâtre va durer. Et le meurtre-suicide c'est pour les fous. Alors que me reste-t-il ? Heureusement, je dirais, ce coma m'a donné, offert même, un pouvoir de désinvolture qui devrait m'aider. Tu vois, je commence à espérer être en mesure de te pardonner. Et moi, qu'est-ce que j'ai à me faire pardonner ? D'avoir cru à notre éternité ? En effet, c'était bien naïf et indigne d'un scientifique. On est presque à égalité. En tout cas, on est dans les clous sur le plan physique. Toi, électron libre, tu es allée te fixer sur un autre noyau et moi je devrais être plus positif.

Tu ne parles pas de divorce. Qu'en est-il ? Moi, ça m'est égal. J'ai décidé de prendre ma retraite, cette fois pour de bon. Je sais que tu vas me demander ce que je compte en faire, alors je te le dis : je n'en ai aucune idée. Ni pêche, ni pétanque, ni assosses caritatives, comme tu t'en doutes. Un vague projet de bande dessinée d'anticipation. Ils font des dessins animés à Cinecittà ? Ah, ma chérie ! tu crois que je le sentais venir que tu allais partir ? Ce serait fou si tu étais responsable de mon « accident ». Je plaisante, naturellement. En tout cas ce long sommeil m'a changé. J'en ai discuté avec Alex et il m'a rapporté des histoires de comas qui modifiaient la personnalité de façon irréversible mais profitable, comme celui de cette psychanalyste qui en avait tiré tout un enseignement sur l'inconscient. Si on casse pas sa pipe, le coma peut donc être bienfaisant. Sûrement le coup d'avoir frôlé la mort, ça relance la machine. Alex me suggère de poursuivre le toubib qui m'avait prescrit mes antiarythmiques. Si tu étais là tu saurais me conseiller. Je sens que je pourrais me laisser glisser dans la déprime mais mon petit doigt me dit que c'est pas une bonne idée. J'essaie de t'imaginer avec Silvana. Tu sais qu'elle me plaisait bien aussi ! Pourquoi je parle à l'imparfait ? C'est qu'elle est prise maintenant. Sale voleuse ! Quel scénario tu m'as sorti quand même !

Je ne conclus pas car j'ai l'impression qu'on est loin de toute conclusion. Je t'aime aussi.

Le soir, Isabelle est venue m'apporter mon repas. Elle m'a demandé si j'avais eu de bonnes nouvelles et je lui ai répondu que ç'aurait pu être pire. La nuit, je suis reparti dans mes bouffées comateuses. Cette fois c'était Albert qui me turlupinait. Albert, c'est un frangipanier que nous avons à la maison depuis six ou sept ans. Nostalgiques de nos randonnées tropicales, nous l'avons adopté dans une nurserie des Alpes-Maritimes alors qu'il était tout petit. Tout petit mais tout fier de son unique fleur embaumant telle une émanation du Paradis. Nous l'avons baptisé du nom d'Albert, en référence à rien du tout sauf à de l'italien peut-être. Le premier été nous avons voulu le sortir sur la terrasse, croyant le gratifier d'un bonus d'émancipation et espérant qu'un air de liberté favoriserait son épanouissement. Mal nous en a pris car il a attrapé une maladie qui a failli lui être fatale. Nous n'avons jamais su de quoi il s'agissait ; des taches comme de rouille apparaissaient sur ses feuilles, lesquelles ont fini par noircir puis tomber en totalité. Nous l'avons bien sûr rapatrié intra-muros et c'est à ce moment-là que nous avons commencé à lui parler, lui distillant des mots d'amour et des éloges sur sa beauté. Est-ce cela qui a fait de lui l'arbre prospère qu'il était jusqu'au désastre ? La maladie l'avait-elle rendu plus fort ? Au fil du temps son comportement s'est singularisé, consistant à se débarrasser de toutes ses feuilles deux hivers de suite puis à les garder l'hiver suivant, à défier la verticalité imposée au moyen de tuteurs par une horizontalisation systématique vraisemblablement inspirée par la lumière rasante des rayons solaires… et autres facéties. Son squelette s'est développé sur trois axes dont un bi-branche qui imite un peu le faisceau de His dans le myocarde, où la branche gauche donne les divisions antérieure et postérieure, ce qui lui confère une certaine supériorité (justifiée) sur sa voisine de droite, comme m'a expliqué mon cardiologue, celui qui a failli me tuer. Mais après son premier éclat d'adolescent, jamais jusqu'à cet été-là Albert n'avait refait de fleurs, à propos de quoi nous ne cessions de le blâmer, gentiment bien sûr. Peut-être que ne sentant pas de congénère autour de lui il n'y voyait pas d'intérêt, à refleurir. Il y a deux ans pourtant, à la mi-juillet, un pédoncule à l'aspect phallique explicite est apparu sur la division supposément la mieux exposée de la branche « forte ». Un grand émoi s'est emparé de nous quand les bourgeons ne laissaient plus de doute sur l'imminence d'une floraison exubérante. Un autre pédoncule a émergé simultanément sur une autre branche, dont le manque de vitalité laissait présager une fausse couche. La troisième branche, elle, prospérait à sa façon, misant manifestement sur le volume du feuillage au détriment de la « fleur des temples ». Une libre penseuse. Pour en revenir à la division privilégiée de la branche féconde, le développement individuel de chaque fleur était étonnamment varié. La première, éclose en une magnifique spirale, provenait d'un bourgeon gros, fort et pressé de le faire savoir. D'autres bourgeons, plus humbles et plus petits, ne voulaient pourtant pas se laisser intimider et tentaient une éclosion prématurée : on pressentait que leurs fleurs seraient petites et humbles. D'autres, enfin, prenaient leur temps et faisaient durer le suspense. Ils patientaient en grossissant comme pour mener leur turgescence au paroxysme. Le type de fleurs qui en sont nées ? Des fleurs insolentes de beauté et de parfum, de vraies fleurs des temples. Naturellement nous avons chaudement félicité Albert, et nous aurions aimé en faire plus à son endroit mais nous ne pouvions pas lui donner une croquette et il n'y avait pas de temple hindou aux alentours pour brûler de l'encens à Vishnou.

Ensuite, lentement, très lentement, est arrivé le désastre. Il y a d'abord eu l'attaque des mouches blanches. Impossible de s'en débarrasser avec nos recettes de grand-mère. C'était au printemps. Nous avons amené Albert aux urgences et on nous a donné un insecticide qui devait marcher. Effectivement les mouches sont parties et ça semblait définitif. Sauf qu'il était trop tard, comme on a vu après ; le ver était dans le fruit et l'arbre était foutu. D'abord il a passé six mois dans un drôle d'état, à la fois jeune et vieux, à savoir que ses extrémités portaient de jeunes pousses vert tendre alors que les branches étaient toutes ridées, comme une star de Hollywood qui aurait eu un visage d'ange et un corps usé au maximum. Albert semblait figé à la fois dans l'immaturité et la fossilisation. Et là j'ai fait l'erreur fatale classique : je lui ai donné à boire. Je l'ai noyé, moi qui voulais l'aider. Ma femme et moi avons désespérément tenté une manœuvre de transplantation à cœur ouvert dans un mélange de perlite et de substrat pour cactées. Les racines étaient frêles et très superficielles, probablement incapables de pomper le moindre nutriment pour assurer la survie. Alors nous sommes repassés aux urgences. S'y trouvait Babeth, la pépiniériste de garde ce jour-là. Quand elle a vu Albert ses yeux se sont remplis de larmes. On ne pouvait sûrement plus rien faire. Albert, en effet, était décharné, réduit, creux. Les petites pousses qui avaient fait notre espoir avaient noirci. Babeth, voyant notre tristesse et étant elle-même très émue, nous a offert un autre plumeria, gratuitement. Elle adore les plumerias et en a même plusieurs chez elle. Elle nous a montré les photos sur son téléphone. Ils sont tous en très bonne santé, Dieu merci. Elle nous a expliqué que pour les faire boire elle attend qu'ils le lui demandent. Ils savent très bien le dire, quand ils ont soif. On a remercié et on est rentrés avec les deux plantes, sceptiques quant à l'idée de remplacer Albert. Le petit nouveau, on l'a appelé Albert II. Un jour, deux branches d'Albert 1er ont lâché et je les ai sectionnées. Il restait encore un peu de vert au bout des autres. Je m'accrochais à un fol espoir. En partant pour Rome, je lui ai donné une goutte d'eau et je lui ai dit qu'on rentrerait bientôt, pas plus de cinq jours à patienter. Il m'a regardé de son air morne et moribond. Et quand on est rentrés, j'ai eu la sensation que c'était fini. Il lui reste deux branches misérables qui ne vont pas tarder à plier, comme les autres. Dès que je rentrerai à la maison, si les branches sont pliées je les sectionnerai. Même s'il ne lui reste que le tronc, jamais je n'abandonnerai Albert, j'attendrai un miracle, une repousse sortie du néant.

Ce matin, Marie est revenue. D'emblée je lui ai demandé si elle voulait m'épouser et ça l'a fait beaucoup rire. Puis je lui ai raconté mes déboires conjugaux. Il suffisait d'un mot d'elle et je requerrais le divorce. Elle allait demander à son mari si une opération mercato le tenterait mais elle doutait ; on ne change pas une équipe qui gagne. Sacrée Marie ! Elle est repartie en me faisant un clin d'œil.

Je suis obsédé par mon paternel. J'ai encore pensé à lui ce matin. J'ai ressassé notre visite à Tunis, à l'époque où les prix des billets d'avion et des chambres d'hôtel étaient irrésistibles.

Pour mon père c'était la troisième visite après l'indépendance et cette fois c'était en pleine révolution. Le chef de l'État était tombé et on votait pour l'Assemblée Constituante. Un délire de passion pour la liberté et la démocratie explosait et couvrait les murs de graffiti. Au dictateur qui, d'une inspiration gaullienne, affirmait le « je vous ai compris » on répondait « Dégage ! » L'amour pour la patrie, Watan, était là aussi, les robes longues et les tee-shirts cousus dans le drapeau rouge et blanc. 11/أكتوبر/23, premier vote libre pour les Tunisiens. La nouvelle donne avait libéré un déchaînement, une orgie de démocratie, avec plus de cent partis politiques. Et nous avions inévitablement été déçus par les résultats du scrutin, plus de 40 % des voix aux islamistes. Quatre-vingt-dix sièges. Les progressistes étaient pessimistes. Ils avaient osé prononcer le mot de « laïcité » et espéraient, trouvaient en réalité indispensable que dans la Constitution soit effacée toute référence à la religion. En somme ils l'avaient *dit* et maintenant il fallait que ce soit *écrit*. Hélas ! Au fond, ce que voulait la majorité des Tunisiens c'était du pain.

Nous étions allés manger à l'Oiseau Bleu, un restaurant tout près de la mer à La Goulette. Papa me nommait les caps et les ports alentour et il me racontait sa jeunesse. La nuit venue, un beau ciel étoilé m'avait inspiré. Je trouvais naturel qu'on cherche à comprendre en voyant ça, au lieu de se réfugier dans une obscure méconnaissance, mais j'étais né dans un bain de démocratie qui n'aurait pas existé sans laïcité. Je venais d'une autre galaxie où la représentation humaine de Dieu approchait asymptotiquement l'identification, sans pour autant que soient confondues connaissance et vérité, hypothèse et certitude, déférence et soumission. En Tunisie, pour la plupart, ce genre de programme passait mal, forcément.

Comme je replongeais dans un souvenir de conversation avec Alex, où nous avions décrété qu'irrationalité et violence sont indissociables, Marie a frappé à la porte. C'était déjà l'heure du repas. J'étais content de la voir car elle me sortait de mes lourdes pensées. Après avoir pris des nouvelles de mon état physique, elle m'a annoncé que, si je voulais bien, elle reviendrait dans l'après-midi avec son fils, Sébastien, à qui elle avait parlé de mon projet de bande dessinée et qui s'en était dit enthousiasmé.

J'ai commencé à élaborer des idées de scénario mais assez vite je me suis remis à dériver vers cette visite à Tunis. Nous étions allés rue du Danemark, naturellement. Papa m'avait expliqué que Grand-père était mort un an trop tard : on avait dépassé la date limite de demande d'indemnisation immobilière par la France. Ce n'était déjà pas évident d'établir la succession et le plus simple avait été d'accepter l'offre publique d'achat de la Tunisie. Papa ne s'était pas plaint, même si la vente était basée sur une estimation de 1955 assortie d'un coefficient de majoration ridicule. Ainsi l'État tunisien avait fait de l'appartement de mon grand-père un logement social. Nous y étions donc allés un peu plus de vingt ans après sa mort et y avions rencontré une jeune famille qui nous avait reçus chaleureusement avec du thé et des dattes. Ils avaient voté pour Ettakatol, séduits par des slogans tels que « impossible n'est pas tunisien » ou « nous sommes arabes, musulmans, tunisiens, méditerranéens, africains… » J'avais pris plaisir à discuter avec eux, d'identité par exemple, et leur avais demandé s'ils n'étaient pas tentés par Ennahdha. Non, ils ne l'étaient pas, résumer l'identité à l'Islam… non, ils ne l'étaient pas. J'avais failli faire allusion à l'époque mussolinienne en Italie, quand s'y confondaient italianité et fascisme, mais je l'avais gardé pour moi. Aucun membre de cette famille n'aurait pu se souvenir des Italiens à Tunis. Ils avaient à peine connu l'époque Bourguiba, qui selon eux n'avait validé l'Islam que pour affaiblir l'extrême gauche – tiens donc ! —, ce qui avait engendré un phénomène type Frankenstein, c'est-à-dire une perte de contrôle. À brûle-pourpoint ils m'avaient demandé comment je ressentais, moi, mon identité. J'avais ressorti le vieux poncif de ma naissance en Méditerranée et puis j'avais résumé en leur expliquant que la seule identité qui me tenait à cœur et m'était indispensable c'était mon passeport. Papa ne suivait manifestement pas la conversation. La larme à l'œil, il se faisait montrer les autres pièces de l'appartement par une des filles. Il était revenu au salon au moment où nos hôtes concluaient que finalement l'essentiel c'était que maintenant on n'interrompait plus le programme télé à l'heure de la prière, même s'il ne s'agissait pas d'une émission de foot. Mon père avait alors évoqué la question de l'égalité homme-femme. « Acquise » avaient convenu l'homme et la femme en se regardant dans les yeux.

Encore plus naturellement, en priorité de fait, nous avions visité les tombes de nos ancêtres. Mon grand-père est inhumé au cimetière catholique du Borgel aux côtés de mon arrière-grand-père. Les restes de ce dernier y avaient été transférés depuis le cimetière de Bab el Khadra, qui avait fermé ses grilles en 1979, et c'est Grand-père qui s'en était occupé en se prévoyant un espace à lui. L'appartement de ma mère, rue Sidi Abdelkader, inutile d'y aller ; il n'en émanait qu'une triste histoire, celle d'une spoliation sous la menace d'une arme blanche. Par contre nous avions fait un tour à Ghar El Melh, ex-Porto Farina, car mon père y avait des souvenirs plus anciens. Il n'avait pas connu les conditions de dépossession qui y avaient pareillement eu lieu.

Vers seize heures, Marie est arrivée avec son fils. J'étais levé et habillé. Le toubib m'a dit que je pourrais sortir demain. Je crains le pire quand je vais réintégrer un appartement vide. Et plus que quelques cours à donner ! Après, je n'aurai même plus les étudiants pour me distraire. Il faut vraiment que je me colle à ce projet de BD. Marie nous laisse : « Je vous laisse, j'ai du travail. J'ai pris un pacson d'heures supplémentaires. » Sébastien m'apparaît sympathique. Je vais essayer de lui expliquer comment je vois la chose.

Tout d'abord il faut un plan, mieux qu'une histoire. C'est toujours plus ou moins le même en fait. La Terre n'est plus un endroit vivable et déjà il y a un choix narratif à faire : 1. il faudrait, 2. il faudra, 3. il faut, 4. il a fallu en partir. Personnellement je suis pour la dernière option. Avec les trois autres on se heurte au problème de la distance et de la gravité tandis qu'avec la quatrième on s'en affranchit par une pirouette. En tout cas on est ailleurs, sur une planète X hors du système solaire. Comment des Terriens sont arrivés là, on n'en sait rien encore mais il va y avoir une surprise, c'est que leur départ n'a pas été volontaire. Le fait est que ce ne sont pas eux les plus importants pour l'instant mais les indigènes de X. Je te laisse choisir les noms de lieux et de personnes, je fais confiance à la jeunesse à condition de bannir le plagiat. Le premier cadre présente un endroit de la planète en perspective, avec un exemplaire d'habitant en gros plan avant, mais j'hésite entre la page entière et une moitié. Une moitié ? D'accord, une moitié. Question : à quoi ça ressemble ? C'est là que tu vas pouvoir exercer ton talent au maximum, c'est l'accroche. Un terrain concave comme dans *Interstellar* ? Un peu simplet. Convexe ? Un peu idiot. Optons pour du plat. Des fleurs ou des usines ? On pourrait dessiner des lapins et des champignons et faire passer ça pour un hommage à Lewis Carroll. Légèrement hypocrite. D'autre part, des usines, ça flaire le néogothique. J'opterais pour un paysage abstrait, ciel jaune strié d'aéronefs multicolores, au sol des sortes de rails qui mènent à une variante hyperbolique de Dubaï en arrière-plan. Tape « Dubaï » et clique sur « Images ». Un peu partout le long des voies je verrais des pyramides, certainement des concentrateurs-générateurs d'énergie. Au premier plan, l'indigène de trois quarts arrière. On devine que le lobe frontal est surdéveloppé au détriment des lobes occipital et temporal. C'est que, vois-tu, l'image et le langage sont à peu près éteints chez cette espèce. Plus loin, il faudra insérer un cartouche pour expliquer que les habitants de… « Zidania » tu dis ? Parfait ! Donc un cartouche pour expliquer que les Zidaniens communiquent essentiellement par émission-réception de fréquences électromagnétiques. Au cours de leur évolution, ils ont développé une IA dans un périphérique portable qui, sur un rayon de dimension réglable, permet d'échanger des pétabits modulés en fréquence en temps réel. Ainsi, en absence de langage et de pensée traduisibles, pas de bulles possibles, d'où le cartouche. À noter qu'ils n'émettent jamais le *mot* « IA » qui est tabou et impossible à coder. En effet, ils possèdent un logiciel de gestion centrale qui les en empêche. Ce logiciel, c'est… « Méllô » ? Quelle idée, c'est ce qui vient après méli ? Mais si tu veux, Méllô. Méllô gère l'ensemble de la société depuis une durée qui correspond à la limite mémoire des clients. Et comme, au début, Méllô était effectivement une IA, le *mot* a été cancellé. L'accès à sa taille mémoire est pareillement bloqué (on suppose que c'est le logiciel lui-même qui a voté cette instruction). Mais bon, je suppose que ça va être dur de mettre ça en images. Les individus, je les vois avec des petits yeux, des trous à la place des oreilles et une bouche… les mandibules d'insecte c'est archi-usé ; pourquoi pas un manchon de vingt-cinq en PVC ? Le front bien proéminent, comme on a dit, et un émetteur-récepteur-transducteur radio, un cylindre orange qu'on appelle *le cylindre*, porté selon les goûts à la ceinture, en pendentif, comme sac à dos, voire sur la tête. A-t-on besoin de se pencher sur leur anatomie interne ? Si on nous demande on dira que contrairement au système circulatoire des Terriens les Zidaniens sont pourvus de lymphe, comme nos insectes. Ils ne risquent pas l'AVC. Bien. Pour le costume je te laisse voir mais pas de capes s'il te plaît.

Deuxième vignette, Méllô. C'est une immense bâtisse faite de zidanium bleu transparent, un matériau indestructible. Ses abords sont permis à tous, tous qui paraissent minuscules par rapport à l'énorme forteresse. À l'intérieur se trouvent les machines, un peu comme les *data centers* de Google. Il n'y a bien sûr pas d'écrans. Un serveur diffuse en permanence la mise à jour des paramètres qui alimentent l'algorithme et les clients peuvent choisir de s'y connecter. Ils sont alors informés de la densité d'information en cours, exprimée en exposants binaires, et peuvent raccrocher s'ils le désirent ou bien activer des filtres. Il y a très longtemps, Méllô a été programmé pour automatiquement verrouiller son architecture quand serait atteinte une probabilité d'erreur de 10^{-24}, à partir de quoi les Zidaniens ont commencé à mesurer le temps, et plus seulement la durée. On peut estimer ce commencement à 8000 ans terrestres avant celui de notre BD et le fait que ça corresponde à l'époque de la vie du Christ est une pure coïncidence. En tout cas, à partir de cette date tous les codes d'accès à la salle des machines de Méllô ont été supprimés. Ça rappelle les chambres funéraires des pharaons. Quant aux propriétés géophysiques de Zidania, les durées du jour et de l'année sont passablement différentes de celles de la Terre. Je te laisse décider, mais pour la gravité je sens bien huit dixièmes de celle de la Terre. Idéal pour mes articulations. À ton compas ! Le cosmos attend ton inspiration. Par ici, tu devrais déjà avoir une poignée de vignettes, disons deux pages. Le truc c'est de donner suffisamment de détails pour que le lecteur se fasse une image mentale assez facilement sans le fatiguer avec trop de détails.

À mon avis les fonctions de Méllô doivent être brièvement exposées. Si les cartouches sont suffisamment concis, tu as toute latitude d'y faire correspondre des images. Impossible de faire état de toutes les subroutines qui tournent ; on se contente de dire que le logiciel entretient une banque de paramètres Sociétaux, Économiques, Politiques et Technologiques, et calcule les probas d'optimisation en faisant varier les coefficients de chaque secteur SEPT. D'ailleurs, chaque année Zidaniennes et Zidaniens vont à « New Dubaï » célébrer « L'Optimisation ». On y danse sur des fréquences ultra-variées et différentes activités digitales sont offertes aux participants. On organise des séances gratuites de stimulation des aires de récompense de leur système nervuré. On pourrait même imaginer des sortes de bacchanales numériques où chacun libère son fonds de données. Méllô enregistre tout dans un espace tampon, un peu comme un C:\Temp, et décide d'intégrer ou pas les données client dans ses paramètres après un test… tu devines, un test d'optimisation. Quel est ce test ? Il consiste, en sortie, à chercher un rapport satisfaction sur emmerdements supérieur à un *pour la majorité* de la population. Si aucune solution n'est trouvée (rapport >1 seulement dans une minorité), le process « Police » est déclenché par le secteur P qui opère une modification du taux de tolérance vis-à-vis des fréquences hors norme. Là tu peux te défouler avec des robocops mastoc qui tasent des hors-la-norme, genre *Elysium*. Ces HLN peuvent être – doivent être, même – de n'importe quelle catégorie sociale ou corporative. Hum… À quoi reconnaît-on un Zidanien riche d'un pauvre ? Certains HLN se feront interpeller en costume princier dans des *mansions* hollywoodiennes et d'autres en uniforme de base dans des alvéoles de bazar. La notion d'arrestation n'a pas la signification habituelle : en fait on peut dire que les indésirables se font arrêter littéralement car leur cylindre est alors désactivé, ce qui les place face à la sombre perspective de se retrouver seuls, une vraie torture pour les Zidaniens. Naturellement la désactivation est temporaire, la durée de la peine étant proportionnelle à l'écart commis par rapport à la norme et à sa tolérance. Quoi ? Est-ce que Méllô sait ce qui se passe dans le cerveau des Zidaniens ? Oui, il peut échantillonner grâce à un UltraMagnétoEncéphaloGraphe bidirectionnel implanté à la naissance sur la dure-mère de leur lobe frontal. Dessin d'anat STP. Oui, il faudrait préciser que c'est le secteur S qui contrôle les naissances, toujours dans l'optique d'optimisation citée plus haut. Il faudrait aussi symboliser l'activité de l'UMEG. Mince alors ! Évitons le logo Wifi. Des enfilades courbes de « Ω » de plus ou moins grande taille feront l'affaire. Pourquoi courbes ? Ah ! pas le temps d'expliquer. Et on aura éventuellement un Ω statique dans un cercle rouge barré pour signaler les non-conformés en attente de restitution des droits à la conformité. Le modèle de société zidanien est à la fois égalitaire et libéral. L'accès à toutes les gammes de fréquence et à toutes les séquences d'entrée et de sortie est libre. Une démocratie libérale ? Non, on ne peut pas dire ça, c'est trop anthropomorphique. D'ailleurs, même le code source de Méllô est accessible. Pour autant, il ne peut pas être modifié à moins d'effectuer une opé postquantique, ce qui pour l'instant n'est pas envisageable. Ouf, ça en fait du cartouche !

J'entendais les pas de la mère de Sébastien et je savais qu'il fallait s'interrompre. Marie est là avec son grand sourire au-dessus de mon plateau repas. Je demande à Sébastien s'il veut que l'on continue après souper et il acquiesce. Marie propose donc d'aller chercher un autre plateau. Avant de sortir de la chambre, elle se tourne vers moi et me demande ce que c'est au juste, l'animisme. Je lui donnerai ma version quand elle reviendra : c'est que l'âme est *dans* toutes choses et pas à l'extérieur et que ces choses ne se limitent pas au vivant. Je lui parlerai de ce taxi yoruba à New York. Il était évident qu'il communiait avec l'âme de sa bagnole, qui était elle-même pleine de grigris, et je suis sûr qu'il y avait des choses dans ces grigris, des cauris par exemple. Elle me dira qu'elle hésite à laisser son fils avec un mystique, peut-être un gourou. Je lui répondrai que je ne suis pas un mystique mais qu'il y a comme une force qui pousse la plupart des astrophysiciens vers la philosophie. N'y a qu'à voir le nombre de publications.

Marie était perplexe et Sébastien riait. Elle nous a souhaité une bonne soirée et elle est rentrée chez elle. Sébastien m'a demandé : « Et les Terriens alors ? » Attends, attends, est-ce qu'on a terminé avec la présentation de Zidania ? Ouais, deux ou trois ou quatre pages, ça ira. Maintenant, tu te souviens, on en est au plan. Le plan, c'est qu'il nous faut un héros. Un héros avec une mission. Ce héros est terrien, bien sûr, sinon pas d'identification. Et d'abord il lui faut une gueule et un nom sexy, la mission on en parlera plus tard. Jésus, tu dis ? Khésousse ? Mais ça s'écrit pareil en espagnol ! Et encore un autre messie ?! Non, vraiment, trouve autre chose. Tiens, au fait, et si on l'appelait Liberto ? Ce serait un clone d'ascendance catalane, une sorte d'anarchiste moderne doté d'une prédisposition pour la technologie malgré son illettrisme. Pourquoi un clone et pas un *sauvage* ? Tu vois une lignée durer 5000 ans ? Par ailleurs, si c'est un clone c'est aussi précisément à cause de l'Histoire des Terriens, mais peut-être vaut-il mieux réserver tout ça pour un *prequel* éventuel. Donc Liberto est récemment arrivé sur Zidania et a été conduit au sein de la colonie des Terriens, dans l'hémisphère Sud. C'est là que sont les usines et c'est là qu'il découvre des conditions pénibles de travail. En fait les Terriens sont proprement exploités par les autochtones. Ils sont le résultat d'une déportation massive qui a été menée par Zidania à partir des années terrestres 8000 AD. Au cours de la première « livraison » plus des trois quarts d'entre eux sont morts. Tu te souviens le ciel est jaune tavu ? C'est à cause de la présence d'ammoniac humanocide. Or, dans le passé de la Terre s'est produite une erreur de clonage qui a engendré des mutants hyperféconds se trouvant incidemment capables d'adaptation aux conditions atmosphériques de Zidania. Sur Terre ils n'ont pas été ségrégés, ne pouvant de toute façon pas se reproduire avec les autres humains. Ils se sont donc mélangés avec eux, en tant qu'espèce différente en somme. Ainsi ils ont été enlevés comme d'ordinaires Terriens pour panser l'économie alors défaillante de Zidania, une procédure en apparence décidée par le secteur E de Méllô. Les sondes déployées par le secteur T ont vite détecté l'anomalie… non, pardon, la particularité génétique de ces clones altérés. Après une importante mortalité de quelques milliers de Terriens, les ravisseurs n'ont plus visé que cette génération de mutants. Parmi eux, Liberto. Je te laisse le soin du portrait.

Là, tu peux commencer à mettre des bulles car Liberto se fait des copains et des copines. Leur langage est très limité mais s'il te plaît, pas de vernaculaire des cités. Ils pourraient parler comme Alex d'*Orange mécanique* ou Salvatore du *Nom de la Rose*, bref, un genre d'espéranto-pidgin, mais c'est du boulot ! En tout cas, le truc important c'est qu'ils sont incapables de lire et écrire. Ici je sais pas s'il faut réserver pour le *prequel* ou bien faire un flash-back genre condensé historique de la vie sur Terre avec une série de vignettes : des hommes préhistoriques qui s'échangent des grognements puis des mots ; l'apparition de l'écriture sur tablette ; quoi ? Oui, bien sûr, en argile ; une salle de classe des années cinquante avec beaucoup d'élèves qui lèvent le doigt ; la systématisation de l'information en images, vidéos et émojis (ça devrait faire une belle photo colorée) et enfin la disparition de l'écriture. Je verrais bien une vignette blanche, *why not* une page blanche ? Avec une petite explication en cartouche. En fait, si on démarre l'écriture à moins 4000, les hiéroglyphes à moins 3000, qu'on fixe l'apogée de la littérature au XIXe européen et qu'on laisse flotter celui des émoglyphes, on peut projeter une extinction de l'écriture pour le IXe millénaire. Pour moi le langage est un outil comme un autre, un couteau suisse par exemple. Par conséquent il s'use et finit par casser. Si tu fais traduire de l'ukrainien en français par Google tu obtiens du Joyce. Clairement il vaut mieux des images. Sur un panneau lumineux de l'autoroute l'autre jour : « Like ta vie, pas ton smartphone » Une tête de mort sur un écran aurait fait mieux.

À ce point, il faut bien faire comprendre que Zidania constitue une civilisation beaucoup plus ancienne et donc avancée que la nôtre. En conséquence il peut se trouver, dans son évolution passée, des éléments correspondant à la situation actuelle de notre Terre. Pareillement, elle pourrait représenter une anticipation du devenir des Terriens. Or les Zidaniens ont depuis longtemps dépassé le stade de l'image. On peut penser que ça s'est produit entre l'avènement de Méllô et l'Optimisation. Avec la construction des concentrateurs de masse, ils se sont libérés du fardeau de l'énergie et ont pu se consacrer plein temps à l'information. Si tu dessines un concentrateur, évite le logo jaune et noir de radioactivité, on n'est pas sur Terre. Petit à petit on retourne au présent, tahi, c'est-à-dire le début des années terrestres 8000 après Jésus-Christ. Le tournant de cette époque c'est l'incident majeur survenu sur Zidania, à savoir une augmentation progressive et incontrôlable du taux d'erreur d'*output* calculé par Méllô. L'insatisfaction gagne du terrain au risque de provoquer subversion et désordre, et d'après les mises à jour il est impossible de détecter l'origine du bug. Le déverrouillage du taux de natalité et le resserrement de la vis Police n'ont aucune efficacité prédictive. Il faut dire que le secteur T semble tourner en *overdrive* pour imposer ses contraintes de calcul. Le secteur P souffre de boucles inopérantes et est donc très essoufflé. Seuls les secteurs E et S paraissent stables. Là tu introduis Hertz, une Zidanienne qui a un don exceptionnel pour le traitement de données. Elle s'aperçoit que le secteur T utilise le secteur E pour diffuser ses propres consignes. Après une étude poussée des mises à jour elle réalise qu'une manœuvre d'urgence est en cours : le cloisonnement progressif des secteurs et leur mise sous tutelle par un programme *legacy*, c'est-à-dire basé sur une technologie ancienne, une sorte de dictateur numérique. À ce moment-là, double coïncidence : un, les sondes T ont détecté la vie sur Terre et deux, elle y est misérable, précaire quoi, comme découvert par la première mission d'exploration. Ici tu peux te défouler avec des dystopies macabres de survie sur Terre. Le corollaire de cette déliquescence c'est que le rapport de force est largement en faveur de Zidania. Automatiquement, l'*overflow* du secteur T s'atténue, ce qui permet au secteur P de valider l'application d'un nouveau *patch* qui consiste à coloniser une exoplanète. Et c'est ce qui va sauver Zidania du chaos.

Pour le lectorat féminin il faudrait ici insérer la rencontre entre Hertz et Liberto. Durant son éducation… son éducation… en fait il s'est agi de mises à jour successives et imposées de son cylindre pendant une période fixe. Donc, durant son développement, Hertz s'est attachée à décoder les langages terriens qui étaient disponibles à l'arrivée des premiers déportés. X années zidaniennes après, elle est missionnée pour l'optimisation du travailleur étranger dans une fabrique de cylindres de l'hémisphère Sud, et tombe sur Liberto. Tu as senti qu'on est, sur Zidania, dans un contexte de vibrations, n'est-ce pas ? Hertz l'a décidé, Liberto sera son meilleur cobaye pour le projet qu'elle a de compléter son système de com avec une fonction codage, ce qui est beaucoup plus délicat que le décodage. Le thème est toujours plus difficile que la version. Elle fera reluire son curriculum par la même occasion. Liberto ne pense qu'au moyen d'échapper à son sort d'immigré. Par conséquent il est preneur des attentions ambiguës et quelque peu possessives que lui manifeste Hertz. Le hic c'est qu'il a aussi rencontré une travailleuse terrienne, Ulla, qui lui fait entrevoir un autre genre de vibrations. Ainsi il est partagé entre d'une part les mensurations et le minois mangas d'Ulla et d'autre part le potentiel de Hertz, laquelle a une tête entre silure et lamantin. Le tout est de bien s'organiser pour ménager chèvre et chou. La nuit est réservée à Ulla puisque la reproduction entre clones altérés hyperféconds est fortement encouragée par l'Optimisation. Sur le plan graphique, il s'agira essentiellement de suggérer, bien entendu. Le jour, Liberto est de plus en plus libéré de sa charge de travail à la chaîne pour se prêter aux expériences d'*upload* de Hertz. Grâce à des stimuli visuels, sonores et tactiles il intègre des données locales, pour l'instant sans atteinte à son intégrité physique, sans chirurgie donc. D'autre part, Hertz est d'essence zidanienne et n'a de ce fait rien à cacher. Au contraire, plus elle pourra transférer d'information complexe, plus son travail sera récompensé. Liberto commence donc à pouvoir visualiser la conquête patente de sa planète, son état de délabrement et sa désertification. Hertz est à la poursuite d'une clé logique. Elle montre à Liberto des images de la bibliothèque du *Trinity College* de Dublin où, au pied de rayonnages comme illuminés par une poussière incandescente, on voit des étendues de matelas couverts d'individus loqueteux, grabataires, une sorte d'hôpital de campagne. Or, le contenu inorganique de la bibliothèque a généré un signal d'encodage fort qui a poussé les envahisseurs à numériser tout son contenu, en vérité à le faire numériser par des esclaves locaux. La clé que Hertz intuitivement cherche à découvrir, c'est le lien entre ce contenu et les rudiments de langage terrien qu'elle possède. Tu es sceptique ? Imagine un bébé ou un singe à qui tu essaies de faire comprendre la correspondance entre un mot écrit, sa prononciation et sa signification. Si les Zidaniens ont, au cours d'un passé immémorial, traversé une étape langage, il ne leur en est rien resté. Inutile de dire qu'ils sont largement au-delà. Comme de bien entendu, Liberto ne sait ni lire ni écrire et il est donc aussi utile qu'un couteau à une poule. Dis donc, Sébastien, y'a une épicerie de nuit au coin de la rue en bas. Tu voudrais pas aller chercher une bouteille de bordeaux ?

J'ai donné trente euros à Sébastien et il a rapporté un Saint-Émilion pas dégueu ainsi qu'un paquet de cacahuètes. Cinq minutes après l'infirmière de garde s'est pointée et a intimé à mon ami l'ordre de partir. Heureusement on avait caché le bordeaux, mais on était largement en dehors des heures de visite. J'ai sorti trente euros de plus et l'infirmière nous a laissés tranquilles. Je voyais que l'attention de Sébastien se délitait. Il faudrait vite en venir à la mission de Liberto : reconquérir l'écriture.

Donc il y a un souci latent, c'est que pour l'instant l'écriture semble échapper à tout le monde. À ce stade, il faudrait un récitatif genre « quelque temps après » pour une photo de Hertz et Liberto échangeant quelques syllabes. C'est le début d'une optimisation du rapport signal/bruit qui va amener Hertz à mettre en œuvre une expérience fondatrice. Elle va appréhender le bébé terrien comme un hologramme pluripotent beaucoup plus riche en données virtuelles que les vieux croûtons gâteux que les personnages de BD traditionnelles interrogent pour connaître le passé ou l'avenir. Tu sais, c'est à rapprocher de ce que les cellules biologiques sont pluripotentes au départ et se différencient ensuite en perdant de fait la plupart de leurs aptitudes initiales. Mais le coup de génie de Hertz sera de connecter des UMEG externes à de jeunes cerveaux prélinguistiques pour les mettre en réseau. Pour le coup, tu peux t'en donner à cœur joie avec une grande photo genre salle de couveuses, vue plongeante, tu vois la manière ? Le biberon connecté. « Quelque temps après » on voit Hertz gros plan réfléchir l'index sur la joue et le pouce sous le raccord de 25. Tu peux ajouter un sixième doigt ou en supprimer un si ça t'amuse. Bulle de « pensée »[2] : « Je crois comprendre le scénario du naufrage terrien ; mon e-biome pointe la disparition de l'écriture comme facteur décisif ; la Terre avait les moyens militaires de repousser une invasion mais plus personne n'était capable de lire les modes d'emploi. » Du coup Hertz entrevoit une explication de la frénésie avec laquelle ses congénères, après la découverte du *Trinity College*, ont forcé les Terriens à s'appuyer la saisie exhaustive de tous les ouvrages des bibliothèques restantes de leur planète. *Damned!* Méllô avait dû capter l'opportunité pour Zidania de se munir d'une arme de colonisation efficace. Tu demandes comment des manuscrits vieux de plusieurs millénaires ont pu se conserver ? Très simple : quand ils se sont rendu compte que leur planète était foutue – pas de date, faut pas trop faire peur… – les Terriens ont voulu immortaliser une preuve de leur existence en posant un revêtement ionique sur leurs volumes et rayonnages, ce qui a empêché toute dégradation. Foutus Terriens ! Leurs numérisations du IIIe millénaire avaient été ravagées par des virus optiques. Voir *prequel.*

Hertz maîtrise maintenant l'encodagede quelques dialectes terriens et a conçu une synthèse vocale qui lui permet de se faire entendre. Par pure empathie, elle transfère les résultats de son analyse à Liberto qui n'aura désormais plus qu'un but : acquérir lui-même la saisie effectuée sur Terre pour la partager à sa colonie. Reconquérir cette « chose » ne les affranchira pas forcément mais ils pourront envisager une force d'opposition au pouvoir afin d'améliorer leurs conditions de travail. Bon, si le

---

[2] Traduction de l'auteur.

flux de données nécessaires à Liberto pour poursuivre son projet devient trop puissant, il faudra envisager la pose d'un cylindre couplé à un UMEG, voire une greffe de nervures. Hertz a tout un stock d'UMEG au labo pour conduire ses expériences. En ce qui concerne le cylindre, tu te souviens que Liberto bosse dans une usine qui les fabrique. Détourner une unité de la chaîne de production n'est pas un problème, OK, mais les engins ne fonctionnent que s'ils matchent l'empreinte du receveur, et Liberto ne figure sur aucun registre *ad hoc*. C'est là qu'on va voir jusqu'où peut aller l'empathie de Hertz. Liberto est prêt pour une prestation sexuelle si nécessaire. Hertz le refroidit illico : dans sa paranoïa, Méllô a décrété que le seul moyen d'assurer l'inviolabilité absolue des données terriennes était de les satelliser. Ainsi on a un spoutnik, noir ou gris, qui croise autour de Zidania, *Fshshsht*, avec à son bord un biscuit d'une centaine d'exaoctets. Une belle image dans les jaune-orangé.

Donc on est à peu près au milieu de l'album, d'accord ? Et c'est là que l'aventure commence. Il va falloir aller chercher le précieux butin, le Graal, pas le voler, non, mais le télécharger par contact physique, mode exclusif de transfert prévu par Méllô. Voler, par contre, il le faudra pour disposer d'un véhicule spatial. Le mieux serait un de ces antiques taxis de desserte locale à propulsion nucléaire. Ils ont encore leurs vieux écrans, que Liberto pourrait utiliser, et leur interface de positionnement est gérée par une IA vétuste, ce qui les rend moins visibles quoique plus difficiles à piloter. Demander à Ulla d'aguicher les sentinelles du dépôt ? Je la vois bien en nuisette rose Aubade©. Pour le cylindre de Liberto, c'est en bonne voie. Et si Hertz arrive à cracker les coordonnées du satellite, il suffira de les rentrer dans le calculateur de bord pour programmer l'itinéraire. On n'est pas obligé de croire qu'elle est amoureuse de Liberto ; c'est plutôt la curiosité scientifique et son appétit de connaissances qui la poussent à envisager une virée technoromantique à deux dans l'espace. Et il y a encore autre chose. Cartouche : « Hertz avait un fonctionnement basé sur l'environnement limité de Zidania. L'inclusion du paramètre Terre est venue la déstabiliser. Elle a interrogé à nouveau les mises à jour et a constaté que la satisfaction des Terriens n'était pas prise en compte. Hertz est-elle en train d'acquérir une conscience ? » Tu lui fais une trombine aussi sympa que possible. Je sais, c'est pas évident. Tu pourrais lui agrandir un peu les yeux. En tout cas, voilà l'affaire en marche. Maintenant y'a tout un binz à préparer pour une expédition de ce type. Pas besoin de formation accélérée pour Liberto, c'est Hertz qui pilotera, comme Grace Kelly dans *La Main au collet*. De fait, c'est Hertz qui se tape toute la préparation. D'abord il lui déplairait d'être poursuivie pour haute trahison, alors il lui vient une idée. Elle va pousser légèrement sa marge fréquentielle hors limites afin d'être en état « d'arrestation » juste la durée nécessaire pour aller chercher le bébé satellisé. Ni vue ni connue. Pour le cylindre de Liberto, il faudrait prélever une puce sur un Zidanien mort tout récemment. Je vois bien Ulla draguer le gardien du cimetière pendant que Liberto s'exerce à la chirurgie post mortem. Hertz juge qu'il n'aura finalement pas besoin d'une greffe de nervures ; le cerveau de Liberto se satisfera d'un UMEG connecté à son cylindre, auquel elle a également prévu de connecter son propre UMEG en mode spin sur le port « Assistance ». Par contre il nous faudra de l'oxygène. Quel tracas ! Et le plein de carburant c'est qui qui va le faire, c'est moi peut-être ?! Ensuite, un vol non autorisé avec un taxi volé, c'est pas le genre de truc qui passera inaperçu du secteur T. Donc il faut une stratégie et une tactique. Inutile de mentionner ça, on le verra dans le déroulé ; c'est juste que je t'explique. La stratégie est basée sur un jouet que tous les ados zidaniens friqués ont eu entre les mains. Il s'agit d'un micro-concentrateur qui exerce un champ gravitationnel réversible dans un rayon de… je traduis en unités terrestres, une dizaine de mètres. En guise de plaisanterie, les jeunes se faisaient léviter ou chuter entre eux. Puis ils s'en sont pris aux adultes et le jouet a été interdit. Mais il reste quelques spécimens au dark bazar. Liberto ! Pardon, Sébastien ! Tu m'écoutes ? La tactique maintenant. Il fallait de la violence, pas vrai ? On peut pas faire sans. On va en avoir. Les chasseurs zidaniens ne se déplacent jamais seuls. Comme chez vous, je crois savoir ? Donc il faut s'attendre à ce qu'on soit poursuivis par plusieurs engins de police, vraisemblablement deux. On verra.

« Quelque temps après » nos braqueurs de l'espace sont prêts. Hertz a remonté sa montre atomique. Le départ est imminent. Le taxi a été volé la veille pour effectuer sa préparation et il se trouve maintenant dans un espace désert. Son projecteur laser éclaire des cailloux, beaucoup de gros cailloux. Un ciel rouge sombre, quasiment noir. Liberto annonce à Hertz que grâce au cylindre il a eu le temps de faire une autoformation express de pilotage, au cas où. Ulla est là. Elle aussi est convaincue de l'utilité de la mission, et elle l'a prouvé. À notre patrie la Terre ! Elle les embrasse et leur souhaite bonne chance. Moteur. Action. Et… décollage vertical. Pour le bruit je verrais un genre voiture électrique, *zzzzz* ou *sssss*, comme tu veux. Virage nord-est sur la photo, avec la courbe des traînées gazeuses du propulseur. Hertz affiche un air serein tandis que Liberto serre ses dents ultra-blanches, lèvres retroussées. Très vite, deux points lumineux à leurs fesses. En approche rapide sur deux ou trois vignettes. Signal Ω fort avec astérisque. En note : ordre de faire demi-tour immédiatement ! Descente au sud-est et puis, nouveau signal : « Dernier avertissement ! » Hertz fait émettre un code détresse par le cylindre de Liberto histoire de gagner du temps. Zoom sur la main de Hertz en insert, « SOS » en note. Réponse des chasseurs : « Vous rigolez ou quoi ?! On va tirer. » Là c'est le cœur de l'action. Hertz enclenche immédiatement son joujou en mode répulsif et le flux de quantons tirés par la police est dévié. *Washshsh* ! Liberto sue à grosses gouttes. « Cinq minutes plus tard » deuxième tir. Le flux égratigne le taxi : *Whijjjjj* ! Hertz devient soucieuse : les cons, ils ont détecté l'arnaque et ils rectifient leur tir ! À cet instant précis un conflit logique, un dilemme quoi, traverse ses nervures : c'est eux ou nous ! *Grrrrr…* Sauf que, *en même temps*, le meurtre n'a pas été codé dans son ADN, il se manifeste seulement sous forme de bruit et dégrade forcément le rapport signal/bruit. « Quelques millisecondes après » arrive un super moment émotionnel. Liberto se lève de son siège et invite Hertz à s'y installer pour qu'il prenne les commandes à sa place. On ne sait pas si c'est une action pseudo-aléatoire ou bien si Liberto a perçu le dilemme de sa coéquipière et a voulu l'assister. S'assister en fait. C'est ce qu'on appelle un moment de grâce. L'action de Liberto se conjugue parfaitement avec l'anticipation qu'en a faite Hertz pour s'exonérer de la responsabilité d'un acte zidanicide. Elle a même déjà un plan. Les flics sont en vol synchrone. Il s'agira donc de brutalement diminuer notre vélocité pour les laisser approcher suffisamment, à partir de quoi j'enclenche le concentrateur en mode attraction. Là, mon Liberto, il faudra être extrêmement précis. D'après mes calculs, à mon signal tu auras 102,293 millisecondes max pour tirer le manche d'ascension à fond vers toi. Ici on pourrait inclure une note expliquant que Liberto, quand il était sur Terre, était pilote de… Voir *prequel*. Demi-page pour l'image suivante, je pense. En 3D ça donne deux droites qui s'incurvent l'une vers l'autre et au milieu de ce plan une droite qui s'incurve vers le haut du cadre. L'image suivante, je pense qu'il faut aussi une demi-page. C'est la collision imprévue et fatale entre les deux chasseurs. Une occasion rêvée d'être fertile en onomatopées autres que « Boum ! ». *Whâââââm ! Draôôôôôw ! Kshhhhh ! Brïïïïïz !* Image suivante, vue arrière de nos deux compères de profil se regardant, sourire satisfait de Liberto, larme de Hertz. Au loin, devant, un point lumineux, c'est le satellite. La synchro d'orbite et l'amarrage se font sans encombre. Mais zut et rezut ! Hertz a laissé le code d'ouverture dans le *cloud* de son cylindre, lequel, on le sait, est maintenant *offline* (Ω dans un rond rouge barré). Venant d'un être aussi intelligent, on ne peut qu'être déçu par une telle bourde. Qu'à cela ne tienne, Liberto fouille le coffre du taxi et y trouve… un pied-de-biche ! À sa grande surprise la bobinette choit aisément. En effet, Méllô a défini la proba d'un highjacking spatial comme négligeable et le pied-de-biche n'est répertorié et paramétré que dans ses archives d'avant l'Optimisation. Le disque, il suffit de le toucher au bon endroit, à savoir la zone « Give », pour qu'il crache ses données. À 99 % de transfert, deux autres engins sont signalés en approche. Hertz éteint tous les systèmes de positionnement, cylindres compris. Il va falloir se fier à la synthèse vocale. Échange de bulles :

— Faut rentrer en manuel !

— Et pour se poser ?

— En manuel aussi !

— Shit !

Chargement 100 % ! Et voilà Ovide, Shakespeare, Balzac, Faulkner, Le Tellier et Cie bien au chaud dans la boîte. *Pengh ! Frrrrr… DZZZZZ…* Retour pleins gaz vers la face sombre de Zidania. Heureusement qu'on revient d'une orbite basse ! Liberto a repassé les commandes à Hertz. Tout près du sol, elle rallume les cylindres et réalise un azidanissage parfait. Nos deux héros vont s'endormir en regardant les étoiles. Le lendemain, imperturbables, ils rejoindront leur travail respectif. Liberto, qui a jeté le chip usurpé dans le broyeur à déchets, justifiera son absence de deux journées par une indigestion d'insectes surgelés périmés. Hertz, elle, n'a rien à justifier ; elle est payée sur sa production et peut se mettre en télétravail quand et comme elle veut. Là, je sais plus où on en est, si on doit arrêter ici avec un « à suivre » alléchant, ou bien continuer l'histoire. À savoir que Hertz va mettre au point un booster rétinien à couplage visuo-manuel qui permettra aux Terriens de reconquérir leur écriture. Leurs écritures plutôt. Liberto se devra de leur expliquer que c'est un peu comme les pieds-de-biche, ça permet de faire bouger de la masse et de faire craquer des verrous, parfois mieux que les concentrateurs. Après, on peut carrément anticiper le siècle suivant et envisager une mise à jour de la planète Terre grâce à des négociations et un accord technico-commercial avec Zidania. Les honorables descendants de Liberto et Ulla, fruits nombreux de leur union, pourraient retourner *là-bas*, sur la Terre de leurs ancêtres à nouveau rendue vivable. Ils seraient reconnaissants aux Zidaniens, d'accord, vous nous avez colonisés, déportés et exploités dans le temps mais on ne vous en veut pas car grâce à vous on a retrouvé la joie de vivre et le bonheur d'antan. Dans le dormitoir de chaque Terrien il y aurait même, trônant sur un écran mural, un portrait de Hertz, la Salvatrice. Mon vieux, si ça se trouve on tient une série là ! Qu'est-ce t'en penses ? Sébastien ? Sébastien !

Je lui avais laissé le fauteuil et à un moment j'en avais assez d'être assis sur cette chaise inconfortable, alors je m'étais étendu sur mon lit et de temps en temps je lui jetais un regard. Puis je m'étais laissé aller à ma logorrhée sans même vérifier si on m'écoutait. Résultat, Sébastien s'était endormi. À quel moment ? Il suffisait que je regarde son bloc-notes tombé à terre. Ouh là ! s'il voulait poursuivre le projet, il faudrait remonter assez loin. Je l'ai réveillé et me suis excusé. Il était près de deux heures du matin. Je lui ai proposé qu'on se revoie chez moi et il a acquiescé. Il ne me reste que quelques heures pour dormir. Demain Alex sera là à huit heures pour me ramener chez moi. Hélas ! le sommeil ne vient pas. Tu es hanté par l'idée effrayante de ton retour au bercail. Tu te vois prendre un train pour Rome. Tu fais tous les gestes requis, tu achètes un billet, tu montes dans un wagon, tu regardes défiler le paysage mais tu es absent à toi-même, c'est-à-dire que tu n'as ni évalué les causes de ton déplacement ni estimé ses conséquences. Tu fais tout comme un automate, comme le rouage quelconque d'une mécanique qui te dépasse. Et quand tu arriveras à Rome, il faudra bien faire quelque chose, aller quelque part, mais ça tu n'y penses pas, tu es dans le train et tu te fonds dans le paysage. La seule vérité c'est que tu es dans ce train en totale ignorance du pourquoi et du comment. Une fois sur le quai, à Termini, ton bagage à la main, tu te demandes si tu n'as pas fait une connerie et peut-être alors que tu vas remonter dans un autre train pour revenir au point de départ, ou bien pour aller ailleurs, mais où ? N'importe, ç'aura été ta manière de consommer la séparation… en passant d'abord par son déni.

Alex et moi avons beaucoup de points communs, on pourrait presque nous confondre. C'est que nous nous ressemblons physiquement, yeux vert-marron, cheveux raides et grisonnants, pilosité réduite, nez Louis XI. Pas beaux mais avec un certain charme, comme disaient nos femmes en nous taquinant. Nous avons aussi la même voiture, une Honda Accord hybride. La grosse différence c'est que lui il est toujours avec sa femme alors que la mienne m'a laissé tomber.

— Qu'est-ce que tu vas faire ?

— Je vais aller voir mon père à Lyon.

— Je veux dire après, dans le futur.

— J'en sais trop rien. Hier j'ai rencontré le fils de Marie, l'infirmière. Je lui ai raconté mon projet de BD de SF.

— Et qu'a dit Jésus ?

— Il a l'air intéressé. On doit se revoir.

— C'est très bien ça. Mais avant tout tu dois te reposer. Éviter tout stress. Si tu veux je peux venir t'examiner toutes les semaines.

— C'est très chic de ta part. Je veux bien. Je te ferai goûter un thé au jasmin japonais qui est à tomber. On l'a rapporté de Rome.

— Je voudrais te convaincre d'essayer d'oublier Rome mais ce serait idiot de ma part, je sais. Je n'en reviens pas de sa décision. Je n'aurais jamais cru ça d'elle. Comme quoi on n'est jamais sûr de personne.

À Lyon j'ai serré mon père dans mes bras. Il est assez diminué et a du mal à assurer les tâches du quotidien. Mais il est très bien secondé par sa belle-famille. Je lui ai montré la bague que j'avais achetée en cachette à Rome pour l'offrir à mon épouse en rentrant. « Celle-là, tu l'as eue chez Cours vite ou chez 1-2-3 ? » m'a-t-il demandé. Il a gardé son humour, heureusement. En fouillant dans un tiroir de sa commode pour entreprendre de mettre à jour ses papiers de Sécu, de retraite et de banque, je suis tombé sur une feuille pliée en deux. Sur la face externe était griffonné le nom de mon grand-père, Bogdan. En l'ouvrant, une bande de papier rose en est tombée. C'était un électrocardiogramme. J'étais tétanisé. Sur la ligne « Nom, Prénom » l'identité du patient avait été grattée, non pour révéler un code comme au loto mais plutôt pour l'effacer. Deux renseignements demeuraient cependant, le lieu de l'examen, l'hôpital Édouard Herriot de Lyon, et une date : 1968. Le jour et l'heure avaient également été effacés. J'ai posé l'EKG sur la commode. À l'intérieur de la feuille pliée en deux, quelques lignes écrites au crayon, dont le début est illisible.

« … mais j'ai néanmoins assidûment pratiqué le rite orthodoxe au domicile familial jusqu'à la fin de ma vie et même au-delà, en demandant à mon gendre de ceindre mon front du bandeau de satin blanc orné de la Déesis et du trisagion quand je serais sur le lit mortuaire. J'espère en tout cas qu'il le fera. Adolescentes sémillantes, mes quatre filles n'appréciaient que moyennement la liturgie dominicale mais assimilaient pleinement mes injonctions morales. Quant à mon épouse corse, la friction de son imprégnation catholique avec le rite byzantin l'a finalement propulsée vers une sorte de relativisme païen. » Au bas de la feuille, un semblant de poème :

Par petits bonds d'un millimètre
Mon cœur, gonflé, effleure en voulant naître
Le rebord de la fenêtre

Je suis resté bête devant la qualité de l'écriture d'un homme qui avait appris le français sur le tard. Un émigré, immigré, réémigré, réimmigré. J'ai ramassé le ruban de papier rose sur la commode et j'ai demandé à mon père : « c'est quoi ce truc ? » Il a eu un geste évasif : « c'est de l'histoire ancienne. Aucun intérêt. » Je n'ai pas insisté.

Vifs remerciements à mes cousins : Béatrice Aberdam, Gilbert Besson et Christine Sempéré, la famille d'abord, et à mes amis : Rodrigue Audet, Christine et Serge Lemaire, Philippe Le Moigne et Maria de Los Angeles Lopez Alvarez. Reconnaissance spéciale à Sylviane Matheron, dont le nom de jeune fille évoque une rue d'Aix-en-Provence, un hameau des Hautes-Alpes, et bien d'autres choses encore.

Imprimé en France
Achevé d'imprimer en décembre 2024
Dépôt légal : novembre 2024

Pour

Le Lys Bleu Éditions
40, rue du Louvre
75001 Paris